U0140454

插图1　年轻的玉米神

插图2　古抄本中关于天文观测台的描述（部分）

插图3　瓦哈克通建筑B-XIII的壁画（部分）

插图4　瓦哈克通建筑B-XIII的壁画（部分）

The Ancient Maya

隐身的第五大古文明

玛雅三千年

[美] 西尔韦纳斯·莫利 著　　李江艳 译

天 地 出 版 社 | TIANDI PRESS

图书在版编目（CIP）数据

玛雅三千年 /（美）西尔韦纳斯·莫利著；李江
艳译.—成都：天地出版社，2021.11（2024年2月重印）
ISBN 978-7-5455-6238-5

Ⅰ.①玛… Ⅱ.①西… ②李… Ⅲ.①玛雅文化—研
究 Ⅳ.①K731.2

中国版本图书馆CIP数据核字（2021）第017148号

MAYA SANQIAN NIAN

玛雅三千年

出 品 人	杨　政	
作　　者	[美]西尔韦纳斯·莫利	
译　　者	李江艳	
责任编辑	杨永龙　曹志杰	
封面设计	X工作室	
内文排版	新视点工作室	
责任印制	王学锋	

出版发行	天地出版社
	（成都市锦江区三色路238号　邮政编码：610023）
	（北京市方庄芳群园3区3号　邮政编码：100078）
网　　址	http://www.tiandiph.com
电子邮箱	tianditg@163.com
经　　销	新华文轩出版传媒股份有限公司

印　　刷	天津旭丰源印刷有限公司
版　　次	2021年11月第1版
印　　次	2024年2月第9次印刷
开　　本	880mm×1230mm 1/32
印　　张	17.5
字　　数	432千字
定　　价	88.00元
书　　号	ISBN 978-7-5455-6238-5

编者的话

玛雅文明是美洲的主要文明之一，是一个可与世界古代四大文明并称的原创性文明。它主要分布于中美洲，即现今墨西哥东南部（尤其是尤卡坦半岛）、危地马拉、洪都拉斯、萨尔瓦多和伯利兹等国家和地区。与古埃及、古巴比伦、古印度、中国诸文明相比，玛雅文明是一种相对神秘和陌生的文明。一提起玛雅，我们的脑海中往往会浮现"世界末日""玛雅历法""玛雅金字塔""神秘的外星人"等字眼。实际上，作为一种能与四大文明并称的文明体系，其文明的内涵和表现绝非如此肤浅。虽然玛雅文明的文明程度仍处于石器时代，没有发明车轮和金属工具，但玛雅人在天文学、数学、农业、文字、艺术等方面都取得了相当辉煌的成就。玛雅文明与印加文明和阿兹特克文明并列为美洲三大文明，但玛雅文明所取得的成就却是另外两大文明不能相比的。

在一般人的印象中，创造玛雅文明的玛雅人似乎已经灭绝了，但实际情况却是，仍有数百万玛雅人生活于中美洲地区。纵然玛雅人没有消失，但玛雅文明却在几百年的时间里湮没无闻，直到公元19世纪才被考古学家们发掘出来，焕发光彩。

在众多的考古学家中，美国人西尔韦纳斯·莫利（Sylvanus

Morley）是让玛雅文明重新焕发光彩的重量级学者。西尔韦纳斯·莫利是美国著名的玛雅文明研究专家、考古学家和铭文学家。1883年6月7日他出生于宾夕法尼亚州的切斯特，先后就读于宾夕法尼亚军事学院、哈佛大学。在哈佛就读期间，西尔韦纳斯·莫利就对玛雅文明和考古学产生强烈兴趣。1907年，西尔韦纳斯·莫利刚从哈佛大学毕业，便前往墨西哥考察玛雅文明遗址。在华盛顿卡内基研究所的资助下，自1923年开始的近20年时间里，西尔韦纳斯·莫利全身心投入到玛雅遗址的发掘中，并以大规模发掘奇琴伊察的玛雅遗址而声名卓著。1940年，西尔韦纳斯·莫利在奇琴伊察的项目结束，返回美国。此后，他开始写作关于古代玛雅社会的专著，《玛雅三千年》（*The Ancient Maya*）因此得以问世，并于1946年出版。本书是他最著名的作品之一。两年后的1948年，西尔韦纳斯·莫利去世，享年65岁。西尔韦纳斯·莫利在自己所处的时代，被认为是玛雅文明研究者的主要代表人物之一，至今仍被认为是这一领域的重要贡献者，对前哥伦布时期玛雅文明研究做出了巨大贡献。

《玛雅三千年》一书是第一部从地理、历史、天文、历法、习俗、艺术等诸方面，融合考古学、历史学、人类学、民俗学、社会学等多领域的研究成果，全面、系统、深入展现玛雅文明的经典之作。该书出版后广受好评，并在西尔韦纳斯·莫利逝世后，被重新校订出版多次。西尔韦纳斯·莫利以大量的考古发掘材料、文献记载、调查数据、珍贵照片等向世界展现了玛雅文明的真实面貌，同时也为世界翔实、清晰地了解精彩的玛雅文明打开了一个窗口。我们在21世纪再次翻开这本经典著作时，也要清楚地认识到，因为时代和考古技术的局限，西尔韦纳斯·莫利对玛雅文明的理解和做出的论断也不乏偏颇之处，尤其是随着考古发掘的扩大和技术的完善，这些观点被不断修正和完善，但本书仍不失为经典，是一本普及玛雅文明的重量级读物。

为了让国内读者更好地阅读本书，此次出版，我们主要做了以下几个方面的编校工作：

第一，译文方面，在保证精准呈现原版内容和原书风格的同时，我们更加注重表达上的通顺和便于理解，以使其更加符合汉语读者的阅读习惯。

第二，内容方面，对不易理解或者需要特别说明的地方，我们以译者注和编者注的形式做了相应的注释；对表述玛雅文明的专有名词一一进行了核对，力图做到专业无误。

第三，为了让读者更好地理解玛雅文明，也为了整体上更加直观、清晰，在图片的编排上做了仔细的筛选和优化。

第四，考虑到对玛雅文明的历史、天文、历法、传统习俗等方面比较感兴趣的读者可能有进一步研究的需求，我们没有对原书"参考书目"部分进行翻译，而是直接以原有的英文方式呈现，便于有兴趣的读者查找原作。

希望本书能够为读者全面、系统地了解玛雅文明提供有益的参考。

目 录
CONTENTS

有文字记载的玛雅人的故事已经流传了1600多年。事实上，早在公元4世纪初，玛雅人就已经开始在石碑上刻下他们最早的记录。

玛雅人以这种方式记录了自己1200余年的历史（公元320年—公元1541年）。尽管我们从现存的石碑上可以获悉的历史细节非常少，但玛雅人的象形文字仍然为我们提供了比任何其他美洲原住民更准确的年代资料。

在被西班牙征服后的一个百年里（公元1550年—公元1650年），许多美洲本地作家和西班牙作家一样，为我们记录了关于玛雅人的故事。

为了方便传教，早期的天主教传教士教玛雅人用西班牙语字母书写他们的本地语言，而玛雅人也用这种方式简要记录了自己的古代历史。这些记录很可能是对当时仍然存在的用玛雅象形文字书写的历史手稿的转录。

除上述原始资料外，几位早期方济各会的神父也留下了关于玛雅人令人赞叹的描述。其中影响最大的是公元16世纪尤卡坦第二位主教弗雷·迭戈·德·兰达的记录。他写于公元1566年的《尤卡坦风物志》无疑是研究古代玛雅最权威的著作，我们在本书中也大量引用了他的观点。

在接下来的两个百年（公元1650年—公元1840年），玛雅人的故事几乎没有增加新内容。但在公元1839年到公元1841年间，美国旅行家、外交官和业余考古学家约翰·劳埃德·斯蒂芬斯在英国艺术家弗雷德里克·凯瑟伍德的陪同下两次访问了玛雅地区，并通过两部优秀的作品记叙了他对玛雅地区的印象：《中美洲、恰帕斯和尤卡坦旅行记》和《尤卡坦旅行记》。两本书都配有凯瑟伍德所绘的精美插画。直到一百多年后的今天①，它们仍然是关于玛雅地区最精彩的书籍。

斯蒂芬斯著作的主要贡献是把玛雅文明的代表性城市带进了人们的视野，并引起了外界的高度关注。在这两部著作出版之前，这些位于尤卡坦和中美洲北部的城市尚不为人所知。但自从他的著作出版后，大西洋两岸都掀起了对玛雅这个发展出美洲最伟大土著文明的民族的研究热潮。斯蒂芬斯也开启了关于这一地区的现代勘探研究的先河。

自斯蒂芬斯时代以来，许多科研机构以及学者一直致力于将关于玛雅的各种信息组成一个完整的拼图。限于前言的篇幅，这些研究成果在此不能一一列出，但其中最重要的三个不应该被忽视：（1）英国考古学家阿尔弗雷德·P. 莫兹莱爵士，他在玛雅地区进行了长达14年（公元1881年—公元1894年）的探索，成果发表在《中美洲生物》的考古学专辑中，这是有关玛雅文明的第一本科学出版物；（2）哈佛大学皮博迪考古学与人类学博物馆在公元1888年至公元1915年之

---

① 这里指本书首次出版时的1946年，距斯蒂芬斯的两本书有一百多年，后文中的"现在""现今"等词也是指这个时间点，类似的情况不再一一说明。——编者注

间，向玛雅地区派遣了许多探险队，带领这些探险队的人都是对古代玛雅研究做出过重要贡献的杰出专家；（3）华盛顿卡内基研究所在过去30年中一直在玛雅领域进行深入研究。每年至少有25支由训练有素的考古学家组成的探险队被派到玛雅各地，并且为许多领域——考古学、人种学、人体测量学、历史学、语言学、农学、植物学、动物学、地理学、医学和流行病学等提供了大量新材料。

从上文可以看出，许多不同领域的人员在研究玛雅课题上做出了自己的贡献，这些研究融汇在一起，形成了我们今天对玛雅的了解。我在此要特别感谢华盛顿卡内基研究所历史研究部的各位同仁。在研究玛雅问题的各个时期，他们往往是在最艰难甚至危险的条件下进行研究，没有他们孜孜不倦的无私付出，本书不可能顺利完成。

本书关于玛雅的相关介绍可以这样划分：

1. 玛雅人居住地区的描述、玛雅民族的几个分支、玛雅人的生理和心理特征（第一章和第二章）。

2. 玛雅历史。古帝国（公元317年—公元987年）时期：文明的起源、崛起、第一次鼎盛时期、第一次衰落；新帝国中前期（公元987年—公元1527年）：复兴和衰落；新帝国晚期——被西班牙征服时期（公元1527年—公元1697年）（第三章至第七章）。

3. 古代和现代玛雅人的风俗与文化——农业、政府、社会组织、平民生活、宗教、神灵、象形文字、算术、年表、天文学、城市、建筑、雕塑、陶器、纺织品、编织品、绘画、珠宝艺术、马赛克、羽毛和金属制品、燧石削片等（第八章至第十六章）。

最后，如果要理解玛雅历史的真正意义和本质，那我们必须明白，它首先是世界上最值得关注的农业实验场之一。简而言之，它完全以种植玉米为基础，并完全受其制约，在古玛雅人的生活中没有比这更重要的了，甚至在今天依然如此。

西尔韦纳斯·莫利

于墨西哥尤卡坦梅里达钦库庄园

1946年6月7日

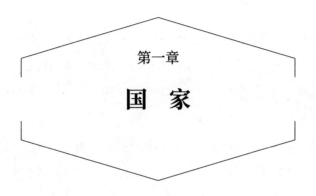

第一章

国　家

M A Y A

地理位置

尤卡坦半岛位于北美洲和南美洲之间，呈拇指状向北延伸入墨西哥湾。从公元4世纪到公元16世纪，美洲在前哥伦布时代最灿烂的文明曾在这里蓬勃发展，而这是由墨西哥南部和中美洲北部的玛雅人建立起来的文明。

更确切地说，古玛雅人占据的地区包括今天墨西哥共和国的尤卡坦州、坎佩切州、塔瓦斯科州、恰帕斯州的东半部和金塔纳罗奥州；危地马拉的佩滕省和南部相邻的高地，也就是除太平洋沿岸平原之外的几乎整个危地马拉；洪都拉斯共和国的西部毗邻地区和整个英属洪都拉斯[1]。总面积约12.5万平方英里[2]，大致相当于新英格兰六个州[3]、纽约州、新泽西州和1/4宾夕法尼亚州加起来的面积之和，差不多和新墨西哥州一样大。

---

[1] 英属洪都拉斯，即中美洲国家伯利兹。公元16世纪初沦为西班牙殖民地，公元1638年英国殖民者入侵；公元1862年正式宣布其为英国殖民地，改名英属洪都拉斯；公元1973年6月改为伯利兹；公元1981年9月21日独立，为英联邦成员国。——编者注

[2] 1英里≈1.61公里，1平方英里≈2.59平方公里。——编者注

[3] 新英格兰六个州是指：缅因州、佛蒙特州、新罕布什尔州、马萨诸塞州、罗得岛州、康涅狄格州。——译者注

三个自然分区

从图1（2）玛雅地区的地形图可以看出，该地区天然地分为三个主要部分，其中第二和第三部分融合在一起，没有清晰的分界线：

第一部分为山脉和中部高原部分，是中美洲的科迪勒拉山脉向西南、南方和东南方向伸展的大半个圆形区域；

第二部分为危地马拉佩滕省的内陆盆地与相邻的外部山谷，以及山谷周围一系列低矮的丘陵地带。这些丘陵地带在地理上属于尤卡坦半岛的南部，但从政治上来说并非如此；

第三部分为低而平坦的石灰岩平原，即半岛的北部。

为了清楚地了解玛雅人的历史，应始终牢记这三个具有不同环境特征的天然区划：首先，玛雅人可能在危地马拉高地发展了其整个文明赖以存在的农业系统；第二，他们高度专业化的文化起源于内陆盆地，并在紧邻西部草木茂盛的乌苏马辛塔河流域达到了最完美的表现形式；第三，玛雅人的复兴和最后的衰败发生在第三部分，即半岛的北部。

危地马拉高地、洪都拉斯西部高地和墨西哥恰帕斯东部高地

南部的山脉形成了巨大的月牙形支撑，尤卡坦半岛从该处向北延伸［图1（2）］。公元前两千多年或一千多年时，在这一地区的某个地方，很可能是在危地马拉西部，玛雅人发展出了农业系统，从而奠定了整个玛雅文明的基础。

这个地区由高原、火山形成的山脉将高地的山谷隔开，最高的山

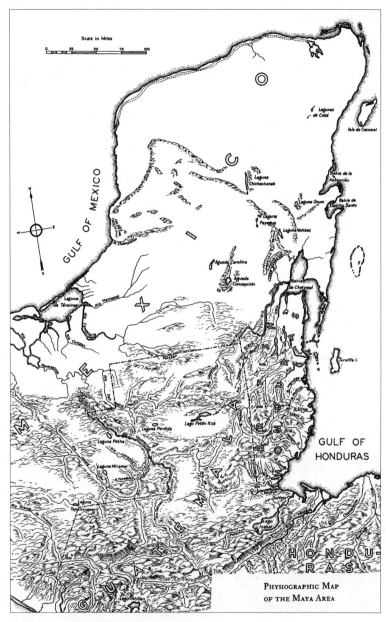

图1（1）　玛雅地区地形手绘图外文原图

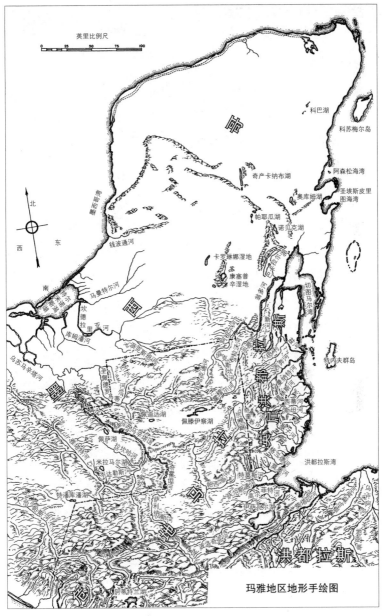

玛雅地区地形手绘图

图1（2）　玛雅地区地形手绘图

图2　阿瓜火山

峰海拔超过13000英尺①，塔胡穆尔科火山海拔13809英尺，塔卡纳火山海拔13330英尺，阿瓜火山海拔12306英尺，富埃戈火山海拔12579英尺，阿卡特南戈火山海拔12989英尺，圣玛丽亚火山海拔12333英尺和帕卡亚火山海拔8344英尺。其中前三座是死火山，后四座是活火山，它们都在危地马拉。

　　该地区有两条主要的河流：（1）莫塔瓜河发源于危地马拉的基切省，向东北流动，最后注入洪都拉斯湾。这是加勒比海西南延伸的部分，位于巴里奥斯港以东。（2）乌苏马辛塔河，由三条主要支流组成：帕西翁河、萨利纳斯河（也叫奇霍伊河）、拉坎敦河。帕西翁河发源于上韦拉帕斯省，在总体上向北和向西流动，之后与萨利纳斯河汇合。后者发源于韦韦特南戈，并在古老的玛雅城市祭台城的遗址处与帕西翁河汇合。该遗址位于两条河流之间的土地上。拉坎敦河向东流向墨西哥恰帕斯州、向北流向危地马拉的韦韦特南戈和基切，然后向东在祭台城下（西北）22英里处汇入帕西翁河、萨利纳斯河的合

———————————

① 1英尺≈0.3米。——编者注

图3　佩滕瓦哈克通附近的雨林

流。帕西翁河和萨利纳斯河交汇后的下游被称为乌苏马辛塔河，是中美洲最大的河流之一。它形成了佩滕省的西部边界，并通过数条不同的分支——帕利萨达河、圣佩德罗河、圣巴勃罗河以及其中最大的格赖瓦尔河——注入墨西哥湾。乌苏马辛塔河及其支流是玛雅古帝国的主要水路。

危地马拉高地海拔在4000英尺以上，至今仍然生活着大约150万古玛雅人后裔。这里的冬天干燥、凉爽，甚至有些寒冷，高山上还会结冰；夏季没有北部的佩滕和尤卡坦低地那么热，5月到11月是雨季，比佩滕的雨季要短。高地和山谷没有低地那么茂密的森林。高地周围都有开阔的草原，各种常绿植物——冷杉、松树、云杉和柏树——以及一些珍贵树木①遍布山坡。大约在海拔1万英尺的地方就没有真正的森林了，但也有大量的针叶树和其他树木生长在海拔更高的地方。海拔1万英尺以上的土地没有被耕种，不过那里有大片肥沃的草地，可以放牧绵羊和山羊。

高地有两个大湖，危地马拉省的阿马蒂特兰湖和索洛拉省的阿蒂特兰湖。后者拥有深色蓝宝石般的湖水，周围是火山喷发形成的陡峭山脉。在最纯净的蔚蓝天空映衬下，金色阳光照耀着危地马拉高地，这样的景色，无论是美感还是情趣，都不比意大利和瑞士的美丽湖泊逊色。

沿着伊萨瓦尔省新月形山区右边的内边缘，坐落着一个与墨西哥湾相连的内陆潟湖伊萨瓦尔湖。这个湖很大，长30英里，宽12英里。伊萨瓦尔湖通过小海湾和美不胜收的杜尔塞河与洪都拉斯湾相连。杜尔塞河在陡峭的白色石灰岩悬崖之间流淌，沿岸有很多鲜艳的热带植物，就像绚丽多彩的花园，最后在危地马拉的利文斯顿镇汇入洪都拉斯湾。

尽管高原地区的动物种类②没有佩滕省和北部尤卡坦州的动物种类丰富，但也有数量众多的美洲虎、美洲狮、鹿和一些小型哺乳动物。著名的危地马拉国鸟绿咬鹃，是世界上最美丽的鸟类之一，这种

---

① 橡树和牛油果树。——原注
② 哺乳动物、鸟类和爬行动物。——原注

鸟几乎只在危地马拉和洪都拉斯高地以及邻近的恰帕斯山出现，往南最远到巴拿马，偶尔也能见到。

这是一片得天独厚的土地，可能在公元前的第三个千年期间，玛雅人就是在危地马拉西部的高地山谷中开始种植古代美洲的重要主食——玉米。

佩滕低地和周围山谷

佩滕中部的内陆盆地和周围山谷构成了玛雅地区的第二个主要部分。位于内陆湖链以南的佩滕中部稀树草原的平均海拔大约500英尺，环绕内陆盆地东西走向的丘陵地带平均海拔大约1000英尺。这个盆地东西向长约60英里，但最宽处不超过20英里。北侧的丘陵底部是一串（约十三四个）湖泊，其中有几个在雨季能够连成一片。它们中间最大的湖是位于盆地东部和西部中间的佩滕伊察湖，古代的名称是

图4　佩滕中部热带稀树草原

恰尔图纳湖，其长20英里，最宽处3英里。

在盆地南侧的丘陵地带以南，是我们刚提到过的位于佩滕中部的稀树草原。这是一个呈不规则形状的天然大草原，完全没有人类活动的痕迹，可能自古以来就一直是旷野。这片平原上很少有树木生长，土壤是一种紧致的红色黏土，不适合玉米种植。

发源于大草原中部的几条溪流向南和向西流入帕西翁河。佩滕中部草原的东部、佩滕的东南部和英属洪都拉斯南部是锯齿状的玛雅山脉。该山脉源自相对较新的火山活动，最高点鸡冠峰海拔3700英尺。许多很短的溪流浇灌着玛雅山脉以东的狭窄的沿海平原，这些溪流都流入加勒比海。其中最大的萨尔斯通河是目前英属洪都拉斯和危地马拉分界线的一部分。

内陆盆地西北部、北部和东北部的低洼地带是六条中等大小河流的源头。前面三条，圣佩德罗马蒂尔河、坎德拉里亚河和马曼特尔河，总体上向西和向北流动：圣佩德罗马蒂尔河经由乌苏马辛塔河，坎德拉里亚河和马曼特尔河经由特尔米诺斯潟湖，最终在尤卡坦半岛西侧汇入墨西哥湾。剩下的三条，翁多河、新河、伯利兹河（老河），总体上向东北流动，在半岛东侧流入加勒比海。

内陆盆地以北的丘陵和山脉之间的山谷通常为东西向，这些山脉南坡陡峭，北坡的山势则很平缓，每个山峰到山下河道的坡度都很小。丘陵和山谷完全被茂密的热带森林覆盖。这是一个名副其实的丛林，其中有桃花心木、人心果树[①]、橡胶树、曼密苹果树、西班牙雪

[①] 这种树木出产的像牛奶一样的汁液可以制成口香糖，树干通常用作玛雅神庙里的房梁。——原注

松、木棉或亚克谢①、野生无花果树②、面包果树③、牛油果树、多香果树、羽叶棕榈、扫帚棕榈以及其他许多没有相对应英文名称的植物，而且这些树木在北方气候区根本找不到。森林的平均高度为125到150英尺。灌木丛相对稀疏，只有在沼泽地带④才能偶尔看到一些，因为高大的树木形成的浓密树荫不利于灌木生长。

古玛雅人正是在这片山谷和山脊的北坡上⑤建造了石城。

除了玉米，美洲的主食、蔬菜、水果和食用植物主要包括黑豆、红豆、南瓜、佛手瓜、西红柿、面包果、可可以及各种块茎——甜薯、豆薯、木薯和几种山药。其他经济作物有辣椒、香草和用于调味的多香果，以及棉花、烟草和葫芦。森林出产许多有用的材料，例如用于架构房屋的柱子和藤条，用于搭建茅草屋顶的棕榈叶，用于宗教仪式中熏香的可可树树脂，事实上包括了生活所需的各种物品。

与南部高地相比，这个地区的动物种类更加丰富。佩滕的森林中实际上遍布着美洲虎、鹿、野猪、貘、危地马拉吼猴和蜘蛛猴，以及许多较小的哺乳动物，例如犰狳、吸血蝙蝠、刺豚鼠和其他啮齿类动物。森林里有各种羽毛绚丽的鸟类，包括鹦鹉、巨嘴鸟、苍鹭和蜂鸟。还有许多猎鸟——如眼斑火鸡——只生活于尤卡坦半岛，长得更像野鸡；野火鸡、山鹑、鹌鹑、凤冠鸟、野鸡、鸽子、走鹃；秃鹫、老鹰和雕；此外，还有众多的小型鸟类。蛇类众多，包括有毒蛇和无

---

① 古玛雅人的圣树，一种能生产棉花的木棉树。——原注
② 玛雅人用其树皮制成纸。——原注
③ 果实在干旱时可食用，叶子可用作饲料。——原注
④ 玛雅卡斯特沼泽。——原注
⑤ 实际上是在有乔木森林的地方，而不是在开阔的稀树草原上。——原注

图5 尤卡坦北部的齿状山脊或低丘陵

毒蛇，其中有蟒蛇、热带响尾蛇、令人恐惧的枪头蛇、热带噬鱼蛇和同样致命的蝮蛇、珊瑚蛇，湖泊和河流中还有鳄鱼。

最丰富的生物种类是昆虫——各种昼夜活动的蚂蚁、白蚁、黄蜂、无刺蜂①、蝴蝶、蚋、微小的水蛭、跳蚤、各种类型和大小的苍蝇、壁虱和无数种其他无名的害虫。到了晚上，成千上万的蚊子和无数的大萤火虫成群出现。其中有六种昆虫会发光，可以装在玻璃瓶里作为夜晚阅读的光线来源。

佩滕的气候比南部高地温暖很多，比尤卡坦州北部潮湿很多。这里的雨季也长得多，从5月末一直持续到次年1月。即使在2月、3月、4月和5月所谓的旱季，也会时不时出现阵雨。越往南，降雨量越高，

---

① 尤卡坦半岛的美味野蜂蜜是古玛雅人主要的糖分来源。——原注

从北部地区约70英寸①增加到南部危地马拉科迪勒拉的约150英寸。尽管北部地区冬天比较寒冷，温度经常降低到10℃以下，但水从来不会结冰。最热的月份是4月和5月，即使是在阴凉处，温度也很容易超过37℃。

　　这个地区气候非常宜人，拥有古玛雅人想要的一切，是一块真正"流淌着牛奶和蜂蜜"的土地。到处都可以找到适合玛雅农业体系的广阔土地。种类繁多的动植物为人类提供了食物、衣物、药物和其他有用的材料。当地的石灰石是前哥伦布时期整个美洲最好的建筑材料之一，不仅易于使用石材和木材制成的工具进行开采，而且使用时很容易硬化，在燃烧时也很容易还原为石灰。在整个地区都有粗石灰砾

图6　瓦哈克通遗址

---

① 1英寸≈2.54厘米。——编者注

石层。总之，建造一种原始的用石材和砂浆砌筑而成的耐用建筑所需的三个基本条件已经齐备：易于加工的建筑石材、石灰和制作砂浆的碎砾石。

这些极度有利的环境因素，加上古玛雅人的天才，在公元4世纪，孕育了出现于危地马拉佩滕省北部、中部的玛雅文明的萌芽。

最早的石头建筑和石雕纪念碑发现于瓦哈克通，这些遗址位于佩滕伊察湖东部往北约40英里处，上面有我们已知的年代最古老的玛雅象形文字，年代可以追溯至公元375年。

在接下来的两个世纪，以北部佩滕的中部为中心，玛雅文明向四面八方一直传播到整个尤卡坦半岛及毗邻的山谷和科迪勒拉山脉南段的北坡。公元8世纪，玛雅古帝国进入黄金时代，在乌苏马辛塔河流域的帕伦克、佩德拉斯内格拉斯和亚斯奇兰等多座城市以及佩滕省西部诸城市和半岛最东南的科潘、基里瓜，都达到了鼎盛时期。

尤卡坦半岛北部平原

佩滕的乔木森林十分平缓地过渡为半岛北部茂密的矮灌木丛。从南到北，树木变低了，巨大的桃花心木、人心果树、木棉和西班牙雪松逐渐变成低矮的树木和茂密得多的带刺灌木丛。

半岛的东海岸有大量美洲蒲葵。在海岸后面的内陆地区有一个长长的、呈手指状延伸的高地，这是一片南部雨林，生长着很多桃花心木、西班牙雪松、人心果树和其他硬木。这片雨林一直延伸到尤卡坦半岛的东北角。

半岛北部地势低而平坦，土壤的腐殖质较薄，深度通常不超过几英寸。而佩滕土壤的腐殖质要厚得多，为2~3英尺。北部到处都有大量裸露的天然石灰岩，地表水很少，甚至没有。

从半岛西海岸的钱波通开始，是海拔不超过300英尺的丘陵地带，平行向北一直延伸到坎佩切城，向东北延伸至马克斯卡努镇，向东南转向延伸到尤卡坦北部中心地带的楚卡卡夫。如果从飞机上看，这些低矮的山丘高度均匀，似乎是古地质时期的一条大陆海岸线。在其他地方，这样的山丘看起来并不起眼，但它们却是从海拔不超过20或25英尺的低而平坦的平原上升起的，所以会产生看似很高的效果，视觉高度远远超出了实际高度，当地人称这些山丘为塞拉尼亚。

这里湖泊和河流非常少，且所谓的河流比小溪大不了多少。半岛北部最大的水域是墨西哥金塔纳罗奥州东南部的巴卡拉尔湖。该湖长三十五英里，最宽处有六七英里。半岛北部中央还有其他几个较小的湖泊，如奇产卡纳布湖和帕耶瓜湖。半岛东北部的科巴有五个较小的湖泊。还有三条小河——西海岸的钱波通河、北海岸的拉加托斯河和东海岸的谢尔哈河，但它们都不那么重要，河水很浅，是很狭窄的入海河流。

东海岸有两个大海湾，阿森松海湾和圣埃斯皮里图海湾都比较浅，尤其是后者。越接近坎佩切州南部和金塔纳罗奥州的危地马拉边界，沼泽就越常见。然而，这些沼泽大部分会在春季或干燥的月份里干涸。向东和向西延伸的山脉向南逐渐变高，直到在佩滕北部达到海拔1000英尺或更高。

前面已经提及，半岛北部异常干燥。确实，除了海岸附近有几个湖泊和少量水流，仅有的地表水都是由大型天然水井提供的。幸运的是，这里的天然水井很多，尤其在最北部。这些水井都是自然形成的，是地表层石灰石坍塌处露出的地下水源。其中一些天然水井的直径超过200英尺。它们的深度根据所处的石灰岩表面地层的厚度而变化。在北海岸附近，地下水位低于地面以下15英尺，由北向南，净水深度增加到100英尺以上。

像尤卡坦半岛北部这种缺少地表水的地方，水井是决定古代人口中心位置的主要因素。有水井的地方，就会有人类居住。这些天然水井在从前是主要的水源，即使在今天，也是如此。它们就像沙漠中的绿洲一样。简而言之，天然水井是决定尤卡坦半岛北部古代人口分布的最重要因素。

有人指出，尤卡坦半岛南部和北部地表特征的融合令人难以察觉，动植物的种群都没有突然中断。南部的高大雨林逐渐过渡成北部的低矮树木和难以穿越的茂密灌木丛。半岛南部的大部分植物种群，包括经济植物、水果和树木在北部几乎都能见到，只有很少的例外；南部的哺乳动物、鸟类和爬行动物也是如此。不过，生活在南部的猴子、一些鸟类和大多数毒蛇，在半岛最北端都没有。

玛雅文明似乎早在公元5世纪初就已经传播到了尤卡坦半岛北部，可能是从半岛东海岸进入的。但是，最早掌握新的、更丰富多彩的生活方式的人们，却发现这里已经被一些说玛雅语的农耕民族所占据，而玛雅文明日益扩大的影响还没有渗入到他们的生活之中。从公元5世纪到公元8世纪，玛雅文明一直从南方向北方继续扩展，不仅从东海岸，也从半岛南北中轴线和西海岸同时北上。然而，与玛雅文明在南方更古老的起源中心相比，尤卡坦半岛北部在这一时期仍然是古帝国的一个省区和外围地区，其与玛雅古帝国的关系，和公元最早的几个世纪的不列颠尼亚行省与罗马帝国的关系大致相同。

我们将在后面看到，在新环境的刺激下，玛雅人如何从公元9世纪南方的文明衰退中恢复过来。而且，在公元11世纪和公元12世纪，他们如何在尤卡坦半岛北部的新家园中实现了真正的复兴，却又在公元13世纪至公元15世纪陷入第二次衰落，并在公元17世纪末被西班牙人征服，最终失去了政治独立。

研究早期文明的独特实验室

玛雅人的整个历史都是在尤卡坦半岛的范围内展开的，他们的起源、发展、鼎盛、衰落、复兴、最终的衰败和崩溃跨越了两千年，大约从公元前三百年到公元一千七百年。由于玛雅文明区的地理特征——几乎完全与世隔绝，三面环海，另一面被南边高耸的科迪勒拉山脉阻隔，他们的文明似乎从来没有影响到科迪勒拉山脉南段以南的地方。玛雅人实际上是在完全没有外界影响的情况下发展了自己独特的文明。玛雅文明的起源、发展和古帝国第一次鼎盛其实完全靠玛雅民族的天赋。与此同时，肥沃的土地和舒适的环境为他们提供了幸福的家园，激发和促进了他们的发展。古帝国的衰落似乎是自身发展的偶然条件所导致的，可以这么说，这正是辉煌的玛雅文明在发展过程中所必须付出的代价。

同样，在新帝国时代，玛雅文明的复兴实际上是由于墨西哥侵略者在公元10世纪征服了尤卡坦半岛北部。尽管如此，由于相对来说，征服者的人数太少了，所以他们在文化上被自己所征服的玛雅人改造得如此之深，以至于由此产生的文化融合中，玛雅文明的因素要远远多于墨西哥文明的因素。

　　这种地理上与世隔绝的独特性，加上一个在文化方面高度孤立、实际上从未受到任何外来影响的地区发展出的杰出土著文明，或许构成了世界上研究早期文明的最佳实验室。

第二章

民　族

MAYA

玛雅语民族的数量和分布

说玛雅语的印第安部落分散在危地马拉大部分地区、洪都拉斯的最西端、整个英属洪都拉斯以及墨西哥的尤卡坦州、坎佩切州、恰帕斯州、塔瓦斯科州、韦拉克鲁斯州北部、圣路易斯波托西州东部和金塔纳罗奥州，总人口不到200万，其中分布最多的危地马拉，约有140万人。

由于某种原因，玛雅基础语被比作旧世界的罗曼语族——意大利语、法语、西班牙语、葡萄牙语、加泰罗尼亚语、朗格多克语、罗马尼亚语和罗曼语（瑞士），我们知道，今天这些不同的语言是在过去两千年左右的时间里，从同一种通用语拉丁语演变而来的。然而，这种类比并不是最恰当的。首先，因为从三个玛雅主语系中发展出不同语言所用的时间，肯定比两千年要长得多，因为它们之间的差异太大了，仅仅两千年的时间是不可能出现如此大的分化的；其次，就玛雅基础语的例子来说，我们无法清楚地知道最初的玛雅语言是什么，也不知道它的来源，但我们知道罗曼语族是直接脱胎于拉丁语的。

事实上，关于玛雅基础语中语系的数量、应该如何划分以及这些语言现在的分布等问题，专门研究玛雅语言的学者的看法也不一致。

不过在最有资格做出判断的那些学者中，有相当多的人赞成将玛雅基础语分为三个部分：（1）南部高地（危地马拉）和北部低地

（尤卡坦半岛的北半部）的原始危地马拉-尤卡坦语系；（2）分布在恰帕斯高地，以及墨西哥的塔瓦斯科州向北的低地地区和危地马拉的佩滕南部一直到洪都拉斯西部的东南低地地区的原始恰帕斯语系；（3）韦拉克鲁斯北部的西北低地以及圣路易斯波托西东部相邻山麓的瓦斯蒂克语系。

表1列出了说玛雅语民族的三种划分及当前的分布。其中列出了组成每个语系的语族，以及说每种语言的地区和人数。这都基于公元1940年对墨西哥、危地马拉、洪都拉斯、英属洪都拉斯的人口普查数据。在图7（2）的语言图中以地图方式显示了相同的信息。

除了指出今天有多少说玛雅语的印第安人以及目前的分布，这张地图和表1非常清楚地表明，古帝国玛雅人所说的语言是现代玛约德语族的前身。

我认为，玛雅古帝国的语言是向两个方向发展的：（1）向北，首先是作为玛雅古帝国的北部延伸，后来分离为伊察语、莫潘语和其他新帝国晚期的方言，直到发展出今天的北方玛雅语，即恰帕斯低地的尤卡坦语、伊凯切语和拉坎敦语；（2）向南是乔尔语或乔尔蒂语，东南部为奇奥蒂语，西部为恰帕斯高地的泽套语和索西语，以及塔瓦斯科低地的琼塔尔语。

在西班牙征服佩滕（公元17世纪晚期）时，奇奥蒂人占据了一条带状的土地，从科潘延伸到现在的洪都拉斯西部，向西北穿过佩滕的南部和乌苏马辛塔河流域的西部，即恰帕斯州的东北部，然后向北穿过塔瓦斯科州至墨西哥湾。它们是连接半岛北部和南部高地的语言纽带，在条带状地块的东南端，乔尔蒂语是莫潘语到东南端奇奥蒂的尤卡坦玛雅语之间的过渡，并且在西北端是拉坎敦语也就是纯正乔尔语

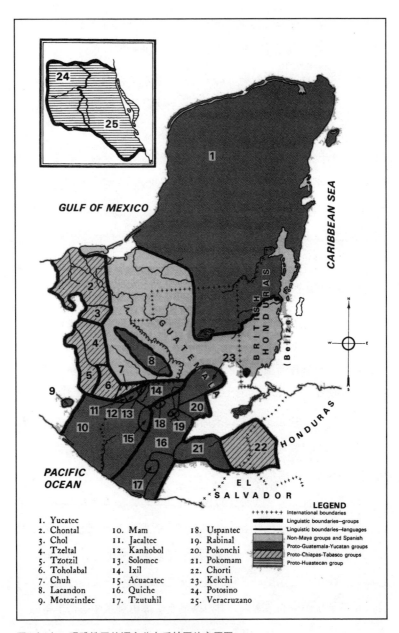

图7（1）　玛雅地区的语言分布手绘图外文原图

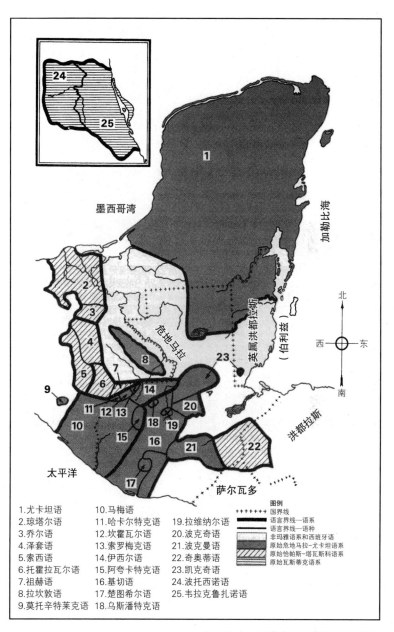

图7（2）　玛雅地区的语言分布手绘图

表1 玛雅语言区的分类、分布和人数

基础语	语系	语族	语言	国家	地区	说该语言的人数
原始玛雅基础语	原始危地马拉尤卡坦语系	玛约德	尤卡坦玛雅语	墨西哥	尤卡坦、玖佩切、金塔纳罗奥	305233
				英属洪都拉斯	科罗萨尔、奥兰治沃克、埃尔卡约	10522
				危地马拉	佩滕	1343
			恰帕斯拉坎敦语	墨西哥	恰帕斯	166
					小计	317264
	原始玛雅基础语	基超伊德	卡克奇克尔语	危地马拉	奇马尔特南戈、埃尔基切 危地马拉、索洛拉、埃斯昆特拉、萨卡特佩克斯	327335
			楚图希尔语	危地马拉	索洛拉	9770
			基切语	危地马拉	韦韦特南戈、奇马尔特南戈、格查尔特南戈、托托尼卡潘省、埃尔基切、下韦拉帕斯、雷塔卢卢乌、苏奇特佩克斯省、索洛拉、埃斯昆特拉	415962
			凯克奇语	墨西哥	恰帕斯	3333

（续表）

基础语	语系	语族	语言	国家	地区	说该语言的人数
原始玛雅基础语	原始危地马拉尤卡坦语系	基超伊德	凯克奇语	危地马拉	上韦拉帕斯、下韦拉帕斯、佩滕、伊萨瓦尔、萨卡帕	232000
			波克曼语	英属洪都拉斯	托莱多	900
			波克曼语	危地马拉	危地马拉、哈拉帕、奇基穆拉	24500
			波克奇语	危地马拉	上韦拉帕斯、下韦拉帕斯	30000
					小计	1043800
		马密德	马梅语	墨西哥	恰帕斯	16533
			马梅语	危地马拉	韦韦特南戈、格查尔特南戈、圣马科斯	258680
			阿咨卡特克语	危地马拉	韦韦特南戈	7500
			哈卡尔特克语	危地马拉	韦韦特南戈	7100
			伊西尔语	危地马拉	韦韦特南戈、埃尔基切	20000
					小计	309813
					语系组总数	(1) 1670877

（续表）

基础语	语系	语族	语言	国家	地区	说该语言的人数
原始玛雅基础语	原始恰帕斯—塔瓦斯科语系	泽套	泽套语	墨西哥	恰帕斯	45266
			索西语	墨西哥	恰帕斯	61636
					小计	106902
		乔洛瓦	琼塔尔语	墨西哥	塔瓦斯科、恰帕斯	17652*
			乔尔语	墨西哥	恰帕斯	22356
			拉霍拉瓦尔语	墨西哥	恰帕斯	10995
			祖赫语	危地马拉	韦韦特南戈	53000
			奇奥蒂语	危地马拉	奇基穆拉	24000
				洪都拉斯	科潘	6224
					小计	134227
					语系组总数	（2）241129

（续表）

基础语	语系	语族	语言	国家	地区	说该语言的人数
原始玛雅基础语	原始瓦斯蒂克语系	瓦斯蒂克	韦拉克鲁扎诺语	墨西哥	韦拉克鲁斯	25316*
			圣路易斯波托西诺语	墨西哥	圣路易斯波托西、塔毛利帕斯	20038*
					小计	45254
					语系组总数	（3）45254
					总计	1957260

* 上图仅是墨西哥的圣路易斯波托西州、韦拉克鲁斯州和塔瓦斯科州的估计，假定每年人口增长10‰。这些州公元1940年的统计数字尚未公开。另外，图中墨西哥的统计数据不包括五岁以下的儿童和聋哑人。韦拉克鲁斯州州基于公元1930年人口普查数据的估计。

（历史上不同于恰帕斯低地的现代尤卡坦人说的拉坎敦语）的过渡，乔尔蒂语是尤卡坦玛雅语和恰帕斯高地的泽套语与索西语之间的过渡语言。

然而早在公元17世纪晚期，奥古斯丁·卡诺神父在谈到佩滕南部的奇奥蒂人和佩滕中东部的莫潘人时这样说道："奇奥蒂人和莫潘人交谈需要翻译。"另外，公元17世纪早期琼塔尔语手稿中使用的玛雅语与毗邻地区使用的语言以及同时代东北部地区的尤卡坦玛雅语非常不同。很明显，这一时期的琼塔尔印第安人与同时代的尤卡坦玛雅人交谈时很难听懂对方的意思。从公元10世纪早期玛雅古帝国崩溃到公元17世纪早期的700年间——我们刚刚提到的卡诺神父的叙述和琼塔尔语手稿所处的时期，语言演变的分化使古帝国玛雅人使用的北方方言和南方方言变得如此不同，相互之间已经难以理解；事实上，它们已经发展成为单独的语言。

有人指出，玛雅文明是由一个说玛约德语的民族发展起来的，属表1中第一个语系。回到玛雅基础语的第二语系和第三个语系，即原始恰帕斯-塔瓦斯科语系和原始瓦斯蒂克语系，我们将在下一章中看到，早在原始危地马拉-尤卡坦语系的某些分支发展出玛雅文明之前，原始瓦斯蒂克语系就已经从居住在尤卡坦半岛南部的原始玛雅语系民族中分离出来了。即使是同一语系中的基超伊德语族和玛约德语族之间也存在很大的差异，因此它们之间应该存在非常长的分离期，这种分离肯定要追溯到公元前。也就是说，比玛约德人于公元前的三个世纪和公元后的三个世纪在佩滕中部发展出玛雅文明的时候要早得多。

由于我们在本书中只关注最终的结果，因此没有详细介绍说原始瓦斯蒂克语和原始恰帕斯-塔瓦斯科语的印第安部落。这两个部落分布在墨西哥，前者分布于北部韦拉克鲁斯低地，后者分布于塔瓦斯科低地和邻近的恰帕斯高地。

玛雅语言的性质

在古帝国时期（公元317年—公元987年），极有可能是南部高地开始出现玛雅语，然后由南向北传播到整个尤卡坦半岛，或许各处都有一些方言变化，但从根本上讲这是一种相当统一的语言。

语言学家A. M. 托泽曾说：

如果考虑到分布在中美洲太平洋沿岸甚至南至巴拿马地峡的说纳瓦特尔语民族的定居地，我们可以看出说玛雅语的民族在地理上的一致性，非常地引人注目。玛雅人似乎很满足于定居在一个地方，而且很明显，他们没有到远离自己故土的地方定居的习惯。有调查显示，玛雅人在自己占据的这片较小领土上迁徙的情况不多。

从最早的西班牙人的记载到现在，玛雅人的大多数方言似乎都已被确定为与某些特定的聚居地有关。似乎并没有出现人们预料中的正常人口流动。说一种方言的人与说另一种方言的人缺乏交往融合，这种情况应该和地理条件有一定的关系。尤卡坦半岛与玛雅人居住的其他地区彼此相对孤立，从最早年代的记载可以看出，半岛方言的变化很小。在南部不同山脉间居住的人们之间交流经常是很困难的，在玛雅方言方面，不同山脉系统经常导致明显的语言差异。

在新帝国时期（公元987年—公元1697年），由于公元10世纪尤卡坦北部被说纳瓦特尔语的墨西哥人入侵，玛雅人的语言发生了很多变化，这些变化对玛雅语词汇的影响可能比对语法和词法的更为广泛。

托泽在描述玛雅语言时写道：

玛雅语是一种多义合成或组合的语言。在这种语言中，动词的代词主语总是被表达出来。一般来说，玛雅人遵循的表达方法与在大量美洲语言中发现的相同。从词典学的角度看，它与墨西哥或中美洲的其他语言不同，并且与墨西哥或中美洲的其他语言没有任何联系。一些权威人士声称萨巴特克语更接近玛雅语而不是纳瓦特尔语。玛雅语与纳瓦特尔语在词法上存在明显区别。

威廉·盖茨在描述玛雅语言时这样说道：

在玛雅语词汇发展的过程中，有意义的语言元素几乎完全没有发生变化，从基本的中性词根到最复杂的组合形式都是如此；其形式和价值自始至终都是一致和有规律的，只要将主要的基本语言成分进行基础分类——名词、形容词、不及物动词和及物动词（产生效果的动词），以及它们所需要的连词和介词，就能识别这种语言。最终的语言形式具有"古典风格"的所有样式。

一些人声称，说英语的人学习玛雅语比学西班牙语容易，因为西班牙语的变格和动词变形比玛雅语和英语要复杂得多。

阿尔弗雷多·巴雷拉·巴斯克斯是现代研究玛雅语言的权威，他指出，玛雅人在尤卡坦半岛与西班牙人接触的四个世纪里，不仅对在那里使用的西班牙语词汇产生了巨大影响，而且还极大地扩展了玛雅语的词汇表、词法、语音和句法；而另一方面，在尤卡坦使用的西班牙语只能通过在玛雅语中添加以前不为人知的单词来影响玛雅语词汇。

尽管上述观察主要涉及尤卡坦半岛北部的玛雅方言，但它们大部分适用于危地马拉和恰帕斯州高地的玛雅方言——基切语、卡克奇克尔语、凯克奇语、波克奇语、马梅语、波克曼语、楚图希尔语、奇奥蒂语、泽套语和索西语。

尤卡坦玛雅人的身体特征

在尝试绘制古玛雅人外貌的图片以描述其外表和身体特征时，我们利用四种资料来源：（1）现代玛雅人，尤其是尤卡坦半岛北部的

图8　墨西哥恰帕斯州、金塔纳罗奥州的玛雅人

现代玛雅人，他们是古玛雅人的后裔；（2）古玛雅人在纪念碑、抄本、象形文字手稿、壁画和陶器上留下的人物形象；（3）公元16世纪西班牙作家的文字描写；（4）在整个古帝国和新帝国地区发掘过程中发现的少量人的骨骼。到目前为止，这四个来源中最重要的是第一个——尤卡坦半岛的现代玛雅人，许多人与纪念碑和绘画中的人物极为相似，就像是这些作品的模特。

与我们相比，玛雅人的身材矮小，肩膀更宽，胸膛更厚，手臂更长，手脚更小。男性的平均身高为5英尺1英寸，女性的平均身高为4英尺8英寸。他们是世界上脑袋最大的民族之一。他们的头颅指数[①]远远高于我们。玛雅男性为85.8，女性为86.8，而美国男性为79，女性为80。

他们的牙齿比我们的好。在尤卡坦半岛生活的现代玛雅人中，超过一半的人在20岁前恒牙完全没有龋齿，而在美国白人中，超过一半的人在9岁前恒牙已经有蛀牙，超过90%的人在14岁前已经有蛀牙。同样，现代玛雅人的基础代谢比普通美国人高5%到8%；他们的脉搏率为52次/分，比我们的平均脉搏率72次/分低20个点。

表2中有关身高、体重和头部形状（头颅指数）的数据适用于尤卡坦玛雅人，也适用于其他的玛雅部落（体重除外），如乔尔人、琼塔尔人、泽套人、索西人和瓦斯蒂克人。表2中还包括普韦布洛和大平原的印第安人、美国高加索人和黑人的平均身高、体重及头型。

玛雅人的肤色是一种温暖的铜棕色，女性的肤色整体上比男性暗一些。女性这种较深的色素沉淀不仅在肤色上看到，而且在眼睛的颜

---

① 头的宽度与长度的比值。——原注

表2　某些玛雅部落、平原印第安人和普韦布洛印第安人、美国白人和黑人的男女平均身高、部分体重和头颅指数

组	平均身高		平均体重		平均头颅指数	
	男	女	男	女	男	女
尤卡坦玛雅人	5英尺0.87英寸	4英尺8.16英寸	116.3磅①	110磅	85.8	86.8
琼塔尔人	5英尺2.88英寸	4英尺10.32英寸	—	—	83.2	82.0
乔尔人	5英尺1.32英寸	4英尺7.68英寸	—	—	80.8	80.0
泽套人	5英尺1.32英寸	4英尺8.64英寸	—	—	76.8	75.9
索西人	5英尺1.32英寸	4英尺8.76英寸	—	—	76.9	76.8
瓦斯蒂克人	5英尺1.80英寸	4英尺9.96英寸	—	—	84.4	86.2
普韦布洛印第安人	5英尺4.68英寸	4英尺11.40英寸	126.8磅	123.3磅	82.5	82.5
平原印第安人	5英尺7.68英寸	5英尺2.40英寸	136.2磅	128.2磅	80.8	80.8
阿默斯特和史密斯学院的美国白人	5英尺8.28英寸	5英尺3.84英寸	154.1磅	122.3磅	79.3	80.06
塔斯基吉学院的美国黑人	5英尺7.20英寸	5英尺2.28英寸	154.1磅	122.8磅	77.38	78.32

① 1磅≈0.45千克。——编者注

色上也能看到，后者从深棕色到黑色不等。男性和女性都是直发，颜色从黑色到深棕色，还相当粗糙，女性头发的颜色通常比男性的浅。玛雅人的毛发并不浓密。男性上唇和下巴要么根本没有胡子，要么只有非常稀少的胡子，而身体其他部位的毛发也比美国白人少。实际上，古玛雅人不太重视胡子，以至于母亲用热布烫年幼孩子的脸，甚至用钳子之类的小工具拔出单根毛发，就是为了不让孩子今后长胡子。然而，尽管如此，古帝国的雕塑和彩陶中有大量的证据表明，当时一些玛雅人也有像现代山羊胡一样的胡子，甚至更长一些。有人认为，古帝国浮雕中留胡子的人物仅限于上层阶级，下层阶级没有胡子。

现代玛雅人的另外三个身体特征强烈表明了他们起源于亚洲东北部，实际上，那里是所有美洲印第安人的起源：（1）内眦皱褶；（2）蒙古斑；（3）掌心的线条图案。

内眦皱褶是眼睑的内部皱褶，这是东亚人的特征，在尤卡坦半岛的现代玛雅人中也很常见，女性比男性更常见，从古帝国和新帝国的雕塑及绘画中人物面部的表现来看，这在古代一定也是普遍特征。

蒙古斑，顾名思义，是东亚蒙古族一个普遍的身体特征。这是一个不规则形状的斑点，位于脊柱底部，大小不等，从一角硬币到餐盘大小的都有，较小的斑点更常见，颜色从蓝色到紫色，减弱为淡紫色后逐渐消失。这种特征在男性和女性出生时都存在，但大多数情况下在十岁前会消失。这种人体特征遍布整个东亚，与古玛雅人一样，在今天尤卡坦北部的玛雅人婴儿中也非常普遍。

现代玛雅人和中国人手掌上某些线条的图案非常相似，表明他们在种族上有很大的相似性。

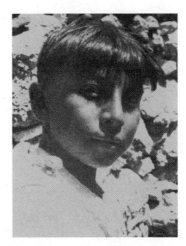

图9　危地马拉的基切玛雅人和墨西哥尤卡坦奇琴伊察的玛雅人

　　另外，尤卡坦半岛北部的玛雅人眼睛的位置有时会显得略微倾斜。内眦皱褶、蒙古斑、黑而直粗的头发和铜色皮肤，在肤色较浅的印第安人中趋于黄棕色，所有这些特征使玛雅人具有明显的东亚人种外观。

　　尽管玛雅人的婴儿死亡率很高，在所有健康出生的幼儿中，五岁前死亡的占70%，但成年玛雅人身体强壮，很少生病。如果玛雅儿童的死亡率很高，那么相对来说，他们的出生率也应该很高，实际上，玛雅人的出生率比我们高很多。例如，公元1935年美国的平均出生率是16.9‰，而同年尤卡坦三个具有代表性的玛雅小村庄的平均出生率是57.4‰，约是美国的3.4倍。这种极高的出生率几乎与我们刚刚提到的非常高的婴儿死亡率相当，也与他们非常高的成人死亡率相当。在一项对尤卡坦北部605名玛雅人死亡的研究中，知道了相应的出生日期，68.8%的人在五岁前死亡。7.9%的人在5岁到15岁间死亡，其余

22.3%的人平均死亡年龄只有38.5岁。在另一个玛雅村庄，公元1933年进行的人口普查显示，36%的人在10岁以前死亡，70%的人在25岁以前死亡，90%的人在40岁前死亡。

尽管婴儿死亡率很高，但由于极高的成人死亡率，尤卡坦村庄的人口依然呈现出相对年轻的面貌。在公元1933年至公元1937年间，三个玛雅村庄的成人死亡率分别为26.4‰、27.5‰和34.2‰，而美国同一年的成人死亡率还不到这些数据的一半。

现在的玛雅女孩平均结婚年龄为16.67岁，而玛雅年轻人的平均结婚年龄为21岁，不过迭戈·德·兰达主教的说法是："在过去，她们在20岁时结婚，但现在她们要在12岁或14岁结婚。"一般玛雅女孩在结婚一年多一点儿（18岁左右）时就有了第一个孩子，此后继续生育，到最后一个孩子出生，前后历经大约18.5年，到36.5岁为止。平均每个玛雅妇女生育7至9个孩子，但能抚养成人的不到一半，每家平均有3.7个孩子。这些不同的数据表明，尽管婴儿死亡率很高，但人口仍在增长，因为玛雅妇女生育能力极强，而且该种族总体而言是健康的。

婚姻，或者至少是相当持久的婚外关系，是现代尤卡坦玛雅人村庄牢不可破的规则。有人在一个玛雅人定居点对保持8年居住记录的70名成年妇女进行分析，发现只有4人未婚，而且这个村庄所有25岁以上的男子都已经结婚，没有一名鳏夫与妇女没有结婚就生活在一起。婚姻或一些同样稳定但不太合法的结合几乎是普遍的规则，正如上面的数据显示的那样，例外的情况十分罕见。

遗憾的是，对其他玛雅族群的研究还没有像以前华盛顿卡内基研究所的莫里斯·斯特格达博士在尤卡坦北部玛雅人中所做的那样深入。但是，从总体上看，高地玛雅人的皮肤比尤卡坦玛雅人更红、更亮。从生物学上看，他们的血统似乎更纯粹，也就是说，这些玛雅人身上显示出的非玛雅混合元素更少一些。然而，根据身高、肤色、头型和头发等基本标准来判断，所有讲玛雅语的族群似乎都来自同一祖先。

尤卡坦玛雅人的心理特征

尤卡坦半岛的玛雅人天生活跃，精力充沛，工作勤奋，但饮食中的蛋白质含量低。对于美国普通的劳动者来说，这样的热量甚至无法维持生存。事实上，玛雅人每天从各种来源摄取的蛋白质平均只有1/6磅。他们吃的所有东西有75%到85%是碳水化合物——玉米和各种用玉米做的食物，主要是一种煎饼大小的无酵烤玉米饼，还有两种叫作玉米肉汤和玉米粥的流食。玛雅人每日平均饮食仅含2565卡路里，而我们每日平均的热量摄入量为3500卡路里。

从我们的观点来看，这种饮食高度不平衡，而且缺乏蛋白质，古玛雅人却从中获得了能量来建造许多伟大的、具有仪式中心特征的金字塔、神庙和宫殿。在西班牙殖民时期，玛雅人就是以这种饮食为基础，用厚重的石墙建造了尤卡坦雄伟的天主教堂和修道院，而且每个村庄至少建造了一座教堂。同样，今天在大麻①种植园工作的玛雅人也是在这种单调、缺乏蛋白质的饮食方式下，种植着美国农民用来做麻绳的纤维植物。这也说明玛雅人似乎天生勤奋，不仅在古帝国和新

---

① 纺织原料大麻，而非毒品大麻。——编者注

帝国时期，而且在整个西班牙殖民时期，甚至到今天，都一直在努力工作。

至于干净整洁方面，玛雅人是一个奇怪的矛盾体。就容貌和衣着而言，他们一丝不苟地保持清洁，每个男人、女人和孩子至少每天洗一次澡，有时两次。当一个家庭的男人从玉米地里回家时，妻子已经为他准备好了洗澡的热水。事实上，根据西班牙殖民法，如果她没有这样做，丈夫有权殴打她。除了少数城镇，绝大多数房屋都没有自来水或任何类型的水泵，所有的水必须用陶罐、镀锌铁桶或重复使用的5加仑①罐子从最近的水井或天然水井中取得。在那里，必须用老式的桶和井绳来提水，有时绳子甚至长达100英尺。然而，玛雅人总是会洗澡。他们对个人清洁的追求几乎是狂热的，这也延伸到他们的衣着上。

然而，他们茅草屋顶的单间房子却远远谈不上整洁有序。火鸡、狗、山羊和猪在屋子里随意游荡，到处是粪便。在外面的院子里，破碎的盘子、带裂缝的罐子、变形的平底锅被丢弃了好几年，所以大多数玛雅人的屋里屋外都充满了脏乱的气氛。尽管如此，玛雅家庭主妇还是每天打扫房子，甚至打扫家门前肮脏的街道。

一些去过尤卡坦的外国人认为玛雅人残忍，尤其是对待动物。但是，和他们在一起长期生活后，我得出结论，玛雅人并不是故意残忍，而是因为他们不仅对他人的痛苦麻木不仁，而且对自己的痛苦也是如此。他们在痛苦中坚忍，当在别人身上特别是在动物身上看到痛苦时，他们自然的反应就是漠不关心。他们会让狗慢慢饿死，但不

① 一种容积单位，1加仑（美）=3.78升。——编者注

会考虑直接杀死它，因为他们不会想到快速死亡比缓慢的饥饿折磨更仁慈。然而这种特点可能是源于基督教不杀生的戒律。我曾经请一个仆人淹死一窝小猫，但他回答说："我不能那样做，但我可以把它们带到离庄园很远的灌木丛里，让它们死在那里。"只要没有亲手杀死它们，它们是如何死去的就不关他的事。如果它们肯定会死在灌木丛中，那是上帝的行为，而不是他的错。

从根本上来说，玛雅人是保守和落后的；事实上，面对四个世纪西班牙的统治，他们甚至成功地保存了自己的语言。因此，今天整个尤卡坦的所有小城镇和村庄的大麻种植园以及日常生活事务，都是用玛雅语而不是用西班牙语进行交流。

玛雅人的服饰，尤其是女性的服饰，在西班牙征服前不久到现在的几百年，没有明显的变化。他们的陶器、编织和十字绣在整个玛雅历史上都保持着相同的风格。但近年来，在机器时代极其省时、方便的巨大冲击下，玛雅人的保守主义终于开始让步。汽车和自行车占领了较大的城镇。到处都是手动操作的玉米粉碎机，已经取代了旧的石磨。甚至在较小的村庄，现在普遍使用电动磨机来磨玉米。收音机开始出现，缝纫机和留声机也很常见，甚至在小城镇的富人家里还有电灯。大多数地方都有电灯厂。大多数村庄都有一周或半周放映一次的电影，而且正在组织合作运动。简而言之，玛雅人正在放弃他们的保守主义。

他们是一个快乐、健谈、善于交际的群体，比美国西南部的纳瓦霍印第安人更热衷于社交活动。他们爱笑，爱开玩笑，爱说话。他们心地善良、信任他人、无私、为他人考虑，具有强烈的正义感。他们对陌生人彬彬有礼，很友好，这也证实了兰达主教在400年前对他们的评价：

> 尤卡坦人非常慷慨好客，无论是谁来到他们家里，都会受到热情的招待，主人吃什么，客人就吃什么。要是没有招待客人的饮食，他们就会去邻居家借。如果在旅途中遇到同行者，他们会把食物拿出来一起分享，哪怕留给自己的很少。

现在的玛雅人几乎没有领导才能，一般来说，他们不愿意承担行政责任。这似乎很奇怪，因为在古代他们肯定拥有高水平的领导能力，这一点从古帝国和新帝国的大型礼仪中可以看出。然而，很可能在玛雅文明鼎盛时期，领导和行政职能仅限于贵族和祭司。普通百姓只不过是砍柴和打水的工人，本质上是农民工匠阶层。的确，劳动阶级的辛劳建造了宏伟的金字塔、神庙和宫殿，但这些都是在贵族和祭司的指导下进行的。而西班牙政府带来的最大影响恰恰落在了这两个阶级——贵族和祭司身上。西班牙军事当局立即剥夺了所有土著统治者和贵族实际上的政治权，天主教神职人员取代了土著祭司的职位，因此，能够领导玛雅人的人很快就绝迹了。但是现代玛雅人中偶尔还有例外，我最亲密的玛雅朋友之一——香康的唐·尤斯塔奎奥·塞姆，就是一位能力出众的玛雅人首领。香康是一个只有四五百人的玛雅小村庄，如果不是因为唐·尤斯塔奎奥的个人品质，它就会像尤卡坦其他玛雅村庄一样平庸。但是，他不屈不挠的毅力、管理能力和公民自豪感，使香康成为整个尤卡坦州同等规模的村庄中最发达的社区。香康的市政成绩包括改造了学校和市政厅、用石屋取代了通常的茅草屋，其中一些甚至还是两层楼房。这个小村庄取得的巨大进步，全是由于他的领导和推动。在古代，他肯定是一个杰出的人物，能在更大的舞台上施展才能。

现代玛雅人一般是退休心态，通常选择回避而不是寻求公民责任，他们主张个人主义和极端独立。孩子们很早就学会了自己做决定，父母尊重他们的个人权利。卡内基研究所的科学家们每年对尤卡坦半岛的玛雅儿童群体进行一系列身体测量时，总是发现有必要重新征求每个儿童的许可，以便根据具体情况进行测量。每个孩子因授权测量自己身高而获得相当于10美分的酬劳。尽管他们很穷，空闲时间很多，但强烈的个人独立感使他们不会太轻易答应这个要求。

现代玛雅人的竞争精神并没有得到发展。即使在儿童时期，他们的游戏也是非竞争性的。而在成人时期，他们似乎是异乎寻常地不想出类拔萃。他们满足于成为小规模的玉米种植户，为家庭提供足够的粮食，并购买更多自己无法生产的少数商品——棉布、火药和枪弹、廉价香水、肥皂，还有一些小饰品。只要能挣到勉强维持生计的工资，在巨大的大麻种植园中工作的玛雅人就会心满意足。一些更能干的人，也许是古代贵族和祭司的后代，喂养了少量的牛、马、猪、山羊、火鸡，甚至在村庄里上升到小店主这种更高的社会地位，现代玛雅人的志向恐怕就是这种卑微的追求而已。玛雅人对法律有强烈的尊重和正义感。例如，在半独立的玛雅人群体中，以金塔纳罗奥族群——圣克鲁斯玛雅人为例，他们对正义的拥护情绪异常高涨。在这些玛雅人中，唯一的惩罚是鞭打脚掌，这是相当人道的，如鞭打100下，罪犯会连续4天在每个上午接受25下的鞭刑。这就是圣克鲁斯玛雅人的司法程序与我们的不同之处。被判刑的人在受鞭打期间不会一直被关在监狱。相反，他被允许保持自由，但每天早晨出庭受罚的责任完全由他自己承担。法庭不会派出警察和其他村民去寻找他，并把他带来接受日常的惩罚。有罪的人必须主动现身，接受每天25次鞭打。如果不这样做，或者在指定的鞭刑时间不出现，整个社会都认为他是一个逃避法律制裁的罪犯和社会弃儿；而且，任何社会成员都可以当场杀死他而不受惩罚。他是公敌，因此整个社会都有权剥夺他的生命。

玛雅人即使在喝醉时也不会争吵，但如果被冤枉了，他们会怨恨，等待报仇的机会。我们将在第五章中看到这种报复行为：玛雅潘的统治者科库姆家族对马尼的修家族①充满仇恨，他们之间的争斗持续了近一个世纪，玛雅潘最后一个科库姆家族统治者的曾孙纳奇·科库姆对马尼的统治者阿·尊·修采取了大规模的报复行动，原因是阿·尊·修的曾祖父在95年前杀死了纳奇·科库姆的曾祖父。今天玛雅人间的主要争执是家庭问题，丈夫或妻子不忠，或者一个人的牲畜损害别人的庄稼。虽然在极少数的情况下，丈夫可能会杀死与妻子通奸的情夫，但更多的情况下，丈夫要么原谅她，把她带回去，要么允许她和另一个男人私奔。然而，牲畜对农作物的伤害是一个更严重的问题。动物的主人有义务赔偿动物造成的损失。

作为一个民族，玛雅人异常诚实。他们中间几乎没有小偷小摸的现象，大多数时候房子都不上锁。玛雅人偷窃玉米的行为非常罕见，就好像一些古老但强大的禁忌在阻止这种恶劣的行为。这是真的，尽管偷玉米的机会很容易出现，因为从来没有人看守的玉米地往往离最

---

① 修作为一个名称，在本书中既可以作为统治家族，相当于王室成员，也可以作为一个部族的名称。——编者注

近的村庄有几英里的距离。在这方面,一位作家说:"从玉米地里偷东西的人会被田地守护神杀死,而这些信仰就是远处灌木丛中无人看守的粮仓真正的栅栏和锁。"

现代玛雅人不愿乞讨。17年来,卡内基研究所在奇琴伊察进行考古调查,为周边地区的玛雅人建立了一个免费的医疗诊所,免费分发药品给他们。尽管这些玛雅人早就知道这是免费服务,但在接受治疗和药物后,他们总是愿意为此付费;而且,当付款被拒绝后,下次他们去奇琴伊察时,会带上食物或者礼品,例如鸡、蛋、鹿肉或者当地的刺绣工艺品。他们似乎有一种强烈的愿望,不想白白接受什么东西,而要以某种方式偿还。

所有的外国人都同意现代玛雅人有敏锐的幽默感,他们很喜欢搞恶作剧。男孩喜欢从背后对伙伴的腘窝处猛力一撞,将他撞倒在地。卡内基研究所在奇琴伊察进行考古发掘期间,如果一个推独轮推车的男孩不注意看着车,那其他的伙伴很快就会把他的推车堆满东西,让他推不动。有这样一个真实故事:当时一个玛雅人的家庭聚集在一起参加某个家人的葬礼,当房间里飞进一只蝙蝠时,他们都陷入了欢笑和嬉闹之中。玛雅人欢快、喜欢开玩笑、爱好娱乐,他们友好、阳光的性格受到所有与他们接触的外国人的钦佩。玛雅人的家庭关系非常紧密,尽管在成年人中亲吻和拥抱等外在的亲情表现方式并不多见。在家里各司其职,体现了夫妻间的感情。然而和孩子在一起时,他们更具示范性。玛雅母亲抚摸孩子,和他们亲切地交谈,很少体罚他们。对儿童的培训更多是出于他们自己遵守的既定社会惯例,而不是纪律措施。然而必须实施体罚时,实施体罚的人是母亲,而不是父亲。年长的孩子不仅要照顾弟弟妹妹,而且在他们面前很有权威。年轻人尊重年长的家庭成员的习俗是根深蒂固的。父亲是无可争议的家族首领，没有他的同意，任何事情都不能做；不过，对母亲的尊重几乎同样明显。这种对长者的尊重可以追溯到远古时代。兰达主教在谈到公元16世纪的玛雅人时这样说道：

> 年轻人高度尊敬长辈，听从他们的劝告，努力使自己过得像个成熟的人。长者对年轻人说，既然他们经历的更多，他们说的话就应该被相信，所以年轻人要是听从忠告，长者就会更信任他们。对长者的尊重如此重要，以至于年轻人不会轻易和他们交往，除非在举行婚礼这种必要的情况下。年轻人很少与已婚男子来往。

　　我清楚地记得几年前我和妻子参加当地人婚礼时的情形，可以很好地说明这一点。事实上，我们被邀请担任即将结婚的年轻玛雅夫妇的教父教母。婚礼在一间狭长的房间里举行，房间里铺着脏兮兮的地板。房间的一端是一张朴素的松木桌，上面装饰着纸花、彩色日历和美国邮购公司目录中的花、衣服、地毯等商品的彩色广告，以此充当举行婚礼的圣坛。作为婚礼仪式的一部分，天主教神父在玛雅人面前主持了一场布道活动，劝诫新婚夫妇以真正的信仰抚养孩子，并告诫他们一旦和孩子出现意见分歧，要记住父母永远是对的。这时候蹲坐在前排地上的两个差不多十来岁的小男孩彼此低声说："不是这样的。"神父听到这句话，停下了婚礼布道，走到孩子们蹲坐的地方，对他们摇了摇手指，愤怒地用玛雅语对他们大吼了五分钟，反复训斥道："我说的就是像你们这样的坏孩子！"

　　性在玛雅人的生活中只占中等重要的地位。一位作家说："玛雅男人和女人都相当地缺乏性本能。"兰达主教谈到西班牙征服时期玛雅女性极为端庄时，这样说道："玛雅女性习惯于在男性走过她们身边的时候，转过肩膀，背对着他。有男性可能会走过她们面前时，她们也会把肩膀偏向一边。甚至把水递给男性时会背对着他，直到他喝完离开。"

兰达主教还说，在他那个时代，男人和女人不在一起吃饭："男人没有和女人一起吃饭的习惯。女人都在地上，或者最多是在一张代替桌子的垫子上吃饭。"这种奇怪的习俗一直延续到今天。玛雅人的妇女和女孩（在极少数情况下除外）不与各自的男性亲属（丈夫、父亲、儿子和兄弟）一起吃饭。男人先吃饭，由女人伺候，然后家里的女人一起吃饭。但是这一习俗是否起源于女性的端庄，现在还不能确定。在儿童身上，只有小女孩需要保持这种端庄的言行举止，从出生起她们就必须穿绣花衬衫（玛雅女装），而男孩子到了六岁甚至更大的时候还可以赤裸着身子在家里和院子里玩耍。

玛雅已婚妇女甚至未婚女孩中性行为混乱的并不少见。对于前者，除了妒忌的丈夫，人们并不是特别反对。有一个或多个非婚生子女的未婚女孩与其他较贤淑的姐妹相比，寻找伴侣也不会困难太多。然而，卖淫却并不常见，虽说只有在性交不是什么难事的地方才有卖淫行为。事实上，尽管玛雅人的性需求并不强烈，但通过非金钱交易的正常方式满足性冲动还是很容易的。大多数男孩第一次接触到性生活通常是和比自己年长的妇女或寡妇，而年轻女孩的第一次性生活是和她们年轻的恋人发生的。

现代玛雅人并不是特别虔诚的基督教徒，大多数人除对某些教会组织口头上的敷衍之外，可以说完全不信教。目前基督教的礼拜仪式几乎全部由玛雅女性来完成，但是在古代，宗教很大程度上是男人的事情。尽管几乎所有的孩子都接受洗礼，并且通常以与出生日期相对应的天主教圣徒的名字（80%的情况下）命名，但由于神父人数少，很少有人接受教会的教导。因此绝大多数人对基督教的真正含义和重要性知之甚少。

作为忠实的宿命论者，玛雅人根本不怕死，认为该来的一定会来。众所周知，玛雅老年人无论男女，都会在某一天宣布自己已经临近死亡了，即使没有生病，但他们还是躺在吊床上静静地死去。

在古代，玛雅人建造了大量宗教建筑，玛雅古帝国和新帝国举行大型仪式的地方都有许多神庙。从这一点就能看出，宗教在当时玛雅人的生活中必定发挥了至关重要的作用。但现在的教会会众几乎全是女性，男性成员很少。

虽然他们不信教，但是所有的玛雅人无论男女都极度迷信。无数的迷信——其中许多无疑是古代玛雅宗教的残余，与中世纪西班牙的民间传说混杂在一起，支配着人们日常生活的许多方面。其中一些足以说明这些民间信仰的广泛性。许多梦和预兆被认为是死亡的必然先兆：如果一个人梦见自己飘浮在空中，或者正在拔牙而遭受剧烈的痛苦，那么他的直系亲属就会死去；如果在梦中，这种痛苦只是轻微的，那么他不太亲近的亲属会死去；梦见红色的西红柿意味着婴儿会死去；梦见一头黑牛试图闯入家里，或者梦见打破水壶，就意味着自己的家人会死。

玛雅人相信，如果看到一条眼睛发红的绿蛇，或一只异常大或异常小的鸡蛋，或听到猫头鹰的叫声，一定会遭遇不幸。

疾病是由于矮人作祟导致的，为了防止疾病蔓延，人们会按照家里的人数准备一些装满食物的葫芦，放在门口献给矮人。如果一个人把木柴烧完的灰烬送给别人，那他的火鸡就会死。星期五下的蛋孵不出小鸡，这种迷信使人联想到基督教国家都认为星期五会运气不好，因为耶稣的受难日就是在星期五。

有许多关于天气的迷信。薄薄的玉米壳预示冬天会温和，反之则表示冬天将寒冷。燕子飞得低，就要下雨；飞得高，就要放晴。蝉是玛雅人尊敬的气象先知，如果它们长时间发出某种蝉鸣，那就预示着雨水丰沛，而另一种蝉鸣则代表干旱。通常，焚烧玉米地这类重要的农业活动时间是由这些小昆虫的叫声决定的。

有时候妖风会呈现出野兽的形状，谁要是碰到了就会死。如果一根火柴掉在地板上并继续燃烧，则表示运气很好；如果它燃烧到最后，丢弃它的人将会长寿。

家常用的扫帚使命虽然卑微，却能左右人们的命运。扫帚扫过男孩的脚表示他将娶一个老女人，扫过女孩的脚表示她将嫁一个老男人。晚上打扫房子会使人变穷。把扫帚放在门后会使一个讨厌的客人很想上厕所，从而让他快点离开。

猎人要应付许多困难。如果卖掉他杀死的鹿的头、肝或胃，在未来的狩猎中会有厄运；如果敢卖掉肚皮，他就再也打不到猎物了。谁要是想给一个猎人带来厄运，只需要从他那里买肉，然后把骨头扔进天然水井里。玛雅人相信灌木丛中有一只鹿王，它的两角间有一个黄蜂窝，如果猎人不幸杀死了这只鹿，他会立刻死去。

有下列迹象，表明将有客人来访：黄鹂在歌唱，蜻蜓飞进屋，蝴蝶在高飞，猫在洗脸，火在嘶嘶作响。

玛雅人自古以来就生活在所谓幸运日和厄运日的影响下，现代玛雅人在这方面继续追随先祖的脚步。但有一点不同：基督教一礼拜七天制已经取代了260天为一年的卓尔金历。现在，星期二和星期五被认为是不吉利的，星期一和星期六被认为是幸运的。婚礼通常在星期一举行，星期六被认为是买彩票的幸运日。

同样，玛雅人一直崇拜数字。"9"一直是特别的幸运数字，也许因为与通往古玛雅天堂的9个步骤有关，也许因为它是玛雅冥界万神殿中最重要的神祇之一。如果周二发现蜈蚣，必须把它切成9块才能带来好运。如果发现一条青蛇，它将在一年内导致这个人的死亡，除非将它捕获并切成9段。把装有新鲜玉米粥的葫芦连续在门口挂上9天可以治疗百日咳，第9天早上，必须与朋友分享它。9粒磨碎的玉米粒敷在眼皮上可以治愈眼睑颗粒。9片鱼皮、9片玉米芯和9颗小鹅卵石可以缓解皮肤问题；还有许多其他的幸运做法，包括使用9个物体，或做某些特定的动作9次，如在第十章所描述的赫兹梅克仪式。

"13"是另一个幸运数字，也许是因为它在古玛雅历法中的重要作用，也可能因为它是玛雅上界13位神祇的数目。然而，使用13作为幸运数字似乎主要限于宗教仪式，例如，为举行仪式准备了13个面包、13碗食物、13层豆沙、用玉米饼制成的13个蛋糕。

从上文中可以看出，玛雅迷信中令人讨厌的暗示比令人愉快的更多。带来厄运的事物似乎比带来好运的多得多。尽管玛雅人生性活泼快乐，但他们有一种悲伤的宿命论倾向，这或许是他们过去作为异教徒遗留下来的传统。那时候用活人牺牲祭祀是很平常的事情，而且他们的神更多的是怀有敌意而不是友善的。

关于玛雅人的常规智力，人们的看法不一。一些白人观察家认为他们非常聪明，包括我在内的更多人认为他们比较聪明。其他人认为他们智力一般，少数人认为他们相当迟钝。值得注意的是，没有一个外国人认为他们十分愚蠢。然而，他们并不具有创造性，而是满足于遵循与祖先一样的生活模式。外国人认为他们的记忆力很好，而且他们的观察力特别是在灌木丛里时非常出色，小路两边的任何风吹草动都逃不过他们锐利的眼睛。最后，他们颇具想象力，拥有较高的审美力，不过古玛雅人在审美方面应该远胜今天他们的子孙。

第三章

玛雅文明的起源

M A Y A

尤卡坦半岛三个主要的历史时期

　　玛雅历史概要见表3，包括玛雅历法和公历的对应日期以及相应的陶器和建筑发展阶段。从该表可以看出，玛雅历史可以分为三个时代：（1）前玛雅，从公元前3000年左右到公元317年；（2）玛雅古帝国，从公元317年到公元987年；（3）玛雅新帝国，从公元987年到公元1697。此外，这些时代中的每一个都可以再分为三个时期：前玛雅一期、前玛雅二期、前玛雅三期；古帝国一期、古帝国二期、古帝国三期；新帝国一期、新帝国二期、新帝国三期。

玛雅文明的定义

　　我们在第一章看到，玛雅文明主要以玉米农业为基础。美洲的农业可能起源于危地马拉的西部高地，时间早在佩滕低地玛雅文明开始前的几千年。

　　在本书中，"玛雅文明"一词仅适用于以两种主要材料为表现形式的美洲古代文化，即使用独特的象形文字书写的文献和年表，以及中美洲同样独特的石头建筑，这是一种叠涩拱式建筑。这两个文化特征发现于美洲中部地区，即墨西哥南部和美洲中北部。在这个地区，它们总是会一起出现，我们所定义的玛雅文明就是在这里走向鼎盛

表3　玛雅历史的三个主要时代及细分和相关的陶器、建筑阶段

时代	时期	玛雅纪年对应时期	公元纪年对应时期	对应的陶器时期	对应的建筑时期
前玛雅	前玛雅一期，无纪念碑	玛雅历法、纪年和象形文字发明之前	前3000（？）到前1000（？）	无陶器	无石建筑
	前玛雅二期，无纪念碑	玛雅历法、纪年和象形文字发明之前，农业开始出现	前1000（？）到前353	马穆姆	无石建筑
	前玛雅三期，木纪念碑	7.0.0.0.0 到 8.14.0.0.0	前353 到 317	奇卡内尔	开始出现石建筑
古帝国	古帝国一期，早期，石纪念碑	8.14.0.0.0 到 9.4.0.0.0	317 到 514	扎克尔早期	
		9.4.0.0.0 到 9.6.0.0.0	514 到 554	扎克尔中期	叠涩拱式建筑一期
		9.6.0.0.0 到 9.10.0.0.0	554 到 633	扎克尔后期	

（续表）

时代	时期	玛雅纪年对应时期	公元纪年对应时期	对应的陶器时期	对应的建筑时期
古帝国	古帝国二期，中期，石纪念碑	9.10.0.0.0 到 9.15.0.0.0	633到731	特普早期	叠涩拱式建筑二期
	古帝国三期，伟大时期，石纪念碑	9.15.0.0.0 到 10.3.0.0.0	731到889	特普中期	
		10.3.0.0.0 到 10.8.0.0.0	889到987	特普后期，停止立纪念碑活动之后	
新帝国	新帝国一期，普克时期，玛雅文艺复兴	10.8.0.0.0 到 11.10.1.0.0	987到1194	尤卡坦石板陶器一期，精美橙色陶器第一阶段	
	新帝国二期，墨西哥时期	11.10.1.0.0 到 11.11.10.0.0	1194到1441	尤卡坦石板陶器二期，精美橙色陶器第二阶段，铅酸盐陶器	叠涩拱式建筑三期
	新帝国三期，衰落时期	11.11.10.0.0 到 12.4.1.0.0	1441到1697	粗糙的红色陶器	

的。相反，只要是没有发现这两个文化特征的地方，即使当地的印第安人说的语言是某种玛雅方言，这些地区也不会被认为是玛雅文明区域的组成部分。

瓦斯蒂克印第安人的问题

在第二章，我们已经看到了被排除在玛雅文明之外的例子，即在圣路易斯波托西东部和墨西哥韦拉克鲁斯北部的瓦斯蒂克印第安人。瓦斯蒂克人的语言肯定属于玛雅语系，身体特征与尤卡坦半岛的玛雅人非常相似，但通过对瓦斯蒂克地区考古遗迹的仔细研究，未能发现丝毫证据证明他们知道任何形式的象形文字，或者曾经在他们的建筑中使用叠涩拱。在语言上，也许在生理上，他们是玛雅人，或者曾经是玛雅人；但在文化上他们是不同的，就文明程度而言，远远不及他们在东南方尤卡坦半岛的那些近亲。然而，考虑到玛雅文明的起源，瓦斯蒂克人不应该被完全忽略，尽管他们对玛雅文明的贡献纯粹是负面的。我们在第二章看到，瓦斯蒂克人所在的区域位于最近的玛雅语群体即塔瓦斯科琼塔尔人西北300英里之遥。此外，除瓦斯蒂克人外，所有其他玛雅语群体彼此相连，只有瓦斯蒂克人单独居住，与韦拉克鲁斯中部和南部讲托托纳克语和纳瓦特尔语的民族以及其他语言相关的族群分离。

这种情况，再加上说玛雅语、长得像玛雅人的瓦斯蒂克人从未与尤卡坦半岛的玛雅人共同拥有其独特的文化，很清楚地表明瓦斯蒂克人在他们的玛雅近亲发展出非常独特的文明之前，就已经与其他玛雅人分离了。

确实有迹象表明，韦拉克鲁斯海岸平原最初是被讲某种形式玛雅语的民族占据的，尽管现在这个地区被讲托托纳克语和纳瓦特尔语的民族所占据。这种可能是两三千年前居住在墨西哥中部的纳瓦特尔语民族，要么主动要么由于居住在北部和西北部其他部落的压力而向东迁徙到墨西哥湾沿岸地区，直到他们像楔子一样挤进了在东北部大量说玛雅语的民族和西北部唯一说玛雅语的瓦斯蒂克人之间。

如果前面推测中的时间大致正确，玛雅文明，或者更准确地说，那些导致玛雅文明形成的文化元素，应该开始于两三千年前——大概在公元前第一个千年的某个时候，更可能在这一千年的后半段而非前半段。

特雷斯萨波特斯和埃尔包尔的纪念碑以及图斯特拉小雕像

关于玛雅文明起源于何处，有两种不同的学术流派。一种认为它起源于墨西哥韦拉克鲁斯海岸平原的某一处。另一种则不同，认为它起源于最古老的遗迹被发现的地方，即在古代城市蒂卡尔和瓦哈克通附近，位于危地马拉佩滕省的中北部，这也是我自己赞成的观点。

然而，如果承认几个零散年代线索的话，那么玛雅文明的年代就要比两个确信最早的年代证据——莱顿牌[1]和瓦哈克通9号石碑都要早得多。这些可疑的、确实有争议的、可能更早的日期，完全说不清道不明。它们造成了这样一种情况：如果我们发现一座公元前1000年的哥特式大教堂，或者一座基石上刻着公元1492年字样的摩天大楼，

---

① 有资料显示此文物现藏于荷兰的莱顿。——原注

图10　墨西哥韦拉克鲁斯南部特雷斯萨波特斯的C号石碑（部分）

这显然都是年代错误。我相信，这几个零散的年代线索只是文物上面写的文字非常早而已，它们实际出现的年代肯定要比表面信息晚很多。

　　这些伪早期遗址有三个：位于墨西哥韦拉克鲁斯南部特雷斯萨波特斯的C号石碑；危地马拉高地埃尔包尔的1号石碑；墨西哥韦拉克鲁斯南部的图斯特拉小雕像。这三个日期中最早的一个是特雷斯萨波特斯的纪念碑，据称是公元前21年①，即玛雅7.16.16.16.18年的作品；其次是埃尔包尔的纪念碑，即公元29年（玛雅7.19.7.8.12年）

———————————

① 玛雅日期该如何解释将在随后的第十二章阐述，它们如何与公元纪年的日期相对应，将在附录1中进行描述。——原注

的作品；最后一个是图斯特拉小雕像，即公元162年（玛雅8.6.4.2.17年）的作品。

但这些从最开始就应该引起人们质疑的解读没有一个能被确定，这些确定的年代有很大可能不是真的。以特雷斯萨波特斯的石碑为例，左边的第一个数字是7，这使得它早得令人难以置信，这个纪念碑上原来的文字完全无法辨认，出乎意料的是只有7这个数字被修复还原了。实际出现的第一个数字是上面左边的第二个数字，即16，这个日期的卡顿数看起来更像是15，即它似乎是由3个条而不是由3个条和1个点组成的。

上面提到的第二个疑似最早日期刻在纪念碑上，它甚至不是玛雅风格，很明显更像墨西哥风格，它被雕刻的年代比刻在上面的玛雅7.19.7.8.12年（公元29年）晚许多。此外，在另一个地区还有其他的雕刻纪念碑。这些纪念碑从字符上看，更符合墨西哥人的特征，而不是玛雅人的特征，那就是危地马拉的埃斯昆特拉。

图11　危地马拉高地埃尔包尔的1号石碑

最后，第三个疑似最早的日期出现在图斯特拉小雕像上，但是雕像的风格特征明显不是玛雅人的；刻在正面的是白克顿8周期，玛雅8.6.4.2.17年（公元162年），它是三个高度存疑的早期年代线索中雕刻最清晰的。

　　然而，墨西哥考古学家认为，在韦拉克鲁斯南部地区，奥尔梅克文化的特雷斯萨波特斯纪念碑和图斯特拉小雕像是整个中美洲高级文明最初的分布中心。阿方索·卡索最近总结了墨西哥学派关于这一论点的看法，但我不同意他的如下说法：

图12　墨西哥韦拉克鲁斯南部的图斯特拉小雕像

　　纸很有可能是（中美洲地区）发明之一，如文字、印章或记号笔、刷子、仪式日历或阿兹特克神圣历、造物主神、雨神等，都必须归于最古老的母国文化，它位于墨西哥中部和美洲中北部特殊文化的底部，并从这个地方向外传播。所以我们必须将它定位在韦拉克鲁斯南部和塔瓦斯科、瓦哈卡和恰帕斯附近的地区。

　　我不同意这种观点，正如我们之后要指出的，最早的日期必须与证物实际出现的年代相符，即确定雕刻完成的时间和上面写的时间一致，那是在一个半世纪之后（公元320年在莱顿牌上、公元328年在瓦哈克通9号石碑上），而极有可能特雷斯萨波特斯和埃尔包尔的纪念碑以及图斯特拉小雕像只是上面写的年代非常早。事实上，它们显示的年代是错误的，因为它们被雕刻的时间比刻在上面的日期要晚一些。

佩滕中北部低地玛雅文明的起源

也许我们可以把韦拉克鲁斯海岸平原作为玛雅文明的传播中心，那么下一步要如何寻找它的最初起源呢？根据我对玛雅文明的定义，这个问题的答案简单而直接，哪里可以找到最早的象形文字和叠涩拱式建筑实例，哪里就是玛雅文明的源头。如果我们接受将玛雅文明的这两个主要特征作为指南，那么正如前面提到的一样，我们会发现玛雅文明起源于危地马拉佩滕中北部低地，或者在蒂卡尔和瓦哈克通这两座被废弃的城市附近。

玛雅地区最古老的确定年代的物体

年代最早、确信与文物同时期的玛雅象形文字的日期记录是莱顿牌背面的雕刻。这是一个小型石斧形状的玉器，长8.5英寸，宽3英寸，公元1864年发现于危地马拉的巴里奥斯港附近。上面记录的玛雅8.14.3.1.12年，对应公元320年。这里所说的同时期是指莱顿牌上记录的日期就是这件文物实际雕刻的日期，不是为了纪念玛雅历史上某个年代更早的事件而刻下的日期。

图13　莱顿牌，玛雅地区发现的最早的雕刻玉挂件

被俘的人躺在站立的主要人物后面的地上，这是莱顿牌正面雕刻

的一个细节，与蒂卡尔所有描绘这一特定主题的纪念碑上的俘虏形象非常相似；同时，莱顿牌上的场景与在古帝国别的地方发现的以俘虏人物为主题的所有其他表现形式完全不同，因此毫无疑问，尽管莱顿牌不是在蒂卡尔被发现的，但它描述的肯定是发生在那里的事情。如果

图14　瓦哈克通9号石碑，玛雅地区发现的最早的纪念碑

这种设想成立，基于莱顿牌上的年代数据，现在已知最古老的玛雅城市就是佩滕中北部的蒂卡尔，无论是古帝国还是新帝国，它正好都是古代玛雅最大的仪式中心。

　　同样，现在已知最古老的大型纪念碑或石碑①是瓦哈克通9号石碑，它背面刻着玛雅8.14.10.13.15年（公元328年），只比莱顿牌的日期晚了七年零八个月。我们刚刚看到，它可能是在蒂卡尔附近被制作的，离瓦哈克通只有11英里。因此，已知最早的两个玛雅日期记载发现于佩滕中北部相互间的距离不超过11英里的城市。因此，我们可以得出结论，到公元4世纪初，玛雅文明就已经在尤卡坦半岛的地理中心出现了。

_____

① 石碑是考古学家给古玛雅人的竖井式纪念碑起的名字。——原注

佩滕前玛雅文明中说玛雅语的民族

回顾一下，我们已经了解到说玛雅语的民族早在公元前几千年就生活在危地马拉高地了，而且，我们还认为生活在这个广大地区的一些讲玛雅语的群体发明了农业，在公元前两千多年或一千多年时，（前玛雅一期，表3）开始种植玉米。

在这个极早的时期之前，尤卡坦半岛，特别是佩滕低地，早在玛雅文明到达他们南部的危地马拉高地之前，很可能已经被游牧民族占领。这个民族以狩猎和捕鱼为生，以森林水果、坚果、根茎和草等天然出产物为生。如果事实真是如此，我敢肯定，这些佩滕低地的前农业游牧民族一定是说玛雅语的。

但是这一看法纯属假设，因为实际情况目前无法证实，看来有可能是来自危地马拉高地讲玛雅语的人带来了种植玉米的知识，在公元前一千多年（前玛雅二期，表3），他们自己或是向北推进到尤卡坦半岛的所有地区，或是将玉米种植的知识传播到该地区。以玉米种植为基础的文化于公元4世纪前，在佩滕中北部的玛雅文明开始以前，已经在那里繁荣六七百年或更长的时间了（前玛雅三期，表3）。

这是关于玛雅文明出现之前生活在佩滕低地的民族的推测。注意这纯粹是推测，但我们可以得出关于他们的两个明确的结论：（1）前玛雅二期和前玛雅三期两个时期的民族精通农业；（2）他们讲早期的玛雅语。

如果我们假设佩滕低地的原始居民讲玛雅语，以狩猎、捕鱼和森林的野生动植物为生（在前玛雅一期之前），后来引进了农业技术（前玛雅二期和前玛雅三期），但他们仍然没有生活在本章开头定义为"玛雅文明特征的更高文化表现形式"的环境中。在公元4世纪早期玛雅文明开始前，关于尤卡坦半岛人们生活的大致状况，我们的观点可能是基本正确的。

玛雅象形文字的起源

我们已经知道，那两个确定被认为是同一时代的最早的日期，都处于公元4世纪的前30年，也就是说，都处于玛雅时代白克顿8的第三个1/4末期，这两个日期分别是玛雅8.14.3.1.12年和玛雅8.14.10.13.15年。然而，莱顿牌和瓦哈克通的9号石碑除呈现已知的两个最早的同时代日期外，还有一个极其显著的共同特征：尽管玛雅人当时的石雕技术还处于初级阶段，非常粗糙、笨拙和生硬，但另一方面，雕刻上的年代日期（玛雅纪年的对应日期）却已经发展得非常完备，就像雅典娜出生时就全副武装、功能完备一样。玛雅纪年极其复杂，然而，当我们第一次在莱顿牌和瓦哈克通9号石碑上遇见它时，这个精密的纪年系统已经完全成熟了。没有简单的开端，没有必须先于完善体系发展的初步步骤。相反，当我们第一次在这两件已知最早的文物上见到它的时候，它已经完成了所有错综复杂的部分——一朵花开得正盛，但没有一个初期的花蕾能够保留下来以显示它是如何发育的。

考古学家已经得出结论，由于完全没有显示玛雅象形文字和年表发展早期阶段的例子，它们最初都必须被记录在石头以外的介质中。事实上，第一批玛雅纪念碑是由一些易腐的材料制成的，如木头，在整个佩滕的森林中都能找到最丰富的优良坚硬的品种。最后，这些最早的木制纪念碑，上面雕刻着玛雅象形文字和纪年体系的开端，都被佩滕低地潮湿的气候和大雨摧毁了。随着它们的彻底毁灭，所有早期玛雅文字和年表的痕迹完全消失了（前玛雅三期，表3）。

玛雅人的纪年系统可能是一个人的成果

很长一段时间，可能经历了几百年，早期的玛雅天文学家，通过缓慢、费力的反复试验，在对太阳进行观测并保存观测成果的基础上，确定了热带年（365.24天以上）的确切长度。可能在阴历上，确定了每个月的确切长度（29.52天以上）。然而，一旦确定了这两个时期的真实长度，并且古玛雅人以极高的精度测量了这两个数值，玛雅历法的发展和他们精湛的纪年系统随之而来。我相信，这种发展在很短的时间内就完成了，很可能是由一个人最多两三个人完成的。

古玛雅人的纪年系统如此复杂，如此精巧，如此平衡，以至于很难相信它会慢慢地发展完善，一部分在这里发展，一部分在那里修正，直到它逐渐变成最终的形式。相反，似乎更可能是由一个人完成的，或者与一些助手和像希帕克斯一样的古代玛雅天文学家一起完善了这个纪年系统。尽管他所依据的关于阳历与阴历①的数据无疑已经

————————————

① 这里区分一下"阴历"和"农历"的概念。阴历也称"太阴历"，是根据月相的变化周期（即"朔望月"）制定的历法。月的长短依据天象，历月平均长度大致等于朔望月，大月30天，小月29天；年的长短只是月的整倍数，与回归年无关。常置闰日，以弥补历月之不足。农历是指我国现行的夏历，属阴阳历。以其与农业生产有关而得名。其实与农业生产有关的只是夏历中的二十四节气。而节气是由太阳在黄道上的位置决定的，属于阳历部分，与月相盈亏的阴历部分并无直接联系。何况历法并不仅服务于农业生产。故将中国传统的阴阳历称"农历"具有片面性，而称"夏历"更为合理。——编者注

积累了好几百年。

玛雅纪年可能是在公元前4世纪或公元前3世纪期间确定的

玛雅纪年系统自身的内部证据表明，根据权威的说法，它最早是在白克顿7末期，也就是玛雅7.0.0.0.0年（公元前353年）出现的。或者根据其他权威的说法，出现于不久之后，也就是在玛雅7.6.0.0.0年（公元前235年）。可能是在蒂卡尔，或者是在佩滕中北部靠近瓦哈克通附近。

从玛雅纪年的发明到已知最早的同时代的石刻文物（蒂卡尔的莱顿牌和瓦哈克通9号石碑）的六七百年中，玛雅纪念碑很可能是用木头雕刻而成的；同样在这六七百年中，玛雅祭司发展出了独特的象形文字，精确地记录了当时新发明的时间系统。

随着公元4世纪早期蒂卡尔和瓦哈克通第一批石刻文物的发现，可以认为玛雅古帝国已经正式开始。

玛雅艺术、建筑和陶器与铭文支持同一结论

不仅玛雅铭文表明蒂卡尔-瓦哈克通地区是玛雅文明的直接发源地，还有另外三个重要的文化证据，即这两座城市的艺术、建筑和陶器也支持了同样的结论。

除了瓦哈克通9号石碑，在这座城市至少有十处其他古迹，其中四处是能推断出明确年代的，而其他六处则可根据各自的风格特征推断出年代，所有这些都是从玛雅时代白克顿8（公元337年—公元435

年）的最后五年开始的。

在这些纪念碑正面，人像所占信息量很低，且制作粗糙、笨重、呆板、没有生命力。通常表现为修饰过的左边侧面像，偶尔也表现为修饰过的右边侧面像。脚处于前后纵列的位置，近（左）脚的脚趾接触远（右）脚的脚跟。另外，完全从正面刻画手臂和躯干。头部却又被描绘成左侧面或右侧面。这种笨拙的、几乎不可能的姿势是所有已知最早玛雅石雕上的典型人物形象。

从早期纪念碑的制作技术和美学上的劣势可以明显看出，石雕雕刻艺术才刚刚开始。后来，古代玛雅石雕家们将取得先前无法想象的雕塑成就的高峰，但在遥远的时代，玛雅纪年的白克顿8末期（公元4世纪），他们仍然笨拙地摸索着，胆怯地感受着自己做石雕的方式，他们的手和石凿还不熟悉新的介质，所以做起来比木雕难多

图15　瓦哈克通的E-VII金字塔（未发掘前）

了。在整个玛雅地区，除了瓦哈克通和蒂卡尔，其他地方都没有发现类似的早期人像，这是真正原始的，无疑代表了尤卡坦半岛石雕的开始。

建筑的证据方面，瓦哈克通年代相对久远的遗迹显示出的建筑学证据同样令人印象深刻。从风格上看，在整个玛雅地区发现的最早建筑是灰泥覆盖的E-VII子金字塔，它被发现时完全被埋在这座城市后来修建的E-VII金字塔中。粉饰面具的风格装饰着这座埋在地下的金字塔侧面，强烈地表明在它们被完成时，玛雅艺术的经典才崭露头角。事实上，这些面具如此简单和古拙，几乎暗示了一个前玛雅的起源。当他们在用灰泥制作模塑的时候，后来被称为玛雅艺术的复杂美学似乎才刚刚出现。同样，埋在地下的E-VII子金字塔，从未在顶部采用砖石结构，尽管金字塔顶部用掺砂石灰膏筑成的地上有四个填满灰泥的柱坑，说明最初有一个用易腐材料建成的上部结构，可能是木头柱子和茅草。几乎可以肯定的是，这座被掩埋的金字塔顶部没有任何砖石结构的迹象，而这表明，在建造E-VII子金字塔时还没有发展出典型叠涩拱的玛雅砖石建筑风格。

最后，尽管玛雅古帝国的陶器尚未被充分研究，无法就其中发现的不同类型陶器起源的先后顺序和分布中心等基本问题得出一般的基本结论，但在瓦哈克通的垃圾堆和广场楼层下的挖掘揭示了所谓的"黑土层"，这是该遗址人类居住的最底层，是尤卡坦半岛迄今为止发现的最早的陶器和泥塑类型。此外，还有各种类型，尤其是小雕像，其中与墨西哥、危地马拉和萨尔瓦多高地更早的非玛雅农业社会的物体非常相似。

因此，玛雅研究领域的四大考古学证据——铭文、艺术、建筑和陶器——都表明，玛雅文明的前身起源于佩滕中北部的蒂卡尔-瓦哈克通地区，时间是公元元年前后三四百年中的某个时期，即前玛雅三期。

第四章

古帝国

MAYA

古帝国、新帝国的含义

"古帝国"和"新帝国"这两个词，在一开始就应该下一个清楚的定义，但它们完全没有任何政治内涵，正如本书中所使用的那样。相反，它们只在文化或美学意义上使用，表示一个共同思想、共同语言、共同习俗、共同宗教的帝国，和共同的艺术——一个同质的民族，享受着共同的文明，但不代表任何意义上的政治统一。

我们将在后面的章节里看到，在对玛雅政府和社会组织的记载中，找不到像亚历山大、恺撒、查理曼或拿破仑那样的玛雅人，已经确信古帝国之后200~500年的新帝国时期是世袭王朝体制，如果根据这一情况推断，古帝国应该也是这种体制，世袭王朝的成员不仅担任国家所有最高的行政职务，而且还担任最高的宗教职务。

在第九章对古玛雅人的政府组织进行更详细的讨论之前，我们应该注意到旧大陆[1]与玛雅政治体制最接近的例子似乎是古希腊的雅典、斯巴达和科林斯的城邦，这些城邦由共同的语言、宗教和文化结合在一起，但每一个城邦在政治上独立于其他城邦。

一句话，虽然没有任何证据支持或反对各座古帝国时期城市的政治统一性，但毫无疑问，它们有着共同的文化。

---

[1] 旧大陆是指在哥伦布发现新大陆之前，欧洲人认识的世界。——编者注

古帝国的史料缺乏

在试图重现古帝国历史的过程中，我们在一开始就面临着一个几乎无法克服的困难，那就是没有与这个早期时期相关的文献来源，甚至没有可能为这个遥远的玛雅时代提供一点儿线索的传说，无论这个传说的可信度多么低。公元16世纪，西班牙历史学家和本土历史学家提供了许多关于新帝国后期历史的信息，但无论如何，前者的资料不会追溯到公元12世纪以前；而后者的资料虽然描述了早在公元5世纪上半叶（古帝国早期）发生的一些事件，但这也只适用于当时尤卡坦半岛北部的省份。

古帝国的历史考古资料

如果要追溯古帝国历史的起源和发展，你就会发现，我们必须依靠挖掘和仔细研究以古帝国城市本身、它们留下的铭文、艺术（雕塑和壁画）、建筑和陶器为基础发展起来的考古数据。首先，也是最重要的一点，是那些年代久远的纪念碑提供的证据，它们本身就为古帝国的历史提供了一个完全可靠的年代框架。其次，雕塑和建筑确立了风格趋势，它们指明了考古学分支的界限和分布。总而言之，它们概括了具有特殊影响的领域，反映了这些影响的相互作用。这些影响导致了古帝国的发展、繁荣和衰落。第三点，陶器文物，特别是在分层的垃圾堆中发现的文物，忠实地记录了古玛雅人最普遍的工艺即制陶工艺的细微变化。由于古玛雅人普遍使用陶器，因此陶器密切反映了制造者的家庭习惯。从碗、瓶、罐、盘可以看出，由于外界的影响而发生的变化是迅速的。分层的垃圾堆是人们日常生活废弃物堆积而成的，不同的陶器在其中的位置，不仅显示出它们在不同时期受到不同风格的影响，也显示了这些影响的时间顺序。最后，偶尔出现的陶器贸易品可以说明其他文化的发展脉络。

我们对新帝国玛雅人的情况了解得更多，如果以此为依据，对地表遗迹进行研究，对发掘中收集到的考古证据进行解读，那么在目前的学术状态下，我们应该可以复原古帝国历史的大致轮廓。

古帝国的三个主要时期

古帝国的历史可分为三个主要时期：早期、中期和伟大时期。早期可以认为是从公元320年（同时代最早的日期，玛雅8.14.3.1.12年），或在早三年的公元317年开始，那是玛雅时代整数纪年的起点（玛雅8.14.0.0.0年），并于公元633年结束（玛雅9.10.0.0.0年），从那之后，古帝国早期最后的痕迹完全从玛雅雕塑和铭文中消失了。古帝国历史的起始时间的选择是不那么确切的，在处理任何文化的起源这样一个复杂的问题时，都是如此，但就玛雅文明而言，将现在所知最早的同时代日期视为文明正式开始的日期，似乎是可靠的。因此，古帝国早期从公元317年持续到公元633年，存在三个世纪略多一些。在公元317年之前的几个世纪里，很明显，玛雅人一直在积累文化经验，直到最终能雕刻出第一块石碑。也许早在公元前4世纪或公元前3世纪，他们就开始用木头雕刻纪念碑。但这纯粹是猜测，而莱顿牌和瓦哈克通的9号石碑是有力的考古事实，因此公元317年（玛雅8.14.0.0.0年）被选为古帝国正式开始的日期，这一日期是莱顿牌日期之前（仅早了三年）紧邻的一个卡顿（一个约20年的周期）结束的日期。

中期开始于公元633年（玛雅9.10.0.0.0年），结束于公元731年（玛雅9.15.0.0.0年），不到100年。在这个时期，玛雅古帝国巩固了他们在早期取得的广阔领土和文化成果，并在为伟大时期的到来做准备。

伟大时期持续大约两个半世纪，始于公元731年（玛雅9.15.0.0.0年），结束于公元987年（玛雅10.8.0.0.0年）。在古帝国最后一个时期前2/3的时间里，古玛雅人达到了超越前哥伦布时代美洲任何其他民族的美学高度，事实上，也从未被后来的玛雅人超越；后1/3的时间，则是一个颓废和衰落的时期。

虽然将古帝国划分为三个时期的做法主要是基于古帝国雕塑所呈现的风格，但我们可以发现，这三种年代的风格也清楚地反映在相应的陶器和建筑上。

在佩滕中部发现的两个陶器时期——马穆姆时期和奇卡内尔时期在古帝国开始和石碑雕刻之前就出现了。也就是说，它们先于此处定义的玛雅文明的开始时期。马穆姆陶器甚至先于石头建筑的时期。石头建筑这一重要的文化进步似乎是首次出现在奇卡内尔陶器时期。如果我们尝试着至少把公元前第一个千年开始到公元前第四世纪或公元前第三世纪的六七个世纪分配给马穆姆陶器时期（前玛雅二期），把公元前四世纪或公元前三世纪到公元三世纪，分配给奇卡内尔陶器时期（前玛雅三期），就年表来看，这样的划分可能很接近真实历史。

雕刻的石碑、叠涩拱式建筑一期和扎克尔陶器可能都是在公元4世纪开始时出现的。公元4世纪是本书中所说的玛雅文明和古帝国的开始（古帝国一期）。

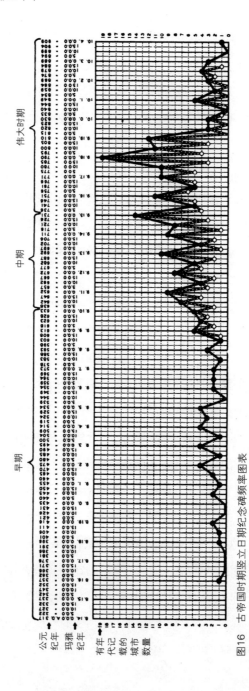

图16 古帝国时期竖立日期纪念碑频率图表

扎克尔陶器时期分为三个亚期，第一亚期约为公元317年至公元514年，第二亚期约为公元514年至公元554年，第三亚期约为公元554年至公元633年，也就是古帝国早期的末尾。这三个陶器亚期与叠涩拱式建筑一期相吻合。接下来的特普陶器时期也分为三个亚期，第一个亚期从约公元633年到公元731年，也就是说，与中期（古帝国二期，表3）重合。第二个亚期从约公元731年到公元889年，即与伟大时期的前2/3重合。第三个亚期从约公元889年到公元987年，即在制作纪念碑的活动停止之后，直到公元10世纪最后遗弃古帝国地区。特普陶器时期与叠涩拱式建筑二期（古帝国三期，表3）重合。

在第十四章和第十五章中，将更全面地描述前古帝国和古帝国雕塑年代相对应的建筑和陶器。但这里提供的数据足以表明，玛雅铭文（年表）与艺术（雕塑）之间，建筑与陶器之间，都存在着惊人的一致性。

古帝国早期——玛雅文明的兴起和传播

古帝国一期[①]

尽管莱顿牌事实上是在蒂卡尔遗址东南约140英里处，靠近危地马拉的巴里奥斯港发现的，但如果它是在蒂卡尔雕刻而成的——这也是我坚信的观点——那么根据莱顿牌上的年代日期，蒂卡尔是已知最古老的玛雅文明中心。另一方面，如果它确实是在其他地方雕刻而成的话，那么拥有已知最早的9号石碑的瓦哈克通就成了玛雅文明最古

---

① 玛雅8.14.0.0.0年至玛雅9.10.0.0.0年（公元317年—公元633年）。——原注

老的中心。

蒂卡尔或瓦哈克通哪一座应该被视为现在已知最古老的玛雅城市并不重要，因为莱顿牌在时间上仅比9号石碑早将近八年。而且在距离上，蒂卡尔位于瓦哈克通以南仅11英里的地方，两个地点都位于尤卡坦半岛的地理中心。瓦哈克通位于一个小山谷的上端，该山谷是通向佩滕中部内陆盆地北侧的分水岭。其中有蜿蜒而下的小河最终流入翁多河，然后向东北流入加勒比海。蒂卡尔位于霍穆尔山谷的最前端，那里的小河最终也流入翁多河。也有人认为蒂卡尔位于内部流域的北缘和内部，但可能性不大。

在玛雅历史上这个很早的时期，公元4世纪初，雕刻的石碑、叠涩拱式建筑和扎克尔陶器首次出现在瓦哈克通。即使人们承认莱顿牌是在公元320年雕刻于蒂卡尔，但在蒂卡尔遗址上肯定还没有发现早于公元475年的遗迹。尽管有一块年代可疑的石碑可能属于白克顿8的最后一个卡顿（公元416年）。另一方面，在瓦哈克通有不少于六座确定日期的纪念碑，其中三座日期是确定的，另三座可能是在白克顿8。最后，除了这六块石碑，在瓦哈克通还有至少四座纪念碑，从风格上来说，可能归于白克顿8。事实上，在目前已知的五座遗迹中，有三座位于瓦哈克通，乌奥兰顿和巴拉克巴尔各有一座，乌奥兰顿是瓦哈克通以南12英里处一个非常小的遗址，巴拉克巴尔是瓦哈克通以北35英里处的一个中小型遗址。

至于蒂卡尔和瓦哈克通哪个的历史更早，这个问题很难回答。根据莱顿牌的风格特征，我相信属于蒂卡尔，假如这是事实，那么蒂卡尔的日期比已知最早的瓦哈克通日期早近八年。其次，蒂卡尔是玛雅文明最大的中心，而瓦哈克通只是一个二级中心。但另一方面，瓦哈克通最早的纪念碑比蒂卡尔最早的纪念碑还早一个世纪，而且我们在前文中已经看到，瓦哈克通有十座白克顿8的纪念碑，而蒂卡尔只有一座疑似白克顿8的纪念碑。如果我们以现在已知的最早年代物证（莱顿牌）的来源和蒂卡尔的城市规模更大为依据来分析这个问题，那么蒂卡尔更古老。但瓦哈克通有不止一座而是十座年代更久远的纪念碑，如果我们承认这些最早年代的纪念碑更为可靠，那么瓦哈克通的年代更古老。

在两者之间，我相信蒂卡尔可能比瓦哈克通还要早一点儿，这是我在发现瓦哈克通遗址之后得出的一个不太令人满意的结论。在蒂卡尔还没有发现确属白克顿8的纪念碑，这可能是因为那里从未进行过认真的发掘，而瓦哈克通则是古帝国最广泛的挖掘中心。如果蒂卡尔能像瓦哈克通一样被大规模发掘和仔细研究，那么在蒂卡尔找到白克顿8的纪念碑是完全有可能甚至是肯定的事情。然而，由于大多数已知最早的纪念碑都在瓦哈克通，所以我们从瓦哈克通开始讲述玛雅故事更合适。

公元328年，瓦哈克通9号石碑开始了古玛雅人竖立纪念碑的记载。我在公元1916年5月5日发现了这座纪念碑，它仍然矗立在这座城市的A组卫城上。但有充分的理由相信，它最初是建立在城市的一个边远地区，现在称为E组。在后来的某个时候，它被移到了现在的卫城上。

接下来的两座纪念碑是一对，都是在同一个广场的同一侧（E组主广场东侧）竖立的，时间都是在公元357年2月3日。

随着古玛雅人在玛雅8.16.0.0.0年，也就是白克顿8的16卡顿结束时竖立了18号、19号石碑，一种注定要持续近12个世纪的惯例开始了。

　　这种在历史上连续时期结束时竖立纪念碑的习俗是古玛雅人生活中最基本的惯例之一。最开始的时候，他们只是在每个卡顿（约20年，确切是19.7年）结束之际举行庆典仪式的时候才竖立纪念碑。但是不久，随着资源和经济实力的增加，古帝国的仪式中心能够更频繁地竖立这些石器时期的标记，每半个卡顿（约10年，确切是9.8年）结束的时候也会举行庆典仪式并竖立纪念碑。应当注意的是，在整个古帝国时期，10年是竖立纪念碑以代表时期标志的普遍时间间隔。

　　在古帝国早期末尾，第一次是在玛雅9.8.15.0.0年，即公元608年，在佩滕西部的佩德拉斯内格拉斯，我们发现了一座竖立于1/4卡顿（约5年，确切是4.9年）结束时的纪念碑。然而，通过建造相应的纪念碑来标记五年期结束的做法被证明代价太高，对大多数古帝国中心来说压力太大。只有佩德拉斯内格拉斯和基里瓜这两个仪式中心经常遵循这种做法，不过其他一些地方，特别是科潘和纳兰霍，偶尔也会每五年竖立一次纪念碑。换言之，所有古帝国的城市无论在文化方面还是经济方面都有能力在固定时间竖立纪念碑以标记时间，就像到整点报时的大钟一样，也就是能够在每个卡顿结束时建造纪念碑，而且大多数能够在每半个卡顿结束时建造纪念碑。然而，在整个古帝国地区，只有佩德拉斯内格拉斯和基里瓜能够或者至少曾经能够除在每个卡顿和每半个卡顿结束时竖立纪念碑外，还能在每1/4个卡顿结束时也竖立纪念碑。

　　我们已经看到，瓦哈克通最早的9号石碑并没有遵循这一惯例，它是在玛雅8.14.10.13.15年时（换言之，不是在一个卡顿结束的日期）竖立的，而在玛雅8.16.0.0.0年（不到30年后）竖立的18号石碑和19号石碑，即这座城市接下来两座最古老的纪念碑，则符合这一惯例。因此就目前掌握的证据而言，我们可以得出结论，这种在某个时期结束时竖立纪念碑的做法起源于瓦哈克通，大约在公元328年至公元357年之间。

佩滕中北部的蒂卡尔和瓦哈克通这两座城市是两个主要的文化灵感中心，玛雅文明在玛雅白克顿8的最后1/4开始时从这里向外扩张。起初新文明传播缓慢。事实上，现在只知道另外两个小中心，巴拉克巴尔和乌奥兰顿，离瓦哈克通35英里以内，这些中心的遗迹可以追溯到白克顿8。但到白克顿9开始时，玛雅文明肯定开始了漫长而辉煌的历程。

白克顿9前1/4时期（公元435年—公元534年）见证了石碑雕刻、叠涩拱式建筑、扎克尔陶器这些文化元素的惊人扩张。在各个方向上，以中北部的佩滕作为传播中心，新的、丰富的宗教性文化，惊人的纪年法、雕塑、建筑和典型的陶器传播到尤卡坦半岛的所有地区和邻近的高地南部，不过这一时期的头20年（公元435年—公元455年），瓦哈克通和蒂卡尔仍然是我们所知仅有的两个立碑纪念的中心。

早在公元465年，在玛雅地区最东南边陲的科潘地区，也就是玛雅核心区域以南200多英里稍偏东的地方，就有了建立石雕纪念碑的习俗。

在白克顿9前1/4时期，其他城市首次建立了石雕纪念碑，分别是塞罗-德拉斯梅萨斯（公元467年），奥克斯金特克和祭台城（公元475年），托尼纳（公元495年），序顿、佩德拉斯内格拉斯、亚斯奇兰、帕伦克和卡拉克穆尔（公元514年），拿阿屯（公元524年）。

从玛雅地区地图可以看出，到白克顿9前1/4时期结束，玛雅文明已经传播到了尤卡坦半岛的所有地区（这是它曾经占领过的唯一地区），西部乌苏马辛塔河流域的祭台城、亚斯奇兰、佩德拉斯内格拉斯和帕伦克；东南高地科潘，到托尼纳高原西南部，到尤卡坦中部卡拉克穆尔和北部奥克斯金特克。

大约在白克顿9前1/4快结束时，扎克尔陶器由早期阶段转变为中期阶段，这可能是由于玛雅文明的巨大传播以及这种文化传播对佩滕中部陶器带来的新影响造成的反馈效果。

在白克顿9早期，玛雅文明向整个尤卡坦半岛及东南部、西南部邻近高地的蔓延表明，核心区域的环境因素已经不再对坚定不移向外发展的古玛雅人构成任何真正的障碍。在这个世纪，古玛雅人把文明推向各个地方，建立新的城市，扩大老城市。古帝国历史的广泛阶段已经结束，密集阶段即将开始。

在白克顿9的第二个1/4时期（公元534年—公元633年），在竖立纪念碑群中出现了十座新的城市，即图卢姆（公元564年）、普西尔哈（公元573年）、伊克帕顿（公元593年）、亚克斯哈（公元6世纪末）、乌克苏尔（公元613年）、纳兰霍（公元615年）、德锡万切（公元619年）、科巴（公元623年）、钦库提克（公元628年）和埃尔恩坎托（公元7世纪上半叶）。从玛雅地图上可以看出，这些新的中心有五个位于中央核心区：埃尔恩坎托、亚克斯哈、纳兰霍、普西尔哈和乌克苏尔；有一个位于西南高原：钦库提克；有四个位于尤卡坦的东北：德锡万切、伊克帕顿、图卢姆和科巴。最后一个注定要成为后来最伟大的中心之一——新帝国的中心。

白克顿9上半叶结束（公元633年即玛雅9.10.0.0.0年），恰逢古帝国早期结束。在同一时间，或者大约同一时间，扎克尔陶器时期和叠涩拱式建筑一期似乎也已经结束。

古帝国早期，大城市一直都在竖立作为时代标志的石碑，其中最古老的已经建造了300多年，这种习俗还在流传。它确实是玛雅文明最基本和最持久的惯例之一。如前所述，最初第一座石碑竖立时，似乎没有固定的时间间隔来确定它们各自的建造日期；但很早的时候，早在白克顿8最后1/4时期开始时，为这一重要、反复举行的仪式所选择的建造纪念碑的日期似乎是每卡顿结束时。后来，我们看到，随着古帝国城市权力和财富的增长，采取了较短的间隔，他们能够更频繁地建立纪念碑，通常是在半卡顿结束时。后来，在古帝国早期接近尾声时，玛雅9.8.15.0.0年（公元608年），佩德拉斯内格拉斯首次在1/4卡顿结束时修建了纪念碑。然而，五年一次的做法并没有多少追随者，只有两座城市，佩德拉斯内格拉斯和基里瓜坚持这一做法。

为什么只有两座城市在每1/4卡顿结束时立碑，而其他的城市都没有这样做，这仍然是一个未解之谜。原因可能是缺乏足够的经济实力，不能支撑每五年建一座纪念碑，或者是缺乏必要的文化领导力。或者说全体民众对如此频繁地庆祝某个节日没有足够的兴趣，这可能是正确的答案。但真相到底如何，我们无法确切知道。

这种在每个时代结束时竖立纪念碑的做法是古玛雅人生活中最重要的事件之一，这一点再怎么强调都不过分。它一定影响并占据了每个玛雅中心相当一部分人的活动，如果那里要竖立纪念碑的话。最后，它不仅确定了一些最重要的节日和仪式的时间，而且一定深刻地影响了宗教。总之，这是古帝国礼仪生活最基本的状况，我们有考古学证据证明它的存在，而且它还持续盛行，实际上持续了11个多世纪，充分证明了这是他们那个时代最根深蒂固的习俗之一。

到了古帝国早期末尾，玛雅地区的各个部分都受到了玛雅文明

的刺激性影响，甚至在遥远的北部和西南部的偏远地区也开始感受到
更高级的宗教文化越来越强烈的刺激。至此，玛雅世界的界限被划定
了，接下来只是人口越来越密集。

古帝国中期——巩固和发展之前的文化成果

古帝国二期①

中期相对较短，不到一百年。这将近百年的时间里，玛雅文明巩
固了早期取得的巨大领土。而在雕塑方面，佩滕石灰石的特性最终被
掌握，为下个世纪伟大雕塑杰作的出现铺平了道路。在建筑上，叠涩
拱的二期风格取代了一期的风格，并且延续到古帝国末期和更远一些
的时期。陶器艺术进入了一个新的阶段，即特普早期。这是一个为即
将到来的黄金时代做准备、在文化上不断加强、在经验上逐渐成熟的
时期。

在中期，至少有14个新的仪式中心似乎已经建立。它们分别是
埃尔托图古鲁（公元645年）、杰纳（公元652年）、埃尔安帕罗（公
元665年）、埃兹纳（公元669年）、蒂拉（公元685年）、基里瓜、
岑达勒斯、拉坎哈、科西尔（公元692年）、埃尔帕尔马（公元711
年）、伊西姆特和沙曼屯（公元721年）、拉佛罗里达和奥克斯佩穆
尔（公元731年）。

我们在图17中可以看到，古帝国地区的各个部分都在发展：中央核
心区的伊西姆特、埃尔帕尔马、沙曼屯和奥克斯佩穆尔；岑达勒斯、拉

① 玛雅9.10.0.0.0年至玛雅9.15.0.0.0年（公元633年—公元731年）。——原注

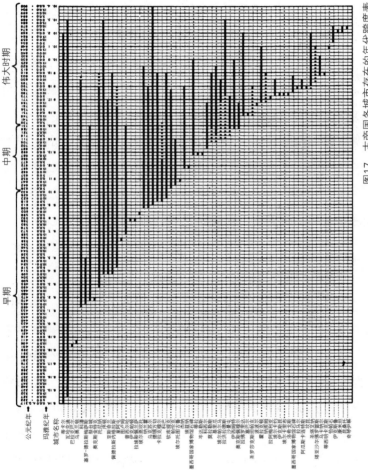

图17 古帝国各城市存在的年代跨度表

坎哈、拉佛罗里达和乌苏马辛塔河流域的埃尔托图古鲁；东南部的基里瓜；埃尔安帕罗、科西尔和西南高地的蒂拉；半岛西北部（墨西哥坎佩切）的杰纳和埃兹纳。在中期建立的14个中心里，只有基里瓜和埃兹纳两座注定将成为重要城市。前者因为拥有一系列完整的、最精美的雕塑纪念碑，后者是因为广泛引人注目的建筑遗迹。

随着古帝国中期在公元731年结束，特普陶器早期阶段也结束了。古老的玛雅帝国现在处于伟大时期的黄金时代，它已经成熟，可以迎来一个非凡的文化繁荣期。石雕已经有四个世纪的历史了，它的主题得到了发展，传统和技术基本固定。展现古玛雅人杰出审美成就的舞台已经搭好，古代玛雅文明中最精彩的篇章即将拉开帷幕。

伟大时期——古帝国的黄金时代、衰落和灭亡

古帝国三期①

在伟大时期的前三个卡顿（公元731年—公元790年），古帝国不仅继续向中部地区，而且向周边外围扩张。虽然只有两个新的大中心，塞巴尔和纳库姆，都在佩滕，在古帝国的这个封闭阶段达到了能够建立纪念碑的能力，但还有八个额外的中型和小型中心，也在佩滕或紧挨着东部：塔亚沙尔佛罗雷斯、波波尔、拉米尔帕、伊克斯鲁、伊克斯昆、蒂西明卡克斯、乌卡纳尔和本克别霍以及至少十二个其他的小型遗址，六个位于紧靠西部的乌苏马辛塔河流域：拉阿梅利亚、埃尔卡约、埃尔卡里布、拉马尔、坎昆和阿瓜斯卡连特斯；两个位于

_____
① 玛雅9.15.0.0.0年至玛雅10.8.0.0.0年（公元731年—公元987年）。——原注

东南高地：圣塔艾纳（恰帕斯）和昆桑托（危地马拉）；一个在东南部的洛希戈斯（洪都拉斯）；三个在更北处：圣罗莎克斯坦帕克、霍拉克顿（坎佩切）和奇琴伊察（尤卡坦），所有这些地方都设法在伟大时期第一次建立了一座或多座纪念碑。

卡顿18末期（公元790年）的古玛雅人正处于审美的最高点。乌苏马辛塔河流域的帕伦克早150年前，也就是中期之初，就已经开始在神庙的石板上制作浅浮雕的杰作，这是一种高度专业化的美学表达方式，只有在这座城市和靠近中心的一两个地方才能找到。公元692年，帕伦克十字架神庙的石碑上出现了一种最典型的图案。最近在帕伦克宫殿群中塔林的一座塔的塔底还发现了一块著名的浅浮雕石板，上面刻满了非常美丽的象形文字，这块石板制作于公元783年。同样位于乌苏马辛塔河流域的亚斯奇兰早在公元692年就开始制作精美的浮雕，但直到公元726年，亚斯奇兰23号建筑结构中非常精美的24号、25号和26号门楣，才达到雕塑的顶峰。35年后的公元761年，这座城市仍然矗立着宏伟的石碑。

佩德拉斯内格拉斯也位于乌苏马辛塔河流域，最早在公元731年伟大时期开始时就达到了最高的美学创作水平，并持续保持着这一高水平，产生了最伟大的古帝国雕塑杰作。一直持续到公元795年，共65年。但是在公元761年达到了雕刻光辉的顶峰，O-13号建筑结构的3号建筑里无与伦比的门楣和装饰墙板是有史以来美洲制造最好的雕塑。

在公元692年至公元795年间，玛雅雕塑在乌苏马辛塔河流域三个伟大的仪式中心达到了顶峰，取得了大约一个世纪以来最伟大的成就。首先在帕伦克，其次是一代之后的亚斯奇兰，最后是又过了一代的佩德拉斯内格拉斯，那里的雕塑艺术达到了空前的高度，不仅就玛雅而言，而且包括所有的美洲地区。

在卡顿18的末尾（公元790年），古帝国达到了它版图广阔的顶点，至少19座不同的城市竖立了标志来纪念这一单独的卡顿：其中的12座，蒂卡尔、纳兰霍、拉洪拉德斯、伊克斯昆、塔亚沙尔、波波尔、坎昆、塞巴尔、阿瓜斯卡连特斯、乌克苏尔、卡拉克穆尔和佩滕的沙曼屯；紧邻乌苏马辛塔河流域西部的佩德拉斯内格拉斯；还有位于东南部的科潘和基里瓜，位于恰帕斯高原西南部的托尼纳、圣塔艾纳和钦库提克，以及位于尤卡坦半岛北部的埃兹纳。

在卡顿19的末尾（公元810年），12座不同的城市竖立了相应的纪念标志。它们是中部地区的瓦哈克通、纳兰霍、蒂西明卡克斯、拉阿梅利亚、卡拉克穆尔和沙曼屯，紧邻乌苏马辛塔河流域西部的佩德拉斯内格拉斯，位于东南部的基里瓜，位于恰帕斯高原的钦库提克、恰帕，以及两座来历不明的雕塑：一座石碑和一座在墨西哥国家博物馆的祭坛。但到了下一个卡顿结束时（玛雅10.0.0.0.0年即公元830年），能够建立相应时期标记的地点从12个减少到3个：中部地区的瓦哈克通和奥克斯佩穆尔，以及恰帕斯高地的蒂拉。

到了再下一个卡顿结束时（玛雅10.1.0.0.0年即公元850年），增加了两个竖立纪念碑的地点，有五个中心在这一天竖立了纪念碑，全部位于佩滕中心区域：塔亚沙尔佛罗雷斯、纳库姆、本克别霍、乌卡纳尔和塞巴尔。此时，古帝国这种纪念活动已经接近尾声了。在接下来的半卡顿的末尾，也就是公元859年，只有序顿和伊克斯鲁建立了纪念碑，二者都在佩滕中心。下一个卡顿晚期，也就是公元867年，有三座城市建立了纪念碑，分别是蒂卡尔、塔亚沙尔佛罗雷斯和塞巴尔，同样都在佩滕。在接下来半卡顿的末尾，公元879年，中部地区的伊克斯鲁和沙曼屯、危地马拉西部高地的昆桑托、尤卡坦东北部的奇琴伊察四座城市建立了纪念碑。

公元879年，古玛雅人在尤卡坦半岛遥远东北角的奇琴伊察和危地马拉西部高地的昆桑托这两座同样遥远的城市建立了纪念碑，而且这两座城市相距很远，直线距离至少有400英里。这是古代玛雅历史上一个奇怪的巧合，不过只是偶然事件，没有什么意义。

古帝国最后一次举行纪念活动是玛雅10.3.0.0.0年（公元889年）。只有中部地区的三座城市在这一天竖立了纪念碑，即瓦哈克通、序顿和沙曼屯。一块来自墨西哥南部金塔纳罗奥州德锡万切的玉石上，或者说是一块小匾额上刻着下一卡顿结束的时间，即玛雅10.4.0.0.0年（公元909年）。这是在古帝国全部境内，甚至整个尤卡坦半岛境内发现的最新的重大纪念日期。

很难想象，古帝国的每座城市都在竖立了最后一座纪念碑后就被立刻废弃。但是事实上，有一些证据表明，特普晚期的陶器在建立纪念碑活动停止后仍然继续发展。毫无疑问，许多玛雅人在古帝国的各座城市不再竖立纪念碑后仍然在那里生活了很久；但我认为这些城市没有继续保留作为仪式中心的重要性，同时文化方面也不足以在艺术、建筑、陶器、宗教等领域延续古玛雅人过去600年的辉煌传统。在领导者离开后留下来的人群，遭受了更严重的文化衰退。过去依赖于精心组织的社会和政府的旧生活方式已经消失了。古帝国最后一批残留的玛雅人，生活在简陋、管理不善的环境中，人数逐渐减少，直到搬到别处，加入那些以前离开的人群之中。在代表整个高级文化综合体的纪念性活动停止后，彻底从古帝国搬离被推迟很长时间似乎是不太可能的，估计最多不超过百年。可以肯定的是，在这一地区最后一座古帝国的纪念碑被建成630年后，当科尔特斯于公元1524年至公元1525年从西北到东南穿过佩滕时，所有古帝国的城市都被完全废弃了。当公元1696年第一批西班牙人看到亚斯奇兰和蒂卡尔时，时间又过了171年，这两座大城市被发现时都长满了茂密的森林。

需要指出的是，在上述古帝国的历史总结中，只提到了那些有年代记载的象形文字铭文的中心。但是古帝国还有无数个较小的定居点，每个定居点都有广场和三座或更多相关的石头建筑，只是没有刻有象形文字的纪念碑，这些地方现在已经成了废墟，如果将它们包括在内，那么古帝国仪式中心的数量将数不胜数。无论在佩滕还是危地马拉，任何一个角落都可以找到较小的仪式中心的遗迹，可以证明古帝国以前的人口密度。由于目前还没有办法确定它们的年代，其中大多数都是无名的，只不过是散布在佩滕的森林中的一小群土丘而已，因此不能归在玛雅古帝国的范畴里。

古帝国衰亡的原因

关于玛雅古帝国的衰落和灭亡，各方面的专家提出了诸多不同的原因——地震；极为剧烈的气候变化；疟疾和黄热病的反复流行；外族征服、内战。在建筑和雕塑方面经过一段时期的强制生产之后，古玛雅人的智慧和审美能力枯竭，随之而来的是相应的社会衰败、政治衰落和政府解体；最后，由于古玛雅人的农业体系未能满足不断增长的人口需求而导致经济崩溃。让我们更仔细地研究每一种说法，然后再在它们之间选择取信哪一种观点。

第一个原因地震活动似乎是最不可能的。这一说法基于两个主要因素：（1）古帝国城市、倒塌的庙宇和宫殿以及被推翻、破碎的纪念碑目前的毁坏状况；（2）紧靠佩滕以南的危地马拉高地发生过严重地震。但是对于这一说法，可以提出以下反对意见：

尽管危地马拉和恰帕斯高地经常发生剧烈地震，但佩滕低地与发生强烈地震的高地的主地震带相距甚远，而且佩滕土壤腐殖质在1码[①]深的地方具有松散的特征，因此不会经历高地的强烈地震；当感觉到地震时，那里的震感会比高地的弱得多。同样，在古帝国的城市看到的所有毁坏场景中，倒塌的庙宇、宫殿和纪念碑，都可以很容易地解释为是速生植物导致的，那些热带植物的生长不可阻挡，最终会把一切障碍夷为平地。最后，无论是旧世界还是新世界，没有一个地区因地震活动而被普遍和永久地遗弃。的确，有个别城市由于地震和随之而来的火山活动而被永久废弃，例如庞贝和赫库兰尼姆，但从来没有整片地区被遗弃的先例。由于目前我们所看到的茂盛植被就足以造成建筑物的破坏和纪念碑的翻倒，因此地震假说应该被排除。

气候变化导致了古帝国城市的毁灭和废弃。这一观点基于这样的假设：由于西半球的整体气候带向南移动，古帝国时期的佩滕低地年降雨量比现在低得多。根据这一假设进一步推断，佩滕的降雨量较低会使当地生活条件更好，包括减少疾病和过于茂盛的植被，植被较少的土地相对而言更容易让玛雅农民适应。后来，在古帝国末期，整体气候带可能再次发生变化，这次是朝相反的方向（向北）移动，使佩滕低地的降雨量增加。旱季变得如此短，以至于灌木不能被有效地燃烧，并且使古玛雅人不得不放弃农业。随着气候日益恶化，疾病越来越

---

① 1码≈0.9144米。——编者注

普遍，直到最后古玛雅人被迫完全放弃该地区，到别处寻找新的家园。

这一假设依据的数据来源于加利福尼亚中部和北部过去降雨的证据，这些证据是由加利福尼亚北部大红杉树轮的不同宽度确定的。虽然这些树轮无疑提供了加州北部长期降雨的准确记录，但加州降雨的变化是否能说明距离加州东南方2500英里的尤卡坦半岛南部地区降雨量也发生了相应变化，这一点非常值得怀疑。更不用提这个解释涉及的其他自相矛盾的地方了：一个地区的气候变化确实有可能对另一个地区的气候产生重大影响，但2500英里这个距离实在太遥远了。这个假设也可以被否定。

疟疾和黄热病的假说：这两种疾病不断重复地流行，使古帝国陷入衰弱，导致人口的大量死亡，因此古玛雅人不得不放弃疾病流行的佩滕低地的那些城市，在其他地方寻求更健康的环境。然而这一解释在一开始就被排除了。原因很简单，疟疾和黄热病在白人来到美洲之前并不流行。众所周知，疟疾是旧大陆的一种疾病，是罗马时代和蓬蒂内沼泽有关的沼泽热。尽管一些权威人士持反对意见，但是几乎可以肯定黄热病起源于西非。新大陆对黄热病最早的描述是公元1648年尤卡坦的流行病，其准确程度足以从疾病描述中做出诊断。这发生在第一批黑人奴隶从非洲西海岸被引进尤卡坦北部很久之后。当他们从非洲过来时，这些人可能已经带来了黄热病病毒。

关于外国征服和内战可能导致玛雅古帝国衰落和随后放弃繁荣地区的说法，应当指出，尚未发现任何此类假设性征服和战争的考古证据。古帝国的雕塑明显缺乏战争的场面、战斗、冲突和暴力的相关表现。诚然，被束缚的俘虏偶尔会被描绘出来，但他们所属的群体很容易受到宗教甚至天文解释的影响，而战争本身几乎肯定与此无关。古帝国的建筑和陶器也没有显示出曾广泛引进外国的、非玛雅的艺术形态，因此，似乎可以排除因外国征服而被遗弃的可能性。内战可能不时席卷古帝国，城邦联盟相互竞争，这并非不可能。我们将在下一章中看到，新帝国的城邦不止一次地卷入了类似的内斗。但是，如果说这种内战最终导致了古帝国地区彻底被废弃，我觉得是难以置信的。

再次，有人认为随着伟大时期的结束，玛雅艺术中的浮华倾向，即奢侈和过度设计变得越来越明显，这表明玛雅帝国晚期在物质、道德和政治上的颓废足以导致城市的崩溃和废弃。即使承认这种颓废成为伟大时期玛雅艺术的主要特征，但也不一定意味着它是由于智力和审美的枯竭造成的。艺术的衰退只是一种更普遍的颓废表征，涉及玛雅文明的各个阶段，这是古帝国时代的普遍特征。

在总结这一问题时，似乎有必要寻找一个更直接的、强制性的物质原因，以解释公元10世纪古帝国的最终崩溃。事实上，似乎可以肯定的是，导致古帝国灭亡和从南部低地撤离的主要力量，其强制性远远超过了上面提出的任何原因——玛雅人的农业体系完全无法满足当时的人口增长所带来的粮食需求。

玛雅农业系统的失败

玛雅人的农业体系将在第八章详细介绍，这里不做描述。如果在任何一个地区长期不间断地实施玛雅人的农业体系，那么它最终将无法生产足够多的农产品来养活常住人口。在公元前的几百年，当玛雅文明第一次在佩滕北部低地发展时，这个地区是一片森林茂密之地。为了获得玉米地而不断清理和焚烧曾经不断生长的森林，逐渐把原始森林变成了人造草原。当这一过程完成时，原始森林被大量砍伐并被这些人造草原取代，古玛雅人的农业就结束了，因为他们无法制造工具来翻土，也没有足够的锄头、镐、耙、锹、铲子或犁。

农业崩塌假说是由美国农业部的植物生物学家首先提出的，不过并未得到证明，但我相信它比其他任何假说都能更好地解释所观察到的考古事实。它最合理地解释了为什么在不同的古帝国中心有纪念意义的纪念碑逐渐停止竖立。我们已经看到，这些事件不是突然发生的，而是分散在大约一百年的时间里。以人造大草原代替原始森林，必须是渐进的，在不同的城市达到一个极限的阶段，并最终在不同的时间造成了城市的废弃，因为它决定了相关的可变因素，如人口规模、定居时间和周边地区的总体生育率。

人们普遍认为，彻底遗弃城市和移居他处是解决绝望经济困境的唯一办法；在这种情况下，各座城市最终被遗弃的时间也不尽相同，正如我们所看到的，最早和最晚走到终点的城市相隔大约一百年。这个解释比其他任何假设都更符合已知的考古事实。

在粮食供应减少后出现的其他不利因素，例如随之而来的社会动荡、政府混乱，甚至对宗教信仰的轻视，无疑都在古帝国的崩溃中造成了影响。但经济的失败——回报递减法则也就是生活成本过高，很可能是玛雅古帝国最终解体的主要原因。

对尤卡坦北部周边地区的占领（公元455年—公元909年）

在开始描述新帝国之前，有必要介绍一下在古帝国时期玛雅文明从古帝国中心向尤卡坦北部输入的情况。尤其是尤卡坦北部在古帝国时期的玛雅化全部受的是古帝国文化的影响，完全早于半岛北部的新帝国的历史。

尽管以玛雅本地编年史的形式提供的文献证据从现在可以帮助我们重建古代玛雅的历史，但在研究这些文献来源前，让我们总结一下玛雅古帝国在半岛北半部迁移安置人口的考古证据，如年代久远的建筑物和有纪念意义的石碑。

在尤卡坦的北部和中部、坎佩切和墨西哥的金塔纳罗奥州，共有22处历史悠久的古迹和建筑物，这些都已在表4中列出。

通过这张表，我们很容易就能看出，这里代表着两组主要的古老城市：一组是东海岸地区的五座城市，从南到北依次为德锡万切、伊克帕顿、图卢姆、科巴和奇琴伊察；另一组是西海岸地区的五座城市，从南到北依次为埃兹纳、圣罗莎克斯坦帕克、霍拉克顿、杰纳和奥克斯金特克。

表4的日期表明，这十个遗址（公元475年—公元909年）与古帝国后面的425年是同一时期的。也就是说，它们都是古帝国的偏远定居点，远离南部文化灵感的主中心，类似于公元1世纪和公元2世纪罗马人在不列颠建立的城镇。

从表4还可以看出，半岛北部的古迹和建筑物中，最早能确定的日期是刻在奥克斯金特克西北角门楣上的象形文字——玛雅9.2.0.0.0年即公元

图18　古帝国雕塑：尤卡坦奥克斯金特克的1号门楣

表4　尤卡坦、坎佩切北部和墨西哥金塔纳罗奥州有确切日期的纪念碑和建筑物

城市	在半岛北半部的位置	级别	纪念碑名称	日期	
				玛雅纪年	公元纪年
奥克斯金特克	西岸地区	三	1号门楣	9.2.0.0.0	475
图卢姆	东岸地区	三	1号石碑	9.6.10.0.0	564
伊克帕顿	东岸地区	四	1号石碑	9.8.0.0.0	593
德锡万切	东岸地区	三	木雕门楣	9.9.5.0.0	618
科巴	东岸地区	二	4号石碑和6号石碑	9.9.10.0.0	623
科巴	东岸地区	二	3号石碑	9.10.0.0.0	633
科巴	东岸地区	二	2号石碑	9.10.10.0.0	642
科巴	东岸地区	二	21号石碑	9.11.0.0.0	652
杰纳	西岸地区	四	1号石碑	9.11.0.0.0	652
科巴	东岸地区	二	5号石碑	9.11.10.0.0	662
埃兹纳	西岸地区	二	18号石碑	9.12.0.0.0	672

（续表）

城市	在半岛北半部的位置	级别	纪念碑名称	日期	
				玛雅纪年	公元纪年
科巴	东岸地区	二	1号石碑	9.12.10.5.12	682
科巴	东岸地区	二	20号石碑	9.12.12.0.5	684
埃兹纳	西岸地区	二	19号石碑	9.13.0.0.0	692
埃兹纳	西岸地区	二	2号石碑	9.15.0.0.0	731
科巴	东岸地区	二	16号石碑	9.15.1.2.8	732
圣罗莎克斯坦帕克	西岸地区	二	5号石碑	9.15.19.0.0	750
圣罗莎克斯坦帕克	西岸地区	二	7号石碑	9.15.19.17.14	751
霍拉克顿	西岸地区	三	最初系列的庙宇	9.16.13.0.0	764
埃兹纳	西岸地区	二	铭文阶梯	9.17.12.?.?	782
奇琴伊察	东岸地区	一	最初系列的庙宇	10.2.10.0.0	879
德锡万切	东岸地区	三	王护额	10.4.0.0.0	909

475年。

　　古玛雅人在纪念碑上用玛雅长历法，也就是文始历日记法记载的确切日期可以提供精确的年代顺序背景，然而最不幸的是，长历法在中央核心地区的古帝国文化崩溃后都没有在任何外围地区长期继续存在。然而，在北方新帝国时期，长历法被缩写形式取替——我们也许可以称之为玛雅短历法。和之前的文始历日记法相比，短历法这种新形式既不那么准确，也不容易理解。正因为如此，新帝国的历史缺乏可靠的年代框架，而古帝国的纪念碑则提供了确信的年代记录。

　　举个例子，在我们的公元年表中，书写日期时使用的常见缩写形式导致了英国和美国用法之间的许多混淆。今年7月4日的完整写法是"公元1946年7月4日星期四"，然而，大多数人用简写的形式，便是7/4/46，一共省略了三个部分：（1）星期的表述，星期四；（2）公元，表示我们公元后的年份；（3）从公元开始到现在，已经过去了1946年，只用"46年"来表示本世纪的当前年份。也许有人会为这种简写形式辩护，认为它对于所有现实需求来说都足够准确，但严格地说这种缩写并不准确。英语在书写日期时几乎也使用相同的缩写形式，但有一个重要区别。美国人把月放在第一位（前面日期中的数字"7"表示7月），然后是日（在本例中是"4"），英国人把这两个位置颠倒过来，把日写在月的前面，因此美国人把"4/7/46"读为

图19　恰帕斯亚斯奇兰11号石碑

1946年4月7日，但是英国人把它读为1946年7月4日。这就造成了美式和英式书写这种缩写日期时的混淆。

玛雅长历法和短历法之间的差异也存在类似情况。短历法我们将在第十二章中看到，虽然短历法以长历法为基础，并且实际上直接脱胎于长历法，与在长历法中表达任何一天的日期信息所必需的十个象形文字相比较，它更简单，只需要两个或三个象形文字来记录任何给定的日期。此外，就像我们自己简写日期的方法一样，短历法没有长历法准确，这使得新帝国的年表相对来说更不可靠，它比古帝国的年表更难理解。

回到半岛北部现在已知的十座确定了年代的城市，我们应该记住，这些城市在地理上分为两组：一般而言，东部城市群在东海岸地区，西部城市群在西海岸地区。

在公元5世纪和公元6世纪，玛雅文明从尤卡坦半岛南部进入半岛北部，应该是一波接一波沿着两条主要的路线迁徙。根据对考古证据的分析，尽管最早的日期物证是在西部（奥克斯金特克的1号门楣，公元475年），但首先可能是沿着东海岸迁徙的，不久开始沿着西海岸迁徙。这点得到了古代玛雅传说的进一步证实，利扎纳神父在《尤卡坦历史》中谈到了这个传说：

最早在尤卡坦建立基督信仰的神父们知道此处的人（玛雅人）有的来自西方，有的来自东方，所以在古代语言中，他们用一种与现在不同的方式来称呼东方。今天他们称东方为"利金"，意思是太阳升起的地方，就像我们一样；称西方为"奇金"，意思是太阳落山或者太阳隐藏起来的地方，也与我们一样。在古代，他们称东方为"塞尼亚尔"、西方为"诺亨尼亚尔"①。塞尼亚尔的意思是小群后裔，诺亨尼亚尔的意思是大群后裔。他们之所以这样说，是因为从东方到尤卡坦北部的人很少，从西方到这里的人很多。他们通过这两个词表达少和多、东和西，也代表少数人来自一个地方，多数人来自另一个地方。

从这段引文中可以看出，玛雅人认为自己其中一些来自东部（实际上是东南部），但更多的来自西部（实际上是西南部），这与半岛北部确定日期的历史遗迹证据非常吻合。既然如此，接下来让我们把上述传说与明确日期的历史遗迹、建筑和文献进行比较。

位于古帝国中央核心区的正北方，即佩滕及其北部文化延伸区（位于墨西哥坎佩切南部和金塔纳罗奥州）的正北方，是一个建筑亚区，被称为切尼斯（Chenes），这是坎佩切南部和中部的一个地区，因为那里有许多大型天然井而得名，玛雅语中的chen，就是"井"的意思。

切尼斯地区的建筑与古帝国有些不同。古帝国的建筑很少依靠表面经过修饰和雕刻的石头元素，非常精细的造型一般是用灰泥粉饰，以用来代替切割的石头。另一方面，在切尼斯的建筑中，雕刻的石头元素广泛应用于建筑的外部装饰，有时整个立面都是精心雕刻的。这一特点在某种程度上明显区分了切尼斯与古帝国的建筑。

尤卡坦北部另一个建筑亚区被称为普克（Puuc）。之所以被称为"普克"，因为它是新帝国许多城市的典型建筑风格，而这些城市

①利扎纳神父在拼写这两个玛雅语单词时有点错误。前者应该写为dzemal，后者应写为nohemal。dze的意思是"尺寸小"或"数量少"，emal的意思是"后裔"——"小群后裔"；noh的意思是"大"，emal的意思是"后裔"——"大群后裔"。——原注

位于尤卡坦中部地区北方被称为"普克"的丘陵地区。它在切尼斯地区的西方和北方。普克风格将在第十三章得到更全面的描述，但这里可以概括一下它的主要特征：比切尼斯的建筑少了更多精心雕刻的立面，更倾向于几何形式，更普遍使用雕刻好的立面元素，而这些元素被筑进里面时已经雕刻完成。普遍使用平的、低的、圆的柱子，要么是一块石头做成的整根柱子，要么是鼓形的石头垒成柱子，还附带平的、方形的柱头。

最后，至少还有一个新帝国的建筑亚区必须注意，这是以尤卡坦东北部奇琴伊察的首府伊察为中心的一片地区，这里的建筑风格受到墨西哥中部高地（伊达尔戈州的图拉）建筑的极大影响。该地区的建筑特征是羽蛇柱、倾斜的立面基底和墨西哥中部高原建筑特有的其他元素。

文明渗透到尤卡坦北部的路线是沿着东海岸地区行进的，风格上无限接近古帝国的建筑传统。科巴是尤卡坦半岛东北部人口迁徙定居时期最大的古帝国中心，这里大部分是典型古帝国式的建筑。半岛东北角的建筑-雕塑的年代学证据表明，它与古帝国的核心地区有着密切的文化联系。这种建筑与古帝国雕塑之间的密切关系在雅苏那地区并不明显。雅苏那是一个中型遗址，位于科巴以西约60英里，在奇琴伊察西南仅12英里。

正是在东海岸地区的定居地，玛雅人开始记载古玛雅的历史，这些文献史料被称为

图20　危地马拉佩德拉斯
内格拉斯12号石碑（前）

《奇兰·巴兰书》，是玛雅人自己记载的编年史手稿。这些本地编年史将在第十二章中得到充分的介绍。我们在这里简单介绍一下，其中已知的只有五本：一本是来自马尼的《奇兰·巴兰书》，三本是来自丘玛耶尔的《奇兰·巴兰书》，还有一本来自蒂西明的《奇兰·巴兰书》。

在这五部编年史中，丘玛耶尔的《奇兰·巴兰书》的第二部和第三部不如其他三部有价值。丘玛耶尔手稿中第三部编年史只是卡顿4阿哈乌[①]至卡顿8阿哈乌的交错序列，冗长而枯燥，不具有任何历史意义上的连续性。它简单地呈现了在这两个卡顿之间发生的系列事件，而没有提到在短历法时代的其他11个卡顿期间的任何事件。丘玛耶尔手稿中的第二部编年史与其他三部更有价值的编年史差异很大。不仅在年表上，而且在描述事件的性质时也有很大不同。其余三部都提到了"小群后裔"，并在这一点上达成了实质性的统一。

马尼手稿关于小群后裔的条目：

后来发现了齐扬卡恩省，即巴卡拉尔省。卡顿4阿哈乌，卡顿2阿哈乌，卡顿13阿哈乌，（非常确切的二十年期，）他们来到齐扬卡恩后统治达60年。在他们统治巴卡拉尔的这些年里，奇琴伊察被发现了，60年。

丘玛耶尔的《奇兰·巴兰书》的第一部编年史要简短很多：

在卡顿6阿哈乌，发现了奇琴伊察。

[①] 由于玛雅历法是循环的，本书中卡顿8阿哈乌、卡顿4阿哈乌等表示的是不同白克顿或者更长时间段的一种称呼。后文此类情况不再单独做注释。——编者注

图21　玛雅地区考古地图

上面最后一段引文中提到的卡顿6阿哈乌可能是玛雅长日历9.1.0.0.0年的6阿哈乌13雅克因，也就是从公元435年到公元455年的20年。巴卡拉尔省目前是墨西哥金塔纳罗奥州的东南角周围的巴卡拉尔湖地区。马尼的编年史提到，巴卡拉尔省是在公元435年至公元455年被发现的，古玛雅人在巴卡拉尔接下来三个卡顿，也就是公元455年至公元514年间发现了奇琴伊察。此外，丘玛耶尔手稿中的第一部编年史记载奇琴伊察是在公元455年至公元514年间被发现的。很明显，这两个史料来源在发现这座城市的日期上达成了一致。

蒂西明的编年史中这样叙述了这一事件：

在卡顿8阿哈乌，有人听说了奇琴伊察，发现了齐扬卡恩省。

这部编年史记载了古玛雅人第一次听说奇琴伊察，并在公元416年至公元435年发现了齐扬卡恩省，关于这个新帝国历史上最早的重要事件的日期，这里的史料再次与另外两部有价值的编年史保持高度一致。

结合这些史料的记载，再考虑到下面这几个因素：（1）东海岸地区的遗迹链；（2）科巴与雅苏那（仅在西边60英里）通过石堤相连，雅苏那位于奇琴伊察西南12英里；（3）在奇琴伊察发现了一个可以清楚辨认的玛雅长历法日期：10.2.9.1.9年（公元878年）——所有这些共同为利扎纳神父谈到的玛雅传统提供了广泛的考古证据。关于小群后裔有如此之多的证据表明，"从东部来到这片土地（进入半岛北部）的人寥寥无几"。

接下来让我们来研究一下西海岸地区的考古背景，看看是否能找到大群后裔的证据。从先前定义的半岛北部三个建筑亚区的研究看

来，切尼斯建筑比普克建筑更古老，而普克建筑又比奇琴伊察的最后
建筑阶段即墨西哥建筑阶段要早。

此外，我们刚刚看到，东海岸地区最早的石头建筑（科巴和雅苏
那）风格总体上接近于古帝国。西海岸地区也是如此，那里最早的石
头建筑类型是在奥克斯金特克发现的，那里也有半岛北部已知最早的
碑文（公元475年）。在公元5世纪下半叶，古玛雅人的迁徙首次将玛
雅文明带到尤卡坦半岛的西北角，这也应该被称为大群后裔的第一次
迁徙浪潮。利扎纳神父说，"许多人"来自西方。

在切尼斯建筑的繁荣地区中，在紧邻古帝国的那一部分，即瓦哈
克通、序顿和沙曼屯发现了古帝国最新的遗迹，距离切尼斯南部边缘
仅25~75英里。

事实上，在南部竖立纪念碑的活动停止后，也许在公元889年到
公元987年之间，古帝国的玛雅人从瓦哈克通、序顿、拉洪拉德斯、
沙曼屯、奥克斯佩穆尔、卡拉克穆尔和佩滕地区中北部其他地方向北
推进，切尼斯地区可能变成了他们的定居地。这可能被认为是第二次
西方迁徙浪潮，它将玛雅文明带到了尤卡坦西北部。随着第二次浪潮
的到来，新帝国的迁移安置人口的活动结束了。

到了公元10世纪中叶，我相信古帝国的城市即使未被完全遗弃，
也已经在很大程度上被遗弃了。新帝国（来自古帝国）的迁移安置人
口的活动已经结束，玛雅文明沿着两条主要的传播线路被引入半岛的
北半部：（1）人口较少，可能更早（公元416年—公元623年）开始迁
徙的小群后裔，他们来自佩滕东北部的古帝国城市；（2）更多的移
民，也就是大群后裔，本身由几个不同的迁徙浪潮组成，其中第一次
早在公元475年就从西南方向迁入，第二次则再往东迁徙，大约2~5个世

纪后（公元652年—公元987年），沿着整个西海岸地区渗透。这两次迁徙都直接起源于佩滕中北部的古帝国中心，也可能来自乌苏马辛塔河流域。

前者很明显是利扎纳神父所说的从东方迁徙来的小群后裔，后者同样明显是从西方迁徙来的大群后裔。至此，迁徙者在半岛北部建立了他们的聚居地，古帝国时期对半岛北部的移民（公元416年—公元987年）结束了。

在结束关于古帝国历史的章节之前，还应该提到尤卡坦北部古帝国时代的另一个重大事件，即奇琴伊察于公元692年被遗弃。

玛雅编年史并没有告诉我们为什么这座城市被遗弃，只是简单地说明了这样一个事实：自公元495年以来，他们在那里安家200年后，在卡顿8阿哈乌（玛雅9.13.0.0.0年即公元692年），离开了奇琴伊察开始向西南穿过尤卡坦半岛，在今天的城镇坎佩切以南的西南海岸重新建立了自己的家园。或者正如玛雅编年史中非常简洁的记载那样："然后他们去察坎普顿建立自己的家园。伊察人在那里有属于自己真正的家。"

公元692年左右，玛雅帝国占领了西南海岸地区，这一点被考古证据充分证实。我们在表4中看到，这一地区有几座城市的历史可以追溯到公元652年至公元751年。这也正是公元692年伊察人从奇琴伊察离开的时间段。

在公元7世纪下半叶和公元8世纪上半叶，古帝国的玛雅人（一些来自奇琴伊察，可能还有一些来自南部古帝国）在这一地区定居，结束了玛雅文明从古帝国传入尤卡坦北部的过程。公元10世纪，一个新的种族占据了历史舞台，另一个时代，也就是新帝国开始了。

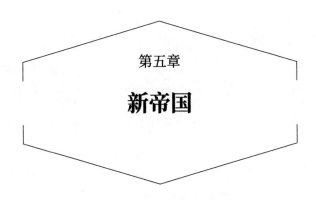

第五章

新帝国

MAYA

新帝国的三个主要时期

古玛雅的历史主要分为两个部分，即古帝国和新帝国，不仅按时间顺序排列，而且在一定程度上也按地理区域排列。按照时间顺序，古帝国正如它的名字所表明的，在任何方面都比新帝国出现得更早。另一方面，从地理上讲，古帝国覆盖了尤卡坦半岛的所有部分，包括北部和南部，但新帝国仅限于半岛北部，除了伊察人在很晚（公元15世纪中叶）才重新占领佩滕伊察湖周围的地区。因此，虽然古帝国覆盖了整个半岛，但新帝国只覆盖了半岛的北部。然而，要记住的重要一点是，古帝国延伸到半岛北部其实只是表面现象，古帝国在半岛北部占领的地方从性质上来说只是不重要的附属地区，古帝国文化灵感的中心始终在南部。

新帝国可以分为三个时期：普克时期，或玛雅文艺

图22　尤卡坦马尼古代地图

复兴时期，即所谓的玛雅潘联盟，从公元987年到公元1194年（新帝国一期，表3）；墨西哥时期，或玛雅潘上升时期，从公元1194年到公元1441年（新帝国二期，表3）；衰落时期，从公元1441年到公元1697年（新帝国三期，表3）。

玛雅文艺复兴和玛雅潘联盟

新帝国一期[①]

如前所述，对于古帝国文化来说，尤卡坦半岛北部的定居地仅属于外围，只是同时期的更高级的秩序在南部古帝国核心区域蓬勃发展的微弱映射而已。但是，随着公元10世纪来自西南部新鲜血液的到来，新的领导者引入了新的宗教、新的习俗、新的建筑、新的生活，并组成了一个政治联盟，即玛雅潘联盟，使尤卡坦北部玛雅人上升到了一个新的文化高度。他们失去了昔日的地方性，特别是在建筑领域，拥有了自己文化灵感的新来源。

普克时期，或玛雅潘联盟时期，可以视为真正的玛雅文艺复兴。在从西南部来的新领导者成立联盟后的两个百年（约公元997年—公元1194年）里，玛雅经历了名副其实的文化重生和复兴，是文化辉煌的第二阶段（新帝国一期，表3）。

来自东南部古帝国的文明渗透，即利扎纳神父所说的小群后裔迁徙现在已经结束了。但是来自西南部的大群后裔迁徙可能还要再延续几个世纪。在短历法的卡顿8阿哈乌，可能是长历法的玛雅10.6.0.0.0

---

① 玛雅10.8.0.0.0年至玛雅10.18.10.0.0年（公元987年—公元1194年）。——原注

年8阿哈乌8雅克斯（公元928年—公元948年），一群讲玛雅语的人开始缓慢地穿过半岛向东北迁移。其中有一部分是伊察人，其他人的首领是库库尔坎。他们源自墨西哥中部（高原），但一直生活在现在坎佩切西南部的钱波通周围地区，已经有大约两到两个半世纪。经过40年的漂泊，他们到达了奇琴伊察，并在那里于卡顿4阿哈乌（公元968年—公元987年）期间建立了首都，当地的编年史绘声绘色地记录了这个伊察-墨西哥族群漂泊时期"在树枝下，在藤蔓下，悲伤不已"。

我们已经看到，奇琴伊察以前已经被来自东南部的玛雅古帝国占领，最初的伊察人是在大约四个半世纪前通过科巴和雅苏那到达那里的。然而，关于伊察-墨西哥族群对奇琴伊察的占领是和平过渡还是武力征服，我们仍然一无所知。

早在公元1566年，兰达主教就在著名的、作为最近的玛雅历史时期（新帝国）资料的主要来源的《尤卡坦纪事》一书中推断，此次占领是和平的：

奇琴伊察是一个非常好的地方，离伊萨马尔10里格①，离巴亚多利德11里格。据说这里由三个首领统治，是从西方来到这里的三兄弟。他们非常虔诚，建造了非常漂亮的神庙，并且都没有妻子，过着非常纯洁的生活。后来其中一个去世或离开了，剩下的两个人因为有失公允和行为不检而被处死……印第安人相信伊察人占领了奇琴伊察，那里出了一位名叫库库尔坎的伟大统治者。奇琴伊察的主建筑被

——————————

① 里格是一种长度单位，1里格在海上一般是3海里，在陆地上一般是3英里。——译者注

称为库库尔坎就证明了这一点。印第安人认为库库尔坎来自西方，但对于他来到奇琴伊察是在伊察人之前还是之后持有不同看法。他们说他是一个好心人，没有妻子或孩子。当库库尔坎返回西方后，在墨西哥被奉为神明，叫作羽蛇神；因为他是一个公正的政治家，所以在尤卡坦也被视为神明，这一点从他在尤卡坦首领死后为了平息随之而来的纷争所采取的措施就能看出。

　库库尔坎在与尤卡坦本地首领商议后决定在其他地方建立一座新的城市，他自己和他们一起搬到新城市居住。为此，他们选择了一个地理位置极好的地方，比现在的梅里达还要深入内陆8里格，距离大海有十五六里格的路程。他们在城市外围修建了一堵很宽的干砌石墙，长约1/8里格，只留下两扇窄门。石墙不是很高，在城市正中间建造了神庙，其中最大的神庙类似于奇琴伊察的主建筑，他们称之为库库尔坎。他们还建造了另一座圆形的建筑物，有四扇门，这与那片土地上的其他建筑完全不同。除此之外，周围还有许多其他建筑迂回地连在一起。在石墙里面只有首领们居住的房屋，首领们瓜分了所有土地，每个人按照氏族的久远和个人价值获得城镇。库库尔坎给这座城市取了一个名字，不过没有像伊察人那样用自己的名字为城市命名（"奇琴伊察"的意思是"伊察人的水井"），而是取名为玛雅潘，意思是"玛雅的规范"，因为他们将这个地区的语言称为玛雅语，而印第安人所说的"伊奇帕"意思是"在围墙里面"。库库尔坎就这样和首领们在玛雅潘一起生活了好几年，他们建立了牢固的和平和友谊。后来库库尔坎原路返回了墨西哥，途中他在钱波通停了下来。为了纪念他和他的离去，他在海里建了一座像奇琴伊察主建筑那样的宏伟建筑物，离海岸只有一步之遥。因此库库尔坎在尤卡坦留下了永久的纪念。

无论是本地人还是西班牙人，他们留下的所有资料都认为这些外来者是墨西哥人，至少库库尔坎和他来自西南方的直接追随者肯定如此。事实上，我们在前文中引用的兰达主教的论述和下面引用马尼的编年史的开篇条目都清楚地表明了这一点：

这是卡顿的清单。他们离开了居住的地方：诺瓦勒。修族在祖尤亚以西。他们来的地方是图拉潘奇科纳乌特兰。据说他们在霍伦·陈·特佩和随从的陪同下经过了4卡顿的旅程，才到达这里。当他们离开这个地区的时候，据说是在（卡顿）8阿哈乌，（卡顿）6阿哈乌，（卡顿）4阿哈乌，（卡顿）2阿哈乌。

81年。他们用了卡顿13阿哈乌中的1顿（年）到了这一带。而他们离开自己的地方来到这里——查克诺维坦，则用了81年。这里总共是81年。（卡顿）8阿哈乌，（卡顿）6阿哈乌，（卡顿）4阿哈乌，（卡顿）2阿哈乌，领袖图图尔·修抵达查克诺维坦。如果他们在查克诺维坦再待1年就满100年了。这里总共是99年。

蒂西明手稿编年史记载了同一事件：

（卡顿）8阿哈乌，（卡顿）6阿哈乌，（卡顿）4阿哈乌，（卡顿）2阿哈乌，81年，在卡顿13阿哈乌的第一顿（年）。（卡顿）8阿哈乌，（卡顿）6阿哈乌，（卡顿）4阿哈乌，（卡顿）2阿哈乌，领袖图图尔·修抵达查克诺维坦，如果再待1年就是100年了。

根据这两段文字，修从图拉潘的诺瓦勒出发，到祖尤亚以西，发生在短历法的卡顿8阿哈乌，我认为这个时期在长历法里是：玛雅10.6.0.0.0年8阿哈乌8雅克斯（公元948年）。该引文中四个地名中有三个源于墨西哥中部的纳瓦特尔，并指出"祖尤亚西边的诺瓦勒"是他们最初来的地方，位于尤卡坦半岛北部西南处的某个地方；而第四个地名是查克诺维坦的土地，很可能是尤卡坦半岛的西南角本身，即古老的察坎普敦。无论如何，从编年史的措辞看来，查克诺维坦的土地肯定在半岛北部的南部或西南部的某个地方。

根据已经引述兰达主教的一段话，离开奇琴伊察后，大概是在卡顿4阿哈乌（公元968年—公元987年）期间，库库尔坎在尤卡坦西北部建立了一座称为玛雅潘的新城市。后来库库尔坎将玛雅潘移交给了当地的统治家族科库姆家族。在库库尔坎离开半岛前，科库姆家族在西海岸的钱波通建造了一座精美的建筑，以纪念他和他从那片土地离开。

最后，根据马尼和蒂西明的编年史，乌斯马尔这座城市是由一位叫阿·祖托克·图图尔·修的领导人在公元987年至公元1007年之间的卡顿2阿哈乌建立的，他和他的族人大概也来自西南部。西班牙的官方历史学家安东尼奥·德·埃雷拉在公元1598年撰文明确指出图图尔·修来自南方。尽管埃雷拉说的是"南方"，但从

图23　乌斯马尔统治家族修家族族谱树

他的陈述中可以明显看出，他真正的意思是西南方：

当科库姆家族生活在这样一个良好的秩序中时，许多人从南部，从拉坎敦崎岖的山坡上进入，他们确信，这些人来自恰帕斯。他们在尤卡坦的荒野游荡了40年，最后到达了几乎与玛雅潘城正对面10里格远的崎岖山区，定居并建造了非常精美的建筑。几年后，玛雅潘的居民对这些外来者的生活方式感到很羡慕，邀请他们到城内为自己的统治者建造住宅。修族（当地人称呼这些外来者）考虑到他们所受的这种礼遇，于是进城为当地的统治者修建房屋。

库库尔坎和他的追随者，包括伊察人和墨西哥人、科库姆家族、修家族，这三种人都是利扎纳神父所说的大群后裔的最后一波移民。

我们在公元10世纪末看到了新势力在尤卡坦北部发展的情况。古帝国的外围中心奇琴伊察被新的王朝控制，这个王朝来自尤卡坦西南海岸的察坎普敦。

玛雅潘，这座注定要成为墨西哥时代尤卡坦北部的政治中心，是由具有墨西哥血统的名叫库库尔坎的君主在奇琴伊察建立的。几乎同一时间，乌斯马尔被另一位领袖建立起来，这位领袖的名字在编年史中称阿·祖托克·图图尔·修。从"修"这个姓中几乎可以肯定他属于墨西哥血统，而其他公元16世纪西班牙消息人士明确表示他是墨西哥人。

当时，这些新来者在公元10世纪末掌控了这个地区的统治权，并建立了另外两座主要的尤卡坦北部城市，形成了一个被称为玛雅潘联盟的联合体。他们究竟是谁？

无论是文献记录还是考古学都不乏证据表明，至少这些首领、贵族和祭司很可能原本是墨西哥人。但如果真是这样，那就是说他们和祖先在占领奇琴伊察并建立玛雅潘和乌斯马尔之前，就在尤卡坦半岛察坎普敦地区生活了足够长的时间——200年到250年，这样才能掌握玛雅语。

所有西班牙的权威人士都同意，整个尤卡坦半岛只说一种语言，那就是玛雅语，尽管后来进入半岛的人带来了具有强烈墨西哥风格的文化，而且他们首领的墨西哥式称谓说明他们的祖先至少有一部分最初来自墨西哥中部，甚至可能来自古托尔特克人的都城图拉。即使这就是事实，但仍然必须指出的是，在掌控尤卡坦北部的统治权前，他们已经在半岛西南部生活了足够长的时间，在语言上甚至在文化上已经完全玛雅化了。

就奇琴伊察和玛雅潘而言，可能这两座北部最早的中心城市是由外来的玛雅-墨西哥人建立的。考古学的证据表明，墨西哥人带来的强大影响是压倒性的，这一点在关于奇琴伊察的介绍中被多次提及。其中很大一部分发生在新帝国时期，而不是纯玛雅（古帝国）时期，在玛雅潘的发现也是如此，尽管程度要小很多。

关于新帝国普克时期历史的开始，似乎可以得出这样的结论，几个关系密切的族群，从首领阶层来看，可能来自墨西哥，但都说玛雅语。他们在公元10世纪后半段从西南部进入半岛，开始掌控尤卡坦北部的统治权，在三个主要城邦建立了玛雅-墨西哥王朝：奇琴伊察的库库尔坎的追随者；玛雅潘的科库姆家族；乌斯马尔的修家族，也叫图图尔·修家族。

就在卡顿2阿哈乌（公元987年—公元1007年）时期，玛雅潘联盟形成了。也许由于作为统治者的入侵者在人口上占据少数，因此感到有必要在新的统治领域中相互保护，这三个城邦的首领便组成了一个被称为玛雅潘联盟的联合体，在这个联合体下共同统治着这片地区。

这个联盟似乎开启了一个普遍繁荣的时代，因为联盟的两个成员奇琴伊察和乌斯马尔在此期间成为新帝国最大的城市，根据我对玛雅城市相对大小的分类，它们是半岛北部唯一属于一类城市的地方。

这两座城市的建筑达到了崭新的水平。在奇琴伊察，雄伟的金字塔神庙及狂野的羽蛇柱是为了纪念新王朝的缔造者库库尔坎，后来他被神化为羽蛇神，即这座城市的守护神；还有巨大的柱廊大厅，以及高高的圆塔天文台，这些都是这一时期特有的典型建筑。另一方面，乌斯马尔在建筑上成了玛雅文艺复兴（普克）的典型。实际上，乌斯马尔统治者的宫殿就是玛雅文艺复兴达到最辉煌巅峰的表现，这可能是古代美洲建造的最精美的大型建筑，另外修女四合院几乎同样壮观。乌斯马尔是此时期玛雅人最大的中心城市，奇琴伊察是玛雅-墨西哥人最大的中心城市。

数不清的城市遍布各处，很多连名字都不知道。而且毫不夸张地说，在公元11世纪和公元12世纪普遍的和平环境下，尤卡坦半岛北部的繁荣程度确实空前绝后。

如前所述，这一时期被称为玛雅文艺复兴时期，艺术和建筑重新繁荣起来，尤其是建筑确实达到了前所未有的水平。这是玛雅文明最后一个杰出阶段。玛雅文艺复兴在公元1194年（卡顿8阿哈乌）结束之后，由于奇琴伊察和玛雅潘之间灾难性的内战（新帝国二期，表3），古玛雅人再也没有在任何领域恢复其文化上的卓越地位，接下来我们会介绍这一事件。虽然玛雅政权在尤卡坦北部又过了两个半世纪才"衰落"，然后再过了两个半世纪才最终在公元17世纪末的佩滕中心地区崩溃。从这时开始，玛雅文明一蹶不振，再也没有恢复过来。

墨西哥时期，玛雅潘的崛起和玛雅文明的衰落

新帝国二期①

奇琴伊察和玛雅潘之间的战争原因仍然不明。马尼和蒂西明的《奇兰·巴兰书》中两段非常晦涩的文字，讲述了伊萨马尔统治者阿·乌利尔的新娘是如何被奇琴伊察的统治者恰克·西布·恰克绑架的，而内战真正的原因似乎是以奇琴伊察为代表的东部地区和以玛雅潘为代表的西部地区长期存在的政治和经济方面的冲突。

此时，玛雅潘的科库姆家族首领是胡纳克·凯尔，有时也被称为阿·纳克西特·库库尔坎，这个称谓从性质上来说可能更像是一个头衔——为了纪念这个王朝的缔造者库库尔坎，可能更像是一个记号性质的称谓，而不是一个名字，正如恺撒的名字最终变成了皇帝头衔一样。在随后针对奇琴伊察的战争中，胡纳克·凯尔召集了驻扎在西卡兰科的墨西哥驻军作为援助自己的雇佣军，西卡兰科位于特尔米诺斯潟湖以西（墨西哥塔瓦斯科东部）。关于这场战争的记载提到了胡纳克·凯尔七位指挥官的名字，这一事实进一步证明了雇佣军的墨西哥血统，他们是——阿·津特尤特·陈、赞特库姆（墨西哥语的桑特科马特）、泰斯卡尔（泰斯卡特）、潘迪米特（潘迪米特尔）、雪楚埃（雪楚埃特尔）、伊兹库特（伊茨考特）、卡卡尔特卡（卡卡尔特凯特），其中肯定有墨西哥人的名字。

---

① 玛雅10.18.10.0.0年到玛雅11.12.0.0.0年（公元1194年—公元1441年）。——原注

兰达主教没有特别提及这些墨西哥首领的名字，但他声称科库姆家族有墨西哥盟友：

科库姆家族首领开始变得贪图财富。为此，他和墨西哥国王驻扎在塔瓦斯科和西卡兰科的驻军商议，把这座城市移交给他们。于是他把墨西哥人带到玛雅潘，欺压穷人，并使许多人沦为奴隶，其他首领要不是因为害怕墨西哥人，肯定会把他处死。图图尔·修从来没有同意科库姆首领这么做。在这种情况下，尤卡坦人发现自己从墨西哥人那里学会了使用武器，很快就成为使用弓箭、长矛、斧头的高手，其他战争工具也都不在话下，还制作了带有棉衬的坚固的盾牌和胸甲。因此，他们最后既不钦佩墨西哥人，也不惧怕墨西哥人；相反，他们根本不把墨西哥人放在眼里，这样的状况维持了好几年。

公元1194年导致玛雅潘联盟解体的战争似乎主要局限于玛雅潘和奇琴伊察，其他较小的城邦没有受到牵连。没有提到玛雅潘联盟第三个成员乌斯马尔的修家族参与其中。兰达主教暗示修家族没有参与这场战争，他说"修家族的首领从来没有同意科库姆首领这么做"，"这么做"指的是科库姆家族在奇琴伊察陷落后对玛雅人的奴役。

然而，这场战争产生了一个直接而明显的政治影响，那就是玛雅潘在接下来的两个半世纪里成了尤卡坦北部的主要城邦。

尽管玛雅本土和西班牙的历史学家对这一时期的事件大都没有记载，但马尼、蒂西明和丘玛耶尔的编年史表明，在奇琴伊察陷落后，伊察人立即在后面2卡顿（公元1194年—公元1234年）企图进行报复。但显然都没有成功。科库姆强迫其他玛雅首领，可能包括被废黜的奇琴伊察统治者和主要贵族，居住在玛雅潘有围墙的城里，并通过副手管理各自城市、城镇和村庄的事务。因此，这些玛雅首领自己成为人质，就这样，科库姆的暴政愈演愈烈，他日益增长的专制统治在墨西哥盟友的帮助下得到了巩固和强化，墨西哥军队进驻了有围墙的科库姆的都城。

兰达主教生动地描述了这些暴君的戏剧性结局：

在科库姆王朝的继承者中，又有一个非常傲慢自大的人，他模仿科库姆，与塔巴斯坎人结成了另一个联盟，把更多墨西哥人安置在城市里，并开始实行暴政，奴役平民。其他首领随后加入了修族的阵营。修族首领图图尔·修像他的祖先一样爱国。首领们密谋杀死科库姆王朝的君主。他们就这样做了，还杀害了他所有的儿子，只有一个儿子不在家而得以幸免。他们洗劫了他的住处，占有了他所有的财产，包括囤积的可可和其他水果，声称这用来偿还从他们那里偷来的东西。

这一事件发生在卡顿8阿哈乌的第一年，即公元1441年。由于科库姆王朝的暴政变本加厉，当时居住在玛雅潘的修家族首领阿·旭潘·修和其他玛雅首领联合起来攻击玛雅潘，洗劫了这座城市，杀死了科库姆的君主和他所有的儿子，只有一个儿子当时因前往乌卢阿进行贸易而得以幸免。在这场战争大获全胜后，胜利者撤退到各自的城、镇、村，尤卡坦的中央集权政府至此宣告结束。

在另一段文字中，兰达主教推断出玛雅潘的创建日期约为公元941年，这与玛雅本土编年史中对此时间描述的（通过科库姆家族首领被杀这一事件）惊人一致：

……建立了这城（玛雅潘）500多年之后，他们撇下它，使它荒凉，各回本乡去了。

根据玛雅编年史，玛雅潘是在卡顿6阿哈乌和卡顿4阿哈乌（公元948年—公元987年）期间建立的。此外，科库姆家族首领被杀发生在公元1441年，向前推500年正好是兰达主教推断的公元941年。可以看出，兰达主教和玛雅本土编年史对于古玛雅人在墨西哥时期最后一个伟大都城的建立时间这个问题上基本一致。

随着玛雅潘的覆灭，半岛北部所有中央集权的城邦都崩溃了，随之而来的是彻底的政治瓦解。所有的大中心都被遗弃，再也没有人居住。尤卡坦半岛分裂成二十来个小的领地，在历史积怨和嫉妒的驱使下，他们陷入了无休止的战争。这些冲突加上玛雅潘覆灭之后的100年间（公元1441年—公元1541年）所发生的各种灾难，构成了解体时期的第一阶段，整个地区陷入政治混乱，并为西班牙在公元1527年至公元1546年间最终征服这里铺平了道路。古玛雅人作为文明领导者的时代结束了；随着玛雅潘的覆灭，新帝国的墨西哥时期走到终点，玛雅文明也几乎彻底瓦解（新帝国二期，表3）。

瓦解时期

新帝国三期[1]

兰达主教在描述尤卡坦半岛从公元1441年玛雅潘覆灭到公元1527

---

① 玛雅11.12.0.0.0年至玛雅12.4.1.0.0年（公元1441年—公元1697年）。——原注

年—公元1546年西班牙人最终征服尤卡坦半岛这100多年间所遭受的各种灾难时，附带地将玛雅潘覆灭这一事件的发生时间确定为公元1441年。五部玛雅本土编年史中的四部（事实上，丘玛耶尔的《奇兰·巴兰书》第三部编年史与其他记载总是不符）以及西班牙早期两大权威著作，即写于公元1656年的《科戈柳多》和公元1700年的《维拉古提尔·索托马约尔》都清楚地确定这一事件发生在玛雅卡顿8阿哈乌（公元1441年—公元1461年）的第一年。

兰达主教写作的时间是公元1566年，当时他这样写道：

自从上次瘟疫爆发以来，50多年过去了，尸横遍野的战争是瘟疫之前20年的事，鼠疫爆发是战争之前16年的事，再往前16年，也就是玛雅潘覆灭后的第22年或23年是飓风。因此，根据这一统计，玛雅潘覆灭已经过去了125年，在这125年里，这个国家的人民经历了上面描述的灾难。

这确定了瘟疫的年份是公元1515年或者公元1516年，战争的年份是公元1496年，鼠疫爆发的年份是公元1480年，飓风的年份是公元1464年，玛雅潘的毁灭是公元1441年。根据蒂西明的《奇兰·巴兰书》和丘玛耶尔的《奇兰·巴兰书》第一部和第二部编年史记载，卡顿4阿哈乌（公元1480年—公元1500年）曾发生过鼠疫。据兰达主教所说，鼠疫发生在卡顿的最开始，即公元1480年。同样，丘玛耶尔的《奇兰·巴兰书》第一部编年史描述了在卡顿2阿哈乌（公元1500年—公元1520年）发生的一场天花。这无疑就是兰达主教推断发生在公元1515年或公元1516年那场"大脓疱使尸体腐烂"的瘟疫。尽管这两项被证实的内容可能不是什么重大事件，但它们表明，作为重建新帝国历史的主要文献来源，玛雅本土编年史具有高度的可靠性。

如前所述，玛雅潘覆灭后，所有较大的城市都被遗弃了。伊察人离开了奇琴伊察，撤向遥远的南方，来到现在属于危地马拉的佩滕省的佩滕伊察湖的岸边，并在湖西端的海角于卡顿8阿哈乌建立了新首都塔伊察，即塔亚沙尔。契尔人是玛雅潘一个显赫的贵族家族，在城市覆灭后，他们在特科建立了主要定居点。被杀的科库姆统治者唯一幸存的儿子聚集了周围的残余民众，在索图塔附近的提伯隆建立了他的统治。甚至胜利者图图尔·修也没有回到乌斯马尔，而是建立了一个新的首都，他们称为马尼，玛雅语的意思是"已经成为过去"。

在尤卡坦被西班牙人征服前的历史上，最后一件重要的事情是公元1536年修家族的统治者和他的亲信前往奇琴伊察的祭祀坑用活人献祭。这是一场不幸的朝圣之旅。如下一章所示，公元1536年的尤卡坦半岛没有一个西班牙人停留。在公元1527年—公元1528年和公元1531年—公元1535年两次试图征服玛雅人失败后，西班牙人第二次从半岛撤军，玛雅人完全摆脱了外国侵略者的侵扰。

这时候，新首都马尼的修家族统治者是阿·尊·修，也被称为纳波特·修，他认为这是一个吉祥的时刻，可以去奇琴伊察的祭祀坑朝圣，用活人献祭，来安抚玛雅诸神。多年来，玛雅诸神一直如此邪恶地对待这片土地，一次又一次地降临灾难，尤其是最近几年的毁灭性旱灾。因为从马尼前往奇琴伊察必须经过索图塔，所以他向索图塔的统治者纳奇·科库姆提出申请，要求朝圣者通过时确保安全。毫无疑问，修家族的统治者害怕纳奇·科库姆的报复，因为他（阿·尊·修）的曾祖父阿·旭潘·修在杀害纳奇·科库姆的曾祖父即玛雅潘的最后一位统治者的过程中起了主导作用。由于这种恐惧，阿·尊·修采取了预防措施，首先确保他本人和他的随从安全通过科库姆家族的地盘。

然而，纳奇·科库姆并没有忘记近一百年前曾祖父被杀的仇恨，他认为当时修家族的背叛是罪魁祸首。他认为这是一个期待已久的大规模报复机会，便非常痛快地答应了阿·尊·修的请求。安全通行的要求得到了许可，很快，一个由阿·尊·修本人、他的儿子也是法定继承人阿·齐亚·修以及其他40名来自马尼的修家族的重要成员从马尼出发，经由索图塔前往奇琴伊察朝圣。纳奇·科库姆带着众多臣民在科库姆首都东南5英里的奥茨马尔会见了他们。

修家族的朝圣者享受了四天的隆重款待，但在第四天夜晚的宴会上，科库姆族人冲上去杀死了所有客人，为纳奇·科库姆的曾祖父报

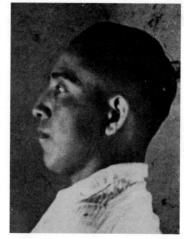

图24　尤卡坦蒂库尔现在的修家族首领唐·尼梅西奥·修和他的大儿子

了仇。这种背信弃义的行为再次让好战的玛雅人陷入分裂。半岛北部最强大的两个家族，索图塔的科库姆家族和马尼的修家族此后一直敌对，直到最后共同迎接灾难性的结局。甚至在公元1536年之前，西班牙征服的第二阶段（公元1531年—公元1535年），修家族就已经投靠了西班牙人，我们将在下一章看到这一点。但另一方面，科库姆家族则坚决不向西班牙人屈服。这无疑进一步加剧了科库姆家族对修家族由来已久的仇恨，而这也是奥茨马尔大屠杀的另一个动机，这场屠杀几乎摧毁了修家族的统治。

这场发生在西班牙征服的第三阶段也就是最后阶段之前不久的大屠杀，决定了玛雅新帝国的命运。当西班牙人在公元1540年回到尤卡坦再次试图征服这里时，他们终于成功了，玛雅人之间的历史积怨完全阻碍了他们联合起来对抗西班牙人。内战导致的疲惫不堪；很多主要土著家族的背叛，尤其是修家族、契尔家族和佩奇家族，从一开始就对白人侵略者很友好；饥荒、飓风、瘟疫等各种灾难，过去百年间这些厄运在尤卡坦半岛交替肆虐；新帝国的玛雅人根本无法抵挡装备精良的西班牙人，最终不得不屈服于侵略者更强大的力量（新帝国三期，表3）。

第六章

西班牙征服尤卡坦

MAYA

玛雅人与白人的第一次持续接触

西班牙的征服即将到来。公元1515年或公元1516年瘟疫大爆发的前四五年，也就是公元1511年，第一批白人来到尤卡坦。第二年，一位名叫瓦尔迪维亚的西班牙官员带着两万金币的皇家财富从达连出发，乘坐一艘轻快帆船前往圣多明各岛，向海军上将迭戈·科隆（克里斯托瓦尔·科隆的儿子，哥伦布的孙子）和圣多明各总督汇报迭戈·德·尼库萨与巴斯科·努涅斯·德·巴尔博亚——被称为"太平洋的探索者"在达连发生的纠纷。然而在牙买加附近被称为拉斯维博拉斯的海岸附近，这艘轻快帆船被发现了，它已经失事，被海浪冲上岸。瓦尔迪维亚和大约18名水手上了一艘没有帆也没有任何食物的小船逃生。这里尤卡坦海流强劲，载着他们向西漂流了14天，其间有7人死于饥饿、口渴和暴晒。其余12人被冲到尤卡坦东海岸，可能是半岛东北角埃卡布省的某处。虽然到了陆地上，他们却遭遇了更大的灾难，被一个不友好的玛雅酋长抓住。瓦尔迪维亚和四个同伴被祭献给了玛雅神灵，然后他们的身体成了玛雅人的盛宴。因为太瘦，不适合食人者的狂欢，杰罗尼莫·德·阿吉拉尔、冈萨洛·德·格雷罗和其他五人暂时幸免于难。阿吉拉尔在描述他们的处境时说："为了另一个即将到来的节日，我和其他六人被关起来，要被养胖，然后用我们的血肉成就他们隆重庆祝的宴席。"

不甘于这种悲惨的命运，阿吉拉尔和同伴们设法逃走了。他们穿过尤卡坦北部的森林，逃到另一个酋长的辖区，这个酋长与之前让瓦尔迪维亚和其他人献祭的酋长是敌人。他比第一个酋长稍稍仁慈，仅奴役西班牙人。但其他人很快都死了，只剩下阿吉拉尔和格雷罗二人。八年后，即公元1519年，当科尔特斯终于到达尤卡坦半岛时，阿吉拉尔仍在为第三个玛雅酋长塔克斯马尔服务。与此同时，格雷罗则流浪到更远的南方，最终来到切图马尔的酋长纳坎身边，还娶了纳坎的女儿，生了孩子。他在这里获得了一个很有权势的职位。公元1519年，当科尔特斯的信使提出可以把格雷罗带回西班牙人身边时，他拒绝了，选择与他的玛雅家人共度余生。阿吉拉尔则奸诈地暗示，格雷罗羞于回到自己的同胞中间来，"因为他的鼻孔、嘴唇、耳朵都穿孔了，脸上做了装饰，手上也刺了图案……当然也是因为他对妻子和儿

图25　尤卡坦奇琴伊察勇士神庙壁画上的战斗场景

女的爱。"

这是玛雅人和白人第一次持续的接触。公元1515年或公元1516年爆发的奇怪瘟疫，也被称为"玛雅死神"或"快速死亡"，这种病症的特点是，患病者身上长出巨大的脓疱，这些脓疱"能让身体腐烂，并散发出恶臭，在四五天内就能让四肢分解"。这可能是可怕的天花病毒，或许是由四五年前瓦尔迪维亚探险队中一些不幸的幸存者传入玛雅的，不过更可能是印第安商人从达连经由陆路传到尤卡坦北部的，众所周知，他们在中间地带来回穿梭。

弗朗西斯科·埃尔南德斯·德·科尔多瓦探险队

公元1517年初，弗朗西斯科·埃尔南德斯·德·科尔多瓦率领三艘船从古巴的圣地亚哥向西航行。他此行的目的是寻找奴隶。目前还不清楚他最先是在哪里看到尤卡坦半岛的。有人认为是在半岛东北点的卡托切角附近，也有人认为他最先在女人岛登陆，而女人岛距离卡托切角不远。之所以称之为女人岛，是因为在岛上的庙宇里发现了被当作神明来崇拜的玛雅女神像。根据后一种观点，女人岛是科尔多瓦第一次登陆的地方。离开这里后，他们转向西北方的卡托切角。然后，沿着半岛北部海岸前进，绕过西北角向南，直接进入坎佩切湾。

他于公元1517年2月23日这天登陆。在坎佩切，西班牙人发现了一座石庙，顶上放置一座神像，"有两只凶猛的动物在吃它的身体两侧，还有一条又长又粗的石蛇在吞咽一头狮子。这些动物身上沾满了献祭的鲜血"。

在这里，他们听说附近有一个大城镇叫钱波通，在同一海岸的更南边，也是他们下一个目的地。钱波通的酋长名叫阿·莫克·库奥，以公然的敌意对待西班牙人，双方随后发生了激烈的战斗。尽管在这场战斗中，玛雅人第一次听到枪声，看到烟雾和火焰，但他们仍英勇作战，让武器装备精良的西班牙人遭受了惨重的伤亡；他们甚至成功地活捉了两名西班牙人，将这两人带走献祭。科尔多瓦也受了不少于33处的创伤，他"不幸地返回古巴"，报告说这片新大陆的美好和富饶，因为在女人岛、埃卡布和坎佩切发现了少量的金饰。

在返回后不久，他因受伤过重死去。

胡安·德·格里哈尔瓦探险队

当时的古巴总督迭戈·德·贝拉斯克斯对这些发现，特别是关于黄金的报告非常兴奋，他便派遣了另一支由他的侄子胡安·德·格里哈尔瓦率领的由4艘船200人组成的探险队。尤卡坦岛的未来征服者弗朗西斯科·德·蒙特霍，也是这支探险队的成员，他们于公元1518年4月初离开古巴。

格里哈尔瓦携带的向导叫安东·德·阿拉米诺斯，他也是科尔多瓦探险队的向导。他们第一次在东海岸的科苏梅尔岛登陆，根据探险队的记载，玛雅人一看到西班牙人就跑了。他们继续沿东海岸向南航行，经过了三个大城镇，并对其中一个城镇做如下描述：

我们日夜沿着海岸航行，到了第二天日落，看到一座非常大的城镇，就连塞维利亚似乎都没有这么壮观。还有人看见那里有一座非常高的塔；岸上有一大群玛雅人，他们拿着两面旗帜上下挥舞，示意让我们靠近，指挥官格里哈尔瓦不想过去。就在同一天，我们来到一个海滩，附近有曾经见过的最高的塔……还发现了一个宽阔的入海口，里面有渔民们立的木桩。

　　格里哈尔瓦在半岛东海岸看到的大城镇，极有可能是古镇札马（可能是图卢姆现代考古遗址），而最高的塔几乎可以肯定是图卢姆的卡斯蒂略神庙。上面提到的大海湾是阿森松海湾，这样命名是因为船队在公元1518年耶稣升天节的那个星期四发现它的。①

　　他们到达了东海岸的最南端，然后格里哈尔瓦从这里再次向北航行，在返回途中第二次到达科苏梅尔岛。船队随后绕过卡托切角和半岛北端，驶向西海岸的坎佩切湾。从坎佩切湾继续向南，格里哈尔瓦发现了特尔米诺斯潟湖，为圣巴勃罗河和圣佩德罗河命了名，然后驶入了塔瓦斯科河。在这一地区，或是紧接着这一地区的西部，也就是他们下一次要去的地方，他们获得了大量的财富，其中就有西班牙人曾经看到的第一批阿兹特克绿松石镶嵌工艺品。沿着海岸向北，格里哈尔瓦第一次听说了阿兹特克民族，他们大概就在韦拉克鲁斯海岸的某个地方。探险队最终到达最北边的帕努科河。在返回古巴的途中，为了报一年前科尔多瓦舰队失败之仇，他们对钱波通的玛雅人发动了进攻。玛雅人再次猛烈打击了西班牙人，打死一人，打伤五十人，格里哈尔瓦"受了两处箭伤，一颗牙齿断裂"！由于此处玛雅人的野蛮强悍，这里被命名为马拉佩利亚港，意为"恶战港"。从钱波通出发，格里哈尔瓦航行至坎佩切湾，与玛雅人再次发生小规模冲突后，

---

① 耶稣升天节在西班牙语中为Ascensión，对应的汉语翻译为阿森松。——编者注

终于回到了哈瓦那。此时，他已经离开古巴五个月了。

埃尔南·科尔特斯探险队

格里哈尔瓦的航行在古巴引起了极大的兴奋，甚至比科尔多瓦的发现还要让人激动。尤卡坦被认为满是黄金的富饶之地，财富在那里向他们招手，等待着勇敢和冒险的人去攫取。西班牙人很快组建了一支包括11艘船500个人和少量马匹的远征队，当时在新大陆的那些马价值几乎抵得上与它们同样重量的黄金。他们开始了第三次远征，墨西哥未来的征服者——埃尔南·科尔特斯担任舰队的指挥，与他同行的还有其他几位船长：未来的尤卡坦征服者——弗朗西斯科·德·蒙特霍，未来的危地马拉征服者佩德罗·德·阿尔瓦拉多，以及迭戈·德·奥尔达斯、冈萨洛·德·桑多瓦尔、克里斯托瓦尔·德·奥利德和贝纳尔·迪亚兹·德尔·卡斯蒂略。他们在征服墨西哥时都赢得了巨大的声誉。

舰队在科苏梅尔岛附近抛锚，科尔特斯在那里停留了几天。他们摧毁了神庙里的神像，并在其中一座神庙中竖起了十字架。在这期间，科尔特斯了解到美洲有一些所谓的"胡须男"。根据印第安人的描述，他们似乎是白人。科尔特斯派了信使去召唤他们。正因如此，我们之前提到的杰罗尼莫·德·阿吉拉尔获救了，并且在后来整个征服时期为科尔特斯担任翻译。

离开科苏梅尔岛后，舰队绕着半岛北海岸航行，到达坎佩切湾，并继续驶向塔瓦斯科河。为了纪念前一年的发现者，塔瓦斯科河被重新命名为格里哈尔瓦河。在塔瓦斯科，科尔特斯被赠予一个美丽的印第安少女玛丽娜尔（出自阿兹特克日历20天中的一天），后来她被命名为玛丽娜，她注定在征服墨西哥时扮演至关重要的角色。

这个女孩的母语可能是琼塔尔玛雅语，也可能是纳瓦特尔语。她的父亲是位酋长，似乎在她很小的时候就去世了。在西卡兰科，她的母亲将她送了人，在塔瓦斯科她又被送给了另外一个人，而这个人又将她送给了科尔特斯。玛丽娜既会说玛雅语又会说纳瓦特尔语，而杰罗尼莫·德·阿吉拉尔会说玛雅语和西班牙语，他们一起充当了科尔特斯在纳瓦特尔人与阿兹特克人间交流的媒介。在征服墨西哥的过程中，尤其是早期阶段，他们发挥了不可估量的作用，因为当时根本没有其他的口译人员。第九章我们还会介绍关于这位墨西哥女孩的故事。

第七章我们会介绍征服阿兹特克人的故事，他们英勇顽强的抵抗和特诺奇蒂特兰城的陷落令人印象深刻，而墨西哥的征服者科尔特斯也会在玛雅人的故事中再次登场。

弗朗西斯科·德·蒙特霍征服尤卡坦

征服尤卡坦断断续续地持续了19年（公元1527年—公元1546年），大概可以分为三个活跃阶段，中间有两个间隔期：

第一阶段（公元1527年—公元1528年），试图从东部征服尤卡坦半岛；

第一间隔期（公元1528年—公元1531年）；

第二阶段（公元1531年—公元1535年），试图从西部征服尤卡坦半岛；

第二间隔期（公元1535年—公元1540年）；

第三阶段（公元1540年—公元1546年），从西部完成对尤卡坦的征服。

尤卡坦半岛的大都督弗朗西斯科·德·蒙特霍，分别于公元1518年和公元1519年参加了格里哈尔瓦探险队和科尔特斯探险队。他并没有参加征服墨西哥的行动，但在公元1519年负责运送科尔特斯从印第安人那里掠夺到的应属于王室的战利品、黄金和其他珍宝从韦拉克鲁斯返回西班牙。同时，蒙特霍还将在西班牙法庭上为科尔特斯辩护，因为科尔特斯离开古巴时的某些抗命行为使他与古巴总督迭戈·德·贝拉斯克斯公开决裂，而最初是贝拉斯克斯授权他负责远征的。

七年间，蒙特霍一直在西班牙宫廷处理关于科尔特斯的纷繁事务，他以自己的名义向西班牙国王提出申请，请求允许他（蒙特霍）自费征服尤卡坦半岛。在公元1526年12月8日的一项皇家法令中，蒙特霍最终被授予世袭头衔"大都督"，这一头衔有时被授予敢于冒险的绅士，他们愿意冒着失去生命和丢掉财富的危险，试图扩大西班牙王室的领土，后来他还被授权为尤卡坦半岛的征服和殖民组建军队。

第一阶段：试图从东部征服（公元1527年—公元1528年）

蒙特霍的舰队由三艘船和三四百名士兵组成[1]，于公元1527年中期在蒙特霍率领下，由阿隆索·达维拉担任副手，从西班牙启航。在圣多明各停下来补充物资和马匹时，为了保证后面物资的及时补给，一艘船被留了下来。另外两艘船在9月底抵达科苏梅尔岛。科苏梅尔

---

① 具体人数，不同研究者有着不同的说法。——原注

岛的酋长阿·诺姆·帕特和平地接待了他们。经过短暂的停留，两艘船驶向大陆，蒙特霍以上帝和卡斯蒂利亚国王的名义占领了它。在埃卡布省繁荣的希勒哈镇附近的某处，蒙特霍以自己在西班牙的出生地萨拉曼卡·德·希勒哈命名，这是在尤卡坦建立的至少七个西班牙人定居点中的第一个——萨拉曼卡。

士兵的不满情绪与日俱增，蒙特霍从八年前科尔特斯征服墨西哥的计谋中得到启发，他在韦拉克鲁斯点燃了他的两艘船，展示破釜沉舟的决心。蒙特霍把40人留在希勒哈，由达维拉指挥，另外20人留在波尔镇的附近。他和其余的125人出发了，周游在半岛东北角的城镇和村庄中间。他们这次造访的城镇现在都消失了。事实上，甚至连大多数城镇的位置都无法确知：沙曼哈、莫基斯和贝尔马，最后一个是埃卡布省最大的城镇，被认为可能是现在东海岸女人岛对面的埃尔梅科。在这里，周围城镇的酋长被召集过来，宣誓效忠西班牙国王。

小部队从贝尔马出发，前往埃卡布省的科尼尔镇，据说那里是由5000间房屋构成的。西班牙人在这里休整了两个月。公元1528年春，他们离开科尼尔，前往乔瓦卡省一个名为奇金切尔，有时也被称为乔瓦卡的城镇。他们在这里第一次与玛雅人发生了激烈冲突。玛雅人趁夜色弃城而去，第二天早晨又猛烈袭击西班牙人，但被打败了。

军队从乔瓦卡迁到阿凯，距离现在的城镇蒂西明北面约10英里，在那里与玛雅人发生了到目前为止最激烈的战斗，1200多名玛雅人在战斗中丧生。在这次战斗中，玛雅人带上了他们在战争中所使用的一切武器：箭袋中的箭、尖端被火烧硬的杆子、锐利的燧石尖长矛、黑曜石做刀锋的双手剑、哨子、能敲碎海龟壳的鹿角、大海螺壳的号角。除了用布遮住敏感部位，他们几乎完全赤裸，身体上用各种泥土涂成不同的颜色，就像是最凶恶的魔鬼，鼻子和耳朵都穿孔，戴着五颜六色的骨头和石头制的鼻环与耳环。

这场战斗的结果是，至少一段时间内，邻近地区所有的玛雅酋长都投降了。

由于多次战斗，远征队的人数一直在减少，最后转移到希西亚和洛切，并从洛切出发，通过陆路途经玛雅东北部的两个省份塔泽斯和丘普莱斯，返回希勒哈。

在返回途中，蒙特霍发现第一个定居点萨拉曼卡正处于绝望的境地。留下的40个西班牙人只剩下了12个，而驻扎在波尔镇附近的20个西班牙人全部被杀。他带走的前往内地的125名西班牙人中，只有60个人返回。整支部队现在还不到100人。

第三艘船从圣多明各到达后，蒙特霍乘着船继续向南航行，达维拉被留了下来。在一个优良海湾，蒙特霍发现了叫切图马尔的定居点，并得知瓦尔迪维亚远征队中的幸存者冈萨洛·德·格雷罗就在附近。尽管蒙特霍派了使者劝他回到同胞中来，但被格雷罗拒绝了，九年前他就拒绝了科尔特斯。因玛雅人故意提供给他们关于各自行踪的错误说辞，蒙特霍和达维拉未能在切图马尔会面。在等了一段时间之后，达维拉最终回到了希勒哈，并把西班牙的定居点迁到了附近的小镇沙曼哈，它被重新命名为萨拉曼卡·德·沙曼哈，也是第二个以蒙特霍出生地命名的定居点。

蒙特霍未能等到达维拉出现在切图马尔，决定继续向南，沿水路前往洪都拉斯的乌卢阿河，在那里掉头，与达维拉在沙曼哈会合。最后，在公元1528年晚些时候，蒙特霍任命达维拉为副总督，留在沙曼哈，自己则环绕着半岛的北部海岸返回新西班牙（墨西哥），结束了

第一次从东部征服尤卡坦半岛的失败之旅。

第一间隔期（公元1528年—公元1531年）

与此同时，蒙特霍被任命为塔瓦斯科市长。公元1529年，蒙特霍带着他的儿子，也叫弗朗西斯科·德·蒙特霍，离开墨西哥城，前往塔瓦斯科任职。在他与儿子的共同努力下，他们把这片地区治理得井井有条，并在塔瓦斯科北海岸附近的西卡兰科建立了第三个城镇萨拉曼卡。

此时，达维拉被从尤卡坦东海岸召回，并被派往特尔米诺斯潟湖以南和以东的阿卡兰省，他在伊扎姆卡纳克建立了第四个萨拉曼卡。然而，蒙特霍并没有在塔瓦斯科的新职位上待很长时间。之前被罢免的西班牙前总督成功地夺回了在塔瓦斯科的权力，并将蒙特霍关入监狱。后来，蒙特霍被允许在西卡兰科的萨拉曼卡与他的儿子团聚。最后，父子俩搬到了尤卡坦西南部的钱波通，达维拉早在他们之前就到了那里，这时，他们开始了对尤卡坦第二阶段的征服活动。

第二阶段（公元1531年—公元1535年），试图从西部征服尤卡坦半岛

蒙特霍从钱波通搬到坎佩切，在那里建立了第五个萨拉曼卡。以这一地点作为根据地，他带领四五百人第二次尝试对尤卡坦发起进攻。达维拉被派往东部的乔瓦卡省。中途他经过了马尼省，当地酋长修热情接待了他。最后，他到达了东南方的切图马尔，并在那里建立了皇家小镇。西班牙人在公元1527年至公元1528年第一次试图从东部征服尤卡坦的时候就已经付出了代价，半岛东部的玛雅人与西部的

玛雅人在能力上颇有差异。东部玛雅人顽强抵抗，达维拉发现自己不得不放弃新建立的皇家小镇，乘独木舟前往洪都拉斯。他到达的最南边是特鲁希略，而后从这里出发，于公元1533年回到坎佩切的萨拉曼卡镇。

公元1531年，达维拉启程前往东部后，蒙特霍父子不得不在坎佩切经受一次猛烈的攻击。在这次攻击中，老蒙特霍差点丧命。他被狂热的玛雅人从马上拖下来，差点被杀死。在一名忠实士兵的帮助下，他才获救。但西班牙人最终赢得了这场战争，坎佩切以北的阿坎努尔省投降了。

接着，蒙特霍派儿子以副总督的身份去征服北部各省，并指示他把抓到的玛雅人分给手下当仆人。他本人留在了新建立的萨拉曼卡镇。小蒙特霍先是去了丘普莱斯省，到达伊察人曾经的首府所在地，当时那里已经完全废弃，树木丛生。丘普莱斯的统治者纳本·丘普莱斯有点不情愿地接待了他，他让小蒙特霍住在自己的家里。小蒙特霍发现当地的玛雅人尽管不那么热情友好，但至少有许多人是服从的，便在奇琴伊察建立了第一座真正的城市，并将该地区的城镇和村庄划分给他的士兵，每个西班牙人被分配两千至三千名玛雅人为自己服务。

在西班牙的统治下，丘普莱斯的玛雅人很快变得不满。他们厌倦了进贡、强迫劳动和陌生白人的种种压迫。六个月之后，纳本·丘普莱斯在玛雅祭司的煽动下试图杀死小蒙特霍，但自己却因此而丧生。他的死增加了丘普莱斯人对西班牙人的仇恨，最终拒绝进贡。在公元1533年年中，他们与邻近的埃卡布省、索图塔省和科克华省的玛雅人一起，封锁了在奇琴伊察的小股西班牙军队。不过，对入侵者来说幸运的是，半岛西部的修、契尔和佩奇部落仍然效忠于他们。

看到整个乡村都在反对自己，小蒙特霍决心放弃这座新建立的皇家城镇，重返西部，与他的父亲会合。皇家城镇听起来似乎很壮观，但实际上它就是一处小军营。根据早期历史学家的说法，为了顺利返回，他采用了这样一个计策：

……终于有一天晚上，他们放弃了小镇。走之前，他们把一只狗拴在钟锤上，又在旁边放了一小块面包，但是狗够不着。白天的时候，他们用小规模的袭扰使玛雅人疲惫不堪，这样等他们离开的时候，玛雅人就没有精力追赶了。拴在钟锤上的狗想吃面包，但上蹿下跳也够不着，于是钟声大作，玛雅人非常惊骇，以为西班牙人又要来袭击他们。后来，他们发现中计之后，决定追击西班牙人，因为不知道西班牙人走的哪条路，所以他们决定往各个方向追赶。那些沿着西班牙人撤离路线追赶的玛雅人追上了他们，并对他们怒吼，像是对着逃跑的人一样大声喊叫。六个西班牙骑兵正在开阔的旷野上等着，他们杀死了很多追上来的玛雅人。有一个玛雅人抓住一匹马的腿，像放倒绵羊一样把马摔倒了。

小蒙特霍终于到达了契尔省吉拉姆，在那里，已经是基督徒的年轻契尔族酋长纳穆克斯·契尔友好地接待了他。到公元1543年春天的时候，小蒙特霍回到察坎省吉比卡尔（现在的梅里达附近）和父亲会合。吉拉姆的情况变得越来越糟。

留在坎佩切的蒙特霍从公元1531年到公元1533年间已经深入到了内陆地区的马尼省，并拜访了修族酋长阿·尊·修。正如前一章讲述的那样，这位修族酋长三年以后，也就是公元1536年，在奥茨马尔失去了生命。在整个征服过程中，修族酋长一再证明了他们和西班牙人之间的友谊，西班牙人最终能在尤卡坦半岛上建立起长久的统治，很大程度上要归功于他们不止一次的及时援助。如前所述，公元1534年春天，蒙特霍父子在吉比卡尔会合，不久后，蒙特霍就在吉拉姆建立了第二座皇家城镇，据说在那里西班牙人曾"遭受了许多贫困和危险"。

当蒙特霍决定返回坎佩切时，友好的纳穆克斯·契尔提出亲自送他到那里，还带着两个表兄弟一起去。虽然纳穆克斯·契尔在大约125英里的陆路旅行中享受骑马的待遇，但他的两个表兄弟也许是在充当人质，都戴着镣铐。老蒙特霍把儿子留在了吉拉姆，希望他尽可能地进行征服和讲和的工作。如前所述，蒙特霍深受坎佩切玛雅人的欢迎，并与达维拉会合。不久，小蒙特霍发现在吉拉姆的地位很难维持，就来到了父亲那里。

就在这个关头，征服尤卡坦的工作遭受了严重的挫折。征服秘鲁的消息，以及关于那里黄金和财富的传说传到了坎佩切，蒙特霍的追随者本来就已经有些泄气，得知这个消息之后更加沮丧；可以肯定的是，他们听到的故事都是真的。西班牙人已经在尤卡坦北部的茂密灌木丛中战斗了七年，这是一个炎热、干燥、不友好的地区，他们在这里发现的黄金连几个头盔都装不满，也没有任何种类的矿藏。而且，他们已经开始意识到，无论多么努力地战斗，都不会赢得像科尔特斯的士兵13年前在墨西哥中部高地或者皮萨罗的追随者如今在秘鲁得到的丰厚回报。面对秘鲁的黄金诱惑，蒙特霍再也无法将他那些本已精疲力竭的士兵们团结在一起。这支人数不多的西班牙军队日渐减少，不得不第二次放弃，至少是暂时放弃了对尤卡坦半岛的征服。最后，在公元1534年底或公元1535年初，蒙特霍和他的儿子、侄子（也叫弗朗西斯科·德·蒙特霍），以及他损失殆尽的残余部队，从坎佩切撤退到了韦拉克鲁斯。

第二间隔期（公元1535年—公元1540年）

自从公元1528年老蒙特霍第一次来到洪都拉斯，他就一直向西班牙国王请求，希望任命他为洪都拉斯省总督。如果蒙特霍获得这一职位，加上他现有的尤卡坦军政长官的职位以及对塔瓦斯科和恰帕斯的某些行政权力，他将获得极大的管辖权——他将是现在的墨西哥南部和中美洲北部地区的统治者。作为对他数次请求的回应，公元1535年他终于被任命为洪都拉斯省总督和总司令，不过蒙特霍在离开尤卡坦半岛前往墨西哥城后才得到这一任命的通知，而且他第二次到洪都拉斯的时候已经是公元1537年。

蒙特霍在洪都拉斯的经历一开始就是失败。当他到达这个地方时，玛雅人爆发了一场起义。起义刚被平息，蒙特霍发现自己与另一位总督佩德罗·德·阿尔瓦拉多之间存在十分严重的矛盾，他是蒙特霍的老战友，被任命为危地马拉总督和总司令。佩德罗·德·阿尔瓦拉多声称自己对洪都拉斯和危地马拉都拥有管辖权。公元1539年8月，蒙特霍被迫将自己在洪都拉斯的权益让给阿尔瓦拉多，以换取恰帕斯省的管辖权。此后，蒙特霍回到塔瓦斯科，小蒙特霍在父亲离开塔瓦斯科外出经略时担任着塔瓦斯科的副总督和都督，驻守那里。

早在公元1535年，一个名叫弗雷·雅各布·德·泰斯特拉的方济会修士就到了钱波通，试图通过和平途径征服尤卡坦。事实上国王曾向他承诺，在他第一次试图通过传教征服尤卡坦之前，所有西班牙士兵都将被驱逐出境。在这里，他取得了一些成功，当时洛伦佐·德·戈多伊上尉突然带领小蒙特霍派来的西班牙士兵出现在钱波通，包围了这片地区。泰斯特拉和戈多伊之间立即爆发了纠纷，泰斯特拉讨厌军事入侵，因此返回了墨西哥。

戈多伊管理下的钱波通局势每况愈下，周围的部落变得越来越好战。直到公元1537年，小蒙特霍不得不将他的堂兄弟从塔瓦斯科调来负责钱波通的事务。后者在这里建立了第六个萨拉曼卡镇——萨拉曼卡·德·钱波通。钱波通的西班牙新领导者的政治策略比戈多伊更高明，他努力劝说玛雅人减少敌对情绪；但匮乏和痛苦仍在继续，西班牙在尤卡坦这个最后的立足点变得越来越不稳定。

第三阶段：小弗朗西斯科·德·蒙特霍从西部完成征服（公元1540年—公元1546年）

老蒙特霍都67岁了，13年来一直试图征服尤卡坦半岛，但收效甚微；他疲惫不堪，幻想破灭，处境尴尬。老蒙特霍嘱托儿子实施积极的征服行动，由堂兄弟弗朗西斯科·德·蒙特霍协助他。

公元1540年，老蒙特霍起草了一份正式文件，将尤卡坦的征服权转交给他儿子，并就进攻玛雅人的路线、在士兵殖民者之间分配土地等问题做出了详细的指示，甚至还交代了在这个尚未被征服的省份选择哪里来设置首府。公元1541年初，小蒙特霍离开塔瓦斯科，乘船前往钱波通。正如前文所述，他的堂兄弟已经在那里驻扎了两年多，在此期间，好战的库奥斯人变得非常友好了。一抵达钱波通，小蒙特霍就将司令部迁至坎佩切，这是他堂兄弟于公元1540年10月4日建立的西班牙城市，也是西班牙人在玛雅北部地区建立的第一个长久的总督府。现在的军队有300到400名殖民者士兵，由小蒙特霍指挥，他的堂兄弟担任副手。

早在公元1541年，小蒙特霍召集所有的玛雅酋长到坎佩切，让他们归顺西班牙国王。修族酋长和一些邻近的酋长服从了召唤，但一直敌对的阿坎努尔省拒绝了。然后，小蒙特霍派他的堂兄弟去征服阿坎努尔人，而他留在坎佩切等待新酋长的到来。他的堂兄弟从坎佩切提纳博出发，在察坎省靠近特霍（现在的梅里达）的地方遇上阿坎努尔人并将其击败。公元1541年夏末，小蒙特霍从坎佩切前往特霍的路上，在图奇坎村庄遇到了更多的修族的小酋长，接受了他们的归附。公元1541年初秋，小蒙特霍到达了他堂兄弟所在的特霍，并在随后的1月6日（公元1542年）圣王节那天，建立了后来成为"非常高贵和忠诚的梅里达城"，这也是在玛雅北部地区建立的第二个西班牙总督府。

1月23日，建立梅里达17天后，当时小蒙特霍为数不多的军队在玛雅大金字塔下面扎营，哨兵看到大批玛雅人护送着一位坐在轿子里的年轻的玛雅酋长向他们靠近。从受到的尊重来看，他显然是一个地位尊贵的要人。起初西班牙人很害怕对方会马上发动进攻，但令他们宽慰的是，玛雅酋长一从轿子里下来，就表明他是为和平而来的。他带来了大量的玉米、蔬菜和家禽，而西班牙人正好饱受饥荒的困扰，这对他们来说是雪中送炭。

通过翻译，这位酋长表示他是大马尼省的最高统治者图图尔·修，对白人的勇敢非常钦佩。他想了解他们，并观看他们的一些宗教仪式。小蒙特霍对事态的好转感到高兴，命令神父主持"对神圣十字架的庄严崇拜"的仪式，所有西班牙士兵都参加了这一仪式。这位大酋长被深深打动，甚至在仪式上模仿西班牙人的动作，表明自己希望成为基督徒。他在西班牙的营地待了两个月，这期间皈依了天主教，临走前，他受洗礼为梅尔乔尔①，因为他是"一个带着礼物的国王"。

这次拜访影响深远，不亚于半岛整个西北部的和平归顺。自从一个世纪前玛雅潘衰落以来，马尼省的修部落一直是尤卡坦北部最强大的政治力量。它和平归顺西班牙的举动，被其余的西部省份效仿，包括势力很大的佩奇人和契尔人。在离开特霍之前，新受洗的梅尔乔尔答应派遣使者到其他玛雅酋长那里，哪怕不是他的附庸，他也力劝他们归附小蒙特霍。在梅尔乔尔的努力下，西部在没有进一步发生战斗的情况下降服于西班牙。然而，东部仍然未被征服。

公元1542年春天，在西部归附后，小蒙特霍派遣他的堂兄弟去了乔瓦卡省。除科克华酋长外，所有的东部酋长暂时都和平地接待了他。5月28日，在进攻科克华之前，副司令蒙特霍在乔瓦卡省的主要城镇建立了巴亚多利德镇，据说那里有六百到一千名居民。在与科克华酋长进行了一次短暂而激烈的战斗后，副司令蒙特霍击败了他们。

而丘普莱斯人在祭司的煽动下，在扎西镇起义，然而很快被制服。小蒙特霍最终到达埃卡布省东海岸，并试图穿过将大陆与科苏梅尔岛隔开的海峡。由于暴风雨，小蒙特霍未能如愿。在这次尝试中，九名西班牙人被淹死，十名西班牙人被玛雅人杀害。关于这些损失的夸张传言怂恿科克华人和丘普莱斯人再次起义。

由于巴亚多利德镇初次选址不理想，小蒙特霍于公元1544年3月14日将居民点移到了已经提到的印第安扎西镇。这里作为现代城市的

① 基督教历史上的东方三圣之一。——译者注

巴亚多利德一直持续到今天。扎西镇是政府的所在和宗教中心，离40个村庄大概一天的路程，方圆40至50英里的范围内还有更多村庄。

兰达主教对东部玛雅人的骚乱做了如下描述：

> 玛雅人悲痛地接受了自己奴隶的身份，然而西班牙人却把这个国家的城镇做了明确的分配，使之成为西班牙人个体的财产。

东部省份丘普莱斯、科克华、索图塔和切图马尔仍然设法保持独立，塔泽斯省也试图保持一定的独立。很显然，对这些地区采取进一步的军事行动在所难免。

征服尤卡坦半岛的行动即将结束，在西班牙取得最后胜利之前，东部地区只发生了一次血腥的起义。这次起义几乎牵涉到东部所有的省份。公元1546年11月8日晚被选定为起义日，也许因为那一天正好是玛雅幸运日"1伊米希日"，也就是玛雅卓尔金历的第一天，这一天是玛雅人神圣的节日。

通过亲西班牙的玛雅人提供的信息，西部的梅里达和坎佩切提前得知了即将发生起义的消息，但在东部，这完全是一场突袭。当时的一位西班牙作家这样说道：

> 公元1546年末，所有这些省份的玛雅人，丘普莱斯人、塔泽斯人和奇金契尔人都起来反抗国王陛下，对西班牙伪军（投靠侵略者的玛雅人）进行大规模的屠杀，还杀死了18名西班牙人，将其在他们的城镇里献祭……除给西班牙人当仆人的400多个玛雅自由人，他们没有留下任何活口，只要和西班牙人有一点儿关系的全部被杀死，包括牛羊

牲畜，无一幸免。直到同年梅里达的援军到来，当地才恢复了和平，罪犯受到了惩罚。

起义开始时，小蒙特霍和他的堂兄弟都在坎佩切等待从恰帕斯赶来的老蒙特霍。老蒙特霍于12月抵达梅里达，但总督府已经派遣弗朗西斯科·塔马约·帕切科上尉率领士兵前往巴亚多利德镇压起义。老蒙特霍从他在钱波通和坎佩切的种植园里召集了一些士兵，并派他们前往巴亚多利德镇接受他侄子的指挥。后来，他的侄子在损失了20名西班牙人和几百名亲西班牙的玛雅人后，最终在一次交战中击败了东部玛雅酋长联盟，并在不久后征服了最南部的乌亚米尔–切图马尔地区。弗朗西斯科·塔马约·帕切科上尉的兄弟梅尔乔·塔马约·帕切科在那里建立了第七个也是最后一个萨拉曼卡镇。这次起义一度严重威胁了西班牙在尤卡坦的权力；但随着公元1546年底这些胜利的取得，尤卡坦征服的第三个也是最后一个阶段，以西班牙人的胜利而告终。

第七章

西班牙征服佩滕

M A Y A

埃尔南·科尔特斯远征洪都拉斯（公元1524年—公元1525年）

墨西哥的西班牙征服者是首先进入玛雅古帝国地区的白人。公元1524年至公元1525年，科尔特斯完成了他从墨西哥到洪都拉斯省的历史性行军。在这一过程中，他也从西北角到东南角穿越了危地马拉的佩滕地区。

科尔特斯于公元1521年征服墨西哥，三年后，也就是公元1524年，他派遣克里斯托瓦尔·德·奥利德上尉去征服遥远的洪都拉斯。到了洪都拉斯的奥利德发现离自己的长官如此遥远，于是抓住机会不再服从科尔特斯的权威并自立山头。反叛的消息传到墨西哥后，科尔特斯于公元1524年10月12日[①]从特诺奇蒂特兰城（地址在今天的墨西哥城）出发，率军前往洪都拉斯准备征服背叛他的奥利德。

这次英勇的长途行军历时六个月，从今天的墨西哥韦拉克鲁斯州的墨西哥港出发，途经危地马拉伊萨瓦尔省，到洪都拉斯省的特鲁希略。这项艰巨的行军任务堪称军事史上不懈努力的典范之一。由于沿途都是沼泽、湿地、潟湖和深河等无法通过的恶劣地形，特别是塔瓦斯科横跨玛雅古帝国中心地区的无路可走的森林和险峻山脉，加上中美洲大西洋海岸平原炎热潮湿的气候，在这些地方行军的困难几乎超

---

① 10月12日正好是哥伦布发现新大陆的日子。——原注

出了人类的忍受范围，而且士兵们始终处于半饥半饱的状态。

科尔特斯带领140名西班牙士兵，其中有93名骑兵，另外还有3000多名来自墨西哥的印第安人，以及150匹马、一群猪、火炮、弹药等物资；而且出于担心，他还不得不把特诺奇蒂特兰城、特斯科科和特拉科潘被废黜的统治者夸乌特莫克（阿兹特克帝国皇帝）、科瓦纳科克斯和特勒潘奎扎尔一起带在身边。这么一大群人穿越未知的恶劣地区，旅程长达500多英里，即使是一支组织严明的现代化军队在拥有精良的营地装备、便携炊具、可折叠住所、蚊帐、压缩干粮和充足医疗用品的情况下，也会被这样的行军大大削弱战斗力和耐力。然而这次远征是在公元16世纪初进行的，离发现新大陆还不到40年，离墨西哥被征服还不到4年。科尔特斯以其卓越的领导才能，以他的勇气、胆识、判断力和外交手腕，尤其是那种不达目的誓不罢休的执着，被人们推崇至极，甚至夸张到令人难以置信的程度。确实，他在公元16世纪穿越玛雅地区的行军堪称人类历史上杰出的成就之一。

科尔特斯进入了墨西哥塔瓦斯科中部的玛雅地区，渡过了现代特诺西克镇的乌苏马辛塔河下游地区。他一路向东，穿越了沼泽和丛林，在公元1525年2月底到达了阿卡兰省。阿卡兰省的统治者是琼塔尔玛雅人酋长帕克斯博隆·阿查。在阿卡兰省西部边境附近的某个地方，或者更有可能是在佩滕西北角附近，发生了科尔特斯辉煌的生涯中最黑暗的一件事：他处决了最后一位阿兹特克皇帝夸乌特莫克和他的同伴特勒潘奎扎尔。

四年前，当这些贵族在特诺奇蒂特兰城向科尔特斯投降时，科尔特斯曾郑重地许诺将保全他们的性命，然而在遥远的阿卡兰省，他背弃了自己的这一承诺。不过必须承认，科尔特斯是受到了相当大的威胁才这么做的。两位亲历者描述了这场悲剧，他们是科尔特斯本人和他的上尉贝纳尔·迪亚兹·德尔·卡斯蒂略。科尔特斯和他的上尉都认为这些阿兹特克贵族在策划一个阴谋，他们准备在荒无人烟的沼泽地和丛林中向西班牙人下手，并试图将他们全部杀死。最近发现的一份文件也证实了科尔特斯的担忧并非毫无根据，这份文件在西班牙塞维利亚的一个政府档案馆尘封已久的文件库中沉睡了三个多世纪。这个档案馆就是著名的印第安人档案馆。文件的日期是公元1612年，距离科尔特斯处决阿兹特克贵族的时间并不算太远，其意义不亚于当时的琼塔尔统治者巴布罗·帕克斯博隆的请愿书。巴布罗·帕克斯博隆是帕克斯博隆·阿查的孙子，公元1525年初科尔特斯经过阿卡兰省的时候，帕克斯博隆·阿查就是那里的统治者。巴布罗·帕克斯博隆写这份请愿书的目的是向西班牙王室申请一份养老金，因为他的祖父在近一个世纪前曾为西班牙王室服务。

巴布罗·帕克斯博隆讲述了夸乌特莫克如何接近他的祖父帕克斯博隆·阿查，并如何敦促他的祖父加入反对西班牙人的阴谋，还对帕克斯博隆·阿查说科尔特斯是如何虐待和抢劫琼塔尔玛雅人的。然而，帕克斯博隆·阿查对夸乌特莫克的提议很谨慎（必须注意到这是巴布罗·帕克斯博隆带有偏见的证词），他亲眼看到科尔特斯并没有抢劫他的子民，恰恰相反，科尔特斯从他们那里得到的所有食物都付了钱。帕克斯博隆·阿查最终把阴谋透露给了科尔特斯。

算上阿兹特克人和阿卡兰省的琼塔尔玛雅人，当时西班牙人与印第安人的比例可能连1∶50都不到，情况非常危险，因此必须立即采取行动。科尔特斯立即逮捕了夸乌特莫克和特勒潘奎扎尔，并毫不迟疑地将他们绞死，但是巴布罗·帕克斯博隆在叙述这件事情时却说两位阿兹特克贵族被斩首。有一部名为《特佩奇潘地图》的阿兹特克象形文字手稿值得关注。这部手稿的年代可以追溯到公元16世纪中叶，似乎表明夸乌特莫克和特勒潘奎扎尔被绞死和被斩首的两种说法可能都是正确的。这部手稿描绘了夸乌特莫克的无头尸体从脚部被倒吊在树上（图26）。树的上方画着代表死亡的阿兹特克象形文字符号，最上面画着夸乌特莫克的象形文字名——一只老鹰停在他的头上。

图26　《特佩奇潘地图》中的阿兹特克皇帝夸乌特莫克之死

　　公元1525年3月5日，科尔特斯带着600名琼塔尔人脚夫离开了阿卡兰省首府伊扎姆卡纳克，向东南方向行进，8天后抵达佩滕伊察湖岸边，来到了伊察省。伊察统治者卡内克率领30名武士乘坐6艘独木舟从伊察首府塔亚沙尔出发，在佩滕伊察湖北岸与科尔特斯相遇。科尔特斯让远征队的天主教神父们一起举行弥撒仪式，这给卡内克留下了极深的印象，他承诺要摧毁神像，皈依天主教。他邀请科尔特斯去拜访塔亚沙尔，尽管科尔特斯的部下都认为这是一场鸿门宴，坚决反对，但科尔特斯还是接受了卡内克的邀请。科尔特斯带了20名西班牙士兵一同前往，其余人则从湖的西端绕到南岸等候。

　　科尔特斯参加完宴会离开前，请卡内克帮他照料一匹自己最喜欢的但已经跛了脚的马，并告诉卡内克他将来会来取这匹马，或者派人来取。关于这匹马后来的故事我们后文中再做介绍。

穿过佩滕伊察湖东南的热带大草原后，科尔特斯的军队进入了一个可怕的地带，这里是玛雅山脉西侧曲折崎岖的地区。他们在这里遇到了一段十分蜿蜒的山路，虽然只有20英里长，但他们却花了12天时间才走完。在这段时间里，科尔特斯损失了超过2/3的马匹，它们要么从陡峭的山坡上摔了下去，要么因为断了腿而不得不被杀死。

从这条艰难的山路出来，他们来到了一条因大雨下了十几天不停导致河水暴涨的大河。他们只得前往上游去寻找合适的涉水点，在路上遇到了一系列"湍急可怕的激流"。在今天的危地马拉边境和英属洪都拉斯西南部，人们会把这种湍急的激流戏称为"感谢上帝"。他们花了两天时间才找到越过这些激流的路线，渡河时又失去了更多的马匹。这支损失严重的小部队于公元1525年4月15日到达了一个名叫滕西兹的村庄。疲惫不堪的远征军在那里休息了两天。

离开滕西兹后，军队在伊萨瓦尔湖以北荒无人烟的丘陵地带，也就是今天的圣克鲁斯山脉迷路了。印第安向导逃跑了，要不是幸运地抓到一个印第安男孩并让他带领他们走出绝路，所有人都会在行军途中饿死。

通过这里之后，科尔特斯第一次得到了他正在寻找的叛徒克里斯托瓦尔·德·奥利德就在尼托的确切消息，而且他们距离尼托只有两天的路程。这令精疲力竭的远征者都无比高兴。我认为尼托位于杜尔塞河的东南岸。

这支疲惫不堪的远征军用三天走完了这场英勇远征的最后一程，最终到达了尼托对面的杜尔塞河西北岸。科尔特斯在这里遇到了这个小殖民地的代表迭戈·涅托。科尔特斯带着十几个同伴立即前往河对岸，剩下的军队在接下来的五六天里陆续过河。

　　在斜穿玛雅地区的行军途中，科尔特斯只访问了一座重要的玛雅中心城市塔亚沙尔，不过他一定经过了离其他几座中心城市只有几英里的地方，特别是帕伦克、佩迪达湖、伊西姆特、波波尔、莫图尔德圣何塞、伊克斯昆和普西尔哈，并在基里瓜东北不远处的尼托结束了他的征程。

科尔特斯远征后的时期（公元1525年—公元1696年）

　　随着尤卡坦半岛被征服（公元1546年），只有一个独立的玛雅部落——位于危地马拉佩滕北部佩滕伊察湖西部强大的伊察族——能够继续抵抗西班牙人，并在长达175年的时间里保持政治独立。

　　伊察人的都城塔亚沙尔距离尤卡坦北部的梅里达（300英里远）和南部高地的西班牙重镇圣詹姆斯（180英里远）都相当遥远。公元1525年，科尔特斯到过塔亚沙尔。在此后近一个世纪里，尤卡坦半岛和危地马拉的西班牙殖民者都没有试图入侵这个偏远而且极端敌对的伊察地区。

　　公元1550年至公元1556年间，几个方济各会传教士从坎佩切到邻近的阿卡兰省传教，他们来到特尔米诺斯潟湖的南部和东部，并最终说服当地的琼塔尔玛雅人迁往离坎佩切更近的地方，以便更好地接受天主教信仰。阿卡兰省的首府也于公元1557年从伊扎姆卡纳克迁往特尔米诺斯潟湖东端的提克谢尔，这里离之前的首府伊扎姆卡纳克有几天的路程。但在东南面更远的地方，好战的伊察人完全被孤立，他们的独立没有被干扰。

公元1618年，两位方济各会神父巴托洛姆·德·富恩萨利达和胡安·德·奥比塔在获得尤卡坦总督的许可后从梅里达出发，试图通过和平方式使伊察人皈依天主教。他们于公元1618年春天离开梅里达，途经东南部的巴卡拉尔湖，随行的还有巴卡拉尔市长和一些玛雅皈依者、教堂司事和唱诗班。由于在这些偏远地区行路的延误，加上印第安向导普遍恐惧伊察人，两位神父跋涉六个月后才成功抵达塔亚沙尔，伊察统治者卡内克①友好地接待了他们。

他们在塔亚沙尔停留了几天，试图让伊察人皈依天主教，但卡内克虽然对传教士举行的弥撒、洗礼和其他仪式非常感兴趣，但仍然坚决拒绝放弃自己的宗教。他告诉神父，根据他们古老的预言，伊察将接受一种新的信仰，但时机尚未到来。

当两位神父在塔亚沙尔城参观的时候，他们看到了一个巨大的神像，形状是一匹马，叫作蒂西明·恰克或"雷马"。我们之前提到过，科尔特斯在公元1525年把一匹跛脚的马交给卡内克照顾，临走时承诺要么亲自来取，要么派人来取。科尔特斯走后，伊察人把这匹马奉若神明，给它献上家禽、肉和花环，但马吃了这些食物之后却死了。伊察人因为这匹马死在自己手上而非常惊恐，为了证明这不是他们的责任，就用石头制作了一个马的神像并敬拜它。看见伊察人敬拜这个神像，奥比塔神父十分愤怒，他对偶像崇拜憎恶至极，冲动之间拿起一块石头把神像打碎了。伊察人对这种亵渎感到愤怒，并要当场杀死两位传教士。但富恩萨利达神父丝毫没有被他们的愤怒所吓倒，反而抓住机会，以雄辩的口才布道，平息了伊察人的愤怒，最终两位

---

① 与答应照顾科尔特斯马匹的卡内克不是同一人。——原注

神父没有受到伤害。在塔亚沙尔住了几天后，他们看到在伊察的传教没有取得任何进展时，便友好地告别了卡内克。卡内克似乎没有因为马的神像被毁而对他们怀有恶意。富恩萨利达神父于公元1618年12月8日返回了梅里达，而奥比塔神父则留在一个位于巴卡拉尔湖附近东南边境的小定居点蒂普。

次年9月，在一些担任向导和仆人的蒂普人的陪同下，富恩萨利达神父和奥比塔神父第二次从蒂普出发前往塔亚沙尔。10月初，他们抵达伊察首府，在那里停留了18天。虽然卡内克一开始仍然很友好，但蒂普人对伊察人产生了怀疑，最后全部都走了，只有三个人回来继续为两位神父服务。事实上，伊察的祭司们越来越嫉妒天主教传教士日益增长的影响力，并最终说服了卡内克的妻子敦促卡内克将他们驱逐出境。一天早晨，神父的住所被一群全副武装的伊察人包围了。伊察武士们将神父和他的同伴赶到湖边，强迫他们和蒂普人一起登上独木舟，并告知他们永远不要再回来，因为伊察人不需要他们的宗教信仰。奥比塔神父的脾气似乎比较暴躁，一年前就是他砸毁了马的神像，这次他也试图反抗，但是一个年轻的伊察武士抓住他的衣领狠狠一摔，神父就被摔倒在地晕了过去。五个人都被推上独木舟，没有食物和水，伊察人希望他们在返回蒂普的漫长旅途中全部饿死。

然而，蒂普人在衣服里藏了一点儿食物，五个人就靠这些食物苦苦支撑，最终返回了蒂普。两位神父在这里休息了几天，认为改变伊察人的信仰还不到时机，便离开了蒂普，在年底前回到了梅里达。

三年后，也就是公元1622年，尤卡坦总督授权弗朗西斯科·德·米罗内斯上尉对伊察进行军事探险后认为，如果情况允许是可以征服伊察的。3月30日，米罗内斯上尉带着20名西班牙人和140

名玛雅人离开坎佩切的奥佩尔琴前往伊察。一位方济各会传教士迭戈·德尔加多六天后加入了这支军队。这支部队行进到了一个叫萨卡卢姆的地方，因为米罗内斯上尉对待玛雅人的方式非常恶劣，德尔加多神父对此深感厌恶，所以决定离开军队，独自继续前进。他偷偷离开营地，经过蒂普前往塔亚沙尔，带走了80名已皈依天主教的蒂普人以及一些来自赫塞尔恰坎的唱诗班和教堂司事。德尔加多神父和他的随从在伊察人的护送下，从湖的北岸来到了塔亚沙尔，伊察人表现出了极大的友好。但当他们到达城里时，所有人都被俘虏，并被当作祭品在神像前献祭，德尔加多神父最后被献祭。然而，他直到临终前还在布道，随后他的胸膛被切开，心脏被取出献给伊察的神灵。公元1623年7月发生的这场可怕屠杀中，共有上百人丧生。

过了一段时间，德尔加多神父和他同伴的死讯才传到梅里达，当地西班牙统治者一听到这个消息，就派人通知驻扎在萨卡卢姆的米罗内斯上尉必须提高警惕。公元1624年2月2日，萨卡卢姆的西班牙人都在村庄的教堂里随着军队神父举行弥撒仪式，没有带武器。这时候，玛雅人突然冲了过来，把他们全部杀死。随后，玛雅人逃到了森林里。几天后，一支增援部队赶到萨卡卢姆，却发现他们被害同伴的尸体被扔在了一个洞里。

在这两次屠杀中，有近250人丧生，其中约1/3是西班牙人，这导致伊察人皈依天主教或者用武力征服伊察人的所有行动都突然停止。大约12年后，也就是公元1636年，虔诚的蒂普人也开始背弃天主教信仰，回到他们以前的偶像崇拜中。就这样，最后一个作为尤卡坦北部和伊察地区间联系纽带的亲西班牙的玛雅部落也不复存在了。

这种状况持续了近3/4个世纪。西班牙人继续巩固他们在尤卡坦和危地马拉的地位，但它们之间的领土主要还是被伊察人控制着。危地马拉的佩滕地区仍然没有被征服，也没有皈依天主教，这使尤卡坦和危地马拉的军事和教会当局一直感到愤怒。

公元1695年6月，时任尤卡坦总督的马丁·德·乌苏亚派遣一支由西班牙士兵和玛雅人组成的先遣队前往坎佩切北部的村庄考伊奇，开始修建一条穿过森林通往佩滕伊察湖岸边的公路，以此作为征服伊察的必要准备。到了月底，修路的工人们到达了坎佩切南部一个名叫诺特胡布的村庄，那里有三名以安德烈斯·德·阿文达诺神父为首的方济各会传教士，他们身边还有玛雅人唱诗班、教堂司事和仆人。神父们像往常一样，很快就厌恶了西班牙上尉帕雷德斯对待玛雅人的方式，于是他们在9月中旬回到了梅里达。

公元1695年12月15日，在雨季结束时，阿文达诺神父再次离开梅里达前往伊察地区，陪同的还有另外两名方济各会传教士、三名来自尤卡坦的玛雅人随从和三名玛雅人向导。阿文达诺神父没有像其他传教士那样绕道蒂普前往伊察地区，而是沿着从考伊奇起始的新修建的公路和玛雅人一起穿过森林，来到了佩滕伊察湖。

公元1696年1月13日，他们到达了湖的西端。住在湖西端的察坎伊察人为他们举行了热闹的宴会，但立刻偷走了他们带给卡内克的所有礼物，事实上除了他们身上穿的衣服，察坎伊察人拿走了他们所有的东西。第二天，卡内克在80艘独木舟的护卫下从塔亚沙尔来到察坎伊察人的村庄与他们会面。一行人回到塔亚沙尔后，神父们被带到一所房子里，他们看到一根马的腿骨挂在一个箱子上，大概是科尔特斯171年前留在塔亚沙尔的那匹马的腿骨。

神父们在塔亚沙尔逗留了三天半，这期间他们给300多个玛雅人施行了洗礼。阿文达诺神父敦促卡内克和他的酋长们向西班牙国王投降并接受天主教信仰。伊察酋长们考虑了这一提议，并表示他们稍后答复。然而最终他们还是决定不接受阿文达诺神父的提议，因为根据他们古老的预言，现在还不是应该放弃他们原有信仰的时候，但这个日子很快就会到来；如果乌苏亚总督过四个月再派神父们前来传教，伊察人将会向西班牙国王俯首称臣，并皈依天主教。

卡内克得知察坎伊察人有一个阴谋，察坎伊察人并不认可之前对阿文达诺神父的答复，并准备在神父们返回的路上将他们杀死。于是他说服阿文达诺神父改变返回路线，经由蒂普和巴卡拉尔湖回到梅里达，这条路线虽然更远一些，但是更安全。公元1696年1月17日晚，三位神父带着四位来自尤卡坦的忠实玛雅随从，在与卡内克及其家人告别后，乘坐独木舟前往湖东端的阿兰村。

从阿兰村开始，厄运和越来越多的困难就一直困扰着他们。答应前来的蒂普人向导没有来，他们在阿兰村等待了两天，这期间阿文达诺神父挫败了一场暗杀阴谋。1月20日，他们踏上了漫长而危险的返回尤卡坦北部的旅程。十天后，他们完全迷失在佩滕东北部无路可走的森林里。起初他们从湖东端出发，沿着东北偏东方向朝蒂普行进。五天后他们来到一条大河旁，很可能是霍穆尔河，就又沿着这条河往下游走了五天，最后绝望地迷路了。

这时他们决定往西走，希望能走到乌苏亚总督以坎佩切的考伊奇村为起始修建的公路。沿着这个方向，他们又坚持了15天，一路上靠着野蜂蜜、煮熟的木苹果和棕榈核勉强支撑。到了2月2日，长途跋涉使阿文达诺神父精疲力竭，他变得十分虚弱，只得和另外两位神父分开。另外两位神父带着一名玛雅人作为向导继续前进，希望能找到一个边境定居点，设法得到一些物资和帮手再回来救助阿文达诺神父。

经过六天的艰难困苦，阿文达诺神父来到一座古城废墟，他这样描述：

前途渺茫，困难重重，虚弱和饥饿使我的力量迅速衰退，这使我明白了我们比斯开人①的一句格言，那就是——是肚子支撑着腿，而不是腿支撑着肚子。

我们经过的这些高山中有许多古代建筑，我认得出其中一些肯定是住人的地方，虽然它们很高，而且我没什么力气，但我还是很困难地爬上去了。这些建筑有一些小回廊和许多起居室，都是有屋顶的，周围是阶梯平台，上面用石灰涂成了白色。这些地方的石灰很丰富，因为所有的山都是石灰岩的。这些建筑的形式与尤卡坦省的建筑不同，尤卡坦省的建筑完全是用打磨的石头砌成的，没有灰泥，尤其是拱门，但这些建筑（佩滕省的建筑）的石头上面都涂有石灰。

从图21可以看出，在阿文达诺神父从佩滕伊察湖东端向东北偏东走了十天，然后又往西北方向走了六天之后，他可能到达的、唯一符合上述描述的古城遗址是蒂卡尔。因此，他应该是第一个看到这座最伟大的古代玛雅城市的欧洲人。

历史性的时刻总是惊人地巧合，就在阿文达诺神父看到蒂卡尔一个月后，一支西班牙探险队在卡波·雅各布·德·阿尔卡亚加的带领下，沿着拉坎敦河和乌苏马辛塔河发现了另一座大型古城遗址，从描

———————————
① 比斯开是西班牙的一个省。——原注

述中可以看出是亚斯奇兰：

> 在另一个士兵登陆点发现了一处遗址。这处遗址有许多石头地
> 基，大多数古老的建筑物已经变成了废墟，看起来像是一个非常古老
> 的定居点。遗址的周长大约为1里格。

就这样，欧洲人在一个月内相继看到了蒂卡尔和亚斯奇兰这两座
玛雅古帝国最大的城市。

阿文达诺神父带着两个玛雅人离开蒂卡尔后①，又向西北方向
行走了三天，最后阿文达诺神父仅存的体力完全耗尽，他再也走不
动了。阿文达诺神父让背着他的玛雅人把他放在一棵树下，点上一堆
火，留下一些水，然后让他们继续前进寻求帮助。那天晚上，一只松
鼠正在玩弄一种在佩滕的森林中常见的热带水果——人心果，它奇迹
般地把这个人心果推到了阿文达诺神父身边，他正好可以用手杖够
到。阿文达诺神父这样写道，他已经太虚弱了，无法移动自己的身
体，但他努力用手杖把人心果拨到了跟前并吃掉了它，这点食物救了
他的命。

第二天早上，他忠实的玛雅人随从带着十个脚夫回来了。昨天
他们在离开阿文达诺神父之后，走上一条宽阔的小径，来到了从考伊
奇村到佩滕伊察湖新路上的坤图奎。他们在这里找到了一些玛雅人脚
夫，并把他们带回来营救神父。阿文达诺神父说，他第一眼把救援者
错看成了天使。2月19日，玛雅人用吊床把他抬到了坤图奎，这时候

---

① 其中一个玛雅人在分开行动后不久就死了。——原注

他已经在佩滕中北部森林里艰难跋涉了31天。在坤图奎，他找到了另外两位方济各会神父和陪同他们的那个玛雅人，他们是18天前离开他寻求帮助的。在坤图奎休息了几天之后，阿文达诺神父和同伴们继续前往梅里达，汇报他们的工作。

征服伊察（公元1696年—公元1697年）

之前已经提到过，尤卡坦总督于公元1695年6月12日开始修建一条从坎佩切的考伊奇村到佩滕伊察湖的公路。到了公元1695年9月，这条公路已通到了坤图奎以外50英里处。但大雨阻止了物资的供应，因此修路的工人不得不返回墨西哥和危地马拉交界处的祖克索克，等待雨季结束再复工。

公元1695年12月底，卡内克派遣一名使者到梅里达求见西班牙总督乌苏亚，总督便确信伊察人终于准备好服从西班牙的统治了。根据这一判断，他命令仍在修路的帕雷德斯上尉前往塔亚沙尔，占领伊察地区。帕雷德斯上尉发现自己无法亲自执行这道命令，便委派佩德罗·德·祖比亚尔上尉率领60名西班牙士兵、一些玛雅人士兵和仆人，以及担任军队神父的圣·布埃纳文图拉神父，代替他接管伊察省。

这时候，新修的公路已经延伸到离佩滕伊察湖不到20英里远的地方，祖比亚尔上尉的军队穿过了最后这段不通道路的森林，于公元1696年1月18日抵达佩滕伊察湖岸边。根据乌苏亚总督的指示，祖比亚尔上尉满怀信心地期待伊察人将和平地迎接他的到来。但令他感到震惊的是，事实正好相反。当西班牙人接近湖边时，他们看到一大队满载着全副武装的玛雅人的独木舟迅速向他们靠拢，大约有两千人。

伊察武士迅速跳上岸，发起猛烈的进攻，抓走了一些亲西班牙的尤卡坦玛雅人，把他们当作俘虏带上了独木舟。圣·布埃纳文图拉神父和一个方济各会的同伴，还有一个西班牙士兵也被抓走了。一个西班牙人在战斗中被杀。这一切发生得十分突然，西班牙人甚至连剑都还没有拔出来。

西班牙人不得不马上投入战斗，勇敢地自卫。但由于伊察武士的人数远远超过他们，祖比亚尔上尉决定撤回帕雷德斯上尉的主营地。第二支人数更多的西班牙军队大约在一天后到达湖边，在遭遇伊察人类似的攻击后，他们中止了继续进攻伊察人的企图。

乌苏亚总督获悉了阿文达诺神父被敌视和祖比亚尔上尉战败的消息后，发现只能通过军队征服伊察人了。他决定再增加100名士兵，并派造船工和木匠建造一艘独木舟和一艘大帆船，以便在湖上航行，从而不仅能控制塔亚沙尔，还能控制湖岸上其他的伊察人村落。乌苏亚立即在梅里达招募了这些人，交给帕雷德斯上尉，命令他尽快完成余下20英里的公路。

这时乌苏亚和他的一个政治对手卷入了一起诉讼案件，虽然后来他赢得了这起诉讼，但在此之前他已经命令帕雷德斯上尉撤回坎佩切，等待来年与更多的部队会合。

公元1696年底到公元1697年初，西班牙人在坎佩切集结了一支军队，这支军队有235名西班牙士兵，还有120名来自索图塔、亚克萨巴、蒂克萨卡尔和佩托等村庄的玛雅人脚夫和公路工人，以及来自马尼省的一些玛雅人脚夫。乌苏亚命令帕雷德斯上尉率领步兵、炮兵以及轻武器、弹药、海军装备和食物补给车向伊察省进发，又命令祖比亚尔上尉率领造船工和木匠前往距离佩滕伊察湖5英里以内的地方砍伐足够的木材，准备建造一艘90英尺长的大帆船和一艘独木舟，并等待其他军队的到来。随后，乌苏亚总督于公元1697年1月24日亲自率领骑兵、私人卫队和王室旗帜护卫队，带着其他补给物资前往佩滕伊察湖。

3月1日，造船的木料都准备好了，整个军队包括炮兵、补给车和木料都前进到湖边，西班牙人在湖边建了一个坚固的营地。这不仅是为了确保部队及补给物资的安全，而且是为了保证建造帆船和独木舟的工作不受伊察人的干扰。

在接下来的十来天里，伊察人对西班牙营地进行了充满敌意的示威。每天都有一队伊察人的独木舟在营地前活动，成群的伊察武士身上画满了彩绘，在陆地上包围着营地。他们敲响战鼓，吹起芦笛，试图削弱西班牙人的士气，一直传递着死亡的威胁。

3月10日，西班牙人看到大量独木舟从塔亚沙尔朝他们的营地驶来，第一艘独木舟上竖着一面白旗。这是一个由伊察大祭司和其他一些酋长组成的使团，他们试图寻求和平。乌苏亚总督友好地接待了他们，并通过他们邀请卡内克在第三天（3月12日）访问西班牙营地。使团向西班牙人分发了许多礼品，包括斧头、弯刀、玻璃制品、耳环、丝带和其他小饰品，然后就回去了。营地也安顿了下来，等待伊察统治者卡内克的到来。

但事与愿违，到了3月12日，卡内克没有出现，反而是一支庞大的独木舟船队（从来没有这么多）正迅速穿过湖面向营地驶来。与此同时，岸上也有无数跳跃着大喊的伊察武士威胁要立即发起进攻。然而夜幕降临时，伊察人的独木舟和岸上的武士都撤退了。

在这个紧要关头，乌苏亚总督召集全体军官一起开会，详细地向他们介绍了目前所发生的事情，并要求每个军官就当下的危机发表自己的意见。所有人的意见都是一致的，都认为继续通过和平手段使伊察人臣服完全是徒劳的，唯一的办法就是用武力征服他们。这项决定获得一致通过后，乌苏亚立刻就在军鼓声中向全军宣读了第二天早晨对塔亚沙尔发起进攻的命令。

第二天，也就是3月13日黎明前，军队举行弥撒并领了圣餐，被选中参加进攻的士兵吃完早饭之后就登上了帆船。乌苏亚亲自率领军队神父、108名西班牙士兵、5名仆人出战。军队神父的助手是卡内克的一个侄子，这个伊察人从一开始就对西班牙人很友好。乌苏亚留下了127个西班牙人和所有玛雅人弓箭手、修路工人和仆人作为营地的守军。

由玛雅人划桨手驾驶的帆船在黎明时分向塔亚沙尔驶去。乌苏亚在船上又宣读了前一天的命令，军队神父为所有忏悔的人做了祷告，并赦免了所有人。

没过一会，帆船上的人看见两边侧翼都有几只伊察人的独木舟从岸边划出，船上的伊察武士大声喊叫着，还用武器威胁他们。但乌苏亚没有理会他们，命令划桨的人全速驶向塔亚沙尔，在清晨的阳光下，这座城市看得一清二楚。

很快，伊察人的独木舟的数量越来越多，以至于当帆船靠近塔亚沙尔的岸边时，完全被独木舟包围了。这时候，西班牙人不仅看到了塔亚沙尔岸上由石头和泥土城墙组成的防御工事，还看到了满是房屋的山坡，包括高地上的金字塔和神庙，还有大量全副武装准备抵抗的伊察人。在塔亚沙尔以及周围较小的岛屿上，每一个可以站人的地方都是充满敌意的伊察人，他们正准备用生命来保卫他们的家园。

帆船进入伊察人的弓箭射程之后，西班牙人毫不在意周围充满敌意的示威，只是继续向岸边驶去，陆地上和独木舟上的伊察人见此情景，一边大声喊叫一边向帆船射出一阵箭雨。尽管遭到箭雨的袭击，乌苏亚仍然保持冷静，他在一片喧嚣中大声喊道："都不要开火，上帝站在我们这边，我们没有理由害怕！"

伊察人越来越近，箭越射越密，面对士兵们越来越不耐烦的情绪，乌苏亚仍然不让开火，他大声喊道："不准开火！所有的武器都不准开火！违令者死！"野蛮的伊察人误认为这种克制是懦弱，他们嘲笑西班牙人不仅已经被打败，而且还要被杀死并被吃掉。

这时候，西班牙总督最后一次试图劝说伊察人，他命令帆船减速并通过一名翻译让伊察人停止喊叫，让他们冷静下来，告诉他们西班牙人到这里来是为了和平和友谊，而不是战争，除非伊察人立刻放下武器，否则伊察人自己就要对接下来的屠杀负责。

翻译把这些话大声重复了好几次，伊察人听清了乌苏亚的劝说，但他们还误认为这种忍让是软弱，还嘲笑西班牙人，继续射来一阵阵箭雨。

西班牙人挤在帆船的甲板上，他们没有被箭射死真是一个奇迹。尽管拥挤不堪，但只有两个人中箭受伤，一个是胡安·冈萨雷斯中士，另一个是士兵巴托洛姆·杜兰。

杜兰因为受伤而怒火中烧，他忘记了乌苏亚反复强调的不准开火的命令，拿起手中的火绳枪朝伊察人射击，于是有其他人立即效仿他的做法，纷纷开火，很快船上的所有士兵都拿起武器向伊察人射击。西班牙人是如此地渴望战斗，以至于他们甚至没有等帆船完全靠岸就跳进过膝深的水里冲了上去。乌苏亚和他们一起用火绳枪朝伊察人射击，声音震耳欲聋。即使战斗已经到了这种程度，这位西班牙总督仍然表现出了仁慈，因为他阻止士兵们发射火炮和投石器，在战斗中只允许使用杀伤力较小的武器。如果火炮开火，屠杀将变得更可怕，因为敌人太多了，伊察人的独木舟都挤在一起，有的甚至挤到了火炮的炮口前。

西班牙人上岸之后继续开火，伊察人很快就被火绳枪的威力吓坏了。他们放弃了塔亚沙尔和其他地方的阵地，拼命逃跑。从统治者到平民，每一个跑到湖边的伊察人都疯狂地向对岸游去。塔亚沙尔和湖边陆地之间的那片水域又宽又深，而湖面本身已经是如此地拥挤，以至于游泳几乎是不可能的。许多人都在疯狂的逃跑中丧生。

乌苏亚手里拿着剑和盾牌率领得胜的西班牙人一起向山上跑去，船上留了20名士兵把守，他们从甲板上射击。独木舟上的伊察人的困境和陆地上那些人一样糟糕，他们也试图跳进湖里，游向陆地逃离。很快，几乎所有伊察人都泡在了水里，塔亚沙尔完全沦陷。

战斗在早晨八点半结束，穿越湖面、战斗以及赢得胜利的过程都很迅速。塔亚沙尔山顶上竖起了西班牙王室的旗帜，其他制高点也都被西班牙人攻占。乌苏亚到达山顶的一座巨大神庙，在这座神庙里，乌苏亚和他的上尉以及两位神父祈祷感谢上帝，不仅感谢他们的胜利，也感谢上帝保佑他们未遭受任何生命损失。整个冲突中只有前面提到的两个西班牙人中箭受伤。每个人都因为战争的圆满结束而互相祝贺，乌苏亚真诚地感谢官兵们的过人勇气和坚定的信念，正是他们的奋不顾身才赢得了这场史诗般的胜利。

战斗就这样顺利结束了，看到塔亚沙尔的统治者被西班牙人击败，伊察人感到深深的恐惧，整个佩滕伊察湖和湖岸周围的伊察人都投降了，没有进一步的抵抗。乌苏亚正式将塔亚沙尔改名为"圣母玛利亚和伊察的圣保罗"。因为当天早上从营地出发前，帆船附近的水面奇迹般地出现了圣保罗像。

在把士兵们分成几个小分队来守卫城里的不同地区之后，乌苏亚和军队神父巡视了21座神庙，打碎了伊察人神庙和房屋里的无数神像。这里的每个伊察人家庭里都有至少两三个陶土烧制的神像。他们的神像数量如此之多，光是毁坏和焚烧这些神像，整个军队就从战斗胜利后的早上八点半或九点左右忙到了下午五点半。这时候，司号员才吹响"收兵"的号声，将士兵们召集到一起，开始了这天清晨以来的第一顿饭。

作为这一天的最后一项活动，乌苏亚和两位神父选择了伊察人的主神庙作为天主教上帝的圣所。伊察人最近就是在这里举行了可怕而野蛮的活人献祭仪式来祭祀他们的神灵，而现在这个地方成了天主教上帝的圣所。

因此，在这一天的黎明时分到上午九点之间，伊察人的势力被彻底摧毁，最后一个独立的玛雅政治实体也被置于西班牙国王的统治之下，尽管以西班牙国王的名义进行的正式占有仪式推迟到了第二天，也就是公元1697年3月14日。

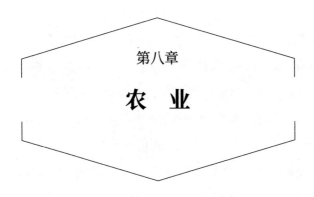

第八章

农　业

MAYA

新大陆农业的起源

我们所有的植物学家都同意，新大陆的高度文明最初的发展与种植玉米有关。玉米是前哥伦布时代美洲印第安人的生活支柱，事实上今天生活在美国南方的人们也是如此。但是关于玉米起源于美洲的什么地方这个问题，始终没有一致的答案。有一个学派认为农业发源于南美洲的秘鲁高原，而另一个学派则认为农业发源于中美洲北部，更具体地说是危地马拉西部高地。由于这两个学派都承认玉米是新大陆最先种植的农作物，因此玉米在美洲的起源地也可以回答新世界农业的起源地这个更重要的问题。

这两个学派对立的观点基于不同的事实。一个学派认为，哪里发现的玉米品种最多，那么这种谷物就一定是在哪里培育起来的；而另一个学派则认为，无论玉米的种类和数量多少，都必须有一些原本就可以培育的始祖植物或者亲缘植物。如果我们接受以数量最多的玉米品种作为起源地的决定因素，那就必须承认秘鲁高地是最早种植玉米的地区，因为秘鲁的玉米品种比美洲任何其他地区都要多；而另一方面，如果我们接受以关系最近的亲缘植物作为起源地的决定因素，那就必须着眼于危地马拉，因为所知的仅有的两种可以和玉米杂交的禾本科植物都在危地马拉：一种是一年生高大草本植物大刍草，另一种是摩擦禾属的几个品种。

那些认为印第安玉米的起源地在秘鲁的学者肯定完全忽略了玉米的这两种亲缘关系极近的植物。正如一位著名的植物学家敏锐地指出：

> 他们（秘鲁起源假说的支持者）从玉米的谱系里剔除了大刍草和摩擦禾属植物这两种仅有的亲缘植物，这样一来，玉米就没有现存的亲缘植物了，因此他们可以声称玉米起源于南美洲某种未知的始祖植物。
>
> 他们将玉米和摩擦禾属植物的一种罕见杂交品种认定为正式的杂交品种，并以此为证据剔除了大刍草和玉米之间的关系。然而，曼格尔斯多夫（秘鲁起源假说的主要支持者）和其他一些人完成的这个杂交实验是有复杂条件的，不可能经常发生，因为这个实验必须用玉米作为母株，然后只有打开玉米的外壳并刮去里面的丝絮才能完成。杂交品种本身不育，只是偶尔会产生雌雄蕊同花的花粉粒。根据他们的推测，这种花粉粒能使另一株玉米受精，然而我们现在所知的二次受精或者回交产生的野生玉米品种应该就是从大刍草衍生而来的。

因此，他们假定这种杂交品种是先前驯化的植物（玉米本身）和另一种摩擦禾属的野生植物杂交的结果，从而将危地马拉西部广泛分布的野生物种大刍草从玉米的始祖植物中排除，这些支持秘鲁是玉米起源地的人就可以自由地将玉米的地理起源设定为新大陆的任何地方。由于他们认为古秘鲁人有这几个特点：（1）他们比西半球的任何人都早培育出更多的玉米品种，（2）他们是具有非凡能力的农业家，可能是前哥伦布时代新大陆最熟练的农民，因此只需要进一步假设古代秘鲁人已经发现了一种早期玉米始祖植物并将其广泛传播。这种假想中的早期玉米始祖植物是某种野草，与我们现在的有稃玉米非常相似，但是没有垂穗，种子蕴藏于穗状花序里，简而言之，这是一种雌雄同花的野草。

上面关于玉米起源的解释，许多基因技术方面的意见都是否定的，因为这种解释将一个极其复杂的生物学问题处理得过于简单化了。但除强烈相反的生物学迹象之外，该假设还要面对另外两个更强烈的反对意见。到目前为止，这两个尖锐的质疑都没有得到令人满意的解答：（1）南美洲任何地方都没有发现这种被认为是早期玉米始祖植物的野草；（2）在这个假设下，这种早期玉米始祖植物应该是一种比已知的大刍草和摩擦禾属植物更原始的野草。简而言之，这种尚未发现的假想中的早期玉米始祖植物不仅是玉米的始祖，而且也是大刍草和摩擦禾属植物的始祖。如果能证明这一点，这个假设就不会与任何一位植物学家的观点相冲突，因为所有人都认为整个玉米种属最原始的始祖植物就是一种开着美丽花朵的野草。事实上，自从曼格尔斯多夫和他的同事卡梅伦最近发表的研究报告认为危地马拉是玉米品种起源地的第二中心以来，即使是坚定支持南美洲是玉米起源地的学者也开始动摇。曼格尔斯多夫和他的同事在报告中这样说道：

即使对这批玉米（来自危地马拉西部38个地区）只进行粗略的研究，也能立刻证明危地马拉西部玉米品种的多样性。危地马拉西部地区的面积不到艾奥瓦州的一半，而玉米品种可能比整个美国的还要多。

曼格尔斯多夫还说，尽管他在中美洲看到的任何一种玉米样品中都没有发现能做成爆米花的玉米，但他相信肯定存在这种玉米食物，因为其他种类的玉米食物，例如玉米面、晒干的硬玉米和玉米碎粒都很常见。简而言之，这个地区的玉米食物种类达到了最丰富的程度。

另一方面，中美洲北部原生的大刍草和摩擦禾属植物比玉米更原始，尽管根据秘鲁起源假说，南美洲早期玉米始祖植物要更原始一些。虽然玉米在美洲的起源地这个问题还远没有定论，但大刍草和摩擦禾属植物这两种玉米的亲缘植物都存在于危地马拉是不可否认的事实，根据这一事实我可以得出结论，即使还存在争议，但中美洲北部高地比秘鲁高原更有资格作为印第安玉米的起源地。

根据玉米的起源地是中美洲地区的假说，应该是在相当遥远的年代，大刍草偶然与另一种野草杂交，从而产生了玉米。

综上所述，我们可以肯定关于玉米的起源有三种理论，且没有一种理论可以将另外两种充分证伪，这三种理论分别是：（1）通过变异、突变、选择等传统生物学方法从大刍草培育而来；（2）大刍草与某些未确定的禾本科植物杂交而来；（3）从一些已经灭绝，或者至今仍未知的早期玉米植物培育而来。前两种理论假设玉米起源地在危地马拉西部的某个地方，第三种理论则没有地理限制，甚至不排除来自欧洲大陆。选择南美或北美作为玉米起源地在很大程度上取决于个人偏好，因为既没有经验也没有判断标准，来帮助我们决定哪种情况更有可能发生，所以我们不知道到底是假想中的南美洲早期玉米始祖植物已经灭绝，还是从大刍草到玉米的中间突变阶段的植物完全消失，只留下了最初形态和最终形态的植物物种。

我认为后一种情况更有可能发生，因为这是我们目前的动植物物种从其始祖物种中衍生出来的普遍方式。我还相信，玉米起源于危地马拉西部，因此新大陆的农业也起源于危地马拉西部。在这个理论中，关于为什么古代秘鲁人比古玛雅人驯化了更多植物这个问题，真正的解释并不是因为农业起源于古代秘鲁人，而是因为他们所在地区的自然条件和严酷的气候迫使他们利用每一种可能利用的植物。

玛雅玉米农业

现代玛雅人种植玉米的方法与过去三千年或更早时候的方法完全相同。这是一个简单的过程，即砍伐森林、焚烧干枯的树木、种植玉米以及每隔几年开垦新的玉米地。事实上，即使在今天这仍然是美洲潮湿的热带地区唯一的农耕活动，而且对于生活在像尤卡坦半岛北部那样树木繁茂、岩石多、土壤浅地区的原始民族来说，不能使用犁，也没有牲畜，这种方式确实是唯一可行的方法。

这种农业体系被称为米尔帕农业。"米尔帕"这个词来自阿兹特克语，意思是"玉米地"。之所以这样命名，是因为西班牙人最开始是在墨西哥接触到了这种种植印第安玉米的方法，而且从公元16世纪开始，用阿兹特克语的"米尔帕"这个词来表示玉米地的做法已经逐渐传播到了整个墨西哥地区和中美洲。尤卡坦玛雅语中表示玉米地的词是"柯尔"，而各种玛雅语言都有类似的词来表示玉米地。确实，种植玉米在今天仍然是玛雅人最重要的一项活动，就像古玛雅人一样。

就我们现在所能判断的情况来看，从古帝国时期甚至更早以前到现在，玛雅人的玉米农业并没有发生实质性的变化。在那些遥远的年代里，他们主要的甚至仅有的农业工具就是耐火的栽植标桩（玛雅语为xul）、石斧（玛雅语为bat）以及用来运送玉米种子的纤维编织袋（玛雅语为chim）。除了这几种古代的农具，现在的玛雅人增加的最重要的新工具是大砍刀，也叫钢弯刀，这种弯刀大约有2英尺长。另外，钢斧取代了原来的石斧，带铁尖的栽植标桩代替了原来的尖头木棒。事实上，在尤卡坦北部，其他的农业体系几乎都行不通，因为那里的地形很不利于农耕。虽然偶尔会出现6英寸到2英尺深的凹坑，但土壤非常浅，通常不超过几英寸厚；裸露的石灰岩非常多，因此任何可以翻土的农具，例如犁、耙、镐、锄、锹、铲子等，都无法在这样的土壤中发挥作用。美国农业部的专家研究了玛雅人种植玉米的方法，他们宣称这是当地唯一可行的农业体系，只有这种方法可以耕种尤卡坦北部岩石多、土壤浅的土地。现代农具和机械在玛雅北部地区是多余的。

因为玉米在现代玛雅人的饮食中占据了如此重要的地位，玛雅人吃的食物中有75%到85%都是某种形式的玉米，所以我们有必要清楚地了解玛雅玉米农业及其步骤，这些步骤从古至今的变化并不大。

玛雅玉米农业分为11个不同的步骤或阶段，具体如下：（1）确定田地位置；（2）砍伐森林和灌木；（3）焚烧干燥的灌木；（4）为玉米地围起篱笆；（5）种植玉米；（6）除草；（7）折弯玉米秆；（8）收割玉米；（9）储存玉米；（10）剥玉米；（11）把玉米运回村里。

1. 确定田地位置。为新玉米地选址是最重要的一步。每个玉米种植户至少要花一天的时间来仔细寻找合适的土壤，根据生长在土壤上的树木的高度和密度来确定土壤的种类：树越高，树丛越密，土壤就越肥沃。另一个可取的因素是靠近水源。尤卡坦半岛土地干燥，地表水非常少，种植玉米的农民总是在尽可能靠近水源的地方寻找他的玉米地：要么靠近天然水井，要么靠近小池塘，越近越好。玉米地和种植玉米的农民居住的村庄之间通常不会超过一定的距离。通过对尤卡坦省北部5个村庄的调查发现，162个玉米地与最近的村庄相距2英里至15英里不等。在今天，尤卡坦北部玛雅人的房屋和玉米地之间的平均距离是3.5英里。但据说危地马拉高地出现了一个极端情况，某个村庄的玛雅人必须到50英里以外才能找到合适的林地来种植玉米。一些玛雅人已经耗尽了周围成片的森林，他们不得不越走越远，直到找到合适的森林或灌木丛来种植玉米，有时从他们住的地方走到玉米地需要两天的路程，收获的时候再用肩膀把玉米扛回家。

选定玉米地后，玛雅农民通常会把它分成边长65.6英尺（20米左右）的正方形，在每个正方形的四个角上堆起一堆松散的石头作为标记。在测量土地时，玛雅农民使用的绳子通常比20米稍长。事实上，尤卡坦半岛北部使用的这些测量绳索的平均长度是21.5米（大约70英尺）。玛雅人说"因为要考虑鸟吃掉的玉米"，所以测量正方形的田地时必须放大一点儿。

2. 砍伐森林和灌木。今天的玛雅人可以用钢斧或钢弯刀砍倒灌木。他们会在日出后不久就开始砍伐灌木丛，一直持续到下午的早些时候。通常一天要开垦两个正方形的玉米地，也就是大约0.2英亩①。由于尤卡坦的玉米地平均大约有100个正方形（10至12英亩）那么大，所以开垦整个玉米地平均需要50天。玛雅人通常在8月，也就是雨季最高峰的时候砍伐树木，这时候的树木充满水分，更容易砍倒。先砍低矮的小树、藤蔓和灌木丛，然后是高的树。倒下的树木有时会堆成一堆以便焚烧。已经种了一年的玉米地直到焚烧前几个星期才会被灌

---

① 1英亩≈4046.86平方米。——编者注

木覆盖，这些灌木在这几个星期里可以抑制住杂草的生长。

在古代，砍伐树木这个步骤所需的时间肯定比现在长得多，也比现在辛苦得多。古玛雅人使用的是石斧，用这种工具砍倒灌木和大树毫无疑问是一个非常耗时的过程。现在的玛雅人由于引进了钢斧和钢弯刀，大大提高了清理玉米地的效率。

3. 焚烧干燥的灌木。砍倒的灌木会被2月和3月（玛雅历法的雅克因月）的炽热阳光完全晒干，然后在3月或4月焚烧。为了确保良好的"燃烧"，玛雅人会选择刮大风的日子焚烧灌木。他们拿着火把在风吹来的方向从几个地方点燃灌木，还会不停地吹着口哨召唤风神以助火势。因为在灌木被烧完之前，要是风突然停了，那所谓良好的"燃烧"就彻底失败了。火焰必须借助强劲的风，才能确保干燥的树木完全燃烧。

考古学证据和文献记录都表明，焚烧玉米地的日子是由玛雅祭司精心挑选的。例如，在古帝国城市科潘，10号石碑和12号石碑矗立在相对的两座山上，这两座山围绕着科潘山谷的西侧和东侧。两座纪念碑的直线距离大约是4英里，从12号石碑观察10号石碑的真实方位是北纬81°9′。它们高出科潘河的海拔高度几乎一样，分别是600英尺和900英尺。从12号石碑可以观测到，每年4月12日太阳会在10号石碑正后方落下，9月7日再次在正后方落下。有人认为，4月12日正好是科潘地区焚烧玉米地的时间，而这个日子也是祭司们选择的焚烧玉米地的正式日期。在科潘城东西两侧的山上选定特殊位置竖立10号石碑和12号石碑这两座纪念碑的目的，就是用它们确定一条特定的视线，以确定科潘地区玉米地的焚烧日期。我们可以想象，每年4月12日下午的晚些时候，科潘的祭司们聚集在东侧山上的12号石碑周围观察日

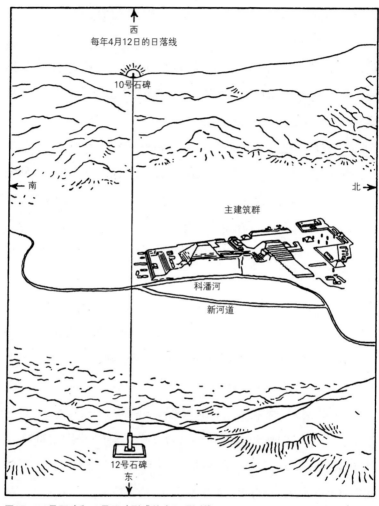

图27 10号石碑和12号石碑形成的太阳观测线

落。经验告诉他们，在这一天，太阳会在10号石碑正后方落下。4月
12日晚上，当太阳从10号石碑的正后方消失时，他们就派遣信使跑着
越过山谷和周围的山丘通知科潘周围的玛雅人，众神已经下令让他们

第二天焚烧玉米地。10号石碑和12号石碑的四面都涂上了深红色，今天在当地被称为"涂色的石头"。

文献资料中也有证据表明，在新帝国时期焚烧玉米地的日子具有重要的仪式意义，因为它是由祭司选定的。《佩雷斯古抄本》中特别提到了关于焚烧玉米地的仪式，上面这样写着"在这一天，'焚烧者'拿起火种；在这一天，'焚烧者'点燃火焰"等等，这显然是在描述焚烧玉米地时要遵循的仪式程序。

奇怪的是，在尤卡坦半岛焚烧玉米地从不会引发森林火灾。即使在旱季，森林和灌木丛也因为太翠绿而难以燃烧。玉米地的火势扫向周围的森林，确实有一些玉米地边缘的植物被烧死，但火势并没有深入翠绿的森林太多，而是逐渐熄灭。在今天的墨西哥，有法律要求在焚烧玉米地时必须在田地边缘设置防火带，以防止火灾蔓延到邻近的森林。但实际上，玛雅农民在远离城镇和村庄的玉米地里很少会注意这些防火条例。尽管他们不理会这些法律，但尤卡坦的森林火灾实际上从未发生过。

4. 为玉米地围起篱笆。由于古玛雅人没有驯养动物，没有马和牛等牲畜，所以玉米农业的围篱笆这个步骤在古代不是必要程序。现在的玛雅人才会在玉米地周围扎起篱笆，尤其是玉米地靠近城镇或村庄时，篱笆就必不可少了。这些篱笆是临时性的工程，用木棍围起来，简单地搭在一起，最多只能维持两三年。然而由于玉米地连续种植的时间实际上从未超过两年，所以这些临时篱笆的寿命在玉米地种植期间是够用的。

5. 种植玉米。种地是玉米农业最重要的操作步骤之一。玛雅人会在第一场雨后立即开始种植玉米，所有善良的玛雅人都虔诚地相信圣

图28　用栽植标桩
种植玉米

十字架日，也就是5月3日，这一天肯定会下雨。事实上，至少在尤卡坦省，这一天确实通常都会下雨。虽然播种最迟可以在6月中旬进行，但是几乎所有玛雅农民都会在第一场雨之后，5月底之前完成玉米的播种。剥出足够用于种植10到12英亩（100个正方形）玉米地的玉米种子需要2天的时间，而这样一块玉米地完成播种需要12天的时间。玛雅人每英亩使用大约9.5磅玉米种子，而美国人的做法是每英亩只使用大约8磅。玉米播种在我们之前提到过的带铁尖的栽植标桩戳出的洞里。这些洞大约4到5英寸深，沿着原始的地形特征大致排列成行。每个洞里扔进3到6粒玉米，每个洞相距大约4英尺。平均每个玉米洞里会长出2到3根玉米茎。通常10到12英亩的玉米地大约有5000个玉米洞。豆子和南瓜籽有时会与玉米粒同时放进洞里，然后把洞堵上。

兰达主教在大约400年前描述了玛雅人种植的玉米过程：

他们在许多地方种植，这样一来，如果一个地方不发芽，其他地方也足够了。耕种的时候他们只是把灌木丛清理干净，然后焚烧灌木以便播种。他们会在1月中旬到4月之间完成这些工作，然后在下雨的时候种下种子。他们把一个小袋子扛在肩上，用一根尖棍子在地上挖个洞，然后在里面撒五六粒玉米，再用棍子把洞堵上。当下雨的时候，种子就会神奇地生长。

　　从几百年前的描述可以看出，玛雅人种植玉米的方法，从古至今似乎都没有发生什么变化。

　　6. 除草。不同的玉米地在生长季节（5月—9月）需要除草的次数差别很大。在很高的灌木丛里开垦出的新玉米地只需要在玉米长到大约2英尺高时除一次草，这时候杂草也会长到2英尺高甚至更高。然而第二年的玉米地需要更频繁地除草，在玉米成熟之前必须除草两次甚至三次。当人们意识到第二年的玉米地除草比新玉米地除草需要耗费更多时间和劳力时，不禁要问：为什么今天的玛雅人总是会在同一块玉米地上连续种植两年？

　　第二年的玉米地里的杂草和藤蔓要比待垦新玉米地的多，这主要是因为今天的玛雅人用大砍刀除草。古玛雅人除草的时候会把杂草连根拔除，这样可以把散落的杂草种子控制在最低限度。而今天的玛雅人用大砍刀砍掉杂草，于是杂草种子会散落在周围。尽管这种差别看起来很小，但实际上对玉米地可以连续种植的时间产生了重大影响。当杂草像古代那样被连根拔除时，杂草和玉米的竞争被充分地消除了，因此玉米地可以连续种植两年、三年、四年，有时甚至连续种植五年后才不得不放弃。今天在尤卡坦，第二年的玉米产量普遍要比第一年减少10%至20%，这不是由于土壤肥力枯竭，而是由于使用大砍刀除草不彻底引起的杂草和玉米竞争导致的。

　　土壤肥力枯竭并不是造成玛雅玉米地产量下降的主要原因，这一点在卡内基研究所位于奇琴伊察的玉米试验田里得到了证实。每年收获后，研究人员都会从这片玉米地采集土壤样本。十年来，对这些土壤样本的年度分析表明，玉米生长所需的含氮盐并没有明显减少，土壤化学成分的恶化程度也不足以导致玉米年产量下降。因此，造成今天玛雅玉米产量下降的主要原因应该不是土壤肥力下降，而是除草不彻底引起的杂草和玉米竞争。综上所述，我认为今天的玛雅玉米地只能连续种植两年，而古代的玛雅玉米地可以连续种植四五年甚至更多年后才会被放弃这一事实主要是古代和现代除草方法不同导致的结果。

7. 折弯玉米秆。玉米成熟时，要把玉米秆折弯。农民们会在9月或10月玉米穗成熟后折弯玉米秆，这种做法在整个中美洲普遍存在。应该指出的是，在美国的玉米种植中没有这种做法。玛雅人有一种玉米两个半月成熟，另一种四个月成熟，还有一种六个月成熟。尤卡坦的玉米长得很高，平均高度为12到13英尺。成熟的玉米穗下面的玉米秆会被弄弯，直到玉米穗垂向地面。玉米秆被折弯之后，玉米就开始变硬。玛雅人说折弯玉米秆的目的是防止雨水进入玉米穗，因为玉米穗进水后会发霉；而且在这种情况下，鸟类啄开外壳获取玉米粒的机会也比较少。

8. 收割玉米。折弯玉米秆大约一个月后，一般是在11月份，玛雅人开始收割玉米。收割在1月和2月达到高峰，一直会持续到3月到4月。他们用木头、骨头或鹿角做成的别针剥去外壳。这个初步操作只是去除表面的外壳。1个人大约3天就能收获1英亩地的玉米，平均每英亩玉米地的净产量约为17或18蒲式耳[①]，如果是带壳的玉米约为35蒲式耳。

9. 储存玉米。玛雅人储存玉米方法各不相同。在尤卡坦东北部，人们在玉米地建造凸起的长方形储存槽，玉米没有脱壳或刚刚剥掉玉米壳就储存进去。储存槽是小树枝和茅草屋顶搭成的，这两种材料在

---

① 在美国，1蒲式耳≈35.238升。——编者注

附近的森林中随处可见。玉米棒尽可能垂直地放在一起。最后剥皮，也就是去除内部的壳，通常是在5月份种植新一季的玉米之前完成。在尤卡坦岛中北部，玉米棒会被剥掉，然后运回村里，储存在一个用棕榈叶围成的圆形仓库里。这个仓库占据着房间的一端，从地板一直延伸到天花板。

10. 剥玉米。玛雅人剥玉米的方式有这样几种：（1）手工剥玉米。有时全家人坐在玉米地的棚屋里，一起忙碌地剥玉米；（2）把玉米棒放在吊床里，吊床里可以放10到15筐玉米棒。用棍子使劲敲打吊床，玉米粒会从吊床的网眼中掉到地上；（3）把玉米棒放在木杆架上，架子四周围着茅草防止玉米粒散落，然后用长棍子敲打玉米棒，玉米粒像第二种方法一样从木杆的间隙里掉到地上。剥玉米的工作通常在晚上进行，因为玛雅人认为玉米糠秕在晚上引起的瘙痒比在白天少。玉米最终储存在麻袋里，每袋有190磅。

11. 把玉米运回村里。玛雅人把玉米从玉米地运回村里的方式不是靠人就是靠马，在今天，如果在有公路的地方就用卡车。通常一个人可以扛95磅玉米，一匹马可以驮190磅。随着高速公路数量的增加，卡车现在能行驶到很多原本道路崎岖、通行困难的乡村，用人和马来运输的现象正在慢慢消失。

玉米产量

上述11个步骤或阶段是今天玛雅人在尤卡坦省种植玉米遵循的步骤。可能除为玉米地围起篱笆（第4步）和用牲口或卡车把玉米运到村庄（第11步）之外，这些步骤与古玛雅人所遵循的步骤是一样的。玛雅人种植玉米的方式至少在三千年的时间里几乎没有什么变化。

根据一项对奇琴伊察附近的3个村庄种植的638个玉米地历时5年的调查表明，尤卡坦东北部奇琴伊察地区玉米地的平均面积约为10至12英亩。然而，由于玛雅农民的测量绳总是偏长，所以玛雅人自己对玉米地大小的估算必须采用一个平均系数来修正，也就是玉米地的实际面积是测量面积的1.16倍。根据这个修正系数，奇琴伊察地区玉米地的平均面积应该是12英亩，而不是10英亩。

在尤卡坦北部，同一片玉米地最多连续种植两年。第三年将选择一个新的地方开垦玉米地，而旧的玉米地则会休耕10年，直到长出足够的灌木和木本植物后再砍伐开垦为新的玉米地。因此，如果每块玉米地的平均面积是12英亩，而每块玉米地只种2年，然后再休耕10年，那么每个玛雅家庭平均需要72英亩的土地才能保证轮转种植一直维持生存。也就是说，要养活一个500人（100户）的玛雅村庄，一共需要7200英亩（约11.2平方英里）土地。

在危地马拉高地这种森林覆盖的地区，只有偶尔出现的肥沃山谷适合种植玉米，养活一个普通玛雅人家庭可能需要多达100至200英亩的土地，而在那些岩石裸露或者土地贫瘠的地方，可能需要500甚至1000英亩的土地才能维持一个普通家庭的生存。

尤卡坦半岛玛雅人的一般做法是把一块已经种植一年的五六英亩的玉米地继续种一年，同时再砍伐五六英亩的森林开垦新的玉米地，这样每年种植玉米的总面积还是10至12英亩。他们几乎不会在一块玉米地上连续种植三年。经验表明，第三年的玉米地产量还不到新玉米地的一半，而且到第三年时，临时搭成的篱笆已经腐朽和破损，几乎不能防止牲畜对玉米地的破坏。令人惊讶的是，家庭成员的数量多少与玉米地的面积大小之间似乎没有多大关系。例如，在一项专门针对这一点的测试调查中发现，两个成员的玛雅家庭的玉米地在公元1934年平均为6.7英亩，公元1935年为10.6英亩，公元1936年为14.7英亩；然而在同一个村庄的七口之家的玉米地在公元1934年平均为10.4英亩，但公元1935年只有10.1英亩，公元1936年只有11.3英亩。

奇琴伊察地区第一年的玉米地平均产量约为每英亩25蒲式耳。尽管玛雅人说第二年的收成经常只有第一年收成的一半，但据可靠的数据显示，第二年的收成最坏也只比第一年少20%左右。

然而，如果一个玉米地连年种植，玉米产量肯定会越来越少，奇琴伊察附近连续种植八年（公元1933年—公元1940年）的玉米试验田就显示了这样的结果。在最初的四年里（公元1933年—公元1936年），这片试验田用大砍刀除草，也就是说杂草是用现代的方式清除的。但在后面四年里（公元1937年—公元1940年）里，杂草是用古代的方式清除的，也就是说杂草是被连根拔掉的。试验田每年的亩产量如下：

年份（公元）	磅	蒲式耳
1933	708.4	13
1934	609.4	11
1935	358.6	6
1936	149.6	3
1937	748.0	13
1938	330.0	6
1939	459.8	8
1940	5.5	0.1

前四年里，在现代的除草方法下，即割草而不是拔根，玉米的年产量迅速下降。到了第五年，试验田开始用古代的方法除草，即拔除杂草，甚至完全拔掉草根。在这种更彻底的除草方法下，产量甚至略高于第一年的产量，但在接下来的第六年减产了一半以上，而第七年又增加了。由于公元1940年开始，尤卡坦发生了一场持续三年的蝗灾，所以第八年的产量几乎为零。

上面的数字表明，使用古代的除草方法虽然不会比使用现代方法生产出更多的玉米，但确实可以将玉米地的平均寿命从两年延长到七年甚至八年，直到最后不得不放弃。如果古玛雅人持续耕种玉米地的时间是现代玛雅人的四倍（也就是说八年和两年），那么要维持一个普通玛雅家庭生存所需的土地就会大大减少，大概只有一个现代玛雅五口之家所需土地的一半，即36英亩，而不是72英亩。

如果古玛雅人玉米地的持续种植时间比今天长（我坚信这一点），显然会对他们所在的城市、城镇和村庄持续居住的时间产生相应的影响。事实上，几乎可以肯定的是，这使得占据仪式中心的时间比今天的实际时间更长成为可能，因为现在需要每三年更换一次米尔帕的位置。以前玛雅人的城市、城镇和村庄存在的时间更长，因为其邻近地区可用来开垦玉米地的灌木林和森林转化为稀树草原的速度比今天慢。因此，古玛雅人在他们仪式中心附近持续开展相当长时间的农业生产活动是切实可行的。

但是玉米农业有一个不可战胜的敌人，那就是杂草。最终，茂密的杂草使灌木丛无法生长，休耕的玉米地上不再长出树木，而是长满了杂草。当满是杂草的草地完全取代了玛雅人口中心附近的森林和灌木丛之后，这个地区的玛雅玉米农业也就走到了尽头。而这也正是奇琴伊察附近的卡内基研究所的玉米试验田遭遇的情况。在最后三四年的种植中，这个1.5英亩的试验田里到处都是杂草，几乎整片土地都被厚厚的杂草覆盖，就连地里的杂草种子都很难长出来，更不用说种植玉米了。

我们再回到玉米产量方面。一般来说，奇琴伊察地区的玛雅人期望每个正方形玉米地（约0.1英亩）出产1.7至2.5蒲式耳玉米粒，也就是每英亩17至25蒲式耳。奇琴伊察地区玉米地的平均产量就是每英亩20蒲式耳，但奇琴伊察是尤卡坦半岛北部最好的玉米产区之一，这里的平均产量远高于大多数其他地区。对于整个尤卡坦半岛北部来说，玉米地更准确的平均值应该不会超过每英亩17蒲式耳。

根据对尤卡坦北部一些村庄的调查，可以估算出尤卡坦北部的玉米种植区人均每年生产17至20蒲式耳玉米粒，包括儿童和成人。

前华盛顿卡内基研究所专家莫里斯·斯特格达博士对尤卡坦省进行的农业调查发现了另一个具有重要历史意义的事实。假定玛雅农民种植玉米的玉米地面积是尤卡坦北部的平均面积，即10到12英亩，那么他每年完成前文中概述的11个种植玉米的步骤需要190天，剩下175天的时间用于生产玉米以外的活动。更重要的事实是，他在这190天里种植10到12英亩玉米地所收获的玉米是他自己和家人实际消耗量的两倍多。

玛雅家庭一般由五个人组成。这一数字是根据对265个玛雅家庭的调查得出的，这些家庭分布在尤卡坦北部的四个玛雅村庄。研究发现，每个人每天平均消耗玉米1.31磅，而一个五口之家每天平均消耗6.55磅。

与祖先不同，今天的玛雅人会蓄养好几种动物：猪、山羊、狗、猫、火鸡，有时候还有马，不过很少有牛。一个玛雅家庭每天要额外消耗3.25磅玉米来喂养牲畜和家禽，这样一来，一个玛雅家庭每天平均的总消耗量达到了9.8磅，也就是每年总共消耗64蒲式耳。但是我们已经看到，平均10至12英亩的玉米地每年可以产出168蒲式耳玉米粒，即使包括牲畜在内，每户家庭每年平均消费量也只有64蒲式耳，因此平均每个家庭每年会剩余104蒲式耳玉米粒。玛雅人正是将这些过剩的玉米转化为现金，来购买一些玛雅家庭无法自己生产的必需品和小奢侈品：打猎用的火药和枪弹，妇女们的传统服装，男人和男孩的棉布衬衫和长裤或工作服，刺绣用的彩线，香水，还有脸粉，女人头发上的丝带，还有可能是煤油（如果家里有油灯的话），男人可以买白兰地，女人可以买珠宝，偶尔也可以买马、牛或猪，还会花钱在草药医生那里买药以防生病。他们的需求很简单，这一部分过剩的玉米通常足以提供所有生活的必需品。

然而，如果一个玛雅农民不想去购买这些商品（事实上许多玛雅家庭没有这些东西也能生活得很好），而且他们只养了几头猪和鸡，没有马和牛，那么他就可以在仅仅76个工作日内为所有家人和有限的牲畜生产出足够的玉米。如果他没有任何牲畜（就像古帝国和新帝国时期的祖先一样），那他就能在48个工作日内为所有家人生产出足够的玉米。简而言之，他每年有293到317天的时间不用去玉米地干活，可以从事与农业生产无关的活动。

这个农闲的时间相当长，大约有九到十个月的时间。在古帝国和新帝国时期，金字塔、神庙、宫殿、柱廊、庭院、舞台、球场、广场和堤道这些公共建筑，都是利用这段农闲时间建造而成的。在西班牙殖民时期，大量的天主教堂、大修道院和其他公共建筑也是利用这段农闲时间建成的。今天的尤卡坦西北部种植了大片的剑麻田，这些剑麻田的耕种和收割工作也是利用这段时间完成的。

由于有这么多空闲时间，玛雅人在过去的两千年里一直被压榨劳力，最开始是他们自己的土著统治者和祭司，后来是西班牙征服者，最近又是尤卡坦剑麻种植园的园主。

其他可食用或有用的野生植物和栽培植物

除了玉米，玛雅人第二重要的粮食作物是豆类。如前所述，这些豆类通常与玉米种植在同一个洞里，并在玉米秸秆周围生长。有小黑豆和红豆两个品种，玛雅人特别喜欢小黑豆。豆子除和玉米一起种植外，也可以单独种植。在古代，豆类肯定是玛雅人摄取蛋白质的主要来源，而且直到今天也是如此。

南瓜和葫芦的品种很多，有时就在后院种植，通常不会在玉米地里种植。玛雅人也种植红薯、西红柿和木薯。他们种植的其他常见食用植物有好几种：一种草本藤蔓植物，果实柔嫩，与西葫芦很相似；叶子煮熟后可以当成蔬菜食用的驱虫苋；一种根部看起来像萝卜的豆薯，很甜，可以生吃。还有许多水果：木瓜是尤卡坦半岛一种果实很大的野生水果，红色的果肉比较甜；鳄梨是玛雅人饮食中丰富而重要的水果；人心果树的果实非常美味，像牛奶一样的汁液还能制成口香糖，古玛雅人用人心果树的树干作为庙宇中的门楣；还有番木瓜、番荔枝、腰果、橘子、香蕉、芭蕉、石榴、番石榴、黑柿子等。

还有一种在尤卡坦半岛随处可见的树是面包树。这种桑科树在古代城市遗址附近的高地森林里特别常见，人心果树也是如此。在古玛雅人的中心城市附近，面包树和人心果树出现的频率更高，这有力地证明了古帝国和新帝国的玛雅人都在他们的定居点附近种植了这两种树，就像他们的后裔直到今天还在定居点附近种植面包树和人心果树一样。面包树的叶子是尤卡坦半岛牲畜的主要饲料；果实的外皮是甜的，可以食用；种子煮熟后可以当作蔬菜食用，也可以晒干后磨成粉。这种树在古代一定是玛雅人非常重要的食物来源。

用作佐料和调味品的植物有辣椒、香草、多香果、牛至、藜草、芫荽和其他一些药草的根和叶。

纤维植物也很多。虽然今天玛雅人购买的是机器制造的棉织品，但这样的纺织品只是最近才有的。以前，因为广泛种植棉花，所以玛雅人的衣服几乎全部由手工纺织的棉纺织品制成。另一种重要的纤维是龙舌兰纤维，也就是剑麻纤维。今天，这几乎是尤卡坦半岛唯一可出口的产品，实际上也是整个半岛北部的经济命脉。棕榈纤维广泛用于制作篮子，棕榈树的新叶用于制作帽子和垫子。

玛雅人的颜料主要来源于植物。他们种植胭脂树并收集果实，这种树的果实可以用来制作橙红色颜料，也可以作为肉类和米饭的调味品。洋苏木在尤卡坦半岛中部的沼泽地里很常见，在苯胺染料出现之前，玛雅人曾大量出口这种可以提取色素的树木。莫拉树是一种可以提取绿色、黄褐色和卡其色的商用黄木。

尤卡坦森林为玛雅平民建造茅草屋提供了最丰富的材料：人心果树和其他可以做成柱子的木材；用于门、窗和门框的桃花心木和西班牙雪松；棕榈树可以用来搭建茅草屋顶；还有一种野生的多年生草本植物，原产于热带大草原，也可用来搭建茅草屋顶。森林里大量的藤蔓植物可用来系紧房子的木头框架——横梁、柱子、木杆和木条；即使今天，玛雅人在制作这种茅草屋时也从来不用钉子。桃花心木和西班牙雪松也用来制作独木舟，这样的独木舟可在南方的许多河流中行驶。

其他有用但不可食用的植物和树木也不少，如可以制成水瓶和食品容器的葫芦、烟草、橡胶、椰子树和秋葵树，最后两种树的树脂可用于制作熏香；长叶松可以用于制作火炬；皂荚树的果实可产生能起泡的肥皂浆；愈创树可以用来制造盛放巧克力饮料的容器；摩诃树则可以制成搅棒。

尤卡坦半岛提供了古玛雅人生活所需的一切东西，甚至还为他们的宗教建筑和公共建筑提供了最丰富的建筑石材、石灰和砾石，也为平民的房屋提供了木材和茅草。这里有着极其丰富多样的植物群落，提供了各种植物食品、调味品、厨房用具、药品以及纺织和编篮子的纤维。尤卡坦的森林里生活着各种各样的动物，美洲豹和鹿被猎杀得最多，它们的毛皮被制成供统治者和祭司使用的斗篷和凉鞋；还有许多羽毛十分艳丽的鸟类。

但是在这么多的财富中，大自然赐给这里的人类最珍贵的礼物是玉米，这是玛雅人赖以生存的支柱。没有它，玛雅人就永远无法发展出他们非常独特的文化，我们也看不到新大陆最辉煌的土著文明。即使在今天，玛雅人80%的食物都是某种形式的玉米，他们的文化直接建立在种植玉米的基础上，并直接来源于玉米农业。如果能记住这一点，我们就能认清关于玛雅文明最基本的事实。

第九章

政府和社会组织

MAYA

古帝国历史文献资源匮乏

关于古帝国时期政府和社会组织的类型，我们找不到任何直接证据，因为迄今为止没有发现任何与之相关的同时代证据。碑文上看不到关于这个问题的任何内容，同时代的手稿中也完全没有记载。关于古帝国政府和社会组织的问题，仅有的研究基础是：（1）涉及这一问题的间接证据，令人高兴的是这方面可以找到大量信息；（2）古帝国雕塑、彩绘花瓶和壁画上可以看到的直接证据。如果可以从上述材料，特别是从已知的新帝国政府和社会组织资料中进行类比，并将其映射到古帝国时代，我们也许可以通过已知的玛雅新帝国信息来还原未知的玛雅古帝国。此外，由于玛雅文明中所有已知基本要素都是连续存在的，所以古帝国和新帝国的政府和社会组织可以放在一起讨论。但我们应该记住，本章中关于这些问题的大部分材料都来自新帝国时期，而且主要也是关于新帝国的。

古帝国和新帝国的政治和社会组织

正如我们之前指出的那样，从任何政治角度来看，古帝国和新帝国的玛雅城邦显然都不是真正的帝国。尽管整个尤卡坦半岛毫无疑问是由一种共同的文化、共同的语言和共同的宗教维系在一起的，但这片土地上从来没有出现过法老、恺撒或者皇帝这样的统治者。也许历史上最接近玛雅古帝国和新帝国的政府类型是公元前6世纪至公元前2世纪希腊斯巴达、雅典和科林斯组成的城邦联盟，或是公元13世纪至公元16世纪意大利威尼斯、热那亚和佛罗伦萨组成的城邦联盟，又或是在公元13世纪至公元16世纪由吕贝克、汉堡、不来梅等几个德意志城市组成的汉萨同盟，这些联盟或同盟都由一种共同的文明连接在一起。在这几种情况下，联盟或同盟的人民说着共同的语言，信仰共同的宗教，联盟或同盟成员在文化上同质，但在政治上却互相独立。

根据新帝国已知的情况，我们可以推断玛雅古帝国由若干独立的城邦组成，这些城邦相对松散地结合在某种形式的联盟中，就像公元11世纪和公元12世纪的新帝国一样。在文化、语言、宗教等方面存在如此严密连续性的地方，政治制度一定也存在相应的连续性，所以玛雅古帝国也是某种松散的城邦联盟。这个推断是完全合理的，而其他的推断都不合逻辑。

根据考古证据，例如古帝国不同地区的雕塑、建筑和陶器上的各种细微差别，表明古帝国存在相应数量的考古学意义上的分区，或许我们可以进一步大胆猜测，这些考古学意义上的分区最开始的时候可能都是一个政治独立的城邦。我们已经了解到，在新帝国末期有三个这样的主要政治实体：奇琴伊察、乌斯马尔和玛雅潘。但在古帝国也许至少有四个这种分区：（1）古帝国核心地区，包括危地马拉佩滕中北部、坎佩切南部、墨西哥和英属洪都拉斯，都城应该是最大的城市蒂卡尔；（2）乌苏马辛塔河流域，首府可能是帕伦克、佩德拉斯内格拉斯或亚斯奇兰，也可能这三座城市轮流作为首府；（3）东南部地区，首府是科潘；（4）西南部地区，主要的政府中心可能是托尼纳。

领土的统治者

　　玛雅城邦的最高统治者被称为"halach uinic"（玛雅语的意思是"真正的男子汉"），也叫"真人"，是领土的统治者。每个城邦的最高统治者都是世袭的，由父亲传给长子。兰达主教在描述新帝国晚期的情况时曾两次明确提到，酋长的位子是由长子继承的：

　　如果酋长死了，他的长子将继承他的位子，其他的孩子都会对长子非常尊敬并提供帮助。如果酋长死的时候作为继承人的长子还没有成年，无法继承他的位子，则由已故酋长的兄弟中最年长的或者最有资格的一个兄弟以摄政王的身份暂代，并终身负责教导尚未成年的侄子，把他抚养成人并继承酋长的位置。如果酋长死的时候既没有儿子也没有兄弟，那贵族和祭司就会一起推选一位合适的人来继承酋长的位置。

　　这段叙述清楚地表明了玛雅人长子世袭继承制，以及未成年继承人由叔叔摄政的惯例。公元16世纪的玛雅本地编年史写得很清楚，每个城邦的最高统治者是真人，直到西班牙征服时期，真人的位子仍然是世袭制，由父亲传给长子。"halach uinic"也叫"阿哈乌"，公元16世纪玛雅手稿词典中对这个词的定义是"国王、皇帝、君主、亲王或大酋长"，这个词也是殖民时期玛雅人对西班牙国王的称呼。阿哈乌拥有的权力非常广泛，他在一个由主要的酋长、祭司和特别顾问组成的类似国家议会机构的帮助下，制定整个国家的外交和国内政策。阿哈乌会任命城镇和村庄的族长，这些族长和他之间的关系类似于封建关系，但最重要的位置几乎全部都是他的近亲。

在新帝国时期，阿哈乌最重要的职责之一是审查各个城镇和村庄的族长职位候选人。这种审查会在每一个卡顿开始时以考试的方式进行，实际上也是一种公务员考试，目的是从合法的求职者中剔除那些妄自尊大的新手、冒名顶替者以及以虚假借口申请职位的人。在考试中，许多问题和答案都很琐碎，有一些涉及西班牙征服之后的事物，例如马。这种被称为"询问族长"的审查考试确实表明：（1）对族长候选人进行审查，以确定其资格和适合度的做法已经牢固确立；（2）候选人合法的资格被认为是拥有某种深奥的知识，这些知识应该是有资格成为族长的家族中的父亲传给儿子的；（3）这种深奥的知识被称为"祖尤亚语"。

我们在前文中看到过"祖尤亚"这个词，据说修族起源的地方就是"祖尤亚的西部"。"祖尤亚"这个词与公元10世纪墨西哥人在尤卡坦的渗透有着不可分割的联系，它是用来描述族长候选人审查考试中的深奥语言，这有力地表明只有继承了墨西哥族长家族深奥知识的人才有资格担任新帝国时期城镇和村庄的族长。这样的贵族家庭是否一定具有墨西哥血统并不确定，但统治家族长期存在并已经牢固确立裙带关系是毋庸置疑的；至少从理论上来说，有资格被任命为族长的家族被认为和统治家族一样具有墨西哥血统，这是完全有可能的。

阿哈乌不但是国家的最高行政长官，同时也可能是最高的宗教权威。甚至有人提出一种假设，古帝国诸城邦的政府形式很可能是一种政教合一的，政务和宗教的最高权力全部集中在阿哈乌一个人身上。如果这个假设是事实，那么阿哈乌的身份就类似于世袭的教皇。

从古帝国时期的雕塑来看，阿哈乌形象的识别标志各不相同，具

体取决于表达他所拥有的政务、宗教和军事职权中的哪些部分。作为
国家的行政首脑，阿哈乌右手拿着一个侏儒权杖，左手拿着一个圆形

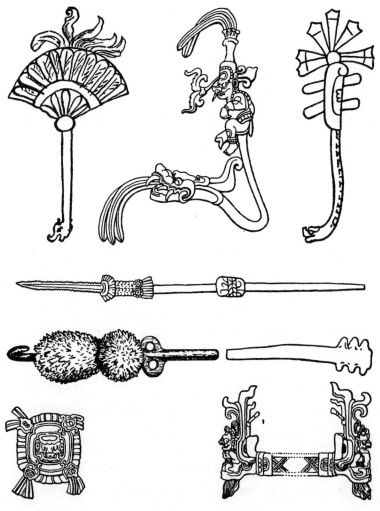

图29　古帝国和新帝国礼仪性标识和武器

盾牌。人形权杖上面有一个小人像，这个人像有一个卷曲的长鼻子，就像玛雅纪念碑底座上的面具那样。权杖尾端是一个蛇头，蛇头上面的一段是握持的地方。奇琴伊察勇士神庙里的壁画上也发现了这种人形权杖，壁画上描绘了一位坐着的阿哈乌，左手拿着一个圆盾，右手拿着尾端是蛇头的权杖，这个权杖应该是当时人形权杖的款式。在一些古帝国时期的浮雕中，阿哈乌的左手也拿着一个这种圆盾，盾牌的正面是太阳神头像。

　　作为国家的最高行政长官，权杖和圆盾构成了阿哈乌的识别标志。作为最高宗教权威，阿哈乌的识别标志是礼仪用的双头棒，它通常水平地横在主人的胸前，但偶尔也会被斜握，其中的一段靠在肩膀上。这个识别标志两端的装饰有时是蛇形，有时是人形。在亚斯奇兰11号石碑的背面描绘了一个扮演神灵的阿哈乌，他戴着一个神像面具，拿着双头棒。最后，作为国家的最高统帅，阿哈乌的识别标志是他携带的武器，通常是矛，偶尔是掷棒或击棍，从来没有出现过弓箭。古帝国时期的玛雅人还没有弓箭，直到新帝国墨西哥人统治时期才出现。

　　关于新帝国晚期的真人，有这样的描述：

　　他是城镇的大酋长和统治者，也是这个城镇的家长、主人和阿哈乌——在我们的语言中，就是"最高主人"的意思，所有人都必须征求他的意见，并按照他的意见行事。所有的酋长都要绝对服从他的权威，令出必行，不敢违抗他的命令。

新帝国晚期的统治家族

在西班牙征服时期，尤卡坦半岛有五个主要的统治家族，分别是：（1）修家族，也被称为图图尔·修家族，他们的都城是马尼，以前的都城是乌斯马尔；（2）科库姆家族，他们的都城是索图塔，以前的都城是玛雅潘；（3）卡内克家族，他们的都城是塔亚沙尔，位于危地马拉中部佩滕伊察湖的西端，以前的都城是尤卡坦半岛东北部的奇琴伊察；（4）契尔家族，是玛雅潘从前一位祭司的后裔，他们的都城是特科；（5）佩奇家族，他们的都城是莫图尔。

很明显，修家族在这几个主要家族中的地位首屈一指，这个家族在公元1441年反抗玛雅潘的行动中起了带头作用，结果是玛雅潘的科库姆家族的阿哈乌被杀，这座城市被摧毁。

哈佛大学皮博迪考古学与人类学博物馆保存着一套系统的家族文件，这些文件是在西班牙殖民时期积累下来的，证明了修家族是一个高贵的家族。这套系统文件中一共有145份单独的文件，用玛雅语或西班牙语写在欧洲的手工纸上，其中最引人关注的是最早的地图、土地条约和族谱。这三份文件都可以追溯到公元1557年，也就是西班牙征服尤卡坦15年后。

这份地图文件显示了以都城马尼为中心的修族城邦范围。每个城镇和村庄的标志都是一个顶上带有十字架的天主教堂，较小的村庄就只是一个十字架。在公元15世纪中叶就已经被完全遗弃（在这张地图制作之前）的前修族都城乌斯马尔的标志是一个玛雅神庙。

与地图文件年代相同（公元1557年）的土地条约文件是已知最早的玛雅语文件，不过这些玛雅语是用西班牙语字母书写的，它描述了修族城邦和邻近城邦之间的边界。

　　族谱文件或许是三份文件中最令人感兴趣的一份。族谱最下面画的是建立乌斯马尔的胡恩·乌齐尔·恰克·图图尔·修。根据这位修族第一位首领左手拿着的扇子上描绘的残缺象形文字可以看出，乌斯马尔建立于卡顿2阿哈乌（公元987年—公元1007年）。扇柄的下端也是一个蛇头，这个扇子本身可能就是古帝国人形权杖在新帝国晚期的款式。胡恩·乌齐尔·恰克·图图尔·修右边跪着他的妻子，这对夫妇共同创造了让他们自豪的成就——修族不断壮大的族谱。然而值得注意的是，族谱上是从胡恩·乌齐尔·恰克·图图尔·修的腰间开始画出分支，而不是从他妻子腰间开始画的，这毫无疑问是父系血统的图形化体现。胡恩·乌齐尔·恰克·图图尔·修和他在这个族谱上显示的第一代后裔阿·尊·修和阿·尤茨·修两兄弟之间相隔了18代，跨越了400多年。这两兄弟中的前者是后来在公元1536年奥次马尔大屠杀中丧命的阿·尊·修（也叫纳波特·修）的祖父。

　　这份族谱文件的目的显然是要向西班牙王室确凿地证明，西班牙征服时期的修家族就是以前乌斯马尔统治家族的后裔，因此这个修家族族谱上的始祖就是乌斯马尔的建立者胡恩·乌齐尔·恰克·图图尔·修。族谱中有18代人被忽略了，这也许是因为他们没有必要出现在族谱上，也许是因为修家族强烈的自尊心，因为从公元1194到公元1441年间，修家族一直是科库姆家族的附庸，他们被迫与其他玛雅酋长一起以类似于人质的身份住在科库姆人的都城玛雅潘。这种情况一直持续到公元1441年，直到修族人在他们的酋长阿·旭潘·修的领导下发动了起义。阿·旭潘·修是阿·尊·修和阿·尤茨·修两兄弟的父亲，在族谱上，阿·尊·修和阿·尤茨·修是紧接着这个家族的创始人胡恩·乌齐尔·恰克·图图尔·修的一代人。

哈佛大学皮博迪考古学与人类学博物馆保存的这套文件将有关修族的资料延续到了公元1821年墨西哥独立的时候；这个家族至今在世的成员还会把修族的历史一直延续下去。事实上，尤卡坦半岛现在还有修族首领，他是唐·尼梅西奥·修，住在半岛北部的蒂库尔，是修

图30　修族首领在三个不同时期的住所

族始祖胡恩·乌齐尔·恰克·图图尔·修的第38代后裔。公元1940年，在唐·尼梅西奥·修的长子迪奥尼西奥的婚礼上，我和妻子有幸成为主持婚礼的教父教母。迪奥尼西奥的儿子格拉尔多出生于公元1943年4月23日，他还有一个女儿杰诺维瓦，从胡恩·乌齐尔·恰克·图图尔·修算起，格拉尔多和杰诺维瓦是修族的第40代后裔。

自从那些来自遥远南方的修族人开始统治尤卡坦北部最伟大的城邦以来，已经过去了一千年。这个家族现在完全衰落了，从修族首领的住所在这一千年里的变化就能清楚地看到这个家族由盛转衰。图30上面展示的是乌斯马尔的统治者宫殿，当时修族酋长是乌斯马尔的真人，也就是政治独立的玛雅土著统治者。图30中间显示的是他们在殖民时期早期的住所，当时修家族通过西班牙王室的授权成为西班牙下级贵族，这座房子属于当时的修族首领阿·库库姆·修，他在小蒙特霍征服尤卡坦的过程中提供了许多帮助。图30下面是现在的修族首领唐·尼梅西奥·修的住所，这是蒂库尔郊外的一个简陋茅草屋，唐·尼梅西奥·修如今只是墨西哥一个普通的种玉米的农民，无论在社会地位方面还是在经济方面，他和尤卡坦半岛其他的玛雅种玉米的农民没有什么区别。在这一千年里，修族首领从玛雅土著统治者变成了西班牙贵族，最后变成了普通的种玉米的农民。

古代玛雅社会似乎分为四个主要的阶层：贵族（玛雅语为almehenob）、祭司（玛雅语为ahkinob）、平民（玛雅语为ah chembal uinicob）和奴隶（玛雅语为ppencatob）。

贵族——在阿哈乌之下是巴塔博（次要酋长）。巴塔博是地方法官和行政官，负责管理由阿哈乌直接统治的城镇和村庄的事务。在新帝国时期，虽然他们的职位都是由阿哈乌任命的，但他们的身份是被称为almehenob的世袭贵族的家族成员，almehenob在玛雅语中的意思是"父母有身份的人"，古帝国时期的情况可能也是如此。甚至在西班牙殖民时期，这些世袭贵族也被西班牙人称为世袭酋长。他们在各自的辖区行使行政和司法权力，不过在战争时期，所有人都要服从一个任期为三年名为"那科姆"的最高军事长官的指挥，每个巴塔博都要率领自己的士兵作战。这些巴塔博管理各自村镇的事务，主持地方议会，负责房屋修缮，指导人民按祭司指示的时间砍伐和焚烧玉米地。他以法官的身份审判罪犯并处理民事诉讼，如果需要处理的民事诉讼非常重要，他会在做出判决前请示阿哈乌。尽管人民只向阿哈乌进贡，但人民都非常拥护巴塔博。这些贵族最主要职责之一就是确保他管辖的城镇或村庄完全服从阿哈乌的权威。

军事指挥官有两种，一种是世袭的，就是巴塔博；另一种更为重要，通过选举产生后，任期为三年，也就是我们刚刚提到的那科姆。

在三年的任期里，那科姆不能亲近任何女人，包括他的妻子，也不能吃红肉，更不能醉酒。人们非常崇敬他，他的食物是鱼和蜥蜴。他在家里使用的器皿要和其他物品分开存放，没有女人照顾他的起居。他和人们几乎没有交流。在任期结束后，他的生活完全恢复正常。担任军事指挥官的巴塔博会和那科姆一起讨论战争事务并付诸实施。

在特殊场合，人们会把那科姆当成神像一样隆重地抬到神庙，让他坐在神庙里，对着他焚香敬拜。

我们可以看出，选举产生的那科姆类似于总参谋长，他会制定战争策略，而世袭贵族身份的巴塔博则率领各自的队伍投入战斗，也就是说他们是战地指挥官。

巴塔博之下是镇议会议员，也就是镇长老（玛雅语为ah cuch cabob），通常有两三位。每个长老在地方政府都有投票权，任何决议必须获得他们的同意才能付诸实施。这些人和美国的市政委员会委员差不多。

巴塔博还有一些副手（玛雅语为ah kulelob），这些副手随时跟着巴塔博，寸步不离，他们是巴塔博的助手、喉舌和信使，并且负责执行命令。这样的副手通常有两三个，大致相当于我们的特派警察。

还有一种人在玛雅语中被称为ah holpopob，意思是"坐在垫子前头的人"，他们的职责并不那么明确。据说他们协助酋长治理城镇，而城镇居民可以通过他们接近酋长。他们是酋长在外交政策和关于其他城邦使节方面的顾问。据说人们会在他那里讨论公共事务和学习节日舞蹈。最后，这些人是各自城镇的首席歌手和乐手，负责当地的音乐和舞蹈活动。

最低级的官员tupiles，就是村镇警员，他们都是普通警察，处于执法机构最底层。

在古帝国时期的雕塑、壁画和彩绘花瓶上还有一些次要人物，我们有理由推测，这些人就是古帝国时期的官员，即使他们的职位和我们已知新帝国时期的官员有所不同，但毫无疑问也是类似的官职。而且一定要牢记，我们正在试图借助已知新帝国的制度来推测和解释古帝国时期的状况。

新帝国的统治者和贵族都以保存他们各自的家族历史、族谱和世系记录而自豪，例如之前提到的乌斯马尔的前统治家族——修家族那样。尽管在这一点上，完全没有古帝国时期的实际证据，但鉴于古帝国和新帝国这两个古代玛雅历史的主要时期之间的密切联系和文化连续性，古帝国的统治者们和酋长们在保存家族历史方面一定也同样的一丝不苟。而且除了世袭贵族，统治者不可能从任何其他阶层中选出，这也是古帝国时期的事实。

祭司——玛雅祭司的地位即使没有超过阿哈乌之下的次要酋长，至少也是和次要酋长平起平坐的。事实上，兰达主教在描述新帝国晚期的情况时说过，这两个阶级都是世袭的，也都来自贵族。

祭司的儿子和酋长的次子经常在幼年的时候就被送到高级祭司那里接受教导，希望他们将来能成为神职人员。

大祭司的儿子或者他最近亲的家族成员会接替他的职位。

另一位早期的西班牙历史学家埃雷拉也写道：

关于敬拜他们的神灵，玛雅人有一个大祭司来专门负责，大祭司的儿子会接替他的位置。

事实上，所有的最高职位，无论是政务的还是宗教的，都是世袭的，都由每个城邦的统治家族成员担任，或者由他们的姻亲家族成员担任。

兰达主教说新帝国晚期的大祭司被称为阿胡坎·迈。然而，这应该不是一个简单的称呼，这是作为头衔的阿胡坎和作为姓氏的迈的结合体，迈这个姓氏在尤卡坦半岛十分常见，直到今天还有许多人是这个姓氏。大祭司很可能被直接称为阿胡坎，因为这个词在玛雅语中的意思是"上神大蛇"，但是在兰达主教笔下，阿胡坎和姓氏迈结合在一起，毫无疑问是指一个特殊的迈氏家族，这个家族一直世袭玛雅潘大祭司的职位。兰达主教进一步说明：

　　他很受首长们的尊敬，虽然没有专门的侍从，但是除了可以获得祭品，首长们也会赠送他礼物，城镇上所有的祭司也都会向他献上礼物……学问是他们最重要的事情，而且大多数大祭司终身都奉献给了学问上的研究。他们向首长们提供建议并解答问题。除了主要的节日和非常重要的事务，大祭司很少处理关于祭祀的事情。大祭司为有需要的城镇培养祭司，从学问和礼仪两方面考察他们并让他们履行好祭司的职责，他自己以身作则树立优秀的榜样，给他们提供书籍，派遣他们去各地完成任务。大祭司自己处理关于神庙的事务，传授学问的同时也会写一些关于学问的书。

　　他们传授的学问有计算年月日、节日和庆典、宗教礼仪、重要的日子和季节、占卜和预言、治疗疾病、历史知识等方面，还有如何阅读和书写玛雅象形文字符号，以及如何用绘画来阐明文字的意思。

　　在古帝国和新帝国仪式中心建立的重要神庙经常会举行各种各样的活动，包括庆典、祭祀、占卜、天文观测、年代计算、象形文字、宗教教育、管理祭司们居住的神庙等，这些事情在当时可以说指引着整个城邦的方向。每个城邦的大祭司不仅是极有能力的管理者，而且是杰出的学者、天文学家和数学家，除此之外还有他们本身的宗教职责。他们也是国家的顾问，阿哈乌会向他们咨询一些政治问题。作为统治家族的成员，他们对城邦的关心程度不亚于阿哈乌。事实上，把他们比作中世纪欧洲教会中集教士、政治家、行政官和战士于一身的大王公，或许也不为过。

祭司中的另一个阶层是占卜者，是神灵的代言人，他们的职责是将神灵的回复即神谕，转达给人民。他们受到崇高的尊敬，以至于当他们出现在公众面前时，人们会用肩膀抬着他们。

还有一种祭司是刽子手，被称为"纳科姆"，是终身祭司。根据兰达主教的说法，他们并没有受到太大的尊重，工作是负责切开人牲的胸部，取出他们的心脏：

这时候，纳科姆拿着一把石刀，以高超的技巧和残忍的手段，划开人牲左边乳头下的肋骨。然后立即把手伸进胸腔，像一只暴怒的老虎那样抓住心脏，活活地撕扯出来，放在盘子里交给祭司。祭司立即把鲜血涂抹在神像的脸上。

纳科姆在活人献祭中所扮演的角色让人想起了对古埃及制作木乃伊的人的厌恶。古埃及制作木乃伊的人会将尸体打开，取出里面的内脏，然后再做防腐处理。

四位被称为"恰克"的助手会协助纳科姆完成活人献祭仪式，他们都是被推选出来的备受尊敬的老者。

恰克抓住那个就将被献祭的可怜人，迅速把他平躺着放在石头上，然后分别按住他的四肢，以便于从中间进行分割。

恰克的其他职责是在青春期仪式上提供协助，在玛雅新年伊始的珀普月点燃新的火焰，在制造新神像的摩尔月斋戒期间用耳朵上的血涂刷新神像。四位恰克还会在泽科月为祈祷蜂蜜丰产的仪式提供协助。

阿金过去是玛雅"祭司"的总称，现在也是如此，甚至被对应为天主教的"神父"。这个词在玛雅语中的字面意思是"太阳之子"，是指13个玛雅时代或13个计数卡顿的先知。"这些时代有13个，每一个时代都有自己单独的偶像和一个单独预测事情的祭司。"在科苏梅尔岛的一个神殿里，阿金是负责传达神谕的人；在奇琴伊察的祭祀坑里，阿金也担任类似的职责。在活人献祭仪式中，阿金会从纳科姆手中接过人牲的心脏，再献给玛雅神像。

尤卡坦半岛北部的玛雅人现在还会举行少数流传下来的古代仪式，例如求雨仪式，在这仪式上会请来一个被称为ahmen的药师，ahmen这个词在玛雅语里的字面意思是"懂得的人"。药师也是先知，他既是带来疾病的人，同时也是治疗疾病的人。

祭司是一个非常有影响力的阶层，他们可能是国家最强大的群体，甚至比贵族还要强大。他们对天体（太阳、月亮、金星，可能还有火星）运动的了解，对月食和日食的预测能力，对普通人生活每一个阶段的渗透，使人们对他们既尊敬又害怕。在人们对祭司彻底的迷信这一点上，其他任何阶层都无法比拟。据我们所知，玛雅贵族和祭司之间没有出现像古埃及第20和21王朝期间发生的那种斗争，这可能是因为在古玛雅人中，贵族和祭司群体的最高成员间可能存在比较紧密的联系。

平民——在古帝国和新帝国时期，大多数人都是卑微的种玉米的农民，他们的汗水和辛劳不仅养活了自己，还养活了最高统治者、本地贵族和祭司。除了从事基本的农业生产，他们还建造了大型仪式中心、高耸的金字塔神庙、巨大的柱廊、宫殿、庭院、舞台、露台和连接主要城市的石头堤道（玛雅语为sacbeob）。他们开采了大量的石材，建造、装饰和雕刻这些巨大的建筑。他们用石斧砍倒成片的森林，这些树木都成了当地石灰窑的燃料。他们还用斧子砍倒人心果树，再用石凿雕刻成硬木门楣和房屋顶梁，这也是唯一一发现的与玛雅石头建筑有关的木材构件。他们是泥瓦匠，负责装饰建筑；他们是石匠，负责雕刻石碑，并在精心制作的石头马赛克外墙上雕刻不同的元素。这些平民甚至还是把石头从采石场运到建筑工地的运输工具，他们爬上用藤蔓和木杆搭成的脚手架，用人力把沉重的石雕安放在合适的位置。

　　下层阶级的其他义务是向阿哈乌进贡，向地方贵族赠送礼物，并通过祭司向诸神献祭。这些贡品、礼物和祭品加在一起，毫无疑问是巨大的负担，它们包括：玉米、豆类、烟草、纺织棉布、家禽、沿海盐床中的盐、海鱼鱼干、鹿、山核桃、熏香、蜂蜜和蜂蜡、绿玉珠、红珊瑚珠、贝壳等。他们的土地是公共财产并共同耕种。兰达主教说：

　　平民用他们自己的力量供养着上层阶级，为贵族建造房屋……在房屋外面，平民在玉米地里辛勤劳作，为自己和家人的生活必需而忙碌。不管是打猎、打鱼还是制盐，他们都要把自己的所得拿出一部分献给酋长和神灵，他们作为一个群体来做这些事情。他们经常聚在一起打猎，有时候会有50个人一起猎鹿，打到猎物后他们会返回城里拿出一部分鹿肉献给酋长，也会分给亲友们一部分。捕鱼的时候也是如此。

平民都居住在城市和城镇的郊区。实际上，一个人的住所离他所在城镇中心广场的距离的远近决定着他的社会地位。

到目前为止，平民也是这个社会中最大的阶层。这些底层的种玉米的农民，以及伐木工、打水工、泥瓦匠、石匠、木匠和石灰窑工，他们承担着各种各样的负担，在贵族的指示和祭司的鼓舞下，从遥远南方的科迪勒拉山脚到遥远北方的尤卡坦海峡沿岸建造了一座座巨大的石头城市，这可以说是人类一项伟大的成就。

我们不知道玛雅人在古代用什么词来专门指代平民，但公元16世纪由西班牙神父编写的玛雅词典将ah chembal uinicob、memba uinicob、yalba uinicob这几个玛雅词语定义为"平民"，这几个词在玛雅语里的字面意思是"下等人或低等人"。实际上，在西班牙征服时期，甚至在今天的尤卡坦北部，平民，尤其是玛雅人被称为"mazehualob"，这是从墨西哥中部纳瓦特尔语中借用的词，意思是与贵族相对应的下层阶级。然而，目前在尤卡坦北部使用的这个词带有明显的贬义，暗含社会地位卑贱的意思。

奴隶——社会等级的底层是奴隶，在玛雅语里叫作"ppentacob"。古帝国和新帝国似乎都存在奴隶制，但兰达主教明确说过，奴隶制直到新帝国晚期才被玛雅潘的一个科库姆统治者引入。然而，鉴于古帝国纪念碑上经常出现的所谓"俘虏"，很难让人相信古帝国没有奴隶制度。有时候，这些俘虏被绳索绑住，双手被捆在背后，例如在佩德拉斯内格拉斯的12号石碑上和蒂卡尔的8号祭坛上都有这样的俘虏形象。几乎可以肯定，这些"俘虏形象"代表的是被奴役的战俘，但他们很可能代表被征服的某个城镇或村庄的所有人，而不是代表某个特定的人。有时候他们的脸与画面上主要人物的脸很不一样，这可能表明酋长们属于一个特殊的世袭阶级。

在我们发现的一些新帝国时期关于奴隶制存在的直接书面证据里，奴隶的存在有五种不同的方式：（1）生而为奴隶；（2）因盗窃罪的惩罚而变成奴隶；（3）被当作奴隶的战俘；（4）变成奴隶的孤儿；（5）通过购买或者交易买来的奴隶。虽然生而为奴隶的情况并不常见，但这种情况仍然存在，不过法律和习俗也规定了这样的奴隶可以在某些条件下赎身。如果一个人犯有盗窃罪被抓到，他将被分配给被他盗窃的人，终身成为他的奴隶，或者直到能够偿还被盗物品的价值为止。战俘总是被当成奴隶，地位高的战俘会被当成人牲立即献祭，而地位低的战俘则成为俘虏他们的士兵的私人财产。这些被当成奴隶的战俘在壁画上被描绘成赤身裸体的人，身体被涂上黑白条纹。令人不解的是，这和美国监狱里囚犯穿的黑白条纹衣服几乎一模一样。

孤儿是买来甚至是绑架来当作祭品的，有些人把这当作一门生意，专门为此绑架儿童。购买一个小男孩的价格从五到十颗石珠不等。在一个案例中，我们看到有人用很多石珠买了两个男孩用来献祭。那些由富有的贵族抚养长大的孤儿经常被当成祭品，特别当他们的母亲是奴隶，或者他们的父亲已经死了的时候。奴隶是可以用交易和买卖的方式得到的。兰达主教在列举玛雅人的恶习时这样说：

偶像崇拜、抛弃妻子、在公共场合酗酒狂欢、买卖奴隶……他们最喜欢的职业是贸易，把布匹、盐和奴隶运到塔瓦斯科和乌卢阿（今洪都拉斯的乌卢阿山谷），然后把所有东西换成他们当作货币使用的可可豆和石珠。他们习惯用可可豆和石珠交换奴隶和其他的珠子，他们的首领在宴会上把漂亮的珠子当作珠宝首饰佩戴。

关于尼加拉瓜的一篇早期权威文章说，"购买一个奴隶大约需要花100个可可豆，具体根据奴隶的身体条件和买卖双方的协议来确定"。如果这个说法是真实的，那么在古代，不是可可豆的价值高得惊人，就是奴隶价格低得惊人。

在玛雅历史上，最著名的奴隶是美丽的墨西哥女孩玛丽娜，我们在之前曾提到过她。玛丽娜后来成了科尔特斯的情人，在征服墨西哥的过程中，她对科尔特斯的帮助比其他任何人都要大。她的父母是夸察夸尔科斯省的墨西哥贵族，在她很小的时候父亲就去世了，母亲再婚后生了一个儿子。母亲和继父希望由玛丽娜同母异父的弟弟继承他们的遗产，但玛丽娜是合法继承人，于是他们晚上偷偷地把玛丽娜交给一些来自西卡兰科的印第安人，并且散布消息说她死了。后来，西卡兰科印第安人把她卖给了塔瓦斯科印第安人，再后来当墨西哥未来的征服者科尔特斯公元1519年初在塔瓦斯科登陆时，塔瓦斯科印第安人又把她与另外20个女奴一起交给了科尔特斯。

玛丽娜的纳瓦特尔语名字叫玛丽娜尔，西班牙人把这个名字改成了马琳奇，她的父母说纳瓦特尔语，这是夸察夸尔科斯省的语言。童年时代的玛丽娜在西卡兰科和塔瓦斯科学会了说玛雅语，可能是琼塔尔方言。我们之前也提到过，西班牙人杰罗尼莫·德·阿吉拉尔在公元1511年至公元1519年期间是尤卡坦东部玛雅人的囚犯和奴隶，他在这段时间学会了说玛雅语。贝纳尔·迪亚兹·德尔·卡斯蒂略是科尔特斯的战友，他对玛丽娜和阿吉拉尔二人有过这样的描述：

> 玛丽娜小姐会说夸察夸尔科斯语，这是墨西哥的通用语言，她还会说塔瓦斯科语，而杰罗尼莫·德·阿吉拉尔会说尤卡坦语和塔瓦斯科语，所以他们俩互相能听懂对方说话，然后阿吉拉尔再翻译成西班牙语讲给科尔特斯听。

通过这个贵族出身的墨西哥-玛雅奴隶女孩和这个当过玛雅人俘虏的西班牙人，科尔特斯在征服墨西哥的早期阶段可以顺利地与蒙特祖马和他的阿兹特克臣民对话。后来玛丽娜自己又掌握了西班牙语，科尔特斯就不再需要阿吉拉尔的翻译了。

玛丽娜给科尔特斯生了个儿子，名叫唐·马丁·科尔特斯。她陪同科尔特斯在公元1524年至公元1525年穿越佩滕，来到了洪都拉斯省。在这期间，科尔特斯让她嫁给了一个名叫唐·胡安·德·哈拉米略的西班牙贵族。后来西班牙王室将前阿兹特克都城及周围的几处房产赐给玛丽娜，她在那里享受着富裕的生活并安度晚年。有材料提到她有一个孙子。

前宗族组织

尽管在西班牙征服时期，几乎所有古玛雅人宗族组织的痕迹都消失了，但有迹象表明，最初普遍存在宗族组织体系。例如，兰达主教这样说道：

他们总是用父亲的父系姓氏和母亲的母系姓氏来称呼自己的儿女，父亲的姓氏是正规称呼，母亲的姓氏是口头称呼。例如父系姓氏"Chel"的父亲和母系姓氏"Chan"的母亲生的儿子就叫作"Na Chan Chel"，意思是父系姓氏Chel家的男子和母系姓氏Chan家的女子生的儿子，其中母亲的姓在这里作为中间名。这就是为什么玛雅人会把同姓的人看作同一个家庭的成员，而且他们也会像家人那样对待他。因此，当一个人来到一个陌生的地方又需要帮助时，他就会立刻报出自己的名字。如果那里有和他同姓的人，就会马上友善地接待他，并把他当成家人来对待。同样，无论男女都不会和与自己同姓的人结婚，因为在他们看来，这是极大的耻辱。

这段描述非常直接地说明了玛雅人同姓不婚的禁忌，最初应该是基于基本的宗族社会组织体系，也就是说，一些人声称他们有一个共同的祖先。

玛雅人这种禁止相同姓氏的人结婚的古老禁忌，在泽套玛雅人和拉坎敦玛雅人中间一直延续到今天。在墨西哥恰帕斯高地的许多泽套玛雅人村庄里，有着相同姓氏的人之间的婚姻就像近亲结婚一样，要么被彻底禁止，要么遭到强烈的阻止。这种禁忌在乡村非常盛行，甚至在那些已经不再使用玛雅姓氏并采用西班牙姓氏的泽套玛雅人家庭中也是如此，如果两人的西班牙姓氏相同，那么他们之间的婚姻也会被禁止。

恰帕斯低地少数幸存的拉坎敦玛雅人生活在乌苏马辛塔河流域西南侧茂密的森林里，现在男女老少加起来只有大约200人。和尤卡坦玛雅人和泽套玛雅人一样，拉坎敦玛雅人的宗族也是指父系姓氏。

现在的拉坎敦玛雅人都属于两个宗族，也就是说全部都来自两个父系姓氏。他们的宗族姓氏大约有18个，都来源于动物或鸟类，如蜘蛛猴、吼猴、野猪、西貒、鹿、美洲豹、小羚羊、无尾刺豚鼠、燕子、野鸡、鹧鸪、金刚鹦鹉等。这些名字说明所有的宗族姓氏过去都带有宗族图腾的意义。虽然不算常见，但在现代的拉坎敦玛雅人中，同一姓氏之间的婚姻确实存在。如果他们也有禁止相同姓氏的人结婚的禁忌，只能异族通婚，那么当整个宗族的人数减少到快要消失时，也不得不放弃这种禁忌，否则宗族就由于没有新生人口而不复存在了。

有证据表明，在拉坎敦玛雅人的宗族组织之上，还有一些更大的社会群体，每个群体有好几个宗族，但具体情况还不清楚。有人认为，这种更大的社会群体可能是从前某种由家族团体组成的更复杂的社会组织的残留，至少从起源上看，他们都有一个共同的祖先。

然而，我们再来观察新帝国晚期的玛雅人，除兰达主教提到的同姓不婚的禁忌之外，所有宗族组织，无论最初是否起源于宗族图腾，似乎都在被西班牙征服前就完全无迹可寻了。

第十章

普通民众的生活

M A Y A

出生、姓名和赫兹梅克仪式

从出生到死亡，每个古玛雅人终身的生活都被他们的宗教信仰支配，正如玛雅祭司解释的那样。事实上无论男女，每个人一生的仪式都根据其出生日期，在260天为一年的卓尔金历里被预先确定好。在危地马拉高地的卡克奇克尔人中，有种信仰认为一个人的出生日期甚至决定了他的气质和命运。出生日期这种偶然性的事情决定了哪些神明对一个古玛雅人很友好，又有哪些神明对他怀有敌意；如果他出生的那一天对应的神明是友好的，那他就能得到这些神明的帮助，如果他出生的那一天对应的神明怀有敌意，那他这一生都必须安抚这些神明。最后，在一些玛雅部落中，例如卡克奇克尔人，每个人的名字都是自动确定的，因为他的名字必须是他出生那一天的称呼，例如胡恩伊米希（玛雅语为Hun Imix）。然而，如果尤卡坦北部的古玛雅人中也存在这种习俗，那么肯定早在被西班牙征服之前就已经消失了。

古玛雅人深深地爱着他们的孩子，就像今天的玛雅人一样。妇女们非常渴望孩子，甚至"通过礼物和祈祷向神求子"。为了顺利怀孕，她们必须求助于祭司，让祭司代表她向神祈祷，并在床下放置"送子女神"伊希切尔的画像，这位女神掌管怀孕和分娩。

孩子一出生就洗澡。四五天后，孩子的额头上会绑上木板，这是为了人为地将孩子的额头夹平。在古玛雅人中，低平的额头被认为是美丽的标志，这种变形是通过将出生四五天后的婴儿的头部绑在一对木板之间实现的，一个在后脑勺，另一个在前额。这些木板要绑好几天，等拿掉后，孩子的头一辈子都是平的。在古玛雅人中，这种把头夹平的习俗和以前中国妇女裹脚的习俗一样。文物中玛雅人侧面像的头部特征都很明确地体现了这种习俗非常普遍，尤其是在上层社会。

另一个典型的特征是内斜视眼。母亲们特意把树脂做的小球挂在孩子两眼之间的头发上，试图把孩子变成内斜视眼。小球在两眼之间晃来晃去，孩子们看着它们，往往会变成内斜视眼。玛雅人的耳朵、嘴唇和鼻中隔都会打孔，戴上金、铜、玉、木、贝壳、骨和石头质地的饰品。

现代尤卡坦半岛的玛雅人举行的一种仪式，无疑是古代赫兹梅克仪式的残留：即第一次让婴儿跨坐在大人髋部上的仪式。和我们稍后要描述的洗礼和青春期仪式一样，这个仪式也非常重要。玛雅人的婴儿坐在大人的左髋部上，大人会用左臂扶着他。女婴会在三个月大的时候举行这个仪式，而男婴在四个月大的时候举行。男婴和女婴在不同的时候举行这个仪式，据说是因为玛雅人的炉灶作为女主内的象征，有三块石头；而玉米地作为男主外的象征，则有四个角。

这个仪式通常会邀请一对夫妇作为教父教母一起参加。如果只请一个人的话，男孩的仪式就邀请一位教父，女孩的仪式就邀请一位教母。桌上摆着九件不同的物品，象征孩子以后的生活：男孩的是书、砍刀、斧头、锤子、枪、农具木棒和其他未来需要的物品；女孩的是针、线、别针、葫芦、烤玉米饼的铁锅和女孩子未来会用到的物品。父亲把孩子交给教父，教父让孩子骑在自己的左髋部，然后走近桌子，从九件物品中挑一件放在孩子的手里，然后一边绕着桌子走，一边叮嘱孩子怎样使用它。"给你一本书。拿着它，这样你就可以学会读书写字。"教父带着孩子在桌边绕九圈，每次都会从九个物品中挑一个放在孩子手里，并教他如何使用。他把九粒玉米放在桌上，每走完一圈就去掉一颗玉米粒。然后他把孩子交给教母，由教母重复类似的流程。她用先前放在桌上的九颗葫芦籽来记录绕圈圈数，每绕完一圈吃一颗，最后把孩子还给教父。教父再把孩子还给父亲时说："我们为你的孩子做了赫兹梅克。"丈夫和妻子跪在教父教母面前表示感谢，助手向在场的人分发朗姆酒、煮熟的家禽和玉米饼。

在古代，当玛雅人的孩子出生几天后，他会被带到祭司那里，由祭司预测他的运势，甚至还有他在以后的生活中要从事的职业。最后，祭司在一种类似洗礼的仪式中给孩子取了在童年时的名字。

古玛雅人有三个名字，有时甚至有四个不同的名字：（1）他的帕尔卡巴（名），相当于英语名字中的约翰、威廉、玛丽或海伦；（2）他父亲的姓氏，相当于英语姓中的史密斯或琼斯，玛雅语中没有专门称呼姓的词语；（3）他的纳尔卡巴，也就是父亲和母亲的姓氏组合在一起，类似于我们连字符的称呼语——史密斯-威廉姆斯；（4）他的可可卡巴，也就是昵称，比如我们所说的"矮子"或"胖子"。有关古玛雅人姓名更详细的描述见附录二。

直到三四岁左右，孩子们都由母亲抚养，有的人会一直抱在怀里，直到四岁。男孩四五岁时，会在头顶的头发上系上一颗白色的小珠子，女孩到了同样的年龄，会在腰上系着一根挂着红色贝壳的绳子，象征她的贞洁。在青春期仪式（兰达主教错误地称为洗礼）之前，把这两个东西从孩子身上取下来会被认为是非常不光彩的事情，尤其是女孩更不能这么做。下文中将描述的仪式被兰达主教认为是玛雅人的洗礼仪式，但从特点来看，似乎更像是青春期仪式。首先，兰达主教推断，这发生在孩子们大约12岁时，也就是说，在青春期。其次，他明确表示，女孩一旦完成这个仪式就会被认为到了适婚年龄，在此之前则不是。第三，还有一份公元16世纪的手稿说："男孩在14岁到15岁之间（也就是说，在进入青春期之后）接受洗礼。"在孩子的一生中有两个早期的仪式：（1）在孩子只有五天大的时候给他起名；（2）当孩子三四个月大的时候举行赫兹梅克仪式，也就是第一次跨坐在大人髋部上的仪式。这其中的任何一个，尤其是第一个，都比下文中兰达主教描述的仪式更像洗礼，几乎可以肯定兰达主教所说的其实是青春期仪式。我们已经了解到，第一个仪式涉及首次起名，第二个仪式会有教父教母出席。

青春期仪式

据兰达主教说，举行青春期仪式的日子是经过精心挑选的，人们会事先煞费苦心地避开不吉利的日子。城镇里的一位头面人物被选为代表人，职责是在仪式期间协助祭司并举行相应的宴会，还有四名受尊敬的老人会在仪式中担任祭司和代表人的助手。

在仪式开始前三天，孩子的父亲和其他担任仪式职务的人都要禁食，也不与妻子同房。到了指定的日子，所有人都聚集在主办仪式者的院子里，新打扫的屋里散落着新鲜的树叶，男孩排成一排，女孩排成一排。一位老年男性被指派为男孩的教父，一位老年女性被指派为女孩的教母。然后祭司按以下方法完成洁净房屋和祛除恶灵的仪式：四名助手坐在院子四角的凳子上，一起拿着一根绳子围成一个圈当作围栏，圈里有正在进入青春期的孩子、他们的父亲和主持仪式的祭司。祭司坐在凳子上，凳子前放着火盆，上面有一盘熏香和磨碎的玉米。接着，男孩和女孩们依次走到祭司跟前，祭司给他们每人一点儿玉米和熏香，并让他们扔进火盆里。每个人都做完之后，就把火盆和四名助手所拿的绳子以及一些酒交给安排好的助手，叫他把这些物品带到城外。又嘱咐他在路上的时候不能喝这些酒，回来的时候也不能往后看。玛雅人认为，如果忠实地执行这些环节，就可以把恶灵从他们中间祛除。

恶灵被祛除以后，又开始清扫院子，新叶子散落一地，地上铺着垫子。祭司把他的法衣换成漂亮的短上衣，戴上斜插着红色和其他颜色羽毛的头饰，手里拿着用来洒圣水的洒水器。洒水器是一根做工精细的短棍，上面挂着响尾蛇的尾巴。助手们走近这些孩子，把母亲为他们带来的白布放在他们的头上。几个年长的孩子被问到他们是否犯了什么罪或有过什么淫秽的行为，如果承认犯了罪，他就得与其他孩子分开，但兰达主教没有说他是否被拒绝参加接下来的仪式。最后，祭司命令大家坐下并保持绝对安静，然后他开始祝福孩子们，用洒水器把圣水撒在他们身上。念完祝福词后，他坐了下来，代表人拿着祭司给他的骨头，在每个孩子的额头上敲九下，并用圣水湿润额头、脸的不同部位、手指和脚趾之间的空隙，但什么都不说。这种圣水是由可可豆和某些花混合而成的，它们溶解在原水（就是雨水）中，原水取自森林中的岩石洞穴。

随后，祭司从孩子们的头上取下白布，每个孩子给四名助手献上作为礼物的美丽羽毛和可可豆。接着祭司从男孩子们的头上取下白色的珠子。有人拿着鲜花和点燃的烟斗，给每个孩子一阵花香和一阵烟气。接着，孩子们的母亲带来了食物，每个孩子分得一点儿，然后孩子们向神灵献上美酒作为礼物。这些酒必须由一个特定的人一口喝下，人们认为要是他在喝这些酒的时候没有一饮而尽，那就是犯下了大罪。随后，这些年轻女孩先被解散了，每个母亲都从自己的女儿身上取下象征纯洁的红色贝壳。取下这个贝壳之后，这个女孩会被认为已经到了适婚年龄。随后男孩也被解散。当所有孩子都退出场地时，他们的父母把作为礼物带来的棉布片分发给仪式执行者和观礼的人们。仪式以盛宴和豪饮结束。仪式的代表人除提前禁食三天外，还必须在仪式结束后禁食九天，这是一项必须严格遵守的规定。这个仪式被称为"众神降临"，从它的本质，以及参与仪式的孩子的年龄都可以看出，它更可能是一个青春期的仪式，而不是兰达主教以为的洗礼仪式。

以前，男女孩童都可以赤身裸体到四五岁左右。之后，男孩们被要求穿腰布，女孩们被要求穿裙子。如今男孩也是如此，但小女孩从出生就要穿一种被称为惠皮尔的玛雅民族女装。

玛雅人不喜欢脸上的须发，母亲们会用很烫的布敷在年幼儿子的脸上来阻止须发生长。

随着孩子们长大，他们开始住在一所专门为社区未婚青年准备的房子里。他们聚在一起玩各种各样的游戏——打球，扔木棒接木棒，掷骰子，还有其他的消遣。他们通常在这所房子里住到结婚为止。他们把自己涂成黑色，同样直到结婚为止，但不能在婚前文身。这些年轻人经常和父亲在一起，很小的时候就陪着他们去玉米地，在他们身边干活。兰达主教说："在所有其他事情上，他们总是陪伴着父亲，因此他们也变成了和父亲一样的偶像崇拜者，并在劳动中把他们服务得非常好。"

如前所述，在青春期仪式后，女孩们被认为已经准备好结婚了。母亲教导她们要端庄。无论何时何地遇见男性，都要背对着他，走到一边让他先过去。给男性喝水时，她们要垂下眼睛。如果年轻女孩被发现看着一个男人，作为惩罚，母亲会把辣椒揉进她们的眼睛。如果被发现不守规矩，她们会被狠狠地鞭打，辣椒会被揉进她们的私处。母亲教女儿如何制作玉米饼，这一职责消耗了每个玛雅妇女大部分的时间。事实上，就像现在一样，制作玉米饼、洗衣服和生孩子是玛雅妇女在过去生活中的三大主要活动。此外，妇女也是管家、厨师、织布工和纺织工。她们饲养家禽并到市场上买卖她们生产的物品，需要的时候与男人一起干重活，也帮助他们在玉米地里播种和耕种。

婚姻

兰达主教说，从前玛雅人20岁结婚，但到他那个时代，他们12或14岁就可以结婚了。在公元18世纪和公元19世纪早期，尤卡坦半岛的玛雅男孩在十七八岁结婚，女孩在十四五岁结婚。今天在半岛北部的玛雅村庄里，男孩的平均结婚年龄是21岁，女孩的平均结婚年龄约是17岁。

父亲会非常仔细地为儿子寻找合适的妻子，最好是同一社会阶层和同一村庄的女孩。如前所述，因存在某些禁忌关系，尽管不禁止表亲结婚，但一个人娶和自己同姓的女孩，或者一个鳏夫娶自己的继母、姨母、兄弟的遗孀和亡妻的姐妹都被认为是非常邪恶的。

人们认为，如果一个人为自己或孩子寻找伴侣而不借助专业的媒人（阿坦扎霍布）的服务是卑鄙的。这种习俗在尤卡坦北部的农村地区一直延续至今。媒人选定后，两家就婚礼进行讨论并商定应为女孩支付的聘礼数额。聘礼通常包括衣服和其他价值不大的物品，男孩的父亲付钱给女孩的父亲，男孩的母亲同时为儿子和儿媳准备衣服。今天在尤卡坦北部，新郎或其家人支付婚礼的所有费用，甚至包括新娘的嫁妆。从最尊贵的庄园主到大麻田里最卑微的玛雅劳工，社会各个阶层都如此。

到举办婚礼的日子，亲朋好友聚集在新娘父亲家里。祭司一进屋，新人的父亲就把年轻人介绍给他。祭司接着发表演讲，详细阐述结婚协议、礼金的数额等，之后他给房子喷香水，为新婚夫妇祈福，所有的人都坐下来参加宴会。仪式结束后，这对年轻夫妇可以一起住在岳父母家里，并为岳父母工作六七年。岳母看着女儿亲手将食品饮料递给年轻的丈夫，以此表示对他们婚姻的认可；但如果新郎在约定的时间内没有为岳父工作，岳父就会把他赶出家门并把女儿嫁给其他人，而这就等于"出现了极大的丑闻"。

有时在男孩和女孩还很小的时候，家庭之间就安排了婚姻。当他们成年后，就忠实地执行这种安排。寡妇和鳏夫再婚不会举行仪式，没有宴会和其他礼节，男人只是去他选择的女人家里，如果女人接受他，就会给他一些吃的东西表示同意。根据习俗规定，鳏夫和寡妇在前一个配偶去世后至少应保持单身一年，在此期间他们应避免性交，这一行为并没有强制性的约束，但人们认为违背者会因此给自己带来灾难。

虽然玛雅人通常是一夫一妻制，但离婚很容易；事实上，玛雅人离婚几乎就是简单的抛弃。正如一位早期西班牙人见到的那样，这是一种常见的现象：

他们的婚姻关系确实是一夫一妻，但丈夫能因一点儿小事就离开妻子，然后又和另外一个女人结婚。有的男人结过10~12次婚。女人同样也有离开丈夫改嫁的自由。但只有第一次结婚时的仪式由祭司主持。

兰达主教说：

由于他们结婚时没有爱情，对婚姻生活和已婚人士的义务一无所知，因此更容易抛弃对方。

这很可能是事实，即使是今天的玛雅人，在没有现代美国式爱情的情况下结婚也是一件很平常的事。一个玛雅男孩进入青春期后，如果他想要自己的家和孩子，他的父母、家里的老朋友，或者远处村庄的职业媒人，就会安排他和一个合适的女孩结婚，但并不会很认真地询问男孩和女孩对他们未来伴侣的感受。现代美国式浪漫、激情的爱情，当然也包括好莱坞式的奢华，在尤卡坦半岛的现代玛雅人中基本看不到。

我清楚地记得在奇琴伊察的一次经历，可以很好地说明这一点。我和妻子同意为我们的司机安排一场婚礼，他是一个19岁的年轻玛雅男孩。我们能找到的最合适的女孩似乎是邻村村长的女儿，一个15岁左右的女孩。男孩表示他可以接受这个选择，于是我写信给女孩商谈。起初，按照习俗规定，我的这项建议被拒绝，理由是女孩"太小了，不能离开母亲"。但在正式信函中，我再次提起这件事，并阐明男孩的良好品质，敦促女方考虑他的请求。最后，这个年轻人被允许去女孩的家里看望她，不过她总是和家人在一起。几个月来，他每个周末都去她家，送糖、蜂蜜、小麦面包、葡萄酒、香水、巧克力、肥皂，偶尔还会送一种尤卡坦奢侈的加州罐头水果等作为礼物，最终取得了女孩父亲的同意。在这段考察期快结束时，男孩带着他的母亲、继父和妹妹去探望他的准岳父，最后婚礼定了下来。

事情似乎有了一个令人满意的结果，但我们开始担心，恐怕男方配不上女孩。到目前为止，在整个求爱过程中，我们还没有从任何人那里得到任何迹象表明这个女孩喜欢这个男孩。在这一点上，我有点担心，有一天我问女孩的父亲，他是否认为女儿会爱她将来的丈夫。对此，他毫不犹豫地迅速回答："她当然会的，她是个好女孩，我叫她爱谁，她就会爱谁！"奇怪的是，女孩就是这么做的。事实上，这段婚姻比我所认识的任何其他玛雅人的都要幸福。

服饰

在玛雅，男性的主要服装是被称为艾克斯的腰布。那是一条棉布带子，五指宽（手的宽度），长到可以绕腰几圈，在两腿之间穿过，这样能遮住私处。一头吊在腿前面，另一头吊在腿后面。这种腰布是妇女们在手工织布机上织的，两头或多或少以羽毛做修饰：

他们两腿之间穿着马斯特尔①，那是一条很长的手工编织布，他们把它绑在腹部，并在下面转一圈，遮住私处，长布的前后两端垂着许多羽毛。

----

① 可能是阿兹特克语中"马斯特丽"一词的变体，指同一种衣服。——原注

图31　古帝国纪念碑中的玛雅围腰布款式

古帝国和新帝国的雕塑、壁画和彩绘花瓶上到处都有这种腰布的图案，包括统治者、祭司和贵族身穿的华丽腰布，上面有羽毛、石珠和彩色贝壳的装饰，以及下层民众穿的简单、无装饰的普通腰布。

男人们除了腰布，有时还穿着一种称为帕蒂的大方形棉布，在肩膀上打结，根据佩戴者的身份，这种布或多或少被精心装饰。穷人夜间睡觉也盖这个。

用麻绳将未经鞣制的干鹿皮绑起来，就是普通百姓的凉鞋。在古帝国的纪念碑上，凉鞋非常精致，有丰富的装饰，高高突起的脚背系着华丽的锥形结。新、古帝国时期的凉鞋和现在使用的凉鞋有一个非常重要的区别，值得注意。在古代，凉鞋是用两条皮带或绳子绑在脚上的，一条在第一和第二个脚趾之间，另一条在第三和第四个脚趾之间。而今天，从危地马拉高地到尤卡坦半岛最北端，只有一条皮带，也就是从第一脚趾和第二脚趾间穿过的那条带子。

男人们留着长长的头发，头顶上有一块因为灼烧而不长头发的空白。他们把长发编成辫子缠在头上，像一顶冠冕，但在后面留着一条长长的马尾辫。如前所述，男孩们在结婚前会把脸和身体涂成黑色，

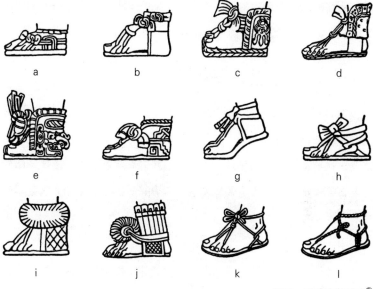

图32　玛雅凉鞋款式①

结婚后把脸和身体涂成红色。他们禁食时也涂成黑色。这种人体彩绘据说是"为了优雅"。战士们把自己涂成了黑色和红色："为了展现勇猛，他们把眼睛、鼻子和整个脸、身体和手臂都涂成了黑色和红色。"囚犯们身上涂着黑白相间的条纹，祭司涂成蓝色。为了准备一年中最重要的仪式之一摩尔月庆典，他们会把所有东西都涂上蓝色颜料，从祭司的器皿到妇女编织的纺锤，甚至包括房子的木柱。如奇琴伊察勇士神庙的壁画所描绘的，两名祭司手持人牲的胳膊和腿，人牲从头到脚都被涂成蓝色。奇琴伊察祭祀坑里发现的许多熏香球也被涂

---

① 图中，a、b、c、d、e、f为古帝国时期的凉鞋款式，g、h、i、j为新帝国时期的凉鞋款式，l为现代把凉鞋绑在脚上的方式。——原注

成了明亮的绿松石蓝。的确，新帝国晚期的玛雅人像墨西哥人一样认为蓝色和牺牲有关，这一点可能是受到墨西哥人的影响。

彩绘也用于文身：

做这项工作的人，先是用彩色颜料在人体上画出他们想要的图案，然后在画上精心刺刻，用鲜血和颜料在身上留下痕迹。由于极度疼痛，这项工作一次只能做一点儿，而且完成后由于伤口溃烂，他们还会备受折磨，直到文身最终成型。尽管如此，他们还是会取笑那些没有文身的人。

据说玛雅人非常喜欢香水。他们用鲜花、树脂和芳香的草药来制作香水。

关于玛雅妇女的主要服装，有几种记载流传了下来，但都不清晰。兰达主教说：

沿海地区和巴卡拉尔省、坎佩切省的妇女穿的衣服比较端庄，因为她们除盖住腰部以下的裙子之外，还会在腋下系上一块叠着的布来遮住胸部。而其他地区的妇女都只穿一件衣服，像一个又长又宽的口袋，两边开着，一直拉到臀部再系在一起，宽度上下都一样。

埃雷拉写道："她们穿了一件麻袋一样的衣服，长而宽，两边都开着，一直到臀部再缝起来。"还有一位早期作家说，"玛雅妇女穿的是那种衬裙，两边都开着，像麻袋一样绑在腰间，遮住她们的私处"；此外她们头上还戴着棉布头巾，"像短斗篷一样张开，遮住她

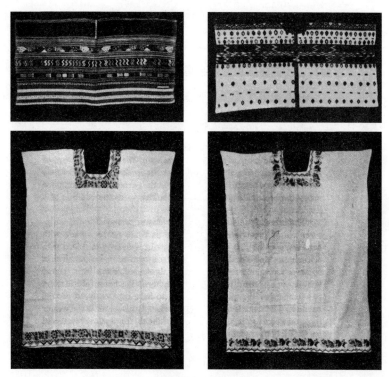

图33　危地马拉高地和墨西哥金塔纳罗奥及尤卡坦的玛雅妇女服饰

们的胸部"。

　　尽管这些描述本身并不完整，但综合起来就能让我们对现在尤卡坦半岛玛雅妇女的服饰有一个比较清楚的概念。这种像布口袋一样的衣服以前叫库布，现在完全没有这个词；今天这种服装在阿兹特克语里被称为"惠皮尔"。这是一件白色宽松的棉质单片连衣裙，从上到下宽度相同，边上缝着，手臂处有孔，头部有方形开口。袖口和领口以及衣服的底部都用十字绣绣得很漂亮（xocbil chui，玛雅语中的"计数线"），图案是花、鸟、昆虫和其他动物，颜色鲜艳。这种带有独特十字绣的衣服几乎可以肯定是从古代流传下来的。

她们在库布下面还会穿一条又宽又长的衬裙（玛雅语为pic）。衬裙底部有时候会有一圈刺绣，这些刺绣以白色为主。玛雅妇女或女孩出门的时候必须戴上披巾（玛雅语为booch），一条彩色棉围巾，虽然有时是丝绸的，可戴着或优雅地披在脖子上，或是披在头上，不管是去市场或者去教堂，还是去拜访她隔壁的邻居。除非在自己的家里，否则不戴披巾出门，就像没有穿衣服。这种披巾可能是前文中提到过的古玛雅妇女的棉布方巾演变而来的。如今，女性普遍穿欧洲风格的拖鞋，但以前她们和男性一样，可能只在节日场合才穿着凉鞋，其余时间都赤脚。

妇女和女孩们留着很长的头发，并且非常爱护它。她们把头发梳成各种不同的发型，从中间分开，有时编成辫子，这是已婚妇女不同于年轻女孩的发型。小女孩们的头发会做成两个或者四个角状造型，据说这是非常得体的发型。女人们和丈夫一样，涂一种闻起来很香的红色油膏，那些买得起的人会在油膏里加入一种芳香的黏性树脂，这种树脂的气味能持续好几天。她们从腰间向上（胸部除外）文身，这些文身图案比男人的文身图案更精致和美丽。

根据新、古帝国雕塑、壁画和花瓶绘画中相关丰富的材料可以写一本关于统治者、贵族和祭司的服饰和用具的书。统治者和贵族的族徽和长袍，贵族的节日盛装和军装，以及祭司的徽章和法衣，毫无疑问，都非常精美。但尽管这些衣服看起来装饰得很精致，从基本形式上来说，和普通民众的服饰差别不大，都可以归纳为腰布、方披巾、凉鞋以及头饰。

在许多情况下，上流社会的腰布非常复杂。腰布前后两端都有丰富的羽毛装饰，腰部周围有大量的玉珠、人头像玉饰、贝壳挂件等。有时候在帕伦克，人们的短裤只到刚刚高过膝盖的地方。普通人朴素的方形棉布变成了华丽的斗篷，有时是带有华丽刺绣的棉布，又或者是一张醒目的美洲豹皮披肩，甚至做成适合肩膀的样式，尾巴垂在身后。又或是色彩鲜艳的羽毛，长长的羽毛在每一次微风吹过的时候打着转并闪烁光芒。绿咬鹃色彩斑斓的蓝绿色尾羽非常华丽，有时长达3英尺，似乎就是留给统治者做装饰的。绿咬鹃确实是一种具有王家风范的鸟，只栖息于危地马拉高原、紧邻的墨西哥南部和洪都拉斯地区，在巴拿马南部偶尔也能见到。它是危地马拉共和国的国鸟，就像美国的国鸟是鹰一样。如前所述，玛雅人的地位越高，他穿的凉鞋就越精致，古帝国纪念碑上所描绘的统治者的凉鞋极其华丽，带有高高凸起的刺绣装饰，脚背上和脚后跟都挂着装饰精美的绳结。

然而最能展现华丽的还是头饰。头饰的框架可能是用柳条或木头做的，雕刻成美洲豹、蛇或鸟头，甚至是玛雅诸神的头像。这些框架上覆盖着美洲豹皮、镶在一起的羽毛和雕刻的玉石，上面插着高耸的彩色羽毛，一直垂到肩膀上，显得十分粗犷。有时候华丽的头饰是用硬羽毛做成的羽冠。总之，头饰始终是服饰中最引人瞩目的部分，代表穿着者的等级和社会地位。

饰物还包括项圈、项链、腕带、脚链和膝带。这些配饰由羽毛、玉珠、贝壳、美洲豹的牙齿和爪子、鳄鱼的牙齿组成。在新帝国时期金属刚出现的时候，还包括黄金和铜。其他种类的饰品有鼻饰、耳环，以及用玉、石、贝壳、木头和骨头制的唇饰。社会下层的装饰品主要局限于简单的鼻饰、唇饰和用骨头、木头、贝壳和石头制成的耳环。

日常生活

　　古代的玛雅家庭和今天的一样。他们很早就起床。妇女们在凌晨三点到四点之间先起床准备早餐，早餐包括玉米饼、豆子，穷人家吃的是玉米粥。首先是准备玉米饼原料，然后再做玉米饼，这项工作过去是，现在仍然是玛雅妇女生活中最重要的活动之一，仅次于生育和抚养孩子。

　　制作玉米饼是玛雅妇女首要的家庭责任，可分为五个步骤，如下所述：

　　1. 干燥的、带壳的玉米首先被放入锅（玛雅语为cum）中，用足够的水和酸橙来软化玉米粒。然后，将锅里的混合物加热到快煮开并保持这个温度，时不时搅拌一下，直到玉米壳变软。然后将锅放在一边，静置到第二天早上。在玛雅语中，软化、剥皮的玉米被称为库姆（玛雅语为kuum）。

　　2. 第二天早上早餐后，库姆被清洗干净并完全去除外壳。

　　3. 碾碎库姆。在古代，这是用石磨手工完成的。底石称为卡亚（玛雅语为caa），上面的磨石称为卡布（玛雅语为kab）。如今，手工操作的金属磨盘已经普遍取代了旧的石磨，甚至在更大的村庄里，电动磨坊也很普遍。磨碎的玉米在玛雅被称为扎坎（玛雅语为zacan）。玉米磨碎后会用一块布盖住，搁在旁边直到上午晚些时候。

　　4. 每天正餐前大约一小时，现在通常在下午早些时候，要清洗一张低矮的小圆餐桌①，大约只有15英寸高。这张桌子总是放在玛雅人

――――――――――

① 这种低桌的玛雅语称呼没有流传下来。——原注

用三块石头垒成的炉灶旁边。接下来圆形煎锅（玛雅语为xamach）也要擦干净放在炉子上加热，煎锅现在是用铁做的，但以前是用陶土烧制的。接下来，一段大约6英寸见方的大蕉叶子在煎锅上加热，直到变得柔软。然后将它放在小餐桌上，下面放一撮灰烬，使它在矮桌上很容易转动。然后，女人准备做玉米饼。

5. 她捏下一块刚磨碎的大约有鸡蛋那么大的扎坎（必须是新鲜的，因为很快会变质），然后放在事先准备好的大蕉叶上。双手一起做玉米饼，大小和形状都和美国煎饼差不多。左手抓住玉米饼的边缘，而右手用来压平扎坎块，同时在小餐桌上做旋转的动作。很快，在熟练的手指下形成了一个完美的圆而非常薄的扁平玉米饼。她连续不断拍打玉米饼，使之发出一种非常特别的声音。大约中午时分，尤卡坦半岛所有的玛雅村庄都能听到这种声音。成型后，将玉米饼放在加热过的炉子上烘烤，先烤一面，然后再烤另一面。接着把它放在煎锅下面的热木头上，直到变得鼓起来。这时再从边上拿起玉米饼，放在小餐桌拍平。最后，把玉米饼放在大葫芦里（玛雅语为lec）以保持温度，葫芦里一共能放几十块饼，因为玛雅人通常一顿饭吃下不少于20块热玉米饼。

公元16世纪时，有人对古玛雅人饮食习惯的描述如下：

古玛雅人吃的饭菜与今天一样，都是在水里煮的碎玉米。他们还会把玉米做成面团化在水里当粥喝，这就是他们通常的饮食。日落前的一个小时，他们习惯用玉米面团做玉米饼，蘸上少许水和盐稀释过的碎辣椒吃。另外，他们还会煮一种当地的黑豆，他们称之为布尔，西班牙人称这种豆为菜豆。这是他们一天中唯一一次吃固体食物，因为其他时间都是喝上面说的玉米面团做的粥。

综上所述，玛雅人古代和现代的饮食习惯的主要区别似乎在于一天中正餐的时间。从上面的叙述来看，古代是在下午晚些时候，即"日落前一小时"；而现在正餐通常是在中午或下午的早些时候。

即使在今天，玛雅男人和女人也不在一起吃饭。家里的男人，父亲和儿子由母亲和女儿伺候着，先蹲在小餐桌旁吃饭。然后，当男人们开始工作时，妇女和女孩才坐在小餐桌旁吃饭。早餐吃的玉米饼是前一天剩下的，但早上吃的时候会烤脆，新鲜的玉米饼要等到一天的正餐时分，男人忙完工作回到家后才端上桌。

男人们在凌晨四点到五点间动身去玉米地，然后女人们开始她们的主要工作：上午准备扎坎，然后做烤玉米饼；而后洗衣服和做其他家务——做饭、缝纫、编织、刺绣等等。

在玉米地里干活的人，在下午早些时候或者午后回家之前，都要吃些点心。早上，他会带着一块像苹果那么大的玉米面团，裹在一片大蕉叶子里。玉米面团和扎坎相似，只是煮的时间更长，直到变硬成一团，更容易粘在一起，而且变酸的速度也更慢。大约十点左右，男人停下手头的工作，在半个葫芦做成的杯子（玛雅语为luch）里装满水，然后把玉米面团放进去搅拌几分钟，玉米粥就做好了。这样做成的饮品看起来像牛奶，而且营养极为丰富，可以提供足够的能量让男人完成上午剩下的工作。但如果他工作到下午两三点，他可能会喝两次甚至三次玉米粥，也许他还会带一些烤玉米饼。

下午早些时候，男人从田里回来吃主食，即新鲜的烤玉米饼、豆子、鸡蛋，可能还有肉，肉可以是鹿肉、牛肉、猪肉或鸡肉；如果经济条件允许的话，还会吃一些蔬菜和巧克力。以前一些玛雅家庭每天在吃过这顿饭后，男人都要洗热水澡，而妻子应该已经为他准备好热水了。洗澡的木盆通常使用一块西班牙雪松木挖空制成。妻子通常会帮他脱下衣服，并为他准备干净的衣服。如前所述，玛雅人是世界上最干净的民族之一，在田间劳作了半天，男人期待并得到温暖的沐浴。事实上，在殖民时期，如果妻子在男人劳作回来时没有为他准备好热水，那他就可以殴打妻子，这是法律赋予的权利，而这项西班牙殖民时期的法律无疑是基于早期的玛雅习俗。

男人们洗好澡穿好衣服后，围坐在一起一直聊天到晚餐时分。晚餐吃薄饼、豆子、巧克力或一种玉米粥。这种玉米粥是热的，是把扎坎放到凉水里再煮熟而成，有时加蜂蜜（现在经常用糖），有时也不加糖。

全家人很早就休息了，因为第二天很早就得起床，大概晚上八点钟睡觉，肯定不会晚于九点，除非有什么特别的事情，比如宗教庆典、宗教仪式、会议、宴会或舞会，或者只是在月光下聊天，这都是他们喜欢做的事。以前一家人都睡在一个房间里，现在也是一样，他们可能睡在床上，也可能睡在用木杆搭成的低矮的架子上。兰达主教这样写道：

然后他们在中间建了一堵墙，把房子纵向分隔成两半。他们在这堵墙上留下了几扇门，门后面他们称之为后屋，屋里放着床，另一半用石灰把墙面刷成白色，看起来很漂亮（这间外屋似乎是前面和侧面都敞着的门廊）……他们的床是用小木杆（小树枝）做的，最上面垫着一个垫子，他们就睡在垫子上，他们的棉布方巾就是睡觉盖的被子。夏天的时候，他们通常会拿着垫子到刷成白色的房间（像门廊的外屋）睡觉，尤其是男人们。

一位公元17世纪的作家提到了乌苏马辛塔河西南部低地的一所房子里的床，它是用粗糙的原木搭成的架子，足够容纳四个人，上面有"儿童用的小床"。而一位公元18世纪的作家记载尤卡坦的玛雅人时说道："他的床是地板，或者说是木板做的架子，由四根棍子支撑着。"

今天尤卡坦的每个玛雅人，以及大多数混血儿（印第安人和白人混血）都睡在吊床上。吊床是西班牙人引进尤卡坦的还是当地本来就有的，目前还不清楚。但有一点应该可以肯定，如果吊床以前就在尤卡坦被普遍使用，那么兰达主教不可能不提到它们。然而，正如上面所引述的，他明确地说，"他们的床是用小木杆（小树枝）做的"。

在关于玛雅人农业的那个章节中已经表明，如今普通玛雅家庭的食物需求只需要不到两个月的全天工作日就可以完成，但他们每天要工作八小时，而不仅仅是半天。在古代，当没有钢制砍刀和斧头的时候，毫无疑问，他们不仅要花很长的时间去砍倒灌木丛和种植第一年的玉米地，还要保持田里没有杂草。另一方面还表明虽然现在一片玉米地只能连续种植两年，但有充分理由相信，以前同一片玉米地可以而且事实上也是连续种植七八个年头。无论如何，很明显，古玛雅人有大量的业余时间，不用从事为家庭提供食物的工作的时间肯定超过半年。

玛雅人所有的城市和城镇，无论是古帝国还是新帝国，都能够执行庞大的公共工程计划，这充分证明了贵族和祭司极为有效地组织和利用了平民的这些闲暇时间。建造这些巨大的石头和灰泥建筑的基础是一个高度组织化的社会和强大的领导管理能力。普通民众的一部分业余时间或许是大部分业余时间都投入到公共工程上。开采这些大型建筑项目所需的巨量石材，把石材从采石场运到建筑工地，砍伐树木为数以千计的石灰窑提供所需的木柴，收集砂砾来制作大量的灰泥，对已加工的石材进行雕刻，装饰建筑，镌刻纪念碑，修建巨大的地基平台，有时候这种地基平台占地数英亩之多，最后是建造金字塔、庙宇和宫殿，这些都是由玛雅百姓完成的。除了这些，他们还要养活最高统治者、贵族和祭司这些不创造任何经济价值的阶层。考虑到他们要做的所有事情，以及统治阶级、祭司和宗教对他们的过分苛求和驱使，玛雅百姓实际上没有什么空闲时间，真正属于他们自己的时间少得可怜。

疾病、死亡、埋葬和来世

当人生病的时候，他会请来祭司、巫医或者巫师。因为他们异教徒的仪式和骗人的把戏，兰达主教厌恶地把这三种人归为一类。这些所谓治病的人通常把祈祷、特殊仪式、在病灶部位放血和使用当地草药这些手段糅合在一起来治病，病人要么被治好了，要么被治死了，他作为医者的声誉取决于治好的多还是治死的多。尤卡坦有许多可以入药的药草和植物，这些本地的巫医们还制定了一部详尽的药典。一些公元17世纪的玛雅手稿列出了玛雅人遭受的许多疾病，以及相应的治疗方法，一直流传至今，其中一些治疗方法无疑是有价值的。确实有许多带有中世纪欧洲迷信与异教徒的玛雅魔法混合在一起的东西，例如下面这种治疗牙痛的方法：

> 你拿着啄木鸟的喙，用它把牙龈弄出一点儿血；如果是男人则弄13次，是女人则弄9次。牙床应该被啄木鸟的喙稍微刺破。再从被闪电击中的树上取下一片木头，和鱼皮一起磨碎，用棉絮包起来。然后把它涂在牙齿上。这样就能治好牙痛。

牙龈放血可能会减轻某些原因导致的牙痛，但是"男人13次"和"女人9次"肯定是流传下来的仪式，13和9是古玛雅人最神圣的两个数字，前者对应上界的神的数量，后者指下界的神的数量。"被闪电击中的树"则纯属迷信。

另一方面，一些本地植物无疑具有明确的药用特性，例如在尤卡坦北部随处可见的一种开有黄色喇叭状花的灌木坎落儿（玛雅语为Tecoma stans）。从中提取2~10滴液体提取物，每小时服用一次，是一种强效利尿剂，可能也是一种温和的心脏兴奋剂。

兰达主教说：

> 也有外科医生，或者更确切地说是巫师，他们用草药和许多迷信仪式治愈病人……巫师和医生用放血的方法治愈病人的疼痛……玛雅人相信死亡、疾病和痛苦是因他们的错误和罪恶而降临到他们身上的。他们有一个习惯，就是在生病的时候忏悔。

兰达主教还说，玛雅人对死亡有极大的恐惧，死亡的来临会使他们悲伤过度：

这个种族极其畏惧死亡，在他们所有宗教活动中都显示出这一点，他们对神的虔诚只有一个最终目的，那就是希望神能赐给他们食物、健康和长寿。当他们面对死亡的时候，看到他们为逝者所发出的恸哭和呼号，以及他们所遭受的巨大悲痛，确实可以看出对死亡的极度恐惧。白天，他们默默地为死者哭泣；晚上，他们大声、悲伤地哭泣，哭声令人同情。他们会悲伤地度过许多天。他们为逝者禁欲禁食，尤其是丧偶时。他们说，是魔鬼把他（或她）带走了，因为他们认为所有的罪恶都是魔鬼带来的，尤其是死亡。

死神一降临，尸体就用裹尸布裹着，嘴里塞满了磨碎的玉米（玛雅语为koyem）和一颗或多颗玉珠，"他们（死者）把玉珠当钱用，这样他们就不会在来生中没有东西吃了"。平民百姓死后被埋在自己的房子下面或者后面。通常，穷人的茅草屋和小木屋在主人死后都会被遗弃，因为他们害怕死者留下的东西，除非碰巧家里人口众多。此外，陶土、木头或石头制成的雕像，以及表明死者职业或行业的物品都被扔进了坟墓。如果死者是祭司，一起扔进坟墓的是他的书和象形文字抄本；如果是巫师，一起扔进去的是他在咒语中使用的一些魔法石；如果是猎人，一起扔进去的是他的弓和箭；如果是渔夫，一起扔进去的是他的鱼钩、渔网和鱼叉。

在尤卡坦偏远的村庄里，人们仍然保持着奇怪的埋葬习俗，据说这种习俗在很久以前就普遍存在，尽管早期的西班牙人或当地人都没有提到过。它被称为布尔克班或安塔布尔齐皮尔，意思是"帮助赎罪"，实际上是由死者活着的亲人和朋友象征性地分担他的罪过。这种仪式上的赎罪，据说是通过下面这些特殊的形式来实现的：将死者放在一个长长的木制浴缸里，然后用前文中描述的用碎玉米制成的热玉米粥清洗尸体，这是象征性地洗刷死者的罪过；之后把玉米粥分给他的家人和朋友，每个人都喝一份，从而分担了死者的部分罪过，帮助他的灵魂进入天堂。然而，由于没有一份早期的资料提到这一习俗，我强烈怀疑它的古老程度，怀疑它是不是在任何时期都普遍流行。

统治阶级的丧葬仪式自然更为复杂。兰达主教说，贵族和受人尊敬的人的尸体被焚烧后，骨灰放在巨大的骨灰缸里并埋入地下，上面建有神庙。玛雅地区的考古调查充分证实了这一说法。在奇琴伊察挖掘的金字塔，已被证明是高级祭司的坟墓；在玛雅潘的一个类似的金字塔，在瓦哈克通的A-I号神庙和A-XVIII号神庙的地下建筑，在帕伦克的十字架神庙金字塔，在霍穆尔的B组（II组）建筑的地下建筑，还有很多其他的例子，这些事实证明统治阶级的坟墓就在金字塔和神庙这些建筑物的下面。

图34　梅里达的米格尔·扎布所雕的象征性分担罪恶的仪式

在奇琴伊察、帕伦克、瓦哈克通和科潘等地的广场下面，人们还发现了一些重要人物的坟墓，这些坟墓都是用石头砌成的小墓穴，带有典型的叠涩拱特征。这些金字塔和广场下面的墓穴或多或少都有一些精心制作的陪葬家具，有的墓穴里还有精美的彩陶器皿、雕刻的玉珠和吊坠、华丽的燧石和黑曜石碎片，在奇琴伊察大祭司的坟墓中，甚至还发现了巴洛克珍珠（异形珍珠）。

根据兰达主教的说法，在尤卡坦北部贵族中另一种埋葬习俗是将死者的骨灰装在中空的陶器或木头雕像中。如果是木头雕像，外形就会雕刻成死者的样子。雕像的后脑部位是中空的，死者的一部分骨灰会放置在这里，开口处用死者后脑勺剥下的皮肤密封，其余的骨灰被掩埋。这些死者的雕像和骨灰盒会成为家族偶像，极受尊崇。

在玛雅潘的统治家族科库姆家族中有一种特殊的葬礼习俗。死去的科库姆君主的尸体会被煮烂，直到肉质部分完全从骨头上移除。头部的后半部分被锯去，前半部分的脸部骨骼则完整保留。然后，在原来肉质的面部位置用一种树脂填充，做出一张新的脸来，看起来就是死者的面容。这些复原的面孔连同前面提到的木制肖像，与家族偶像一起保存在家族的祭坛上，同时受到了极大尊崇，并且在节日期间向他们献上食物，这样科库姆家族的死者在死后也能衣食无忧了。

考古学再次证实了兰达主教的部分陈述，因为在发掘奇琴伊察的祭祀坑时发现了一个头骨，头顶被切开了；眼窝里塞着木塞，脸上还留有涂了颜料的石膏，这显然是为了再现死者的面容。最近在危地马拉的埃尔基切省发现了一个人头骨，只有前半部分，上面覆盖着一层厚厚的石膏（1英寸厚），石膏塑造出的形象再现了死者的面容。

第十一章

宗教与神祇

M A Y A

兴起与发展

自古玛雅人将游牧生活转换成以农业为基础的定居生活（如种植印第安玉米）以来的三四千年甚至五千年中，他们的宗教也经历了相应的变化。尽管那些遥远的年代没有留下什么传说和线索，但我们推测最初的玛雅宗教可能是一种简单的自然崇拜，是将那些很大程度上影响和塑造古玛雅人生活的自然力量人格化：太阳、月亮、雨、闪电、风、山、平原、森林、河流，还有险滩。这些围绕在古玛雅人身边的自然力量交织在一起就形成了游牧生活的背景。

这种简单的自然崇拜几乎不需要正式的组织，没有祭司来解释深奥的知识，也没有实施固定的或精心制作的仪式，甚至没有专门的宗教场所。每个家族的首领同时也是这个家族的祭司，家族神庙只不过是个简陋的临时小屋，和这个家族的临时住所差不多——条件基本一样。例如在今天墨西哥恰帕斯东部乌苏马辛塔河流域森林中的拉坎敦玛雅人中还保留着这样的习俗（前玛雅一期，表3）。

引进了农业之后，他们有了固定的住所和更多的闲暇时间，宗教变得更有组织性，神的职司也更加专业化。祭司的职责是向广大的民众传达神的旨意，宗教成了少数人为多数人服务的事情，因此需要更正式的神庙。定居生活使建立永久的仪式中心成为可能，同时也促进了兴建更宏伟的神庙和形成更复杂的仪式。从引进农业、玛雅历法和年表、象形文字的产生，玛雅人经历了千年的漫长岁月（玛雅年表最早出现在玛雅7.0.0.0.0年或玛雅7.6.0.0.0年，即公元前353年或公元前235年），但毫无疑问他们的宗教几乎保持不变，或者说变化非常缓慢——开始出现人格化的神，祭司阶层逐渐发展，更丰富的仪式，更精美的神庙，但仍然不是砖石结构的神庙。第二个时期（前玛雅二期，表3）可能与瓦哈克通的马穆姆陶器时期处在同一时期。

　　然而，随着历法、年表和象形文字这三种发明的出现，玛雅宗教经历了重要的改革，再次向着更加复杂和正式化的方向发展。一种由专业的祭司设计的宗教体系围绕着日益重要的天文现象以及历法、年表和相关神的发展而建立并逐步成型。这一变化虽然几乎可以肯定早在公元前3世纪①（前玛雅三期，表3）就开始了，但在考古学上我们首先看到的是瓦哈克通最早出现的约在玛雅8.14.0.0.0年（公元317年）雕刻的石碑，石碑又与叠涩拱的引入和瓦哈克通（古帝国一期，表3）发现的扎克尔陶器吻合。很有可能玛雅象形文字和日历、玛雅石质建筑及其独特的叠涩拱、扎克尔陶器等高度专业化的文化特征，来自一个共同的起源地。而且由于我们在同一地点，即瓦哈克通发现了最早出现的这三种文化形式，因此必然会得出所有这三种文化特征都起源于瓦哈克通或邻近地区，也许更可能起源于距瓦哈克通不到12英里的玛雅文明最大城市蒂卡尔的大型仪式中心。

　　在公元前的三四个世纪到公元纪年刚开始的某个时候，佩滕中北部发生了一些至关重要的事情，这些事件的重要性可以说不亚于玛雅

---

① 根据原文，此处强调"公元前3世纪"这一时段，而它正好属于前玛雅三期。——编者注

文明的诞生。这种文化脉络的加速发展是受到某种外部影响，还是源于本土因素，也许我们永远也无法知道。但事实是，这些创新最初出现的地方就是后来玛雅古帝国辽阔领土的中心，也就是说这些地方就是文化核心而不是在外围的表现。有很强的证据表明，它们起源于最早被发现的地方，即瓦哈克通或蒂卡尔。

也许早期城邦统治者的天赋创造了文化奇迹。我当然更喜欢这种对玛雅文明起源的解释，而不是假设它完全来自玛雅地区之外的其他地区，并且这一假设至今还没有得到充分的考古证据的支持。

早在公元4世纪，玛雅文明就已在佩滕北部中心地区牢固地建立起来，我们已经看到，玛雅文明很可能起源于这个地区。古玛雅人将之前原始的自然力量人格化和一种更复杂的哲学彻底融合，在这个基础上，玛雅宗教成了一种高度发达的宗教信仰，其核心内容是对天体的神化和对时间的各种表现形式的崇拜，就此而言，世界上没有哪个民族能够与之匹敌，也可以说是空前绝后。虽然普通人可以加入这一宗教，但它的本质却极为深奥，这是一个由天文学家、数学家、先知、仪式专家组成组织严密的祭司阶层来解释和提供服务的宗教。而且随着它变得越来越复杂，它由熟练的管理者甚至是政治家来解释和服务。

古帝国雕塑所表现出的基调总体来说是和平的，几乎看不到用人献祭的场景（只有两个已知例子，都来自佩德拉斯内格拉斯），都是一些庄严、崇高、平静的形象，整个古帝国时期的玛雅宗教肯定是一种庄严的信仰，不像后来大规模用人献祭那样堕落，我们会在后文中看到这种可怕的宗教是在新帝国时期从墨西哥传入的。在玛雅宗教的信仰和实践堕落为血腥的狂欢之前，古帝国时期是玛雅宗教最高贵的

图35　纪念碑、古抄本和壁画上描绘的活人献祭场景

时期，正如古帝国是玛雅文明的黄金时代一样。

没有考古学的证据证明玛雅宗教在古帝国发生了根本性的变化，但在新帝国时期，在普克和墨西哥阶段（新帝国一期和新帝国二期，表3），玛雅宗教开始彻底堕落。

许多公元16世纪的西班牙作家明确断言是墨西哥人带来了偶像崇拜，他们的意思是这种偶像崇拜包括用活人献祭："这些省份（尤卡坦）的老年人说，800年前没有神像崇拜。后来当墨西哥人进入并占领这些地区的时候，一个被称为魁札尔科亚特尔（墨西哥人的羽蛇神）的墨西哥首领把偶像崇拜带到这里，他把由木头、陶土和石头做成的雕像当成神。他还让当地人（玛雅人）拜这些神像，并献上许多猎物和其他物品作为祭品，尤其是从人的鼻子和耳朵里流出的血以及被当成祭品的人的心脏……"

他们说，奇琴伊察的第一批居民不是偶像崇拜者，直到墨西哥首领库库尔坎来到这里，他教给玛雅人偶像崇拜，当然也强迫他们这么做。

西班牙研究印第安人的官方历史学家埃雷拉对这点毫不怀疑，他直言"被用作牺牲的人很多，这个习俗是由墨西哥人传入尤卡坦的"。

此外，考古学证据也支持对所谓偶像崇拜的这些解释，非常清楚地证明包括用人献祭，和上文中引用的说法一致。例如在奇琴伊察，这个新帝国最大的墨西哥-玛雅中心城市有一个祭祀坑，那里发现了非常多被用作牺牲的人的尸骸，时间可追溯到普克和墨西哥时期。事实上，在玛雅地区目前已知的八个表现用人献祭的文物中，有四个出现在奇琴伊察：两个出现在美洲豹神庙的壁画中，一个出现在勇士神庙的壁画中，第四个出现在祭祀坑的金盘上。另外还有两份来自象形文字手稿《德累斯顿古抄本》和《特洛-科尔特斯古抄本》，这两份手稿都可以追溯到新帝国时期。最后两个是之前提到过的古帝国纪念碑11号石碑和14号石碑，都在佩德拉斯内格拉斯。鉴于上述公元16世纪早期西班牙人发现的证据，无论是文献证据还是考古证据，几乎所有早期研究者都注意到玛雅宗教的血腥特征主要是受墨西哥人影响，并于公元10世纪首次由墨西哥侵略者传入尤卡坦。

当西班牙人在公元16世纪中叶强行用基督教取代旧的异教信仰和习俗时，玛雅宗教受到了最终的改变或毁灭。但十分奇怪的是，古代信仰中幸存下来的为数不多的残余并不是祭司阶层所崇拜的那些天体之神和背后那些深奥的哲学，而是那些简单的自然之神——象征丰饶的雨神恰克；玉米地里小精灵一样的矮人阿卢克斯，他们虽然有点顽皮，但总的来说对人类是友好的；邪恶的女妖艾科斯塔白在白天是森林里的木棉树，在夜晚就变成美丽的少女，引诱男人走向毁灭。民众自然朴素的日常信仰比祭司发明的更正式化的神更长久。

这也不应该是一件令人惊讶的事情。那些更复杂的神是职业祭司的创造物，一般来说，他们只因创造者而存在，一旦那些创造并崇拜他们的祭司去世，他们就会被遗忘。而遭到西班牙征服力量沉重打击的正是这个古老的异教徒祭司阶层。基督教的上帝是一个嫉妒的上帝，他的信徒很快就迫使玛雅本地祭司要么放弃原来的信仰，要么被消灭。随之而来的是古老深奥的宗教、学问和哲学也都消失无踪，但普通人朴素的自然信仰和神话至少有一部分还能流传至今。

正如我们发现的那样，必须承认这些古老宗教的幸存部分属于天主教圣徒和异教神灵的混合体。在尤卡坦，大天使加百列和其他基督教圣徒成为古代玛雅神话四个基点的守护神保罗敦，大天使米迦勒领导雨神恰克。在英属洪都拉斯，圣文森特是雨的守护神，圣约瑟夫是玉米地的守护神。正如我在别处观察到的：

> 然而，古代宗教的片段仍时不时地在玛雅平民的头脑中萦绕，随着时间的推移，这些片段逐渐变得混乱，并吸收了一些来自征服者的元素。毫无疑问，今天玛雅民间传说是两种思想无意识融合的结果；玛雅本地原有的动物、精灵甚至神祇，现在与征服者的动物、精灵和圣徒友好而自然地一起共处；事实上，征服者已经成了玛雅人的血亲兄弟。

宇宙的起源与特征

根据古玛雅人的信仰，世界的创造者是一位名叫胡纳伯或胡纳伯·库的神，他是伊特萨姆纳——玛雅人的宙斯——的父亲："他们崇拜一位叫胡纳伯和扎马纳的神，胡纳伯·库的意思是唯一的神。"事实上，胡纳伯·库在玛雅语中的意思正是"一个""存在的状态"和"上帝"。然而，这位造物主高高在上，远离凡人的日常事务，所以他对普通人的日常生活几乎没什么影响。根据危地马拉高地玛雅人的圣书《波波尔·乌》，造物主用玉米创造了人类。

玛雅人还相信，在现今世界之前有好几个世界，但每个世界都被洪水摧毁了。兰达主教记录了这一传说，但没有说明先前被摧毁世界的具体数量：

> 在这个民族崇拜的众多神灵中，有四个被顶礼膜拜，他们每一位

都被称为"巴卡布"。他们是四兄弟，造物主（胡纳伯·库）创造世界时，把他们放在四个点上托起天空，使天空不至于坠落。他们还提到这些巴卡布在世界被洪水摧毁的时候逃跑了。按照造物主指派这四个神支撑天空的地方，他们还给每个巴卡布起了相应的名字。

图36　世界被洪水毁灭的场景

为了证实这一传说，《德累斯顿古抄本》最后一页生动地描绘了洪水造成的世界末日。一个蛇形生物在空中舒展着自己的身体，它的一侧展示着星座的符号，腹部悬挂着日食和月食的符号。从它张开的大嘴以及两个日食的符号里，洪水倾泻而出，直向地面落下。在这条天蛇下面，是一个老妇人样子的女神。她的手指甲和脚指甲像长长的利爪，她是死亡和毁灭之神，头上有一条扭动的蛇，裙子上有骨头交叉的装饰，手里拿着一个倒扣着的碗，碗里也涌出可怕的洪水。站在最下方的是黑战神艾克·曲瓦，凶兆之鸟在他头上发出哀鸣。他右手拿着两支标枪，左手拿着一根长的手杖，它们的尖端都指向下方。整个画面生动地展示着世界和人类被水毁灭，这与兰达主教提到的传说是一致的。

现代尤卡坦半岛北部的玛雅人认为，在当前这个世界之前曾经存在过三个世界。

第一个世界居住着一群矮人，他们叫塞亚姆·乌尼科布，意思是"调停者"，人们认为那些被毁坏的大城市是他们建造的。这些城市是在黑暗中建造的，因为那时候太阳还没有被创造出来。当太阳第一次升起的时候，矮人就变成了石头，他们的形象在被毁坏的城市中至今仍然可见。也许在奇琴伊察发现的所谓亚特兰蒂斯人的形象就是这些矮人。第一个世界被一场可怕的洪水终结，这场洪水被称为"淹没整个大地的洪水"。第二个世界居住着被称为"罪犯"（玛雅语为dzolob）的人，被第二次洪水终结。第三个世界的居民是玛雅人自己，也就是普通人（玛雅语为mazehualob），这个世界毁于第三次洪水（玛雅语为hunyecil或者bulkabal，意思是"浸没"）。第三次洪水之后就是现在的第四个世界，居住着这个半岛上所有以前的居民的混合体，而这个世界最终也将被第四次洪水摧毁。

玛雅宗教具有强烈的二元化倾向，即善神和恶神为了主宰人类命运而进行了永恒的斗争。仁慈的神带来雷声、闪电和雨水，使玉米结出果实，确保丰收；邪恶的神带来是死亡和毁灭，造成干旱、飓风和战争，毁坏玉米，带来连年饥荒和苦难。玛雅抄本中图文并茂地描绘了善神和恶神之间的较量——雨神恰克正在照料一株小树，而他身后的死神阿·普切紧接着却将小树一劈为二。这表现的是人类心灵中处于永恒对抗中的善恶，很多宗教里都能找到这种善与恶的平衡，甚至在一些比基督教更古老的宗教里也有这种理念。

玛雅人认为世界有13个层层排列的天堂，最下面的是现在的世界。每一层都有上天的13个神来掌管，这些神被称为奥克斯拉亨提库（oxlahuntiku），玛雅语中"oxlahun"的意思是"13"，"ti"的意思是"的"，"ku"的意思是"神"。除了13个上界，还有同样层层排列的9个下界，每个下界也都有自己的神，他们被称为伯隆提库（bolontiku），也就是下界的9个神，玛雅语中"bolon"的意思是"9"，"ti"的意思是"的"，"ku"的意思是"神"。第九个，也

图37　雨神浇树，死神拔树

就是最底下的世界是米特纳尔，由死亡之神阿·普切统治。

对古玛雅人来说，宗教和崇拜的主要目的是为了获得生命、健康和食物，先前引用的兰达主教的观点鲜明地表达了这一目的。其他早期的权威专家也有同样的想法："他们崇拜神像……为了祈求（众神）赐予健康和好的季节。"他们的祷告也是如此："万能的神啊，我们向您献上这些祭品，把这些心献给您，以便您给我们生命和所需的物品。"而且他们之所以献祭，是"为了从众神那里买来食物，好让他们（民众）有更多吃的东西"。

许多不同的场合都可以祈求和安抚神灵。几乎所有重要的仪式开始环节都是斋戒，其中一些仪式甚至要求持续斋戒三年之久。斋戒者会被严格地监视，破坏戒规的行为被认为是非常大的罪。这些准备性的洁礼包括性节制，对祭司和直接协助仪式的人是强制性的，而其他人完全出于自愿。除了节食和节欲，他们的戒规还包括不吃肉食，不用盐、辣椒粉等日常调料。

祭品是玛雅祭祀仪式的一个重要组成部分，从简单的食物、玉米饼、豆子、蜂蜜、香、烟草到第一批成熟的水果、各种动物、鸟类和鱼类，活的死的，生的熟的都有，还有各种装饰品和其他贵重物品，

如玉和贝珠、吊坠，羽毛、美洲豹皮等。新帝国时代开始把人（无论男女老幼）作为祭品。祭品因情况的紧急程度而有所不同。如果祭祀是为了治愈疾病，避免小麻烦，确保狩猎、捕鱼或贸易探险的成功，那么可能只提供食物或装饰品。但是有非常重大请求时，例如避免干旱、飓风或定期肆虐尤卡坦的蝗灾，特别是为了带来大范围的降雨，则会把人作为祭品。

玛雅仪式的一个基本程序是祈祷。玛雅人在占卜、预言、占星术、举行青春期仪式、婚礼等各种仪式中都会寻求神的帮助，以期摆脱困境，并压制、祛除造成麻烦的魔鬼，让无法生育的妇女怀孕。在一切仪式开始前，都要祛除邪灵，以求避免干旱和蝗灾，因为干旱和蝗灾导致饥荒、疾病、偷窃和动荡，王朝和等级制度的变化导致战争，并保证在农业、狩猎、捕鱼、贸易、制作神像和战斗等各种活动中获得成功。

放血和割破身体在宗教仪式中是主要部分。尽管兰达主教说只有男人才会沉溺于放血行为，但《特洛-科尔特斯古抄本》中显示了一个男人和一个女人都在用燧石刀或黑曜石刀从耳部放血。血液从耳朵（特别是耳垂）、鼻子、前额、脸颊、下唇、肘部、手臂、腿部以及阴部流出。这样获得的血，以及用于祭祀的人和动物的血，被大量涂抹在神像上。

图38　放血仪式

他们用自己的鲜血当作祭品，有时把耳朵的边缘切下来，作为他们献身的一种标志。有时刺穿脸颊，有时刺穿下唇，有时把身体各处割破；或者斜着把舌头刺穿，把禾秆从洞里穿过，痛苦万分；他们甚至还会割掉男性生殖器包皮，就像割下耳朵边缘一样，这使研究印第安人的历史学家奥维耶多误以为他们是在实行割礼……玛雅妇女不会放血献祭，但她们仍然非常虔诚，而且只要是她们有的东西，无论是天上的飞鸟、地上的走兽还是海里的鱼，都会拿来放血，涂在神像的脸上。

在这些放血仪式中使用的穿孔和切割工具是剑鱼的骨质突吻、刺鳐的倒刺、鱼刺、葫芦树的刺、燧石、黑曜石、骨头和贝壳制成的刀或刀片。

熏香在每个宗教仪式中都不可缺少。他们的熏香主要由椰子油制成，这是一种从尤卡坦半岛很常见的椰子树中提取的树脂，少数情况也使用橡胶、糖胶树胶和另一种称为普卡克的树脂。专门有种植园来种植这些提取熏香的树，熏香是一种非常珍贵的商品，在贸易中广泛流通。熏香被制成雕刻着十字图案的小饼，并涂上明亮的蓝绿色。在奇琴伊察的祭祀坑发掘过程中发现了几十个这样的香饼。被称为"恰克"的祭司助手在专门的小木板上放大量小香饼，就像恰帕斯的拉坎敦玛雅人今天做的那样。然后把熏香放在外面雕刻着神像的头或其他特殊形状的陶罐里烧。

熏香燃烧产生浓重的黑烟和芳香的气味。兰达主教说，有时由于手头没有大型动物的心脏，偶尔也会用熏香做成心脏的形状代替。"如果他们没有像美洲豹、美洲狮或鳄鱼这样的大动物的心脏，便用熏香塑造成它们心脏的样子。"兰达主教的记载已经得到了证实，在奇琴伊察祭祀坑挖掘出一块香饼，它的中心是一个人心的形状，它是由某种植物制成的，可能是碾碎的玉米。最后，偏远地区的现代玛雅人仍然保留着古老信仰及对圣地的模糊记忆。如拉坎敦人会用具有代表性的玛雅香炉，在亚斯奇兰遗址的主要神庙中燃烧熏香，而尤卡坦东部半独立的玛雅人仍然在卡斯蒂略圣殿中，或在东海岸半岛的图卢姆遗址的主要神庙中使用相同的熏香。

另一种宗教仪式的重要组成部分是舞蹈。舞蹈有很多种，不同的仪式有不同的舞蹈，但没有今天这样的社交性舞蹈。男女都有自己独特的舞蹈，并且很少一起跳舞。在他们的战争舞蹈中，一起跳舞的人达800多名：

> 还有一种舞蹈（玛雅语为holcan okot），大约有800名玛雅人举着小横幅跳舞，随着（鼓声）节拍迈着长长的战争步伐，而且居然没有一个人不合拍。

在另一个舞蹈中，他们表现了用小木棍接住芦苇秆这样的高超技巧：

> 一种他们称为科隆切（玛雅语为colomche）的掷芦苇秆游戏。演奏时，由音乐伴奏的舞者围成一个大圈，其中两个人随着音乐及时进入圈子，一个拿着芦苇秆站着跳舞，另一个舞者蹲着。一个人用力将芦苇秆掷向另一个人，另一个人则用一根小木棍巧妙地接住。完成这一组动作后，他们马上回到原地，另两个人再来继续这个游戏。

这种跳舞很受欢迎。公元16世纪另一位作家说：

还有其他一千多种他们认为非常重要的舞蹈，很多人聚集在一起观看，有时观众甚至超过1.5万人，他们有的从30多里格外赶来观看。因为正如我所说的，他们认为跳舞是一件极其重要的事情。

如前所述，在玛雅人甚至所有美洲印第安部落中，跳舞是一种宗教仪式，而不是我们这样的世俗消遣。

在玛雅雕塑中，舞蹈人物的例子并不多见，但在古帝国基里瓜的佐莫尔O号和P号祭坛上的两个舞蹈人物具有显著价值，尤其是佐莫尔O号上的雕塑。这是一个身材夸张的舞者——7.5英尺高，非常自如地用左脚脚尖保持着平衡，就像一个现代的脚尖舞者一样。他的左臂举过头顶，握着一个小盾牌，右手拿着一个小包，自然靠在右髋上。整个形象的线条非常优雅、美丽和流畅。

玛雅人相信灵魂永恒，灵魂离开尘世后能享受来世的生活。兰达主教认为，未来被划分为好的生活和坏的生活、安息的地方和痛苦的地方。不过他的说法可能受到了天主教的影响。

上吊自杀的人、战死的武士、被献祭的人、死于分娩的妇女以及死去的祭司，会直接前往玛雅人所说的天堂：

他们坚信上吊自杀的人可以上天堂。因此，许多人有轻微的悲伤、麻烦或疾病的时候，就会选择上吊自杀来逃避，并到达天堂安息。被称为伊希塔布的自杀女神会来接他们上天堂。

导致自杀的原因还有悲伤、害怕遭受酷刑，甚至还有人因为想让自己的配偶受到谴责而自杀。

　　玛雅人的天堂被描述为一个快乐的地方，在那里没有痛苦。有着丰富可口的食物和甜饮料，在那里生长着玛雅的圣树，在舒适的树荫下，他们不用劳作，可以永远过着安闲的生活。生前作恶的人会受到惩罚，落入一个被称为"米特纳尔"的地方，那里是玛雅人的地狱。在那里，魔鬼用饥饿、寒冷、疲倦和悲伤折磨他们。死神胡好（Hunhau，这个名字是1阿哈乌这个日期的缩写）也被认为是众魔之王，掌管着地狱这个最底层的世界。他们还相信天堂和地狱都不会消失，因为灵魂本身不会死亡，而是会永远延续下去。

玛雅众神

天国主宰伊特萨姆纳（D类神[1]）

　　因为造物主胡纳伯·库在普通人的生活中似乎并没有发挥什么作用，也许玛雅人更多把他看作是一个遥远的神职人员的抽象概念，而不是一个亲自创世的造物主。那么，居于玛雅人的众神之巅的是伟大的伊特萨姆纳，他是胡纳伯·库的儿子。在古抄本中，伊特萨姆纳被描绘成一个有下巴却没有牙齿、脸颊凹陷、高鼻梁、有少量胡子的老人。他有两个象形文字名，一个可能是代表他头衔的惯例表达方式，另一个的主要部分是阿哈乌日的符号，意思是国王、皇帝、君主。因此第二个名字表明了他作为玛雅众神之主的地位。他是阿哈乌日的守护神，这是20个玛雅日周期中的最后一天，也是最重要的一天。

---

① 德国学者保罗·谢尔哈斯将三份玛雅古抄本中出现的神做了分类，并将每一类都用一个字母来表示。在他的分类中，伊特萨姆纳是D类神。——原注

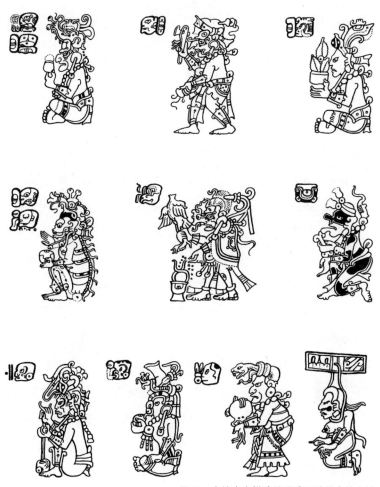

图39　古抄本中描述的玛雅万神殿中的主神

　　遗憾的是，古帝国几乎没有留下任何玛雅神灵的形象。正如已经观察到的，我相信在古帝国的雕塑、壁画和花瓶画中呈现的大多数人物都是男性——统治者、祭司、侍从、战士和俘虏。这里展示的玛雅神灵的图片取自三份已知的玛雅象形文字手稿，这些手稿可以追溯到新帝国时期。虽然古帝国时期缺乏直接的史料，但考虑到新、古帝国文化的连续性，玛雅众神似乎很有可能在这两个时期基本保持不变，除两个重要、突出的例外：（1）一个新的名为库库尔坎的神在公元10世纪从墨西哥被引入尤卡坦半岛；（2）越来越重要的雨神恰克。与尤卡坦半岛相比，佩滕的降雨量远远高于尤卡坦半岛，在那里没有必要像更具干燥气候的尤卡坦半岛北部那样频繁呼唤雨神。

伊特萨姆纳是天国的主宰，也是掌管昼和夜的神。作为昼夜之神，他与太阳神（G类神）基尼奇·阿哈乌和月亮女神（I类女神）伊希切尔有密切的联系。太阳神也被称为太阳之眼的主宰，他在尤卡坦北部的伊萨马尔受到特别的崇拜。事实上，太阳神基尼奇·阿哈乌可能只是伊特萨姆纳作为昼神的特殊表现，昼神也就是太阳神。伊特萨姆纳是写作和书籍的发明者，据说是第一位为尤卡坦半岛不同地区命名的祭司，也是第一个划分这片土地的祭司。这些活动从本质上表明，对伊特萨姆纳的崇拜并非起源于作为新帝国领土的尤卡坦半岛，而是从其他地方传到这里的；既然我们知道祭司和象形文字都是首先在古帝国中发展起来的，那么很明显，伊特萨姆纳一定是一个从古帝国移植到新帝国的神。作为第一位祭司和象形文字的发明者，同时也是历法和年表的发明者，他显然是一个可以追溯到玛雅历史开端的神，而且他很可能一直就是玛雅众神之主。

在与玛雅新年有关的重要仪式上，人们总是会向伊特萨姆纳祈祷来避免灾难。在沃月，人们会以伊特萨姆纳作为太阳神的身份为他举行庆典仪式，在场最有学问的祭司查阅圣书以确定来年的预兆。在斯普月，人们会向伊特萨姆纳和他的妻子伊希切尔祈祷，这次他的身份是药神。在马科月，老人们为雨神恰克举行庆典仪式的时候，同时也会对伊特萨姆纳顶礼膜拜。伊特萨姆纳是一位仁慈的神，永远是人类的朋友。他从未与毁灭或灾难联系在一起，在古抄本中也从未与象征死亡的符号有任何关联。

雨神恰克（B类神）

古抄本中描绘的雨神恰克长着一个长鼻子，嘴里向下伸出两个弯曲的尖牙，尖牙一个朝前，一个朝后。他的头饰是一条打结的带子。在《特洛-科尔特斯古抄本》中，他的象形文字名里有一个符号像一只眼睛，形状像字母"T"。有人认为这个形状代表眼泪从眼睛里流出，而流泪可能又象征着雨水丰沛，雨水丰沛意味着丰收。伊克日的铭文也有这个符号，而这一天的守护神正是雨神，就像伊特萨姆纳是阿哈乌日的守护神一样。

恰克是玛雅世界最重要的神。事实上，如果我们只根据他的形象在古抄本中的出现次数来判断，那么他甚至可以被视为是比伊特萨姆纳更重要的神。在三份已知的玛雅古抄本中，伊特萨姆纳的图片出现了103次，而恰克的图片出现了218次，而且在《佩雷斯古抄本》中根本找不到伊特萨姆纳。恰克首先是雨神，同时也是风神、雷神和电神，因为万物生长发芽离不开雨水，所以从广义上来说他也是丰收和农业之神，然后进一步延伸称为玉米地之神。

雨神恰克不仅被视为一个单独的神，还被视为四个同时存在的神——东南西北都有一个不同的恰克，各自有专属的颜色：东方是红色恰克，北方是白色恰克，西方是黑色恰克，南方是黄色恰克。这种概念类似于我们三位一体的信仰，即圣父、圣子和圣灵三神合一。因此，雨神恰克被认为是四神合一的四位一体。

图40　带有卷曲长鼻子的面具饰板，可能表示
雨神恰克的头

在茨恩月或雅克斯月，人们会以恰克的名义举行盛大的节日庆典，这个庆典被称为"奥克纳"，意思是"进入房子"。我们之前提到过的四个巴卡布神和四个恰克密切相关，他们分别在四个点支撑起天空，也和位于东南西北的四个恰克相对应。人们在为恰克神庙的修缮翻新举行庆典之前，会提前向巴卡布神祈祷占卜来获得一个吉日。这个庆典每年举行一次，陶制的神像和香炉都会更换，如果有必要，整个神庙都会重建。人们还会在神庙墙上安放一块石碑，上面用象形文字写着这一事件的庆祝词。

正如伊特萨姆纳与太阳神有关一样，雨神恰克似乎也与风神有联系，这将在后文中描述。事实上，风神可能只是雨神恰克的一种特殊表现，并不是一个单独存在的神。

像伊特萨姆纳一样，雨神恰克（或许有四个）也是仁慈的神，永远是人类的朋友，与创造和生命联系在一起，而不是人类的敌人。他永远不会与死亡和毁灭的力量联合。对于种植玉米的普通玛雅农民来说，他们生活中最重要、最感兴趣的东西就是玉米地，也就是说，对于绝大多数玛雅人来说，雨神恰克是最重要的神，他的友好介入比其他所有神的介入加起来还要频繁。人们祈求他伸出援手的次数比向其他所有神灵求助的还要多。在整个玛雅地区都能找到带有卷曲的长鼻子的面具饰板，尤其是在新帝国建筑中，面具所表现的形象很可能就是雨神恰克的头。

玉米神（E类神）

依照在古抄本中的出现频率，排列第三的神是玉米神，即农业神，在三部古抄本中出现了98次。他总是被描绘成一个年轻人，有时候会用一个玉米穗作为头饰。这个玉米穗偶尔会出现在克安日的铭文中，而在古抄本中，这个穗就是玉米的象征。克安日这一天的守护神正是玉米神。在古抄本描绘的所有神灵中，这个年轻玉米神头部形象的加工是最多的。后缩凹陷的前额是他最明显的特征。他的象形文字名刻在自己头上，顶端贴着高度标志化的玉米穗，周围绕着一些叶子。

这个神是农事的守护神，在古抄本中有他亲自从事各种农业活动的形象。在古帝国的雕塑中偶尔会出现玉米神或者扮演玉米神的祭司，例如佩德拉斯内格拉斯40号石碑的正面——玉米神的头饰是个玉米穗，他正在把谷物撒在土地上；在科潘H号石碑的背面也有这样的形象。他总是被描绘成一个年轻的神。像他所代表的玉米一样，也有许多敌人，他的命运被其他的神掌握：雨神、风神、干旱之神、饥荒之神和死神。有时候他受到雨神的保护，有时候会和死亡之神殊死搏斗。尽管他作为玉米之神的具体名字不为人知，但在新帝国时期，他的身份似乎已经与一个更为普遍的农业神"森林之王"融合在一起，至少他原来掌管的丰收应该已经被更强大的雨神恰克接管了。他似乎本质上就是一位玉米神，不仅代表正在生长的玉米，也代表着成熟的玉米。像伊特萨姆纳和恰克一样，他也是仁慈的神，是象征生命、繁荣和富饶的神，从来不会和死亡的象征联系在一起，除非是在和死神殊死搏斗。

死亡之神阿·普切（A类神）

根据古玛雅人对死亡的过度恐惧，三部古抄本中出现次数第四的神是死亡之神（A类神），一共出现了88次。他的形象全部与死亡有关。他的头部是一个骷髅，身上是光秃秃的肋骨和带着棘突的脊椎骨，身体有肉的地方全部都肿胀着并标记着一些黑色圆圈，表明这是身体腐烂导致的发黑。死亡之神的服饰总是带有铜铃饰物，有时固定在头发上或绑在前臂和腿上，但更多的时候被固定在一个像硬褶子的衣领上。这些大小不一的铜铃（有时甚至是金制的）是在奇琴伊察的祭祀坑发掘过程中发现的。据推测，它们是和人牲一起被扔进去的。

与伊特萨姆纳一样，阿·普切有两个象形文字名，他的另一个象形文字名是胡好，他是除伊特萨姆纳之外唯一一个拥有两个象形文字名的神。第一个代表死亡时闭着眼睛的尸体头部，第二个是他自己的头像，头像上是一个削短的鼻子和一个没有皮肉的下颌，还有一把燧石祭祀刀作为前缀。有一个与死神相关的符号频繁出现，这个符号很像我们使用的百分号"%"。死神是基米日的守护神，玛雅语"Cimi"的意思是死亡。

死神阿·普切和伊特萨姆纳、恰克一样，也是我们讨论的最重要的玛雅神灵之一，这一点从他在古抄本中出现的频率就能证明。死神作为恶魔之首掌管着玛雅地狱的第九层，也就是最下面一层。即使在今天，玛雅人仍然相信死神会在病人的房子周围徘徊，寻找猎物。

显然，阿·普切是我们提到的第一个恶神。他的形象和象形文字名常常与战神和活人献祭联系在一起。而他的同伴经常是狗、呻吟的鸟和猫头鹰，这三种都是象征凶兆和死亡的动物。

北极星之神夏曼·艾克（C类神）

第五个最常见的神是北极星神夏曼·艾克，在三部古抄本共出现61次，他常常被描绘成塌鼻子、头上有特殊的黑色标记的形象。他只有一个象形文字名，就是他的头像，很像一个猴头。这个头像的前面还有一个象形文字前缀，代表北方支撑点，因此倾向于认为他是北极星神；此外，他的象形文字名在古抄本中存在的形式表明，他一定是天文学上最重要的某个天体的化身。因为他的头像旁边的象形文字是北方支撑点，也就是北极点，所以毫无疑问他的确是北极星神。夏曼·艾克在有的地方也被称为"商人的向导"，可能是因为从佩滕和尤卡坦半岛所在的纬度来看，北极星是夜空中唯一一颗位置终年不变的星星。据说商人会在路边的祭坛上向他献上熏香。他是一位仁慈的神，被发现与雨神有联系，可能是楚汶日的守护神。

黑战神艾克·曲瓦（M类神）

艾克·曲瓦是古抄本中第六个最常见的代表神灵，出现了40次。他有一个很大的、垂着的下唇，在《特洛-科尔特斯古抄本》中通常被涂成黑色，或者在《德累斯顿古抄本》中被部分涂成黑色，黑色是战争的颜色。在《特洛-科尔特斯古抄本》中，他的嘴巴边缘有一圈棕红色，使他的嘴唇显得更加突出。他的象形文字名是一只黑眼圈的眼睛。该神似乎有双重性格，而且有些矛盾。作为战神，他是恶意的；但作为商旅之神，他是友好的。在前一种身份下，他手持长矛，偶尔参加战斗，还会被另一个战神击败，尤其是掌管战死者和屠杀战俘的战神。在他恶意的性格中，我们看到他和伊希切尔一起，手持标枪，参与发动毁灭世界的大洪水。作为一个友好的神，他背着一捆货物，像一个游走各地的商人，在有的地方还能看到他和北极星神夏曼·艾克的头像在一起，我们已经提到过，夏曼·艾克据说也是"商人的向导"。最后，艾克·曲瓦也是可可树的守护神，那些拥有可可种植园的人在穆万月为他举行仪式。一方面，他似乎对人怀有敌意，另一方面，他又很友好——他是一个像古罗马雅努斯那样的两面神。

战争、活人献祭和暴力死亡之神（F类神）

这个神在古抄本中出现了33次，出现频率排在第七位，并且总与死亡有关。他最常见的特征是包围着眼睛的黑色的线条向下延伸到脸颊上。头上的数字11是他的象形文字名。他可能马尼克日的守护神，马尼克日的符号是一只紧握的手，可能象征着他在抓战俘或者拿走任何他想要的东西。他有时与死神阿·普切一起出现在活人献祭的场景中。他本身是战神，一手拿着火把烧房屋，一手拿着长矛拆毁房屋。前面提到的用贵族战俘献祭的习俗，以及由此而来对战神的定义，将一个掌控暴力死亡和活人献祭死亡之神的形象都融合到这一个神身上。

风神，可能是库库尔坎（K类神）

著名的玛雅-墨西哥文化英雄库库尔坎（墨西哥神话中著名的羽蛇神）与玛雅风神的关联并不确定。古抄本中很少提到风神，总共不过十几次，而新帝国晚期的《特洛-科尔特斯古抄本》中从未提及风神。此外，鉴于库库尔坎在新帝国晚期的统治地位，如果风神是库库尔坎的话，那么在古抄本中就应该有更多关于库库尔坎的表述了。这确实很奇怪，因为这三部古抄本都来源于新帝国。

另一方面，风神与雨神恰克的联系非常紧密。在《佩雷斯古抄本》中，雨神恰克在某次卡顿结束庆典上的形象是风神的头像。事实上，库库尔坎具有风神的身份几乎完全是因为阿兹特克神话中羽蛇神和风神伊厄科特尔之间的联系——风神为雨神扫清道路。由于玛雅风神和雨神有着密切的联系，而且玛雅风神和阿兹特克风神都有巨大的叶状鼻子，所以玛雅风神和库库尔坎之间很可能存在着某种联系。然而，这仅仅是推测，并没有明确的证据。

一些权威人士认为，玛雅主要的神灵雨神恰克就是库库尔坎。还有人认为，由于风神和雨神之间的联系如此紧密，所以风神只是雨神的一个特殊表现形式，而不应该被视为一个单独存在的神。风神的象形文字名经常被发现与恰克有关。他是一个仁慈的神，是穆鲁克日的守护神。

洪水女神、怀孕女神、编织女神（或许也是月亮女神）伊希切尔（I类女神）

伊希切尔是玛雅众神中的重要人物，尽管她不友好。我们已经提到过，她的形象是一个愤怒的老妇人，在描绘洪水毁灭世界的场景中，她愤怒地把碗里的水倒在大地上。她又是毁灭性大洪水和大暴雨的化身，因此，她当然是恶神。

但伊希切尔似乎也有友好的一面。她可能是众神之主伊特萨姆纳

图41　作为编织女神的伊希切尔

的配偶，因为她的丈夫偶尔会作为太阳神出现，所以她似乎是月亮女神，也是怀孕女神以及编织的发明者。在古抄本中，她通常被描绘成一个年老而充满敌意的女神，周围环绕着死亡和毁灭的象征，头上缠绕着一条蛇，裙子上绣着十字交叉的骨头，手指甲和脚指甲就像猛兽的爪子，确实，有些人把她称为"老虎爪女神"。

自杀女神伊希塔布

我们提到过，古玛雅人相信自杀者会直接进入天堂。玛雅众神中有一位特殊的神，被认为是上吊自杀者的守护神——自杀女神伊希塔布。在《德累斯顿古抄本》中，她被一根从天上悬下来的绳子吊住脖子，双眼紧闭，脸颊上有个代表身体因腐烂而变色的黑色圆圈。

守护神

上界十三神下界九神

正如前面提到的雨神，古玛雅人认为有些神不仅是单一的存在，还是复合的或者多合一的神，类似于基督教三位一体的概念。我们已经看到，恰克可以被看作一个单独的神，但同时还是四个神。同样，十三神，即上界的13个神，虽然整体被视为单一的神，但也被视为13个独立的神；而九神，或下界的9个神，同样被视为具有双重身份。

因此，奥克斯拉亨提库同时是1个神和13个神，伯隆提库同时是1个神和9个神。

在丘玛耶尔的《奇兰·巴兰书》记录的某些神话中，奥克斯拉亨提库和伯隆提库的这种统一性，以及它们的复合特征都得到了明确的阐述。而在古帝国的石刻铭文中，伯隆提库的这种双重性被反复提及。例如，九个伯隆提库中的每一个都轮流守护着玛雅历法中的每一天。人们相信，这九个神就像我们一周中的七天一样，永远都在岁月中无休止地交替循环。因此，如果某个神是第一天的守护神，他将再次循环成为第10天、第19天、第28天（以每9天类推）的守护神。同样，如果另一个神是第二天的守护神，也将再次成为第11天、第20天、第29天等的守护神。尽管我们在古抄本中识别出了九个伯隆提库的象形文字名，也就是代表他们的九个不同的符号或象形文字，但我们不知道他们的形象。这就好比我们看到乔治·华盛顿这几个字知道他是美国第一任总统，但无法得知他长什么样一样。

在亚斯奇兰40号神庙左室的南面墙上，以前有一排九个坐着的、用灰泥做成的人形雕像，每一个大约有2英尺高，可能代表了这九位神。不幸的是除了脚，它们都被摧毁了，只保留到各自膝盖的位置。由于留下了九对脚，所以很可能原有的九

一　二　三
四　五　六
七　八　九

图42　下界九个神的铭文

个坐像代表了下界的九个神。

沿着帕伦克宫殿方塔的东侧基座，发现了九个被严重毁坏的类似雕像的残骸，也是灰泥制成的，可能代表了这九个神。不幸的是，在亚斯奇兰和帕伦克的这些雕像残骸中，任何可以确定身份的细节都找不到了。

就奥克斯拉亨提库而言，我们甚至连他们各自的13个象形文字名都不知道，但可以肯定的是，他们和伯隆提库一起组成了玛雅众神中最重要的群体之一。然而，奥克斯拉亨提库的象形文字名在古帝国的铭文中被确认似乎只是时间问题。有人提出，玛雅人13个主要的头部变体数字符号实际上就是13个奥克斯拉亨提库的头像。

卡顿13神

玛雅人的卡顿（即20年）有13种不同的表述，每一个都有各自独有的守护神。尽管我们不知道这13个守护神的名字和象形文字名，但它们似乎在《佩雷斯古抄本》的残页中出现过。其中有一页残页的一面只有一系列卡顿以及对应的守护神，其中一些应该可以辨认，例如卡顿7阿哈乌的雨神和风神。

每年19个月的神

另一系列是玛雅历法每年19个月的守护神，我们不知道他们的名字；然而这些神的情况和伯隆提库差不多，我们只知道这19个神的象形文字的标志形象。其中一些是天体的标志，另一些是动物的头部，还有其他未知意义的形式。守护神是天体标志的是：雅克因月的太阳，茨恩月的月亮，雅克斯月的金星。守护神是动物的是：珀普月的美洲豹，索茨月的蝙蝠，萨克月的青蛙。另外还有克诃月的新火标志，马科月的伊克日（Ik）标志。尽管这19个守护神的象形文字标志形象我们几乎都知道，但无法叫出他们的名字，也不知道他们作为神明的模样是什么样的。

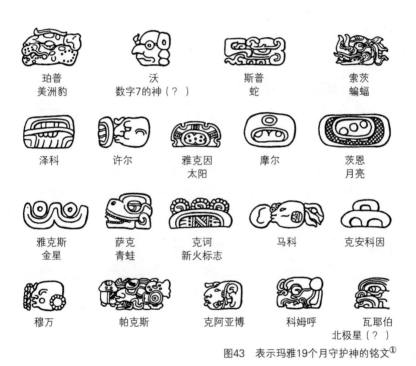

| 珀普
美洲豹 | 沃
数字7的神（？） | 斯普
蛇 | 索茨
蝙蝠 |

| 泽科 | 许尔 | 雅克因
太阳 | 摩尔 | 茨恩
月亮 |

| 雅克斯
金星 | 萨克
青蛙 | 克诃
新火标志 | 马科 | 克安科因 |

| 穆万 | 帕克斯 | 克阿亚博 | 科姆呼 | 瓦耶伯
北极星（？） |

图43　表示玛雅19个月守护神的铭文[1]

---

[1] 图中19个象形文字名图注，上行文字表示每个月的玛雅名称，下行文字表示象形文字名的标志形象，也是每个月守护神的名称。有些守护神的标志形象不明确，所以不做标注。——编者注

每月20日的神

玛雅历法每个月有20天，各自都有不同的名称，20位神分别掌管着20个玛雅日。我们已经看到，阿哈乌日的守护神是伊特萨姆纳[1]，伊克日的是恰克，克安日的是玉米神，基米日的是阿·普切，楚汶日的是夏曼·艾克，马尼克日的是战争和活人献祭之神，穆鲁克日的是风神。而剩下的13天无疑也有各自的守护神，但目前还没有确定他们身份。

14个数字的神（0和1~13）

另一组最重要的神是14个头部变体数字（玛雅人用14个不同形象的头像来表示14个数字）的守护神。事实上，这14个头部变体数字就是这些守护神的头像，每个守护神的头像代表相应的数字。最明显的是代表数字"10"的死亡之神阿·普切，他的头是没有皮肉的骷髅，这与头部变体数字"10"看起来完全一样。太阳神是数字"4"的守护神，雨神恰克是数字"13"的守护神。我们之前提到过，从数字"1"到"13"，这些头部变体数字很可能就是13个奥克斯拉亨提库的头像。[2]

---

① 20个玛雅日名称中的每一个都和一个数字匹配，从1到13交替循环（参见第十二章），因此有13阿哈乌、13伊克这样的日期表述。——原注
② 在非常罕见的玛雅象形文字全图符号铭文中，这些数字神被描绘成数字体系的情况有七处：（1）48号门楣，亚斯奇兰；（2）D号石碑，科潘；（3）26号神庙，科潘；（4，5）D号石碑，东西两侧，基里瓜；（6）佐莫尔B号祭坛，基里瓜；（7）佐莫尔O号祭坛，基里瓜。——原注

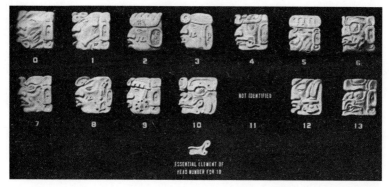

图44　玛雅头部变体表示的数字

仪式和庆典

一般性质的仪式

从一个卑微的伐木工为自己的孩子举行赫兹梅克仪式到人们为了缓解长期干旱导致的大面积饥荒而举行的大型祭祀活动，玛雅人为了满足个人和群体的需要，会举行许多仪式，但所有仪式都有一个类似的模式：（1）都要预先准备斋戒，表示精神已得到净化；（2）都需要祭司占卜选择一个吉日来举行仪式，在仪式过程中也占卜；（3）首先从参加者中间祛除邪灵；（4）焚香祭祀神像；（5）祈祷；（6）最重要的是——献祭，如果可能的话用一些活物，例如鹿、狗、鸟、鱼等，在更重要的场合还要用一个或者多个活人献祭。这些祭品的鲜血被涂在被祭祀神像的脸部。祭司也会把鲜血涂在自己身上，他们的头发也因此凝结成块，像血淋淋的拖把一样。几乎所有的庆典都会以宴会、饮酒以及酩酊大醉结束。根据早期天主教神父的说法，玛雅人每一个仪式最后都会这样。

13个卡顿结束

玛雅人在每个卡顿（7200天）结束的时候会树立一座卡顿石碑或纪念碑，这是他们最重要、最古老的仪式之一，可以追溯到古帝国早期。13个不同名称的卡顿都有各自的守护神和特有的庆典仪式。

前文已经表明，尽管这一仪式最初是在瓦哈克通为了庆祝卡顿期结束（玛雅8.16.0.0.0年，即公元357年）而举行的，但随着古帝国的发展壮大，很快，每个卡顿的庆祝仪式就变成了两次：一次在半卡顿时，一次在卡顿结束时。半卡顿（3600天）结束时举行的仪式是次要的，但卡顿结束时的仪式意义重大。在古帝国的一些城市，特别是基里瓜和佩德拉斯内格拉斯，在1/4卡顿（1800天）结束的时候也会举行庆祝仪式。

然而到了新帝国晚期，根据我们掌握的关于这一仪式的参考文献，发现玛雅人只是在卡顿结束的时候才举行一次庆祝仪式，又回到了最初的样子。

这一仪式最持久的特点之一，也是持续了近1200年（公元357年—公元1519年）的特点之一，是树立一座刻有文字的纪念碑，这座纪念碑用玛雅历法记录了当时的日期，还有当时天文学、玛雅年表和仪式方面的信息；通常会有描绘统治者或祭司的雕刻，有时候旁边还有助手和俘虏。玛雅人在1200年的时间里一直在竖立纪念碑，在连续的卡顿结束和半卡顿结束时竖立纪念碑是古玛雅人生活中最重要的仪式之一。

根据兰达主教的说法，在新帝国晚期，玛雅人举行庆祝仪式的惯例是这样的：

例如从公元1323年到公元1342年的卡顿7阿哈乌，在这20年的前半段时间里（公元1323年—公元1332年①），卡顿7阿哈乌的守护神神像在神庙里单独作为主神被供奉，在此之前他在神庙里和上一个守护神的神像一起被供奉了10年（公元1313年—公元1323年）。在卡顿7阿哈乌（公元1323年—公元1342年）的后半部分（公元1332年—公元1342年），接下来的卡顿5阿哈乌②（公元1342年—公元1362年）的守护神神像被放进神庙，并作为卡顿7阿哈乌守护神的继任神受到尊崇。到了公元1342年，当卡顿7阿哈乌结束时，卡顿7阿哈乌守护神的神像会被从神庙里移走，卡顿5阿哈乌的守护神神像会在神庙里单独作为主神被供奉10年（公元1342年—公元1352年），然后接下来的继任神卡顿3阿哈乌的守护神神像会被放进神庙一起供奉10年（公元1352年—公元1362年），他从公元1362年开始单独作为主神被供奉。因此每个卡顿守护神的神像会在神庙里被供奉30年——前10年作为继任神和主神一起供奉，中间10年单独作为主神供奉，最后10年作为主神和他的继任神一起供奉。

兰达主教对这一仪式是这样描述的：

不知道是谁制定了关于卡顿的规则，但这个人肯定是一个虔诚的偶像崇拜者，通过这些卡顿的守护神，他增强了所有占卜和迷惑欺骗手段的效果。人们完全被愚弄，这就是他们最信任、最尊重的

---

① 对于10年起始年份的表述，原书括号内的时间间隔有些不一样，如公元1323年—公元1332年、公元1313年—公元1323年。——编者注
② 玛雅人的纪年法和中国的天干地支有些类似，卡顿是固定的，一个卡顿20年，然后用数字和月日名称的组合来标注每个卡顿结束时的年代日期，例如我们所知道的《兰亭集序》中的"岁在癸酉"也要用60年一个甲子来推算公历中对应的年代。——译者注

图45　庆祝卡顿结束的仪式

科学，但并不是所有的祭司都知道如何描述。他们把两个神像放在神庙里（例如刚刚提到的卡顿7阿哈乌和卡顿5阿哈乌的守护神神像）。他们向第一个守护神（卡顿7阿哈乌）敬拜、献祭……祈求在他掌管的20年间（公元1323年—公元1342年）不要发生灾难。但是在后10年（公元1332年—公元1342年），他们除向（卡顿7阿哈乌）守护神焚香祭拜和表示尊崇之外什么都没做。等到这20年结束的时候，守护神（卡顿7阿哈乌）神像会被移出神庙，接替他的守护神（卡顿5阿哈乌）开始享用祭品。

13个名字各不相同的卡顿可能都有各自的守护神，都有特殊的庆典仪式和特定的预言。后文中我们将看到，卡顿8阿哈乌的预言如何强有力地影响了最后一个政治独立的玛雅人群体——伊察人的命运。也许在玛雅宗教中，没有一个仪式像与卡顿结束有关的仪式这么重要，而且它无疑是有记录的最古老的仪式。

新年庆典

另一组最重要的仪式是以玛雅新年为主题的仪式。我们将在第十二章中看到，在西班牙征服的时候，玛雅新年开始的日子已经前移，也就是说玛雅新年开始的日子只有下面四个，分别是克安日（Kan）、穆鲁克日（Muluc）、伊希日（Ix）和卡瓦克日（Cauac），每一个都对应一个方向：克安日新年是东，穆鲁克日新年是北，伊希日新年是西，卡瓦克日新年是南。每一种新年都有独特的庆典仪式。这些新年仪式开始于前一年的最后五天，也就是厄运的日子。那时每个人都待在家里，以免不幸降临。四个玛雅新年日各自的庆典仪式虽然在细节上有所不同，但是总体模式都是一样的。

克安日年——克安日的新年仪式开始于前一年即卡瓦克日年的最后五天。因为南方是即将过去的卡瓦克日年对应的方位，所以人们会把被称为坎·乌·瓦耶伯①神的陶制空心神像临时安放在城镇南端入口处的一堆石头上。与新年庆典有关的宴会将在一个酋长家里举行，那里会树立一个九代神（Bolon Dzacab，意为"第九代"）的神像，他将成为新的克安日年的守护神。然后所有人前往放着坎·乌·瓦耶伯神像的城镇南端入口，祭司点燃玉米粒和树脂混合而成的熏香，砍掉一只火鸡的头并将火鸡献给神像。人们一边欢乐地起舞一边把神像送到举行宴会的酋长家里，伯隆·扎卡布的神像已经竖立在那里了。坎·乌·瓦耶伯神像被放在伯隆·扎卡布的神像前面，人们向这两个神像献上了许多食物、饮料、肉和家禽；随后这些祭品被分发给在场的人，主持仪式的祭司会得到一块鹿肉。虔诚的信徒从他们的耳朵放血，抹在神像身上，并把玉米面和西葫芦种子做成的心形面包献给坎·乌·瓦耶伯神像。

这一年的最后五天，两个神像都会被放在这个酋长家里。人们相信，在这五天里要是不经常焚香，一定会导致某些特殊的疾病，这

---

① 这个神名字中的"Kan"指的是玛雅语中的"黄色"（kan），这个颜色与即将过去的卡瓦克日年相关，而不是指克安日年的第一天"Kan"。——原注

些疾病会在接下来的克安日年里肆虐。这五天一结束，新克安日年的守护神伯隆·扎卡布的神像就会被移往神庙，坎·乌·瓦耶伯神像则被放在东门，因为克安日年对应的方位是东方，对应的颜色是红色。坎·乌·瓦耶伯神像会一直被放在这里直到这一年结束。克安日年被认为是吉祥的年份，"因为掌管克安日年运势的神灵巴卡布是巴卡布·胡布尼尔，不会像他的兄弟们那样作恶（尤其是掌管伊希日年和卡瓦克日年的巴卡布神），因此在克安日年不会发生灾难"。

如果在这一年晚些时候开始发生灾难和不幸，祭司就会下令制作伊特萨姆纳·考伊尔的神像。这个神像会被供奉在神庙里，人们会在

图46　踩高跷的老妇人

神像面前焚烧三个橡皮球，并献上一只狗，如果有可能的话还会献上一个人牲。献祭仪式是把狗或者人从金字塔顶端扔到神庙庭院里的石头堆上，然后取出心脏，和其他食物一起放在盘子里，上面再盖上一个盘子献给神像。仪式最后是由身着特殊服装的老妇人来跳舞。兰达主教说，这是在神庙举行的仪式中唯一允许女性参加的仪式。

穆鲁克日年——在穆鲁克日年，也就是克安日年之后，恰克·乌·瓦耶伯神像会被放在东门，代替之前放在这里的坎·乌·瓦耶伯神像。然后重复和克安日年一样的仪式。只是穆鲁克日年在举行宴会的酋长家里竖立的神像是基尼奇·阿哈乌，即太阳神的神像。人们跳起同样的舞蹈，同样献上食物和熏香，当这代表厄运的五天过去后，人们再把恰克·乌·瓦耶伯神像放到城镇北端入口的石堆上。

穆鲁克日年也被认为是吉祥的年份，因为人们相信掌管穆鲁克日年的是"最好、最伟大的巴卡布神"。如果穆鲁克日年里也出现了不好的兆头，祭司就会制作一个被称为"Yax Cocay Mut"（意为绿色的萤火虫野鸡，疑为绿咬鹃）的神像来让人们敬拜。穆鲁克日年容易发生的灾难是干旱和玉米大量发芽。如果这些灾难降临，老妇人们就必须跳一种踩高跷的特殊舞蹈，并制作陶狗把食物放在它背上献给神。

伊希日年——在伊希日年，人们会把萨克·乌·瓦耶伯神像放在城镇北端入口处。在举行宴会的酋长家里竖立的神像是伊希日年的守护神伊特萨姆纳的神像。人们举行同样的庆典仪式，然后伊特萨姆纳的神像会被移入神庙，萨克·乌·瓦耶伯神像会被放在西门的石堆上。

伊希日年被认为是不祥之年，人们很容易患上晕厥和眼病，据说伊希日年会发生缺水、炎热、干旱、饥荒、偷盗、遗弃、王朝更替、战争等可怕的灾难，以及最恐怖的蝗灾。如果有这样的灾难降临，祭司就会下令制作基尼奇·阿哈乌·伊特萨姆纳的神像，老妇人们也会跳一种特殊的舞蹈。

卡瓦克日年——在卡瓦克日年，人们会将埃克·乌·瓦耶伯神像放在城镇西门，还会在举行宴会的酋长家里竖立被称为瓦克·米顿·阿瓦的神的神像，其他年份的仪式同样也会重演。瓦克·米顿·阿瓦的意思应该是"第六层地狱之主"。当通常的仪式结束后，瓦克·米顿·阿瓦的神像会从酋长家里移入神庙，埃克·乌·瓦耶伯神像会被移到南门，并在那里放置一年。

卡瓦克日年被认为是最危险的年份，在这一年里很多人都会失去生命，炎热的阳光会烤死庄稼，成群的小鸟和数不清的蚂蚁会把种子吃光。而祭司会让人们制作四个神像，分别是奇克·恰克·查布、埃克·巴兰·恰克、阿·坎努尔·卡布和阿·布卢克·巴兰。人们将这四个神像放进神庙，接着又举行仪式，焚香祭拜，点起一大堆篝火，在变冷的灰烬上光脚跳舞，最后又像以前一样酩酊大醉。

接下来的一年又是克安日年，人们又会在卡瓦克日年的最后五天开始举行相应的庆典仪式，玛雅人的新年庆典就这样往复循环，从未间断。

在一年中，人们还会举办其他的宴会和仪式安抚某一位神以祈祷风调雨顺，确保狩猎、捕鱼、贸易、战争和其他活动的成功。其中的大部分仪式已经失传，加上篇幅有限，我们只能介绍其中几个最重要的仪式。

不同月份的庆祝活动

珀普月——在玛雅新年里，珀普月是第一个月，珀普月的第一天就是新年第一天。在这一天（儒略历公元1556年7月16日，或格里高利历公元1556年7月26日）里，人们会举行一场庄严的新年仪式。日常生活中使用的所有东西都会换成新的，包括陶器、木凳、布垫子、衣服、盖着神像的布等。屋子会被打扫得干干净净，旧餐具都会被扔掉。祭司会挑选这一年的四个助手，然后他会亲自准备新年庆典仪式使用的熏香球。

沃月——这是第二个月，祭司、医生、巫师、猎人和渔夫都要举行庆祝活动来向各自的守护神表达敬意。祭司会查阅圣书来确定这一年的预兆，在盛大的宴会之后，庆祝活动以跳向该月表示敬意的舞蹈结束，这种舞蹈似乎专门用于跟某些职业有关的节庆活动。医生、巫师、猎人和渔夫的特殊仪式会延续到下一个月即斯普月。

索茨月和泽科月①——在第四个月索茨月里，养蜂人开始准备他们将在下个月——泽科月举行的宴会，他们敬拜的是四个巴卡布神，其中克安日年的守护神巴卡布·胡布尼尔是他们特别的朋友。他们把蜂蜜涂在香板上焚香祭拜神灵。举行这个宴会是为了提高蜂蜜的产量，所有的养蜂人都会拿出大量蜂蜜和一种树皮一起酿成酒，人们在宴会上要喝很多这种酒。

许尔月——许尔月（公历11月17日开始）是第6个月，这个月的第16天会举行纪念伟大的神库库尔坎的盛大宴会，这是玛雅人一年中最重要的庆典仪式之一。这个仪式以前在整个尤卡坦半岛举行，但是自从玛雅潘在公元1441年解体之后，这个仪式只在修族人的都城马尼举行，不过其他城邦会送来丰厚的礼物，包括用于祭祀的带有羽毛饰品的华丽旗帜。

举行盛宴的当天，大批来自周边城镇和村庄的人们聚集到马尼，他们都提前做了斋戒。到了晚上，贵族、祭司、平民和小丑（小丑是庆典活动中的一大特色）组成的游行队伍浩浩荡荡地从举行宴会的酋长家里出发，整齐有序地前往已经进行节日装饰的库库尔坎神庙。到达神庙后，先进行祛除邪灵和祈祷的仪式，神庙金字塔顶端升起装饰着羽毛的旗帜，所有参加者都在神庙前面的庭院里把他们各自带来的神像（木制或陶制）放在树叶上。人们点火焚香，供奉的食物是不加盐和辣椒的，喝的是用磨碎的豆子和葫芦籽混合而成的饮料。

---

① 沃月之后应该为斯普月，但不知何原因，作者并没有在正文中记述斯普月的庆祝活动，但可参看表5的内容。——编者注

贵族和所有斋戒过的人不回家，在神庙里住五天五夜，向神像焚香、献祭、祈祷，还会跳一种神圣的舞蹈。在这五天里，小丑们会到那些富人家里，表演他们的喜剧和戏法，并收集人们捐赠的礼物，在宴会的时候把这些礼物分给贵族、祭司和舞者。然后旗帜和神像被收起来，送到举行宴会的酋长家里，最后所有人各自回家。玛雅人认为，库库尔坎在盛宴的最后一天会从天上降临人间，接受人们的敬拜和祭品。这场盛宴被称为"chic kaban"，意思可能是"以小丑命名"。

雅克因月和摩尔月——在第七个月即雅克因月里，人们为了纪念所有神灵又在准备另一次盛大的宴会。这次宴会将在第八个月摩尔月正式举行，日子由祭司确定。根据兰达主教的说法，这个仪式的名称"olob-zab-kamyax"，可能是玛雅语中"他们希望做好蓝色庆典仪式的接待工作"（yolob u dzab kamyax）这条短语的变体。所有人都聚集到神庙里，在进行了通常的祛除邪灵和焚香的准备工作后，仪式的主要环节就开始了，他们用蓝色的油膏涂在所有的东西上，包括器皿，从祭司的圣书到妇女的磨石，甚至房屋的门框。孩子们都被聚在一起，手背的关节被敲打九下，这是为了更好地在父母身边长大，祭司敲打男孩的手背，一个穿着羽毛长袍的老妇人敲打女孩的手背。仪式以酩酊大醉结束。

养蜂人在摩尔月还会举行第二次庆祝活动，祈求神灵为蜜蜂准备酿蜜的花朵。

摩尔月还有一个非常重要的仪式，这个仪式被称为"造神"，如果祭司发现摩尔月有不吉利的征兆，那就会在其他月份举行这个仪式。顾名思义，这个仪式就是制作木头神像。负责雕刻神像的工匠十分害怕，因为人们相信描绘神灵的形象是非常危险的事情，工匠都是被迫做这件事，他们很担心自己的家人会因此死去或者患上疾病。选定了雕刻神像的工匠之后，祭司和他的四个助手就会与工匠一起斋戒，在森林里搭一个棚屋，并用围栏围起来，雕刻用的木材会被送到棚屋，还有一个带盖子的大瓮专门来放置神像。

制作神像所用的木头永远都是同一种西班牙雪松，是所有本土木材中最容易雕刻的：质地柔软、没有纹理。玛雅语中的西班牙雪松是"库车"，意思是"神树"，可能因为它是制作神像的材料。人们会把熏香送到小屋，以供奉四个神灵，他们被称为阿坎顿，分别掌管着东南西北四方。还有划破耳朵放血的器具和雕刻木头的工具。当所有东西备齐时，祭司、四个助手和工匠就被关在棚屋里开始工作，先割开他们的耳朵，用他们的血涂在四个阿坎顿神的画像上，然后开始焚香和祈祷。他们必须绝对禁欲，会有人帮他们送饭，但其他任何人都不能接近棚屋。

茨恩月——在这个月，神像完工的时候，人们会把猎物、鸟、玉珠等礼物送给祭司、四个助手和工匠作为报酬，并虔诚地将神像从棚屋移到他自己家院子里事先准备好的地方。祭司和工匠先将雕刻时留在神像上的煤灰清理干净，然后祭司进行庄严、虔诚的祈祷仪式来为神像祝福。最后祛除邪灵并焚香祭拜，神像用布裹好放在小篮子里交给新主人，新主人以极大的虔诚和崇敬接受神像，仪式照常以盛大的宴会和饮酒结束。

雅克斯月——雅克斯月与雨神恰克有关，举行的庆典是恰克神庙修整翻新的仪式。陶制神像和香炉都会在雅克斯月换成新的，可能和上文中提到的制作木刻神像的仪式大致相同。

萨克月——在第11个月，即萨克月，猎人们再次举行庆祝活动，就像在斯普月一样，目的是为他们在狩猎中的流血行为向神赎罪。人们认为除了祭祀，任何流血的行为都是可憎的，必须向神赎罪。

克诃月和马科月——第12个月即克诃月，没有什么特别的仪式，但是在接下来的马科月，老人们会举行庆祝活动来纪念四个恰克和伊特萨姆纳，这个仪式被称为图普·卡克，意思是"被火烧死"。人们会组织一次大规模的狩猎活动，尽可能多地捕捉野兽和鸟类。在举行仪式的那一天，猎物会被带到神庙的庭院里，人们已经在庭院里准备了一大堆干柴，经过通常的祛除邪灵和焚香祭拜仪式之后，野兽和鸟类都被献祭了——它们的心脏被扔进火里。等这些心脏被火焚烧完，祭司的助手会用水把火浇灭，然后庆祝仪式正式开始。

在这个仪式中，只有举办宴会的贵族需要斋戒。人们全部聚集在神庙的庭院里，这里会筑起一座石头祭坛，旁边有台阶，都打扫得非常干净，装饰着绿色的树枝。坛上的祭物洁净后，就在最下面一级台阶上抹上井里的泥，把神圣的蓝色油膏抹在其他台阶上。人们再次焚香，向四个恰克和伊特萨姆纳祈祷和献祭，最后和其他的庆祝仪式一样，大家在一起欢饮。

举行这个庆祝活动是为了祈求一年的雨水，一般都是在马科月（大约相当于公历3月的后半个月到4月初）举行，这时候雨季快来了。玛雅人认为举行这样的仪式可以保证充足的雨水来浇灌玉米。

克安科因月和穆万月——第14个月即克安科因月没有特别的仪式，但在接下来的穆万月里，可可种植园主会举行纪念可可神恰克·艾克·曲瓦和胡布尼尔（克安日年的巴卡布神）的庆祝活动。在其中一个园主的可可种植园里，人们将一只像带有可可豆一样的斑点的狗献祭并焚香祭拜，还向这些神像献上蓝色的鬣蜥、蓝色的鸟羽毛和猎物，并将可可豆的长豆荚送给每位参加这一仪式的官员。奉献祭品和祈祷结束后，通常仪式以宴请和饮酒结束，但这次没有人喝醉，因为兰达主教说"每人只有三杯酒，不会多给"。

帕克斯月——在帕克斯月有一个叫作帕库姆·恰克的仪式，意思可能是"对恰克的报答"，以纪念一位名叫西特·恰克·克诃的神，也被称为红色美洲狮之父，从仪式的性质来看，他是武士的守护神。这是个一般性的仪式，小城镇和小村庄的族长和祭司会前往较大的仪式中心，在西特·恰克·克诃的神庙举行庆祝活动。这个节日正式开始的前五天，人们在神庙里祈祷、献礼和焚香祭拜。在第五天到来前，所有人都会到军事首领家里，这个军事首领是选举产生的，他们把他当作神，用轿子把他抬到神庙里敬拜。剩下的第五天人们大吃大喝，跳着勇士舞。五天过后，仪式正式开始。由于这是一个确保在战争中战胜敌人的仪式，因此庆祝仪式非常隆重。

这个仪式以与马科月相同的篝火开始，随后是祈祷、献祭和焚香祭拜。在仪式中，贵族们用轿子抬着军事首领在神庙里转来转去，一边走一边焚香祷告。这个程序完成后，一只狗的心脏被放在一个有盖的盘子上献祭，供奉给西特·恰克·克诃神像。祭司的助手打开一大罐酒，人们在欢饮中结束了仪式。军事首领在其他庆祝者的护送下回到家中，事实上除了他、贵族、祭司，几乎所有人都喝得酩酊大醉。第二天，每个人都从昨晚的狂欢中恢复过来，军事首领为宴会的参与者分发大量的熏香，并告诫他们以勤勉和忠诚的态度对待来年的所有节日，以便来年兴旺发达，然后每个人都回到自己的城镇或村庄。

最后的月份是**克阿亚博月、科姆呼月和瓦耶伯月**——从前面的描述可以看出，在过去的16个玛雅月里，一直在进行相当严肃的宗教仪式，所有人都觉得在严格的新年庆典仪式开始前需要放松一下。因此在最后三个月即克阿亚博月、科姆呼月和瓦耶伯月里，人们会举行被称为全体舞蹈"sabacil than"的轻松庆祝活动，庆祝方式如下：

他们会在城里最富有的人中间寻找愿意慷慨出资举办庆祝活动的人，他们会建议举行活动的日期，以保证在新年开始前这三个月的生活丰富多彩。庆祝活动将在主办者的家里举行，他们首先会进行祛除邪灵的仪式，然后焚香祭拜，献上祭品，提供宴会，大家会在宴会上舞蹈，当然还会不可避免地喝醉。他们沉湎于这三个月间的庆祝活动，有些人满身抓痕，有些人浑身瘀伤，还有一些人因为喝得太多而眼睛发红，因为酷爱饮酒，他们几乎迷失了自己。

兰达主教一直在批评玛雅人在大多数仪式结束的时候都会醉酒，从这一点来看，我们应该认识到他对古代玛雅宗教中的每个庆典活动的深恶痛绝。他认为古代异教徒信仰的一切不过是魔鬼的杰作，因此要被彻底诅咒。兰达主教和被他谴责的玛雅祭司一样固执，他说这些仪式总是以酒后狂欢结束的，这一看法很可能带有偏见。有关玛雅年仪式和舞蹈的名称见表5。

表5　根据兰达主教所述，玛雅人一年中的庆祝仪式、
目的、相应的守护神和神圣舞蹈列表

月	月守护神	仪式名称	守护神	仪式目的	参加仪式的人群	舞蹈名称
珀普	美洲豹		所有神	新年庆典和更换所有器具	所有人	

（续表）

月	月守护神	仪式名称	守护神	仪式目的	参加仪式的人群	舞蹈名称
沃	数字7的神	波坎	基尼奇·阿哈乌·伊特萨姆纳	确定一年的运势	祭司、医生、巫师、猎人、渔民	奥科特·乌伊尔
斯普	蛇神		伊希切尔、伊特萨姆纳、西特·伯隆·顿、阿哈乌·查马赫斯	祈求这些医药之神的帮助	医生、巫师	陈·图尼亚
			阿坎伦、苏晖·蒂西皮塔拜	祈求狩猎之神保佑狩猎成功	猎人	
			阿·卡克·内索伊、阿·普阿、阿·西特·扎马尔·库姆	祈求这些捕鱼之神保佑捕鱼成功	渔民	科霍姆
索茨	蝙蝠	无特别仪式记载；专注于准备下个月的庆祝活动				
泽科	卡波安日的神（？）		四个巴卡布，特别是克安日年的巴卡布神胡布尼尔	祈求蜜蜂之神保佑蜂蜜丰产	养蜂人	
许尔	未知	奇克·卡班	库库尔坎	神像的祝福	所有人	圣舞
雅克因	太阳	无特别仪式记载；专注为下个月的准备				
摩尔	一个远古神灵（？）	奥洛布·扎布·卡米亚斯	所有神	用神圣的蓝色油膏涂在所有器皿上	所有人	
				为了蜜蜂采蜜的花	养蜂人	
			四个阿坎顿	制作新的神像	需要新神像的人	
茨恩	月亮	继续神像制作仪式				
雅克斯	金星	奥克·娜	恰克	恰克神庙修缮	所有人	

（续表）

月	月守护神	仪式名称	守护神	仪式目的	参加仪式的人群	舞蹈名称
萨克	青蛙		阿坎伦、苏晖·蒂西皮塔拜	为狩猎中的流血行为安抚狩猎之神	猎人	
克诃	新火	无特别仪式记载				
马科	一个年轻的神（？）	图普·卡克	恰克、伊特萨姆纳	为玉米祈求丰沛的雨水，祈求一个好年景	老人	
克安科因	未知	无特别仪式记载				
穆万	一个年轻的神		艾克·曲瓦、恰克、胡布尼尔	为了可可豆的丰收	可可园主	
帕克斯	长着鹰钩鼻子的神	帕库姆·恰克	西特·恰克·克诃	祈求在战争中取得胜利	武士	霍尔坎·奥科特
克阿亚博	一个年轻的神（？）未知	扎巴希尔·特汗		为了休闲娱乐	所有人	很多种舞蹈
瓦耶伯①	北极星（？）		瓦耶伯·坎（黄）、瓦耶伯·恰克（红）、瓦耶伯·萨克（白）、瓦耶伯·艾克（黑）	准备新年庆典仪式，四个新年日子轮流：克安日、穆鲁日、伊希日、卡瓦克日	所有人	

---

① 不知何原因，作者在这里没有列出科姆呼月的庆祝仪式与相关情况。——编者注

玛雅众神的发展

玛雅人有大量的神，尽管最强大和最常被提到的只是本章前一节描述的那些神。他们经常祭拜的神灵可能不过十几个，只有在特殊的场合或在他们需要帮助的时候才会寻求其他神灵的帮助。

我们已经看到，最初的玛雅宗教比较简单，是影响普通人生活的自然力量的人格化，如太阳、月亮、雨、风、雷、闪电、洪水等（前玛雅一期）。此外，随着玉米文化的引入，玛雅的神变多了，接纳了农业神和生育神，这时候他们持续的善意成了玛雅人生活中最重要的东西（前玛雅二期）。后来，当玛雅文明在公元前4世纪或公元前3世纪开始形成时，随着历法、年表和象形文字的发明，玛雅众神需要进一步扩容，为比那些更古老、更简单、更普遍的自然神功能更多的天文和历法方面的新神腾出空间。这些新出现的神需要专业祭司的服务，并由他向广大民众做出相应的解释。因此，持续了六百多年的玛雅宗教变得越来越深奥（前玛雅三期），玛雅的神变得越来越专业，玛雅祭司的组织化越来越高，玛雅纪念日的祭拜和仪式也越来越复杂。但是值得注意的是，直到这个时候，仍然没有太多活人献祭和普遍使用石头或木头神像的情况（古帝国一期、古帝国二期、古帝国三期）。

所有的权威人士都认为，大规模的活人献祭和神像祭拜是在公元10世纪由墨西哥侵略者在库库尔坎的带领下传入尤卡坦的。有人指出，虽然在古帝国时代就有活人献祭的现象存在，但它只是适度的，直到新帝国的普克和墨西哥时期，把大量的人牲献祭给神这种习俗才盛行起来（新帝国一期和新帝国二期）。

同样，古帝国的玛雅人一般来说都不是字面意义上的偶像崇拜者。权威人士又一次达成共识，他们认为偶像崇拜本身是玛雅-墨西哥人在尤卡坦的一种文化输入。据说这一时期输入的神像非常多。兰达主教说："他们有许多神像和按他们自己的样式装饰华丽的神庙，除了公共的神庙，贵族和祭司的家里也有祭坛和神像，他们私下在那里祈祷和献祭。"他还说："他们的神像如此之多，以至于神的数量远远不够，因为他们会把任何一种动物或昆虫都做成神像。"另一位公元17世纪的西班牙神父在写《佩滕伊察湖边的塔亚沙尔》一书时这样说道："他们还有许多别的偶像，简直就和他们祭司的房子一样多。"在公元1562年，另一位作家这样写道："那里肯定不止10万尊神像。"3年之后，墨西哥城市梅里达的市长将这个数字增加到了"将近100万尊神像"。即使最后这两种说法明显夸张，但是所有早期的作家都认为玛雅人的偶像数量极多，实际上每个玛雅人——贵族、祭司和平民，无论贵贱——都有自己私人收藏的神像，而且大多数神像每年都要换成新的。

在这众多的神灵中，有许多是职业祭司创造出来的，甚至可以说是他们的私人勾当。一个普通人，一个单纯种玉米的农民，仅凭辛劳和汗水支撑着整个复杂的政府、社会和宗教结构，他最常求助的是雨神恰克，因为恰克的善意会让他活下来，而恰克的愤怒会让他无以为生。

第十二章

象形文字、算术和天文学[①]

M A Y A

赫伯特·乔治·威尔斯在《世界史纲》中提到，文字的发明是判断人类文明的真正标准；而爱德华·吉本在《罗马帝国衰亡史》中指出，字母的使用是区分文明人与野蛮人的主要标志。根据这样的标准，玛雅人是前哥伦布时代新大陆文明程度最高的民族，因为他们独立创造了自己的文字系统。

文字的发展

从世界范围来看，文字的发展经历了三个阶段：

1. 象形文字，这种文字是用图画来表达意思。例如，人朝鹿扔长矛的图就代表猎鹿。一幅图画讲述了整个故事，这就是象形文字。

2. 表意文字，这种文字是用字符或符号，而不是图画来表达意思。在表意文字中，字符是约定俗成的符号，通常失去了与它们所代表的图画意思的所有的相似性。因此西北海岸的印第安人表示鲸鱼的符号是鲸鱼喷出的水。

3. 表音文字，这种文字的字符不再是任何意义上的图画，甚至与它们最初的描述对象也完全没有关系，仅仅表示声音。表音文字可以进一步划分为音节文字和字母文字。在前者，每个字母代表对应的音节，它们是复合音节而不是单音节；而在后者，一个字母代表一个发音。音节文字的典型代表是埃及象形文字，字母文字的典型代表是现代的字母表。

玛雅象形文字属于表意文字，处于上述第二阶段，其字符代表的是思想而不是图画（第一阶段）或声音（第三阶段）。

玛雅文字是象形文字系统最早的范例之一

玛雅文字代表了现存象形文字系统发展的最早阶段之一。也许对于现代表意文字的研究者来说，与第一阶段纯粹的图画文字相比，例如西班牙阿尔塔米拉洞穴旧石器时代的绘画，或者亚利桑那和新墨西哥悬崖的象形文字，玛雅象形文字最重要的特征是能够很好地代表表意文字的早期阶段。

这并不意味着玛雅象形文字是我们可以看到的最古老的表意文字，而且它远远算不上。最早的埃及和苏美尔铭文可以追溯到公元前四千年，而最早的玛雅文字甚至还不能追溯到公元前。对于古玛雅文字来说，尽管它比埃及象形文字或苏美尔铭文晚了几千年，但它代表的是比二者更古老的文字发展阶段。

当我们第一次看到埃及象形文字时，它已发展到半音节文字阶段。除了现有的许多表意文字，可能有多达一半的字符是表音的，大部分还是表音节的，其中有少数已经被明确识别为字母。在最早的楔形文字泥版中也发现了类似的情况，其中很多是表音元素。

然而，尽管玛雅文字系统的出现比埃及或苏美尔晚了几千年，但它实际上处于文字发展的更早阶段，也就是说几乎完全是表意文字（第二阶段），还处于发展表音文字（第三级）的早期阶段。

玛雅的"罗塞塔石碑"

如果借用埃及学的概念，玛雅的"罗塞塔石碑"可以说是兰达主教写于公元1566年的《尤卡坦风物志》，本书也曾多次被引用。

在西班牙征服尤卡坦半岛时期，玛雅象形文字仍然在使用。新帝国末期玛雅文明已走向衰落，丧失了文化动力，整个社会死气沉沉。然而在西班牙征服时期甚至更晚的时候，祭司和统治阶级一直没有停止使用象形文字。

兰达主教在《尤卡坦风物志》中对玛雅历法做了简要的描述，描绘了不同日期和月份符号以及一些常识信息，其中大部分是不相关的，甚至还有一些是有误导性的。他关于历法的主要信息来源是西班牙征服时期精通象形文字的一位前土著君主纳奇·科库姆。

尽管兰达主教认为所有这些都是"魔鬼的作品"，但他还是提供了足够的信息，这些信息可以作为切入点，帮助我们一步步实现对玛雅铭文的大致理解。事实上，现在可以识别的玛雅象形文字仅为1/3左右，但这已经足以理解古代铭文记录的大致意思。

玛雅铭文讲述的故事

玛雅铭文主要是关于编年史和天文学的，也许更准确地说是关于占星术和宗教的。它完全不像埃及、亚述和巴比伦碑文那样充满个人崇拜和自我标榜，也没有讲述国王征服的故事，更没有讲述帝国成就的事迹。它既没有赞美，也没有颂扬、美化，也没有夸大其辞。事实上，它是如此完全没有人情味，如此完全没有个人主义，甚至可能没有具体的人名刻在玛雅纪念碑上。

如果不是战争、征服、公共工程、统治者的更迭和死亡等常见问题，那么古玛雅人为什么要在纪念碑上刻铭文呢？这些铭文又讲述了什么故事呢？

首先也是最重要的是每一座纪念碑出现的日期，即竖立纪念碑的玛雅纪年日期，也就是所谓的文始历日记法，通常写在每座碑文的开头。这一日期的记录如此细致，以至于绝大多数古帝国纪念碑都能精确地确定玛雅纪年日期，玛雅人独特的纪年法在374440年的周期里都不会重复。就古代人类的记录而言，如此长的时间可以说是永恒。

我们在前一章中已经看到，玛雅历法的一年是365天，被分为19个部分——18个月和最后5天的厄运日，每个部分都有各自的守护神。大多数古帝国纪念碑铭文的开头就是相应守护神的象形文字名，紧接着是他们掌管的日子。

我们之前提到过，玛雅人另一组非常重要的神是伯隆提库或下界九神。在纪念碑上记录的立碑日期铭文之后也有这九位神的象形文字名。

祭司们在使用玛雅历法的早期，毫无疑问地会觉察到一个固定长度的365天日历年没有像我们公历中的闰2月那样能表示每四年增加一天的部分。他们的日历年在真实的时光流逝中每年悄悄偏离，一个60岁的人经历的偏离日期多达15天。

如果这种偏差始终都没能得到纠正，那么阴历年的时间节点，也就是他们精心编制的历法上的耕作节点就会发生变化。例如，焚烧森林和灌木丛以开垦玉米地的时间不是像开始时那样在3月或4月旱季结束时到来。根据他们最初的365天日历，会逐渐在2月、1月、12月、

11月、10月、9月缓慢向前变动，这样可能会导致日历告诉他们在雨季最高峰的时候开始焚烧玉米田，但这个时候显然是不适合焚烧的。

毫无疑问，祭司们发现了这一问题，即365天固定不变的历法一定会出现偏差，而且他们找到了简单有效的方法来解决这一问题。

他们一定是这样推理的："日历年是由365天组成的，有可能真实的时光比日历慢一些，但决不能改变我们完美的时间测量系统。然而，我们能够做而且将要做的是，可以保证日历规则保持不变的情况下，当我们竖立一座纪念碑时，除刻上当时正式立碑的日期外，还刻上该特定日期的日历修正。这样无论我们在什么时候竖立纪念碑，都能知道它对应的日期在真实年份中的位置。"

事实上，这正是玛雅祭司在整个古帝国时期采取的一种修正，即二次计算，现代研究者称之为"次级序列"。在不同的城市中，一座接一座纪念碑在连续的卡顿（也有1/2卡顿和1/4卡顿，视情况而定）结束时竖立起来，几乎无一例外地要进行相应的历法修正，从而使记录的玛雅历法的年月日与实际日期相对应。随着时间的推移，误差自然也会增加，每四年就会增加一天，后面我们会介绍玛雅人修正误差的具体方法。

因此祭司们使玛雅日历年与农业节气保持一致，每年的农务——伐木、焚烧、种植和收割都能顺利进行，无论这些农务节点出现在玛雅日历上的哪一天，每一轮农务都会在不变的季节里开展。

这种关于天体运动的令人敬畏的知识，这种预测日食的能力，以及了解金星作为晨星和昏星分别从东方和西方天空出现和消失的现象，一定是玛雅祭司们非凡力量的来源。它以一种特别令人信服的方式，向大部分无知的群众证明，祭司与他们伟大的神（太阳、月亮、金星等）保持着密切而亲密的交流，所以祭司必须获得相应的尊重。祭司十分熟悉未来日常生活中最重要的时间节点，这似乎不可思议，无疑大大促进了普通人对他们的崇拜。正如我们在第九章中所看到的，祭司受到如此高的尊敬，每当他们出现在公共场合时，总是会被人们抬在轿子上。

但除了这些，玛雅铭文还告诉了我们什么？剩下大约2/3未能解读的铭文的含义是什么？

我们现在还不能肯定地回答这个问题，但根据迄今为止1/3已经确定含义的玛雅象形文字，我们也许有理由猜测，其余未识别的文字可能指的是仪式、祭品、幸运和不幸的日子，以及与仪式年有关的仁慈的神，和他们独特的祭祀仪式。

可以肯定的是，我们最终会找到代表特殊的玛雅月守护神的象形文字，可能会认出代表金星在不同星相阶段的象形文字。一些未知的符号肯定代表玛雅的神，还有一些代表特殊的祭品，还有一些代表特别的仪式。也就是说铭文中更多的是仪式、献祭、天文学和宗教，对我们所说的历史，也就是人物和国家记录得更少。

玛雅历法

由于算术和历法在玛雅铭文中扮演着非常重要的角色，因此有必要对玛雅算术和历法进行详细的描述，以便更好地理解。

卓尔金年即260天为一年的神圣年

在祭司精心制作的日历和年表中，普通人（农民、伐木工和修理工）所熟悉的唯一一部分很可能只是260天为一年的神圣年，即"计日"。这是他们最基本的宗教仪式规则，因为它决定了每个人的礼仪生活模式。如前所述，古玛雅人（无论男女）都不用365天日历年的日期当作自己的生日，而是把他出生的260天神圣年日期当作生日。在这260天的神圣年里，他出生那天对应的神就是他的守护神。毫无疑问，在365天日历年中，他出生那个月对应的神也比其他18个月的神和他更亲近，但他对应的卓尔金年的神是他最强大的保护者，也是他在天上最亲密的盟友。事实上，我们已经看到，在危地马拉高地的卡克奇克尔人中，有一个人的名字是以他出生的卓尔金日取的，例如奥克斯拉赫·齐伊（玛雅13欧克日）。

　　260天神圣年是通过将数字1到13和20个玛雅日依次匹配形成的，循环一次就是260天，类似于中国的天干地支。这20个玛雅日分别是：

　　（a）伊米希；（b）伊克；（c）阿克伯阿尔；（d）克安；（e）奇克察恩；（f）基米；（g）马尼克；（h）拉玛特；（i）穆鲁克；（j）欧克；（k）楚汶；（l）艾伯；（m）伯恩；（n）伊希；（o）曼；（p）克波；（q）卡波安；（r）埃兹纳波；（s）卡瓦克；（t）阿哈乌。

　　但卓尔金历中的每一个日期都不是单独表示的，都要有一个数字前缀。如上所述，20个玛雅日都会依次加上一个从1到13的数字前缀，也就是表示为1伊克、2阿克伯阿尔、3克安等。直到这13个数字中的每一个依次附加到20个玛雅日中的每一个，才是一个完整的卓尔金年。

　　例如，如果我们从数字1开始，在它后面加上伊克，表示为1伊克，然后将2至13这些数字依次和伊克后面的卓尔金日匹配，轮到第

a.伊米希　　　b.伊克　　　c.阿克伯阿尔　　　d.克安

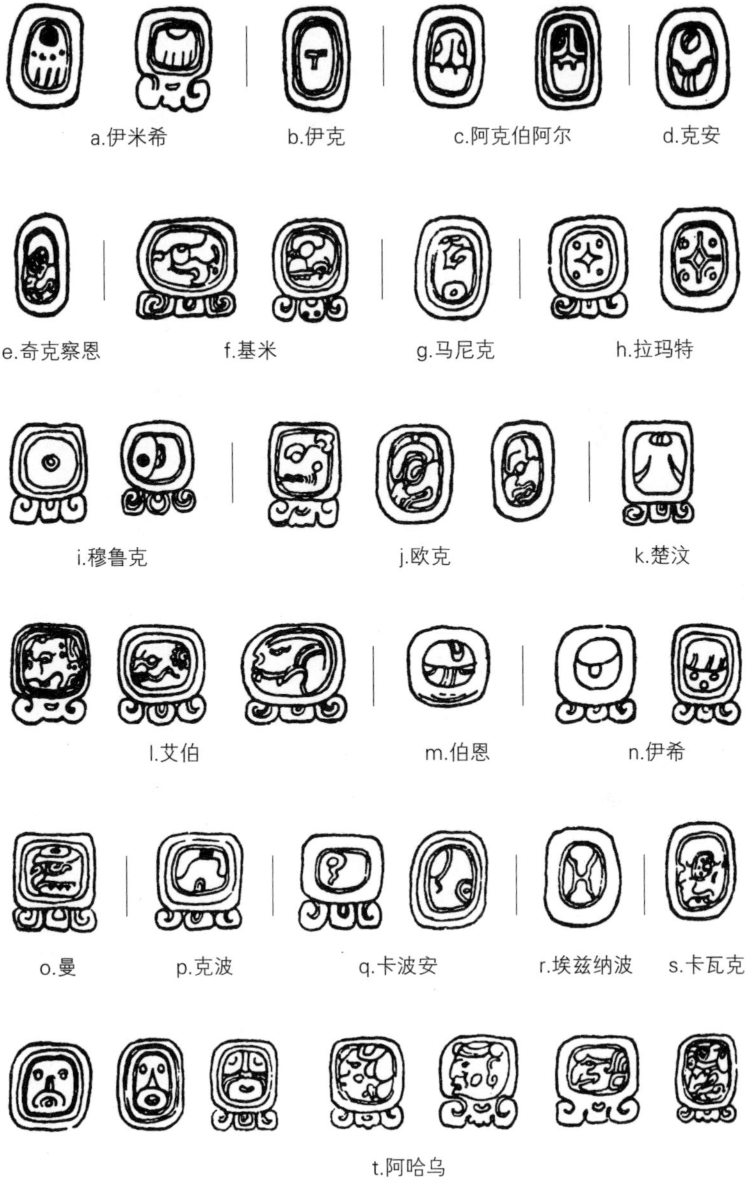

e.奇克察恩　　f.基米　　　g.马尼克　　　h.拉玛特

i.穆鲁克　　　　j.欧克　　　　k.楚汶

l.艾伯　　　　m.伯恩　　　　n.伊希

o.曼　　　　p.克波　　　q.卡波安　　　r.埃兹纳波　s.卡瓦克

t.阿哈乌

图47　表示20个玛雅日的铭文

14个卓尔金日时将重新加上数字1，第15个卓尔金日将重新加上数字2，以此类推，伊克在第二轮中将和数字8匹配。由于13和20没有公约数，它们的最小公倍数是260，所以第261天和第一天会有相同的名称"1伊克"。也就是说，一轮完整的260个不同名称的天——卓尔金日或"计日"可能是玛雅历法中最古老的部分，而且它对大众来说无疑是最重要的，对每个人来说都是决定性的，正如前一章所述，不仅是他的生日，而且决定了他整个人生的仪式模式。

然而，为了使玛雅历法中的任何一天都能得到完整的描述，还需要在卓尔金年日期中添加相应的365天日历年中的月份位置，例如，4珀普1伊米希、0珀普2伊克、1珀普3阿克伯阿尔、2沃4克安等。

365天日历年

如前所述，玛雅365天日历年由19个月组成——其中18个月的每个月为20天，最后一个月是结束月，为5天，即厄运日。每年365天都有对应的月份。这19个月的名称分别为：

（a）珀普；（b）沃；（c）斯普；（d）索茨；（e）泽科；（f）许尔；（g）雅克因；（h）摩尔；（i）茨恩；（j）雅克斯；（k）萨克；（l）克诃；（m）马科；（n）克安科因；（o）穆万；（p）帕克斯；（q）克阿亚博；（r）科姆呼；（s）瓦耶伯。

为了清楚地表明260天的卓尔金年是如何与365天的玛雅日历年组合在一起的，我们以图形方式将它们表示为两个齿轮（图49），较小的齿轮A有260个齿，每个齿以卓尔金年260天中的每一天命名，较大的齿轮B有365个齿，每一个内齿是365天的玛雅日历（哈布历）年中每一天对应的月份。

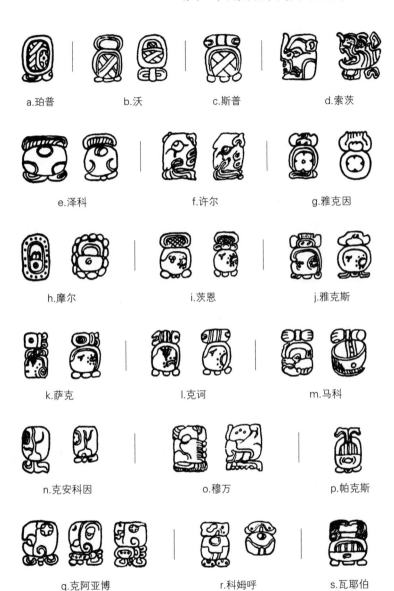

a.珀普　　b.沃　　c.斯普　　d.索茨

e.泽科　　f.许尔　　g.雅克因

h.摩尔　　i.茨恩　　j.雅克斯

k.萨克　　l.克诃　　m.马科

n.克安科因　　o.穆万　　p.帕克斯

q.克阿亚博　　r.科姆呼　　s.瓦耶伯

图48 表示19个玛雅月的铭文

在我们将这两个齿轮啮合前，必须进一步了解关于玛雅历法的两个事实。首先，玛雅新年，或者他们第一个月的第一天，会写成0珀普。珀普是一年中的第一个月，而这个月的第一天会写成"0"而不是"1"，这是因为玛雅人认为时间是连续流逝的过程，所以1珀普指的是珀普月的第二天而不是第一天。这种算法和我们计算一天中的小时差不多，例如当我们说下午1点钟，午后的第一个小时实际上已经过去了，第二个小时也就是1点至2点已经开始了。所以当古玛雅人写1珀普的时候也是一样，他们的意思是珀普月的第一天也就是0珀普已经过去了，而第二天也就是1珀普开始了。由此可以看出，尽管玛雅人的每个月是20天（除了最后的结束月是5天），但他们月份里的日编号是从0至19，最后的结束月是0至4，而不是我们习惯的写法1至20或者1至5。

在将卓尔金年和365天日历年组合之前，我们必须知道的第二个事实是，在卓尔金年260个名称各不相同的日子中，只有52个日子能够与365天日历年中的19个月份的第一天相匹配。这52个日子的卓尔金日名称是伊克、马尼克、艾伯和卡波安，由于这四个日子在一个卓尔金年中会和数字1至13全部匹配一次，因此在一个

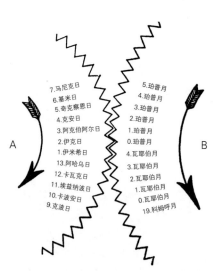

图49　以365天为一周期的哈布历（B）与以260天为一周期的卓尔金历（A）的啮合图

卓尔金年中有52个日子可能作为365天日历年的新年第一天。在古帝国时期，可能作为玛雅新年开始的52个日子是：

（1至13）伊克

（1至13）马尼克

（1至13）艾伯

（1至13）卡波安

然而应当注意的是，在西班牙征服时期，玛雅新年开始的日子已经向前移动了两个位置，并且开始的日子不再是伊克、马尼克、艾伯和卡波安，而是克安、穆鲁克、伊希和卡瓦克。

历法循环

我们现在可以将图49中的两个齿轮（A表示卓尔金年，B表示365天日历年）组合在一起。以卓尔金的"2伊克"日命名的A齿轮轮齿，将与365天日历年对应的B齿轮内齿的"0珀普"相匹配，我们将这一天的完整名称命名为"0珀普2伊克"。

现在我们转动两个齿轮，A齿轮像时钟的指针一样向右转动，B齿轮则逆时针转动。我们现在的问题是找出两个齿轮需要旋转多少圈，然后A齿轮上名为"2伊克"的轮齿才能再次与B齿轮上名为"0珀普"的内齿位置重合。

这个问题是小学算术里最常见的乘法。我们必须首先确定260和365的最小公倍数，在这个过程中，我们还应确定图49中的两个齿轮分别要完整地旋转多少圈才会再次回到开始的起点。

260和365只有一个公约数，那就是5。260和365分别是5的52倍和73倍，所以它们的最小公倍数是5×52×73，等于18980。因此，A齿轮完整旋转73圈，B齿轮完整旋转52圈之后，A齿轮上名为"2伊克"的轮齿才能再次与B齿轮上名为"0珀普"的内齿位置重合。

让这个算术问题回到玛雅历法，我们可以说，卓尔金年的某一天再次回到365天历法年对应位置之前，需要卓尔金年的73年或者365天日历年的52年，也就是18980天。

换言之，365天日历年中与卓尔金年日子对应的日期组合，例如"0珀普2伊克"，需要花上365天日历年的52年。所以一个玛雅人活了52年之后就会看到日期组合相同的玛雅新年。

18980天毫无疑问是一个重要的时间概念，但我们不知道古玛雅人如何称呼这一概念，也不知道关于它的玛雅象形文字，研究玛雅历法的现代学者将其称为历法循环。因为在这段时间里，卓尔金年的260天将完成一次与365天日历年上每一天的一一对应，也就是说，卓尔金年占据365个所有可能占据的位置，即这两个历法经过18980天就完成了一次日子一一对应的完整循环。

可能从玛雅人那里借用历法的其他中美洲民族，例如阿兹特克人、米斯特克人和萨巴特克人，从来没有设计或使用过任何大于18980天的时间段。例如，阿兹特克人认为时间是18980天的不断循环，他们将其命名为"xiuhmolpilli"，阿兹特克语的意思是"年捆"，即完整的周期年。

阿兹特克人用两个特殊的符号来表示关于18980天这个时间概念，这两个符号直接来自他们对这一时间概念的信仰。第一个符号像一个绳结，表明52年的时期被捆成一捆；第二个符号是钻木取火的火钻和木棒以及木棒上面点燃的圣火。阿兹特克人相信，每当52年的周期结束时，整个世界就会告一段落；而且在这个周期的最后一天

晚上，特诺奇蒂特兰（墨西哥古都）的人们就会全部撤到城市周围的山丘上等待黎明的到来。第二天早晨太阳升起时，人们会欢

图50　阿兹特克人年捆的铭文

呼雀跃，圣火重新燃起，房屋打扫干净，生活照常恢复。这是众神又给了人类52年的生命。

　　这个非常重要的时间概念的玛雅名称和对应的象形文字都不为人所知，但几乎可以肯定这是一个源于玛雅人的概念，是他们历法系统的基础。

　　玛雅人和阿兹特克人一样，也认为时间是260天的卓尔金年和365天日历年的完整对应，也就是18980天的不断循环。但在很早的时候，可能早在公元前4世纪，他们就意识到随着时间的推移，即使这一时间概念只重复几次——37960天、56940天、75920天、94900天、113880天等——也会变成非常复杂的数字，处理起来将会越来越困难。

玛雅算术

　　为了避免玛雅历法这么快就面临混乱，古代玛雅祭司设计了一个简单的计算系统，即使在两千多年后的今天，它仍然是人类智慧最辉煌的成就之一。

　　在公元前4世纪或公元前3世纪，玛雅祭司在人类历史上第一次发明了一种按位记数即进位制的计算系统，从而实现了数学上"零"的概念及其使用，这是一项抽象概念上的伟大智力成就。

　　以前（也没有多少年）的人们相信，进位制数学和它涉及的"零"

的概念是由印度人发明的。印度人发明的十进制计数法及相应的数字符号大约产生于公元8世纪。这个十进制数字系统从印度传到了阿拉伯，因此又被称为阿拉伯数字，然后阿拉伯人把它带到埃及。直到公元15世纪，摩尔人从北非把它引入西班牙，因此，这种十进制数字符号在中亚南部被发明大约700年后，才在西欧人中开始普遍使用。

然而现在我们知道，古玛雅人自己已经发展出了以20为单位而不是以10为单位的进位制数学体系，也就是说他们使用的是二十进制，而不是十进制，这一发明至少比印度人在南亚的发明早了一千年，比西欧人普遍使用进位制数学早了两千年。

但是为了使历法中的第三个等级也就是日、月、年的年尽可能接近365天的太阳年，玛雅人做了一个细微的调整，在这个基础上，玛雅二十进制系统与我们的十进制系统几乎一样简单。

玛雅历法等级的基础单位是"天"或"金"。第二级单位由20个金也就是20天组成，称为乌纳。在标准的二十进制计算系统中，第三级单位应该是400（即20×20×1）。但在计算时间上，玛雅人为了修正历法误差引入了一个单一的变量。玛雅二十进制系统的第三个等级单位是"顿"，由18个（而不是20个）乌纳组成，也就是360（而不是400）金组成。360金即360天比400天更接近于365天太阳年的长度。

然而在第三个等级单位以上，用于形成所有更大数字的等级单位都是标准的二十进制，下面是我们已知的玛雅人使用的九个等级单位的名称和数值：

1金=1天

20金=1乌纳或20天

18乌纳=1顿或360天

20顿=1卡顿或7200天

20卡顿=1白克顿或144000天

20白克顿=1皮克顿或2880000天

20皮克顿=1卡拉勃顿或57600000天

20卡拉勃顿=1金奇尔顿或1152000000天

20金奇尔顿=1阿劳顿或23040000000天

第五个等级单位白克顿，即144000天，最初被现代研究者称为"周期"，但古玛雅人将144000天这个时间概念称为"白克顿"。

上面提到的第三个等级单位顿的数值是360而不是400，而在标准的二十进制系统中，400才是第三个等级单位的正确值，但360这个数值只用于计算时间。在计算任何其他事物时，玛雅人始终遵循标准的二十进制来进位——1、20、400（而不是360）、8000（而不是7200）、160000（而不是144000）、3200000（而不是2880000）等。

玛雅象形文字的两种形式

实际上，每个玛雅象形文字符号都有两种表现形式：（1）正常或标准形式；（2）头部变体形式，即用神、人、动物甚至一些只存在于创造符号者想象中的神话生物的头部来表示。另外，在极为罕见的例子中（已知的例子只有七个），还有第三种形式，符号是一个神、人、鸟或者蛇的全像。

上面提到的九个时间等级单位的铭文符号如图51所示，左边的为正常形式，右边的为头部变体。但最后三个等级单位相应的头部变体尚不能识别。

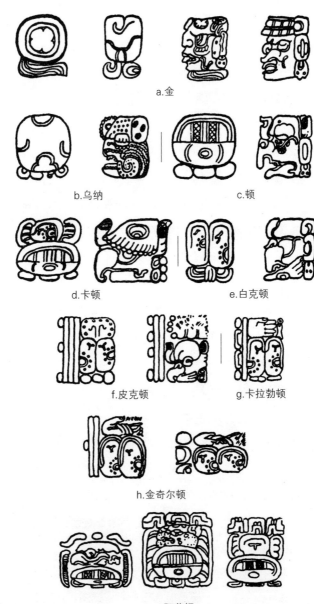

a.金

b.乌纳   c.顿

d.卡顿   e.白克顿

f.皮克顿   g.卡拉勃顿

h.金奇尔顿

i.阿劳顿

图51   表示九个玛雅时间等级单位的铭文

玛雅的"罗马数字"和"阿拉伯数字"符号

与我们一样，古玛雅人在书写数字时也使用了两种不同的符号：（1）用横线加圆点来书写数字，可以类比为我们使用的罗马数字；（2）用头部变体来书写数字，可以类比为我们使用的阿拉伯数字。

在第一种符号中，圆点"·"代表数值1（罗马数字I），横线"—"代表数值5（罗马数字V）。如图52所示，通过圆点和横线的不同组合，就能书写数字1至19（罗马数字I至XIX）。大于19的数字则涉及我们已经提到过的玛雅人的进位制数学系统的使用，将在后面介绍。

从图52可以很容易地看出，玛雅横线和圆点符号在两个方面优于罗马数字。要用罗马数字写出从I至XIX（1至19）的数字必须使用三种符号，即I、V和X，还有两个数学运算过程——加法和减法——VI是V加I，而IV是V减I。

在玛雅横线和圆点符号中，只需要使用两个符号就能写出1至19的数字，而且只有一个数学运算过程——加法。换句话说，与罗马数字相比，玛雅横线和圆点符号不仅可以少用一种符号来表示1至19之间的数字，而且少用

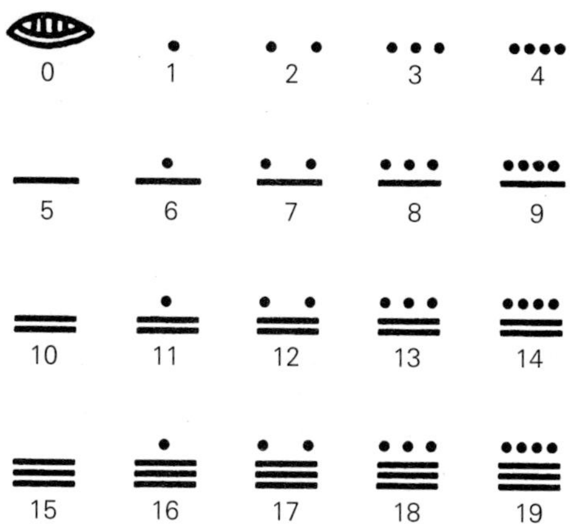

图52 表示0以及1到19的玛雅数字铭文

了一种数学运算。

古玛雅人在书写数字时使用的第二种符号是用不同类型的头像符号，也就是头部变体符号来表示从数字1到13以及数字0。玛雅的头部变体数字符号和我们的阿拉伯数字有些类似，其中有十个不同的符号，表示零和前九个数字——0、1、2、3、4、5、6、7、8、9。这14个玛雅头部变体数字符号，就是我们之前提到过的数字1到13以及数字0分别对应的14个守护神的头像。

我们知道，在组成卓尔金日的表示格式时，从1到13（包括13）的13个数字会依次作为20天日期的前缀。有证据表明古玛雅人把前13个数字和0看作是主要数字，每一个数字都用一个特殊的头部变体符号来表示，也就是说每个数字都有自己的守护神。①

数字10的头部变体是一个死人头或骷髅，在组成14到19的头部变体数字时，这个骷髅的无肉下颌则表示14到19这6个更大的头部变体数字中的数值10。因此，如果将骷髅的无肉下颌放在头部变体数字6（这个符号像一个大大的眼窝里放了一对交叉的棍子）的下方，则表示头部变体数字16，即10+6。或者如果同样的无肉下颌放在头部变体数字9（这个符号像脸颊上有一个圆点）的下方，则得到头部变体数字19，也就是10+9。此外将无肉下颌放在头部变体数字4、5、7和8下方，就分别得到14、15、17和18的头部变体数字。

代表13个数字（从1到13包括在内）的13个头部变体数字是奥克斯拉亨提库即上界13神的头像，而不是伯隆提库即下界九神，并且上界13神中的每一个都与这13个数字中的一个相关联，可能是这些数字

———————————

① 数字11的头部变体符号尚不能确定。——原注

特殊的守护神。

玛雅二十进制数学系统

为了表示需要进位（超过19）的数字，古玛雅人使用了他们发明的进位制计数系统。在我们的十进制系统中，小数点左边的数字每向左移一位，也就是每进一位，数就扩大到10倍，如十、百、千、万等。但在玛雅的进位制系统中，进位是从下往上，每向上移一位，也就是每进一位，数就扩大到20倍，除了第三位在计算时间时只扩大到18倍而不是20倍，这是我们在前面已经提到过的例外。

为了说明这一点，让我们看看玛雅人是如何表示20以上的天数。例如20天，在二十进制中，第一位是0，第二位是1，因此它应该涉及两个符号，一个是在第一位表示零的符号，另一个是在第二位表示1的符号。

在玛雅象形文字中，最常见的代表零的符号是一种定型化的贝壳图案，将贝壳符号放在第一位也就是最下面表示第一位是0，将一个圆点符号放在第二位表示第二位是1，合起来就表示数字20。

37天如图53（b）所示，第一位是17，第二位

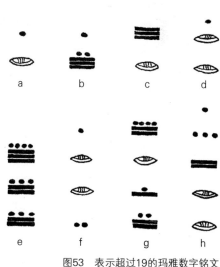

图53　表示超过19的玛雅数字铭文

是1。300天如图53（c）所示，第一位是0，第二位是15。360天是时间计算的第三等级单位，也就是第三位的基数，如图53（d）所示，第一位是0，第二位是0，第三位是1。7113天如图53（e）所示，第一位是13，第二位是13，第三位是19。7202天是一个四位数，如图53（f）所示，第一位是2，第二位是0，第三位是0，第四位是1。100932天如图53（g）所示，第一位是12，第二位是6，第三位是0，第四位是14。169200天是一个五位数，如图53（h）所示，第一位是0，第二位是0，第三位是10，第四位是3，第五位是1。

玛雅编年史

纪元

除了数学上这一杰出的成就，古玛雅人认为时间需要有一个固定的基准或起点，需要用某个具体的历史事件或者假想的事件来作为年代纪元，他们似乎是世界上第一个认识到这一点的民族。

古埃及人在纪念碑和神庙上刻下的日期是作为建造者的法老的统治年代——从法老的统治年代开始，法老建造了这些纪念碑和神庙——"太阳之子图特摩斯统治第三年""太阳之子拉美西斯统治第五年"等。但这种计算年代的方法相对比较粗糙，而且不准确。如果在任何一个特定法老的统治时期的最后几年没有建造任何纪念碑或神庙，那么最后这几年就从记录的总数中减少了，而且这种误差总是累积的，从来没有被修正过。因此在几千年的法老统治时期中，仅这一个误差累计下来，就有好几百年。

甚至直到最近，用历代君主的统治时期来计算年代仍然是所有欧洲国家的普遍做法。

尽管大多数民族或早或晚都已经意识到，用一个固定的起点来计算他们所有的年代是非常有必要的，但有迹象表明，从时间上讲，古玛雅人是所有民族中首先实现这一重要的、年代学上基本概念的民族。

世界上的不同民族在不同时期为各自编年史起点所选择的具体事件可以分为两大类：（1）具体的历史事件；（2）明显属于假设或虚构的事件。

在第一类中，最常见的是我们使用的公元纪年，它的起点是耶稣基督的诞生，也就是耶稣纪元，在此之前的年代被称为公元前（耶稣基督诞生之前），之后的年代被称为公元。

希腊人从最早举办的一场奥运会，也就是从公元前776年举行的比赛开始，用奥林匹亚德（四年一个周期）来计算时间。当时的冠军是科罗布斯。从此以后，每届奥运会冠军的名字便为人们所知。罗马人以公元前753年罗慕路斯和雷穆斯建立罗马城为起点来计算他们的年代。

巴比伦纪元被称为"纳巴那沙时代"，从国王纳巴那沙在公元前747年成为统治者开始计算。亚历山大大帝在公元前323年去世，终结了"亚历山大时代"。公元前311年，塞琉古一世占领巴比伦，开始了所谓的"塞琉古王朝时代"。公元前38年，奥古斯都在西班牙建立行省，标志着在伊比利亚半岛持续了14个多世纪的纪年开始。穆斯林选择公元622年先知穆罕默德逃离麦加作为他们年代的起点。

应当指出的是，上述每一种编年系统的起点都是实际的历史事件，其发生（日期或许不准确）是不容置疑的。然而，还有其他的属于第二类的编年史，从一个假设的事件开始，其性质使得其起点的日期必然是假设的。同时也应该包括那些从一个假设的世界诞生日期开始计算时间的年表。

例如，"君士坦丁堡时代"的编年系统中，希腊教会使用的纪年系统是从公元前5509年世界诞生开始的；而犹太人认为世界诞生于公元前3761年，因此他们的纪年系统开始于公元前3761年。也许属于第二类的年表中最常见的例子是《旧约》，它以公元前4004年亚当诞生作为元年。

虽然我们不知道古玛雅人开始纪年的事件性质，但可以肯定是假设性的，而不是历史真实事件。

因为玛雅纪年的元年"4阿哈乌8科姆呼"比他们迄今发现最早时间记录的莱顿牌和瓦哈克通9号石碑要早3433年和3440年。也就是说，在他们开始计算时间之后的3400多年里，即前8个白克顿和几乎整个9白克顿的时期里，没有任何相应的日期记录。玛雅纪年的第一个日期记录出现在玛雅8.14.3.1.12年。这只能意味着一件事，即玛雅纪年的起点被选中相当长的时间（可能接近3000年）后，才开始计算实际上的时间。而且这个漫长的空白时期没有任何类型的同时代记录，关于这一点，比较简单的解释是，这个纪元是玛雅祭司对过去时间的近似估计，而不是一个确定事件的年代，直到3000年后才有第一个确定的年代事件记录。

之前我们提到过，玛雅历法实际开始的时间可能是玛雅7.0.0.0.0年或玛雅7.6.0.0.0年，也就是纪年的元年"4阿哈乌8科姆呼"之后的2760或2878年。鉴于这一事实，而且现在没有找到玛雅年表中前3400年的任何记录，我们不得不认为设计玛雅纪年的天文学家祭司选择的起始日期比实际开始记录的日期早七个白克顿（2760年）。因此似乎更有可能的是，玛雅纪年开始于某个假设事件，而不是一个真实的历史事件。它可能是从一个虚构事件开始的，比如世界的诞生，希腊和犹太教会以及《圣经》中的年表都是从世界诞生开始计算的。也许玛雅纪年甚至可能是从他们某个神的出生日期算起的，那是一个遥远而不确定的年代，我们只能暂时搁置这一问题。

文始历日记法或长历法

文始历日记法最早是由英国考古学家、探险家莫兹莱命名的。古玛雅人这种计算时间的方法通常出现在铭文的开头，因此莫兹莱将其命名为"文始历日记法"。

公元1887年，德国考古学家恩斯特·福斯特曼首先计算出了古抄本中记载的文始历日记法的细节。著名的美国考古学家古德曼于公元1890年在莫兹莱对玛雅雕塑的精致复制品的纪念碑碑文中，首次破译了这种数字。古德曼完全不知道之前福斯特曼的研究，但他的研究结果与福斯特曼完全一致，并且毫无疑问地证明了古代玛雅文始历日记法的计数方法，现在已经与我们使用的公元纪年一样容易理解。

对典型文始历日记法的简要描述如下：在碑文开始处有一个大的铭文，通常是其他铭文的四倍大小，它"介绍"文始历日记法的时间计数，因此也被称为介绍铭文。在不同的碑文中，这些巨大的介绍铭文唯一的不同之处（风格上的微小差异除外）是其中间部分，也就是我们所说的玛雅历法中19个月对应的19种不同的月份符号。如前一章所述，这些不同的符号很可能是分别掌管一年中19个月的守护神的象形文字名。所有介绍铭文记录的形式，可能都是所记载日期结束的那

文始序列

增补序列

　　文始历日记法即长历法介绍符号
这种字符唯一的变化元素是中间的头部变形符号。
图中是长历法每个周期结束所在月的保护神的玛雅
神灵象形文字名（这里是科姆呼月）。

9白克顿 （9×144000天 =1296000天）	17卡顿 （17×7200天 =122400天）
0顿 （0×360天=0天）	0乌纳 （0×20天=0天）
0金 （0×1天=0天）	13 阿哈乌日（从玛雅纪年的起始点开始算起，超过总天数的那一天）。
符号G9 9天周期守护神（下界9神）中第九天的守护神名称。	符号F含义未知。
符号E和D 这些符号代表长历法周期结束时的月相，这里是"新月"。	符号C 这个符号代表当前阴历月在阴历半年周期里的位置，这里的位置是第二个月。
符号X3含义未知。	符号B含义未知。
符号A9 当前的阴历月，这里是29天长。增补序列的最后一个符号。	18科姆呼月（从玛雅纪年的起始点开始算起，超过总天数的那个月）。文始序列的最后一个符号。

图54　表示文始序列和增补序列的例子：基里瓜E号石碑东面铭文（全）

个月守护神的象形文字名。

如图54所示，玛雅铭文的阅读顺序是从左到右、从上到下，先是最上面的介绍铭文，然后从左到右、从上到下逐个阅读。

按照阅读的顺序，这两列的前五个铭文表示这个特定日期的白克顿、卡顿、顿、乌纳和金的数字，基数分别是144000、7200、360、20和1，表示从玛雅纪年的起点——4阿哈乌8科姆呼开始，到这个特定的文始历日记法日期所经过的时间。

虽然古玛雅人的文始历日记法是以天为单位，我们使用的公元纪年是以年为单位，但这两个系统在各自的记录方法上并无不同。例如，当我们表示公元1945年12月31日星期一时，我们的意思是，自公元元年以来，已经过去了一个1000年、九个100年、四个10年和五个1年，然后到了这一年的12月31日，这一天是星期一。

类似地，当古玛雅人表示文始历日记法的玛雅9.17.0.0.0年13阿哈乌18科姆呼时，如图54所示，他们的意思是从玛雅元年也就是4阿哈乌8科姆呼开始，已经过去了九个144000天（9白克顿）、十七个7200天（17卡顿）、零个360天（0顿）、零个20天（0乌纳）和零个1天（0金），然后到了"18科姆呼"月的"13阿哈乌"日。

这里的最后日期"13阿哈乌"通常出现在介绍铭文后面第六个位置，也就是紧跟在介绍铭文的第五个即最后一个时间（金）之后。

前一章也已经提到过，在几乎所有的情况下，紧跟在文始历日记法最后日期之后的铭文，即在介绍铭文之后的第七个位置的铭文被称为铭文G。它有九种形式，对应每一个伯隆提库，即"下界九神"，他们都是文始历日记法所表示的特定日子的守护神。图54中文始历日记法表示的日子的守护神是第九天的守护神太阳神。文始历日记法铭文中的最后一个符号被称为铭文F，我们只知道它出现的位置，不知道它的含义。

增补序列或阴历记录

在铭文F和相应的月份（365天日历年中每一天的位置）之间，通常有一组由六个字符组成的序列，它们被称为增补序列，因为它们对文始历日记法的数据进行了补充。它们给出的信息是：（1）文始历日记法记录的那一天的月相，应该是从新月开始计算；（2）文始历日记法记录的那一天所在的阴历月的长度，即那个月是29天还是30天，图54中是29天；（3）在阴历半年期间的具体朔望月月数，图54中是2。还包括一些尚未确定的问题。最后，在增补序列的最后一个铭文之后，是文始历日记法记录日期所在月份的铭文，图54中这个位置的铭文表示"18科姆呼"。

因此，古玛雅人通过他们简单而高效的二十进制数学系统，以及如此精确的文始历日记法，能够以非常高的精度来记录玛雅纪年中的任何给定日期，他们的纪年法在长达374440年的一个完整循环里都不会出现重复。在这段时间过去之后，才会有日期重复——与任何一种纪年系统相比，无论是古代还是现代，这都是一个真正的巨大的成就。

次级序列或历法修正办法

玛雅铭文中还有第三种计算时间的方法，即次级序列，其本质上似乎是一种历法修正办法，有点像我们使用的闰年修正法。如前所述，古玛雅人的日历年是365天，很明显，从使用之初开始，他们的日历年很快就开始超过了真正的太阳年。由于古玛雅人没有像我们的

2月那样具有弹性天数的月份（通常是28天，一般每4年会额外多出一天），所以农业活动的季节和各种节气很快就落后于玛雅日历年上所表述的时间。考虑到日历年每四年的累计误差将近一天，古玛雅人必须设计其他方法，使365天的日历年尽可能接近真正太阳年的长度。为了在他们的日历年中实现这种修正，古玛雅人设计了次级序列。

我们刚刚看到，用文始历日记法来表示玛雅纪年中的任何一天需要十个不同的符号。尽管这种记录日期的方法具有令人难以置信的准确度，却相当繁琐。而且在同一个铭文中用文始历日记法重复表示每个日期显得冗长和多余，因为在任何一个铭文中，只要有一个日期是通过文始历日记法记录来确定的，那么其他日期都可以通过简单的加减法计算来表示，而不用都写成繁琐的文始历日记法形式。用文始历日记法记录的日期减去（如果早于这个日期）或加上（如果晚于这个日期）特定时间而得出的这些其他日期被称为次级序列，因为它们是文始历日记法记录日期的次级衍生。

作为历法修正办法的次级序列有下面这样一些作用。我们以玛雅9.16.0.0.0年2阿哈乌13泽科（公元751年5月9日）为例。玛雅新年即0珀普应该是公历7月26日，而0珀普这一天在13泽科这个月位置上实际对应的是公元751年10月27日，也就是说差不多过了6个玛雅月——比玛雅历法上的日期晚了整整171天。玛雅祭司对此非常清楚，为了纠正这个错误，他们设计了这样的日历修正办法——8乌纳11金，这是古玛雅人表达的171天，等于八个20天周期（160天）加上十一个1天。这一时间段（8.11）从玛雅9.16.0.0.0年2阿哈乌13泽科开始计算，变成新的日期玛雅9.16.0.8.11年4楚汶4克安科因（公元751年10月27日），这是13泽科原本对应的真实太阳年的日期，但经过修正之后，13泽科在玛雅9.16.0.0.0年的日期实际上提前了约171天。由此，玛雅纪年中这个最初由13泽科表示的日期即公历10月27日的位置现在调整到了玛雅年第七个月即公历5月9日。

可以肯定的是，玛雅民众对祭司的这些抽象计算一无所知，甚至根本就不可能理解。祭司们告诉他们的事情要简单得多，也许会这样说："我们的历法上说，在玛雅9.16.0.0.0年2阿哈乌13泽科结束时，雨季应该快结束了（这里说的13泽科是公历10月27日），但实际上，这时候雨季应该才刚刚开始（13泽科应为公历5月9日）。因此，在我们庆祝13泽科这个节日之前，或者在10月27日雨季结束之前，必须调整171天，将玛雅9.16.0.0.0年2阿哈乌13泽科调整为玛雅9.16.0.8.11年4楚汶4克安科因（公元751年10月27日），那时才是雨季的结束期（公历10月27日）。我们必须这样做，才能使我们的神原先定为13泽科的节日仍然像原来一样到来。"

因此，次级序列被当作历法修正办法，使古玛雅人的365天日历年与真实太阳年基本一致，这也达到了和我们使用闰月相同的目的。

短历法

早在古帝国伟大时期的初期（公元731年），古玛雅人就开始停止使用极为精确的文始历日记法，取而代之的是一种更为简略的系统，现代研究称之为"周期结束纪年法"。在这种方法中，纪年法只表示特定的时间周期和周期结束的日期。例如，在刚才提到的文始历日记法表示的玛雅9.16.0.0.0年2阿哈乌13泽科中，这种需要十个符号来表示的长历法被简化为三个符号：（1）16卡顿结束；（2）2阿哈

乌；（3）13泽科。正如我
们所看到的，虽然不像最
初的文始历日记法那样可
以不重复地记录374440年

这么长周期内的每一天，

图55 周期结束日期

但是通过给出一个周期结束日期的卡顿数字（在上面的例子中是16）
和结束日期的日和月的位置（这里是2阿哈乌13泽科），也能精确记
录将近19000年内的每一天。

　　然而，到了新帝国晚期，玛雅纪年系统得到了更进一步简化，而
这一次的简化程度十分惊人，以至于只能在256年这个短周期内实现
不重复地记录日期。这个新的纪年系统的基础还是原来的文始历日记
法，在新帝国时期被称为"卡顿纪年法"，也就是研究玛雅历法的学
者所说的短历法，与原来的文始历日记法即长历法相对应。

　　回到我们之前文始历日记法的例子，玛雅9.16.0.0.0年2阿哈乌13
泽科，其中与周期结束纪年法的表达方式重合的部分是卡顿结束的日
子"2阿哈乌"，而在短历法中，除了"2阿哈乌"这个结束的日子，
其他一切都被省略了。也就是说，所有特定的时间周期，9白克顿、
16卡顿、0顿、0乌纳和0金，以及结束日期的月份（13泽科）都被省
略了。这个特定的卡顿被简化为卡顿2阿哈乌，也就是简单地被表达
为一个卡顿结束于2阿哈乌这天。

　　这种纪年方法的优点是只需要一个象形文字就可以表达，只要表
达任何一个阿哈乌日是某个卡顿的结束就行了。但可以肯定的是，这
种简略的卡顿结束日期表达只能精确到256.25年内，也就是说任何一
个特定的卡顿结束，例如卡顿2阿哈乌，每隔256.25年就会重复出现一

次。因此，如果一个卡顿2阿哈乌于公元751年结束，另一个卡顿2阿哈乌将于公元1007年再次出现，到了公元1263年又会再次出现，以此类推。事实的确如此，因为在这种纪年方法中，只能表达13个不同的卡顿，因为阿哈乌只有13个，即1阿哈乌至13阿哈乌。因为每个卡顿都是19.71年，所以每一个用阿哈乌表示的卡顿在13×19.71年=256.23年后就会重复。

需要指出的是，在每一种情况下，短历法的卡顿都是以其中最后一天命名的，但短历法连续的卡顿表达不是按卡顿1阿哈乌、卡顿2阿哈乌、卡顿3阿哈乌这样以1阿哈乌为单位递进，而是像卡顿13阿哈乌、卡顿11阿哈乌、卡顿9阿哈乌这样以2阿哈乌为单位递减。古玛雅人将这13个不同名字的卡顿的循环形象地描绘成一个轮子，这个卡顿轮的外围被分成13个部分，上面是13个不同编号或不同名字的卡顿。

兰达主教用图例描述了其中一个卡顿轮：

图56　兰达主教描述的卡顿轮

如前所述，玛雅人不仅按年和月来计算时间，而且还有一种用时代来计算时间和事务的方法。他们把20年视为一个时代，然后用玛雅历法的20个月（兰达主教此处有误，应为日）中的阿哈乌和数字1至13来计算这些时代，所以这样的时代一共有13个。在他们的语言中，这样的时代被称为卡顿。根据这13个卡顿，他们设计出了这种卡顿轮，其顺序是逆时针方向而不是顺时针方向。这种计算时间的方法简直是一个惊人的杰作，所以我在第一章（指兰达主教原稿）中谈到的那位老人很容易就能复述300年前发生的事情。如果我不知道玛雅人有这种计算时间的方法，那么我肯定不会相信有人能复述如此久远的事情。

兰达主教所示的卡顿轮的运动方向是逆时针方向，即从右向左，每个卡顿依次通过顶端标记的十字架，按照我们之前提到过的以2阿哈乌为单位递减，即卡顿11阿哈乌、卡顿9阿哈乌、卡顿7阿哈乌、卡顿5阿哈乌等。这个卡顿轮的中心写着：

这在玛雅语里被称为uazaklom katun，意思是时代（卡顿）的轮回。

这个卡顿轮中显示的卡顿最初应该是从卡顿8阿哈乌开始计算的，可能是因为玛雅人的黄金时代即9白克顿是从结束于8阿哈乌的一个卡顿（玛雅9.0.0.0.0年8阿哈乌13克诃）开始计算的。而每一个卡顿8阿哈乌结束之后，序列又重新开始了。我们可以看到9白克顿结束期的卡顿——玛雅9.0.0.0.0年8阿哈乌13克诃具有非同寻常的意义，这些卡顿8阿哈乌对玛雅历史进程产生了决定性影响。

在这13个卡顿中，每一个卡顿都有自己的守护神，也有自己独特的预言和仪式，这些预言在《奇兰·巴兰书》中占了相当长的篇幅。《佩雷斯古抄本》中的第1至11页提到了这13个卡顿中的11个。

短历法实际上是一种历史大纲，记载了一个卡顿即连续的20年

（更确切地说是19.71年）的历史概要，只要卡顿序列保持完整，也就是没有间断或重复，它能够准确地满足所有的基本需求。而且在西班牙征服之时，这个历史记录可以前推62个卡顿到9白克顿（公元435年），也就是大约11个世纪以前。

三份已知的玛雅象形文字手稿

在墨西哥中部地区，土著民族的原始手稿有400多部流传了下来，其中可能有50部属于前哥伦布时期。玛雅本民族的书籍涉及了历史、年代学、天文学、宗教仪式、占卜、预言、医学等不同方面，这样一个玛雅文献宝库本可以解开许多谜团，特别是在历史领域，但由于早期西班牙传教士疯狂的焚书行为，加上岁月流逝和气候变迁，前哥伦布时代的玛雅象形文字原始手稿只有三部得以幸存，分别是《德累斯顿古抄本》《特洛-科尔特斯古抄本》和《佩雷斯古抄本》。

兰达主教在谈到这些玛雅古抄本时说：

这些人也用某种字符或字母在书上记录了他们的科学和古代历史，通过这些文字、图画和一些特殊符号记录他们了解的事务，并和其他人相互交流学习。我们发现了大量用这种文字书写的书籍，因为这些书里全部都是不着边际的迷信和魔鬼的谎言，所以我们把这些书全都烧掉了。这使他们极为懊悔，而且痛苦万分。

玛雅古抄本使用的纸张，是由一种名为"玛雅科坡树"的热带榕树树皮捣碎后与某种天然树胶粘在一起制成的。它们被制成长条形，然后对折起来。《特洛-科尔特斯古抄本》和《佩雷斯古抄本》使用的纸张几乎完全相同，每页纸长约9.25英寸，宽约5英寸；《德累斯顿古抄本》稍小，长约8英寸，宽约3.5英寸。古玛雅人把白色细石灰涂在这种纸张两面光滑的表面上，然后对折起来，在这种光滑纸面上画出了一列列象形文字和描绘神灵与仪式的图画。这些图画都被涂上了各种颜色：深红色、浅红色、蓝色、黄色、棕色、绿色和几乎带有光泽的黑色。每一页都会用红线分成两栏、三栏，有时是四栏，阅读顺序是从左到右，阅读完一栏的内容再跳到下一栏，直到特定问题（也许可以比作一章）结束为止。这些所谓的"章节"有时会跨越八页或更多。

古抄本被捆在装饰过的木板之间，以保护相当脆弱的树皮纸，当完全打开时，长度会很惊人。例如，《特洛-科尔特斯古抄本》长达23.5英尺，有56张纸（112页），没有一页空白；《德累斯顿古抄本》长达11.75英尺，有39张纸（78页），其中4页是空白；《佩雷斯古抄本》目前只有一部分残本，长4.75英尺，有11张纸（22页），没有空白。

墨西哥中部的阿兹特克人、米斯特克人和萨巴特克人的古抄本是用鹿皮制成的，为了便于保存，会将这些鹿皮作熏制处理，他们甚至还有使用棉制品制成的古抄本。古玛雅人的象形文字手稿应该没有使用过这些材料，因为这样的文物我们一个也没有找到，而且兰达主教也从来没有提到过。

不幸的是，三部已知的玛雅古抄本中没有一部是记录历史的，尽管我们在上一节中看到，《佩雷斯古抄本》可能会记录11个卡顿（可能是公元1224年至公元1441年）对应的守护神和仪式。关于三部幸存的玛雅古抄本，我们所面临的情况可能是这样：如果我们假设，整个美洲只有100本书，其中每一本书都涉及一个主题，如历史、天文学、地质学、植物学、动物学、数学、物理学、经济学、宗教、仪式、占星术、文学等，但这些书都被烧毁了，包括其中唯一一本历史书，只留下关于天文学、仪式和占星术的三本书，幸存下来的三本玛雅古抄本就类似这种情况。《德累斯顿古抄本》虽然包含许多占星术和一些仪式的资料，但本质上是一部关于天文学的论文。尽管《特洛-科尔特斯古抄本》包含一些仪式性的内容，但它主要是一本帮助祭司占卜的占星术教科书。残缺的《佩雷斯古抄本》虽然提到了一些占星术的内容，但基本上是仪式性的，大部分完全是卡顿序列及其相应的守护神和仪式。然而，关于我们所想知道的历史事件的描述却一个也没有。虽然西班牙和公元16世纪的玛雅本土作家都一致认为玛雅人在他们的象形文字手稿中记录了他们的历史，但最不幸的是，三部幸存的抄本中没有一部是关于历史的。

值得注意的是，这三部古抄本中没有一部是在新大陆发现的。也就是说，没有一个是在玛雅地区的考古条件下发现的。实际上，尤卡坦半岛的气候如此潮湿，降雨量如此之多，霉菌又具有破坏性，以至于一部古抄本即使被埋在坟墓或神庙里，它能否保存下来都是非常值得怀疑的。

《德累斯顿古抄本》是公元1739年在奥地利维也纳被发现的。当时这本书被交给德累斯顿皇家图书馆的图书管理员，而这位图书管理员正好途经维也纳前往罗马进行收藏活动。但关于《德累斯顿古抄本》更早的历史不得而知。由于这本手稿是在维也纳获得的，而且奥地利和西班牙在公元1527年至公元1546年西班牙征服尤卡坦时由同一个君主统治，即神圣罗马帝国皇帝查理五世，因此很有可能是一些西班牙传教士或士兵，甚至是征服尤卡坦半岛的蒙特霍本人，将这部古抄本寄回了西班牙。得到这部古抄本的人可能认为它是新大陆的一个很好的纪念品，然后把它寄回家——这就像我们去外国旅游时把当地的纪念品和明信片寄给亲朋好友的习惯一样。皇帝查理五世可能将这部古抄本从西班牙带到了奥地利，查理五世在奥地利度过了相当长的时间，而且在奥地利还发现了如此多的蒙特祖马宝藏和当时科尔特斯写给查理五世的信件。《德累斯顿古抄本》现存于德国德累斯顿国家图书馆。

《特洛-科尔特斯古抄本》是公元19世纪60年代在西班牙被发现的，这部古抄本被分成了两个不同的部分。尽管两个部分是在不同的地方被发现的，但研究者已经证明这两部分属于同一部手稿。较多部分的拥有者是居住在马德里的古文献收藏家胡安·德特洛伊·奥尔托拉诺；较少部分归一位名叫何塞·伊格纳西奥·米罗的参议员所有，他在西班牙埃斯特雷马杜拉得到了这部分古抄本，他相信是科尔特斯把它带回了西班牙，并称之为《特洛-科尔特斯古抄本》。由于尤卡坦征服者弗朗西斯科·德·蒙特霍和他的许多部下都来自埃斯特雷马杜拉，所以更有可能的是，蒙特霍本人或者他的一名士兵把当时两个部分还合在一起的整部古抄本从尤卡坦带回了他在埃斯特雷马杜拉的家中。现在这两个部分重新合在一起并被称为《特洛-科尔特斯古抄本》，存于马德里考古和历史博物馆中。图57是《特洛-科尔特斯古抄本》的第45页，表现的是用陷阱捕鹿的场景。

《佩雷斯古抄本》是公元1860年在巴黎国家图书馆的一个壁炉旁边发现的，当时它躺在旧纸篓里，上面落满了黑乎乎的灰尘，人们显

图57 《特洛–科尔特斯古抄本》中表现用陷阱捕鹿的场景

然忘记了它的存在。它用一张撕破的纸包着，纸上写着"佩雷斯"这个名字，因此被命名为《佩雷斯古抄本》。这份手稿只是整部书中的一小部分，而且保存情况比另外两本糟糕得多。书页上的灰泥涂层都脱落了，除了书页中间部分的绘画和象形文字，其余地方的内容已经看不到了。现在《佩雷斯古抄本》仍然保存在巴黎国家图书馆。

我们之前提到过，玛雅新年开始的那些日子，在古帝国时期是伊克、马尼克、艾伯和卡波安。但到了12多个世纪后西班牙征服时，玛雅新年开始的日子发生了两次变更，第一次变更为阿克伯阿尔、拉玛特、伯恩和埃兹纳波，第二次变更为克安、穆鲁克、伊希和卡瓦克。第二次变更的日子是在西班牙征服时期使用的。

《德累斯顿古抄本》中玛雅新年开始的日子是伊克、马尼克、艾伯和卡波安，这和古帝国时期纪念碑的记录一样。《特洛-科尔特斯古抄本》没有确切的月份标志，因此关于这个问题这份手稿没有提供任何证据。但《佩雷斯古抄本》中出现的玛雅新年开始的日子是阿克伯阿尔、拉玛特、伯恩和埃兹纳波，介于古帝国时期玛雅新年开始的日子和新帝国晚期的日子之间。玛雅新年开始的日子在古帝国时期到新帝国晚期出现了两次前移，毫无疑问这是因为玛雅历法不精确，玛雅人必须进行这样的调整才能使他们的历法和真实的太阳年保持一致。

《奇兰·巴兰书》

在征服带来的喧嚣和骚动平息下来后，西班牙传教士所做的第一件事就是教玛雅人如何使用西班牙语的字母书写他们自己的语言，这样做是为了促进当地人皈依天主教，同时使他们远离旧的异教徒信仰和与之相关的一切。令人惊讶的是，在这个过程中只需要在西班牙字母表里添加两个字母，就能用西班牙语准确呈现出玛雅语的所有发音。西班牙语中的字母"*x*"用于表示玛雅语中的"*sh*"音，这个发音在玛雅语中极为常见，例如Uxmal的发音为Ushmal，Yaxchilan的发音为Yashchilan。另一个字母是"ɔ"，现在写作"*dz*"，用于表示玛雅语中的"*dz*"或"*tz*"音，这个发音在玛雅语中也十分常见，例如"Ah ɔun"，现在写作"Ah Dzun"。

按照西班牙人的想法，这些美洲土著人本应该将这种新文字专门用于学习新的宗教（基督教），但他们却设法用这种文字记录了大量古老的异教事物，如预言、神话、祈祷、酋长占卜、仪式、天文数据、咒语、歌曲等，还记载了很多时事，如实施绞刑、修建医院、天花的流行、法官的到来等，以及最重要的是，作为他们自己的古代编年史大纲的卡顿年表。因此，在西班牙征服后的一百年里，一些可以说很奇怪的玛雅土著手稿开始出现在整个尤卡坦北部，这些手稿是用表达玛雅语的西班牙语字母写在欧洲人的纸张上。它们被称为《奇兰·巴兰书》。奇兰或奇兰姆是一个祭司阶层的称谓，他们是占卜者、先知和预言家，而巴兰的意思是"美洲豹"，也表示某种神秘或隐藏的东西。"奇兰·巴兰书"这个词条或许可以解释为"占卜者的神秘之书"。

这些原始手稿和笔记原本一定有很多，其中各种各样的古代学问的碎片都是在西班牙征服中幸存下来的上层土著人留下的。但不幸的是，这些书只流传下来几本。它们的区别在于每本书都加了一个城镇的名字，分别是在马尼写的《奇兰·巴兰书》、在蒂西明写的《奇兰·巴兰书》等。已知可能有10本或者12本这种《奇兰·巴兰书》，但到目前为止最重要的几本是马尼、蒂西明、楚梅尔、卡乌阿、伊西尔、图西克和《佩雷斯古抄本》中的《奇兰·巴兰书》。其中《佩雷斯古抄本》中包含了其他几本原稿已经失传的《奇兰·巴兰书》的抄本。

在历史研究方面，《奇兰·巴兰书》中最重要的部分是玛雅卡顿年表的纪事摘要，非常简短地记述了玛雅历史上的主要事件。这些类似地方志的内容记录在五本《奇兰·巴兰书》中，一本是马尼的，一本是蒂西明的，三本是楚梅尔的。其中，马尼的《奇兰·巴兰书》、蒂西明的《奇兰·巴兰书》和楚梅尔的《奇兰·巴兰书》中的第一本比较准确地记录了新帝国的历史；事实上，它们是我们研究玛雅历史的主要文献来源。毫无疑问，《奇兰·巴兰书》中的卡顿年表实际上就是玛雅历史典籍部分内容的直译，而原著现在已经丢失或毁坏。

《波波尔·乌》和《卡克奇克尔编年史》

在危地马拉高地也有类似文体的本土文献，主要出现在基切人和卡克奇克尔玛雅人中间。它们是用基切语和卡克奇克尔语写成的，而不是用使用了西班牙语字母的玛雅语。

然而，人们发现必须在西班牙语字母表中添加五个新的特殊字符，才能用西班牙语准确表达基切语中的所有发音。这些字符被称为"德拉帕拉神父的字符"，是公元16世纪中叶由方济各会的修士设计的。

尽管这种用西班牙语书写当地语言的方法最初是在尤卡坦半岛北部发展起来的，目的是促进玛雅人皈依天主教信仰，但在半岛南部受过教育的基切人很快就掌握了德拉帕拉字母表，并用它来保存自己的古代文学片段。

《波波尔·乌》或者叫《基切书》无疑是半岛南部玛雅人作品中最杰出的一部。它保存了宇宙起源、宗教、神话、移民传说和基切人历史的片段。基切人是迄今为止南部高地最强大的玛雅人部落。《波波尔·乌》优雅的语言和文学风格，以及它所表达的崇高哲学，再加上它所描绘的玛雅人丰富多彩的生活，揭示了西班牙征服者将基切文化完全摧毁这一事实，而这也是我们的重大损失。

顾名思义，《卡克奇克尔编年史》关注更多的是卡克奇克尔人的历史，也有一小部分和他们的宇宙起源、神话和宗教有关。它所涉及的年代比基切的《波波尔·乌》更长，而且对西班牙征服和征服之后时期的事件也有所描述。它详细地介绍了沙希拉家谱，沙希拉是卡克奇克尔人的统治家族。

还有其他一些来自危地马拉高地的类似性质的本土手稿，写于西班牙征服之后，这些手稿都是用基切语写的。

天文学知识

太阳年

著名的天文学权威宣称，古玛雅人比托勒密王朝（公元前305年—公元前30年）之前的古埃及人掌握的天文学知识更精确。例如，古埃及第十一王朝（公元前2135年—公元前1991年）的墓葬棺材盖上发现的所谓天文学文献中，关于太阳和月亮运动的知识远远少于古玛雅帝国所拥有的天文知识。

我们已经知道，古玛雅人的日历年是365天，表示地球绕太阳公转一整圈所需的时间；但根据现代天文学家的测算，这个时间应当是365.2422天。然而，古玛雅祭司充分认识到了他们的日历年与真正的太阳年之间的差异。他们通过前面提到的次级序列来修正他们的日历年在运行过程中导致的误差累积。事实上，科潘的祭司作为古玛雅天文学家在公元6世纪或公元7世纪制定的历法修正办法，比我们现在使用的公历闰年修正法（晚于他们近1000年，公元1582年，才由教皇格里高利十三世引入修正法）还略为精确一些。下面的列表就可以证明这一点：

现代天文学意义上的一年长度……………365.2422天

西方未矫正的儒略历的一年长度……………365.2500天

西方已经矫正的公历的一年长度……………365.2425天

古玛雅天文学矫正后的一年长度……………365.2420天

经过公历闰年修正法矫正后的年误差比实际多0.0003天，而古玛雅人矫正后的年误差仅仅比实际少0.0002天。

月亮

古玛雅人在测量阴历月的精确时长，即月球绕地球旋转一整圈的时间方面也取得了显著的成就。根据现代天文学家通过精密仪器的测量，这一周期约为29.53059+天。古玛雅人的数学中没有分数的概念，古代玛雅祭司怎么会测量出53059/100000天这样复杂而且极难处理的分数的呢？他们应该是类似于我们通过闰年这种跳跃式修正的方式得出的结果。为了使我们的公历年和实际的天文学周期保持一致，我们在经过连续三年是365天之后，第四年是366天的闰年。这种跳跃式修正即闰年插值的方法还有其他规则，闰年分为普通闰年和世纪闰年：普通闰年是4的倍数且不是100的倍数的公历年份，世纪闰年是100的倍数的公历年份必须同时是400的倍数才是闰年，例如公元1900年不是闰年，公元1200年、公元1600年和公元2000年，这几个年份都是366天的闰年。这种插值方法可以一直持续到年份值能被8000整除时，例如当闰年规则再次被打破时，就到了公元8000年或公元16000年。我们矫正的过程是每4年一次轻微的矫正，每100年又一次轻微的矫正，每400年一次更轻微的矫正，每8000年一次最轻微的矫正。简言之，通过一系列的过矫和欠矫相互平衡，使我们的历法与自然现象保持了非常紧密的一致。

古玛雅人也是如此。起初，由于没有单独用以矫正阴历的日子，他们可能尝试过使用将30天作为一个月球公转周期，即将阴历月的时间设为30天而不是29天。但很快他们发现，真正的周期不到30天。接下来，他们又将阴历月的时间设为29天，结果更迅速地发现，真正的周期超过了29天。当这一切发生的时候，一定有一位玛雅老天文学家祭司惊呼道："我成功了！我们的母亲，月亮女神，在我们周围旅行的时间既不是29天，也不是30天，而是正好在这两个时间周期之间。所以，我们先做一个29天的阴历月，然后再做一个30天的阴历月，再做一个29天的阴历月，再做一个30天的阴历月，如此往复循环。这样就能准确地计算出她在我们周围旅行的实际天数了。"

但即便是这样的修正，他们还是失败了，虽然这次失败用了很长时间。他们设计的阴历每两个月平均有29.5天，而实际的数字则是29.53059+天；换句话说，这个误差经过阴历的每33.33月就会累计为一整天，也就是每2.67年累计为一整天。这一定使得那位玛雅老天文学家祭司变得有些气馁，但他们还是看到自己走上了正确的方向。最后，一个对古代人来说极其精确的阴历必然是通过古老的反复试验发展起来的，人类正是通过不断的试验才获得了所有经验知识。

在《德累斯顿古抄本》的第51页至第58页中，共有405个连续月份（约32.75年），这些月分为69个组群。这些组群通常包含6个月，但少量的只有5个月。在总共60个包含6个月的组群中，有的是178天，有的是177天，这取决于是否插入了额外的30天的月，即多出一个30天的月，30+29+30+29+30+30=178天；或正常情况，30+29+30+29+30+29=177天。另一方面，其余的9个包含5个月组中的每一个都是148天，即30+29+30+29+30=148天。《德累斯顿古抄本》中的这几页只不过是日食表，因为这69个月组群中每一个的结束日都是在某些条件下从地球某处可以观察到日食的日子。此外，插入额外的30天阴历月是如此巧妙，以至于在这个跨度达到近1/3个世纪的405个连续月份中，没有一个月中出现的误差达到一天，这对于没有精密仪器的古代人来说无疑是一个伟大的成就。

天文观测台

古玛雅人没有望远镜、星盘或其他现代天文学家所依赖的仪器，他们是如何达到如此精确的天文学精度的呢？答案很简单。如果视线足够长，即观察的距离足够远，我们就能确定许多天体的公转周期，并且误差不超过一天。玛雅神庙都很高，例如，蒂卡尔的5座大金字塔神庙的高度从70英尺到150英尺不等，从森林顶部的山顶到地平线上遥远的地方都有很清晰的视野。将一对交叉的棍子放在金字塔顶部神庙黑暗的房间里，将这里作为一个固定的观察点，观察太阳、月亮或者金星在地平线上的一些具备自然特征的位置，如两座山之间

图58　古抄本中关于天文观测台的描述

的凹口或山顶的升起或落下。当被观察的天体第二次升起或落在地平线上的同一个点时，就说明它已经实现了一次完整的会合周期。亚利桑那和新墨西哥的普韦布洛印第安人至今仍然在地平线上标示日出和日落的位置。正如他们在村庄里观察到的那样，太阳在夏至和冬至这两天移动得最慢，他们说太阳这时候休息了一下，然后又开始了新的旅程。

　　我们之前提到过，科潘有一条天文观测线，以确定何时应焚烧已经清理的玉米地。在下一章中，我们将介绍其他玛雅城市的天文观测台。不幸的是，三部已知的玛雅古抄本中没有提到过这样的天文观测台，但偶尔能在墨西哥的古抄本中发现有些观测台的图片。图58（a）是《努托尔古抄本》中的图画，说明有这样的观测台。图中神庙门口有一对交叉的棍子，有个人探着头从门口通过交叉的棍子向外望。同样，图58（b）是《塞尔登古抄本》中的图画，图中有一只眼睛出现在神庙门口的一对交叉的棍子形成的缺口处。在第三部墨西哥手稿《博德莱恩古抄本》中，画着两个交叉棍子之间的眼睛，和一个已经下降到某个缺口的恒星，以及两个观测者，如图58（c）。古玛雅人可能就是用这些简单的仪器来测量天体的运动，预测日食以及晨星和昏星的升起和降落的位置。

金星

金星是古代玛雅天文学家观察到的最重要的行星之一。它似乎至少有两个名字：诺赫，意思是"大星星"；修克斯，意思是"暴躁星"。兰达主教提到金星是晨星，但没有给出具体的名字："他们用七姊妹星团和双子星作为夜晚的向导，以便知道晨星的时间。"

《德累斯顿古抄本》第24页和第46页至第50页提出了一个值得注意的金星历法，一共记录了384年。

根据现代天文学观测的结果，金星完成一次会合周期，即出现在天空中的位置再次与地球上观测到的相同，需要583.920天。它的会合周期按5个运行周期循环，每次分别是580天、587天、583天、583天、587天左右，但任何连续5次的平均值都十分接近583.92天。古玛雅人只处理整数，所以他们称这段时间为584天，不过他们知道这个数值有点儿多了。

金星在一个会合周期中分为四个相位：（1）下合之后，它是晨星，大约8个月，约240天；（2）上合期间，它消失3个月，大约90天；（3）作为昏星出现有8个月，大约240天；（4）下合期间，又消失14天。之后它再次以晨星的身份出现，开始新的循环。尽管每个会合周期的总天数始终保持584天不变，玛雅天文学家祭司还是给金星的这四个相位分配了稍微不同的值。根据玛雅天文学，金星有236天（比上面少4天）是晨星；在上合期间消失90天（与上面相同）；作为昏星出现250天（比上面多10天）；下合期间再消失8天（比上面少6天），总共584天。有人认为，古玛雅人为了便于和已经确定的月相保持一致，所以将这四个金星相位的长度进行了主观处理。如果是这样的话，金星有8个月是晨星；有3个月消失；约8.5个月是昏星；此后有8天看不见，或者也是从584天中扣除19.5阴历月（576天）后剩下的天数，这似乎也是一种解释。

但我们已经看到，把金星一个会合周期的时间定为584天，比准确的583.92天稍长一些。古代玛雅祭司非常清楚，每584天就有0.08天的误差，而且他们知道如何纠正这个误差。他们最重要的仪式日期之一是一个纯人工设定的时间单位——2920天，正好由金星的5次同向旋转组成，即5×584=2920天。他们还发现，这也正好等于他们日历年的8年，即8×365=2920天，这一巧合对他们来说具有最高的仪式意义。它精确地将他们365天太阳年中的8年和584天的金星年中的5年统一在一起。而且，正如我们所看到的，它还为修正金星历法提供了一个方便的时间段，金星年每个周期多出0.08天或每5个金星年多出0.4天（5×0.08=0.4天）。

如《德累斯顿古抄本》所述，金星历实际上是三个不同的历法，都由65个金星会合周期组成，或者等于104个太阳历年，但这三种历法互相之间既不重合也不连续。也就是说，它们彼此之间有间隙。每隔一段时间，当584天的金星历年超过金星会合周期年4天或者8天的时候，就要插入修正值来填补间隙。从这三个金星历法中的第一个开始，当第57个金星-太阳年结束时，经过57×2920=166440天，累计误差达到8天，通过从第一个历法的第57个金星-太阳年结束之日回退8天，这就是第二个历法的起始日，然后第一个历法结束不用，换到了第二个历法。同样，在第二个历法的第61个金星-太阳年结束时，就会累积4天的误差，然后从第二个历法的这一天回退4天，这就是第三个历法的起始日，以此类推。利用这种方法，金星-太阳年和金星实际的相位可以在长达384年的时间里保持协调，但384年之后由于累计误差的原因，这种计算方式就不能再继续使用了。

其他恒星和星座

古玛雅人将七姊妹星团称为"tzab"，玛雅语的意思是响尾蛇发出的沙沙声，也许是因为这二者在古玛雅人的幻想中有某种奇特的相似之处。双子座被古玛雅人称为"乌龟"，或许是因为他们认为这个星座与乌龟很像。

有人认为，古玛雅人对黄道带可能有自己的理解，不过与我们的黄道12宫不同，他们是13宫。此外，古玛雅人的黄道带可以在《佩雷斯古抄本》第23页和第24页中找到。如果是这样的话，那也并非不可能，那么玛雅黄道带的前三个星座或宫位似乎是蝎子、乌龟和响尾蛇，因为这是第24页中间一栏里画的一个星座带上悬挂的前三个图案。

北极星也很重要。它在夜空中静止不动，周围其他星座都在整齐而壮观地行进，一边是北斗七星，另一边是仙后座，使它成为众多移动星座和行星中独一无二、完全可靠的灯塔，是商旅真正的朋友和向导。

第十三章

城市与建筑

MAYA

玛雅城市和人口

有人反对将古代玛雅仪式中心和政府中心称为城镇，理由是它们不像我们现代的城市中心，人口没有集中在相对有限的地区。但兰达主教对新帝国一期的一个定居地的描述十分清晰。所以毫无疑问，他描述的是一个城镇，甚至是现代意义上的城镇。然而，有两个重要的区别必须注意：第一，玛雅的人口中心不像我们现代的城镇那样人口集中，也不像我们现代城镇那样拥有密集的和拥挤的街区。相反，他们分散在开阔、居住条件较差的郊区，延伸为连续不断的小农场，这样的郊区与密集、拥挤的城市型居住点的特征形成鲜明对比。第二，公共建筑、神庙、圣所、宫殿、金字塔、球场、观象台、舞台等建筑，不像我们现代城镇那样通常是沿着街道和马路布置的，相反这些建筑都设在宗教区、政府机构和贸易区的庭院和广场周围。

兰达主教在描述一个古老的玛雅城镇时说：

在西班牙人征服那个国家（尤卡坦）之前，当地人以非常文明的方式住在城镇里。他们把土地清理干净，清除杂草，种上了很好的树。他们的居住区域是这样布局的：城中有他们的庙宇，周围有美丽的广场，庙宇周围是贵族和祭司的宅邸，还有那些最重要人物的宫殿。最富有的人和那些身居高位的人住在城镇中心，而最底层的人住在城郊。

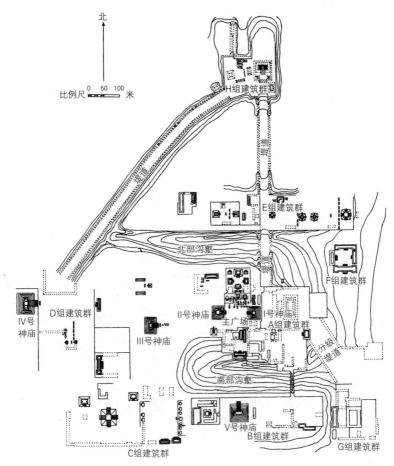

图59　佩滕蒂卡尔中心区地图

根据华盛顿卡内基研究所在古帝国中心城市瓦哈克通的考古研究，通过对这座城市之前人口的估算，证实了这座城市的中心是政府机关和宗教区，郊区是小农庄。公共建筑和宗教建筑都建在城市中心的庭院和广场周围，贵族和主要人物的宅邸也聚集在这里，平民的住

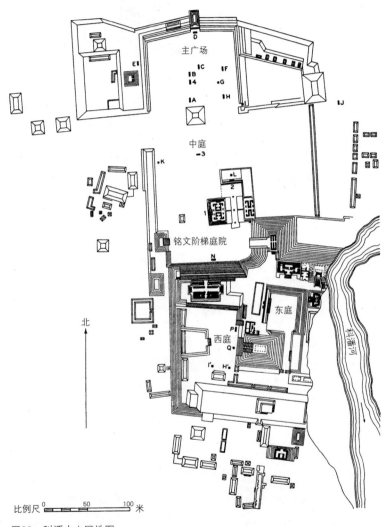

图60 科潘中心区地图

宅和小农场向四面八方延伸数英里。

是这样估算瓦哈克通之前人口的：假设这座城市中有一条十字交叉的道路，交叉点位于城市废墟的中央地带——城市的仪式中心。然后十字路的四个方向都是宽400码长1英里的大街。每条街可以分成68个边长100码的正方形，每个正方形面积是1万平方码，这样十字路的四条街一共就有272个这样的正方形，总面积为272万平方码。有人认为，这样安排的272个正方形就是玛雅人认仪式中心和政府机构为中心的城市的绝佳样本。十字路的四条大街被认为是南北走向和东西走向。研究人员在每条大街安排四个人并排搜索，每个人负责搜索一列正方形区域。每一个正方形区域都经过仔细地检查，看是否有任何人工建筑的痕迹，特别是房屋基础结构的遗迹。就玛雅平民而言，他们房屋的基础结构一般都是不超过地平面一两英尺高的土堆平台，房屋本身是用茅草和小树枝建造的，在城市被遗弃后十年内就会消失。

调查显示，在检查的这272万平方码面积中，有118万平方码（占43%）是树林沼泽或其他洼地、湿地等不适宜居住的地区，其余154万平方码（占57%）可供人类居住。去除43%不适宜居住土地后，研究人员发现在剩余的可居住面积中，有40万平方码（14.7%）被仪式区和政府区（A组和E组）占用，这是瓦哈克通八个组即八个广场综合体中最大的两个。剩下的114万平方码约占检查总面积（272万平方码）的42%，即减去用于公共和宗教建筑、仪式场所和广场的部分（40万平方码）后，人们可以居住的面积。最后，研究人员在这114万平方码里发现了52个土墩和50个蓄水池，但无法确定土墩和蓄水池的位置之间有什么具体联系。

根据这些调查数据，如果我们假设发现的所有土墩都是一个家庭的房屋地基，而且平均每个家庭5个人，那么每平方英里可居住土地上的人口将达到1083.35人（包括男女老幼）。即使我们假设每4个土墩中只有1个是住着人的房屋，那每平方英里的人口数量也有271人，与纽约州的人口密度大致相同，大约是罗得岛州人口密度的一半。

当然，我们还无法确定瓦哈克通的宗教中心和政府机构所占的范围到底有多大，但如果我们将瓦哈克通农业人口所居住区域的平均范围主观地设定为城市中心周围10英里的区域，那么瓦哈克通的人口就应该是5万人左右。这一人口数字是以每平方英里271人的平均密度为基础的，其中包括惯常在瓦哈克通集会，参加重要宗教仪式、进行贸易、建造公共建筑的农业居民。此外，在这一数字中，身体健全的青壮年男性劳动力应该有1.5万人左右，大约占人口的30%，他们的一部分时间可能被城市征用，用于公共工程，例如采石、烧石灰、运输建筑材料、建造、维护建筑等。在一个植被生长如此之快的地区，对建筑进行维护是一项艰巨的任务。

正如我们现在要介绍的那样，瓦哈克通是玛雅人的一座二等城市。如果瓦哈克通这样一个中等级别的中心可以拥有五万人口——这一数字仅基于每四个土墩中只有一个是住着人的房屋，即25%的房屋地基上面有人居住，实际上应该不止，那么依附于一级中心城市的农业人口很可能超过20万人。古帝国的中心城市蒂卡尔和科潘，以及新帝国时期的中心奇琴伊察和乌斯马尔，可能有多达6万名有能力为城市服务的劳动人口。

当玛雅文明的地理扩张达到顶峰时（18卡顿时期），尤卡坦半岛在古帝国晚期（公元8世纪）的总人口一定比今天要多得多，甚至可能是3倍或4倍。

以古帝国地区的中心地带，即围绕着蒂卡尔和瓦哈克通50英里范围的区域为例，有大量证据表明："在公元1世纪至公元6世纪，古帝国的这一部分地区是世界上人口密度最大的地区之一，而且在蒂卡尔、瓦哈克通、序顿、纳库姆、纳兰霍等大城市的中间地带肯定也居住着大量人口。"

一位考古学家写道：

如果我们以初始人口为8000人的种族为例，在1200年未受干扰的社会演变中增加到800万的人口峰值并不过分。事实上，公元6世纪玛雅人优越的城市条件似乎允许更多的人口存在。

尤卡坦半岛的总面积不到10万平方英里，其中大约一半的面积可以被视为适合居住。我们将瓦哈克通土墩调查获得的人口数字扩展到整个半岛，按每平方英里居住271人（25%的土墩是有人居住的房屋）到1083人（所有土墩都是有人居住的房屋）估算，那么整个半岛的人口最少是1330万，最多是5330万。当然，我们的调查数据还不够准确，谈不上全面和可靠，所以玛雅古帝国鼎盛时期向北扩张的时候，整个半岛的总人口应该更接近于我们估算的最小值1330万，可能是整个半岛现在所有玛雅语系民族人口的7倍，或者保守来说，4到5倍。

人口中心的分类

根据玛雅文明的城市、城镇和村庄之间的相对重要性，我们对其进行分类时应该考虑的基本因素是：（1）各自的面积；（2）各自拥有的建筑遗迹的数量和范围；（3）各自纪念碑的数量和质量。然而，即便是这些显而易见的标准，可能也有人坚决反对，而且会导致相互矛盾的结果。例如，一些遗址因其各自建筑的规模、数量和装饰而显得非常突出，但它们几乎没有纪念碑；而另一些遗址只有一些相对不重要的建筑遗迹，但同时却有许多著名的纪念碑。另外还有一个因素也会造成很强的不确定性，在玛雅城镇中，一定有一些以其在陶器、玉雕、羽毛制品等方面的卓越工艺而与众不同的城镇，它们生产的特别优秀的工艺品得到了所有玛雅人的高度尊重，这一点毫无疑问可以提高它们的相对重要性，但我们却不知道哪些城镇具备这种特别突出、卓越的工艺水平。

　　然而，在试图以玛雅遗址的相对重要性程度对其进行分类时，首先我们最好根据提到的那几条明显标准进行客观判断。即根据各自的大小、建筑遗迹的范围以及纪念碑的数量和质量进行判断，暂时不考虑它们作为陶器、纺织品或宝石生产中心或其他贸易产品制造中心的额外重要性。

　　表6将玛雅遗址分为四类，如图21所示，其中这四类中心分别用不同的符号表示。在描述其中比较重要的中心之前，我们有必要对表6作进一步的解释。除了本表中12个地点，所有其他遗址都有一个共同点：无论面积大小，都能找到一个或多个象形文字文物。这12个例外是古帝国地区的霍穆尔和新帝国地区的马尼、特霍、伊萨马尔、索图塔、埃尔塔巴斯科诺、丘钦托克、霍乔布、普普斯图尼奇、希维尔图克、阿坎塞和迪济比恰顿。事实上，如果把三、四类的所有地点都列入表6，光是这两类地点就太多了，在这么小比例尺的地图上无法显示。

　　尽管在表6中只有四个一类遗址（古帝国的蒂卡尔和科潘、新帝国的奇琴伊察和乌斯马尔），但还有两个遗址或许也应该算一类——中部佩滕地区的卡拉克穆尔和尤卡坦东北部的科巴，它们可能应该被列入一类而不是二类之首。卡拉克穆尔应该被视为一类遗址是因为它拥有的纪念碑（103座）比玛雅文明的任何其他城市都更多，科巴是因为它留下的建筑遗迹范围非常大，还有大量的雕刻石柱（24座）。然而，这两处遗址过去都被划为第二类。就卡拉克穆尔而言，尽管发现了大量纪念碑，但其中大多数基本上没有什么美学价值；就科巴而言，尽管有许多建筑，但几乎都没有什么建筑特色，而且科巴的24座雕塑石柱都很普通，当然不能与科潘的纪念碑相提并论。

在第二类所列的19座城市中，1座（托尼纳）位于西南高地，是该地区最大的城市，1座（里奥贝克）位于坎佩切中部的切尼斯地区，5座位于尤卡坦北部，其余12座位于古帝国的中心地区。如果我们把尤卡坦北部和坎佩切目前还不确定是否有象形文字文物的城市也列入表6，那么二类遗址的总数无疑会大大增加。

表6　根据在古代的规模和重要程度对玛雅文明中心城市的分类

1类	2类	3类	4类	
蒂卡尔	卡拉克穆尔	巴拉克巴尔	乌奥兰顿	博南帕克
科潘	科巴	斯马卡巴顿	卡逊尼克	埃尔安帕罗
奇琴伊察	瓦哈克通	克奇基坦	埃尔恩坎托	科西尔
乌斯马尔	序顿	乌卡纳尔	伊克斯昆	乔努塔
	拉洪拉德斯	蒂西明卡克斯	亚尔蒂图德	蒂拉
	纳库姆	塞巴尔	本克别霍	康米坦
	纳兰霍	祭台城	春会茨	特南

（续表）

1类	2类	3类	4类	
	亚斯奇兰	伊西姆特	坎昆	昆桑托
	佩德拉斯内格拉斯	波波尔	阿瓜斯卡连特斯	伊克帕顿
	拿阿屯	塔亚沙尔	埃尔卡里布	圣丽塔科罗萨
	基里瓜	亚克斯哈	拉阿梅利亚	吉拉姆
	埃尔帕尔马	卢班顿	佩迪达湖	杰纳
	里奥贝克	普西尔哈	莫图尔德圣何塞	伊奇穆尔
	帕伦克	德锡万切	伊克斯鲁	塔比1
	托尼纳	乌克苏尔	圣克莱蒙特	奇比诺卡克
	卡巴	贝坎	拉佛罗里达	洛尔通山洞
	萨伊尔	奥克斯佩穆尔	阿马里洛河	伊基尔
	埃兹纳	沙曼屯	洛希戈斯	佩察尔
	圣罗莎克斯坦帕克	阿尔塔米拉	奥克斯拉亨顿	帕辛德尔克里斯托
		科马尔卡尔科	岑达勒斯	埃尔塔巴斯科诺
		丘蒂帕	拉坎哈	丘钦托克
		图卢姆	埃尔卡约	霍乔布
		拉布纳	拉马尔	普普斯图尼奇
		玛雅潘	奇尼基哈	希维尔图克
		奥克斯金特克	埃尔托图古鲁	阿坎塞
		科乌克	桑托顿	迪济比恰顿

（续表）

1类	2类	3类	4类	
		霍拉克顿	圣塔艾纳	查马
		赛克斯库洛克		
		胡恩蒂奇穆尔1		
		诺帕特		
		佐克岑		
		拉米尔帕		
		霍穆尔		
		雅苏那		
		马尼		
		特霍		
		伊萨马尔		
		索图塔		
		钦库提克		
4个	19个	39个	54个	

　　我们在按表6所示分类时遇到的主要困难是区分小的二类和大的三类遗址。确实，很可能会有人提出这样一个问题：将所有的二类和三类遗址归为一组，一共只保留三个类别会不会更好？然而，这样操作也存在很大问题，因为会涉及将重要程度差别很大的遗址归为同一类，例如亚斯奇兰、佩德拉斯内格拉斯和帕伦克（其雕塑无疑是玛雅地区最精美的）以及克奇基坦、贝坎和佐克岑，后三个遗址的重要程

度远远不及前三个。与其把前三座这样重要的城市和后三座相对不重
要的城市归为同一类别，还不如坚持我原来的四级分类法。

在第三类共39处遗址中，不需要进一步说明，但是关于第四类共
54处遗址，有一点应该牢记：在将遗址归为第四类时，我们既没有考
虑到它们所覆盖的面积，也没有考虑到它们建筑遗迹的大小和数量，
这个类别的划分完全是根据这些遗址发现了象形文字文物，但每个遗
址的象形文字文物不超过四五个。

比较重要的玛雅城市的描述

不幸的是，玛雅文明的绝大多数城市、城镇和村庄的古代名称在
过去的几个世纪里都遗失了。在古帝国时期的遗址中，只有科潘可
能是原本的名称，其余全部叫不出名字了。然而，我们现在称为科
潘的遗址早在公元16世纪西班牙人第一次到达科潘地区时就被称为科
潘，而当时这个遗址本身早就被遗弃了，因此人们严重怀疑这是否是
它的原名。至于古帝国所有其他已知中心城市的名称，可能全部是公

图61　科潘城遗址

元18世纪末之后才出现的，其中许多城市在过去50年中又被现代考古学家重新命名。

　　在新帝国，这种情况稍微好一点儿。我们从《奇兰·巴兰书》中得知了七个遗址的古代名称：奇琴伊察、察坎普敦、乌斯马尔、玛雅潘、伊萨马尔、科巴和特霍（今墨西哥城市梅里达），但无数其他遗址的古代名称早已在时间的迷雾中被遗忘了。

蒂卡尔，玛雅文明最大的城市

　　无论古帝国还是新帝国，玛雅文明最大也可能是最古老的中心城市是位于佩滕中北部的蒂卡尔，这座城市坐落在霍穆尔山谷的顶部。这座城市的仪式中心和政府中心——神庙和政府所在地——占地约1平方英里，但在这个区域的各个方向都有较小的庭院和广场，周围是石

图62　蒂卡尔2号、3号和4号神庙模塑

图63 佩滕蒂卡尔4号神庙木雕门
楣的一部分

头建筑的遗迹，它们向外延伸达两三英里，越向外越松散。蒂卡尔的建筑遗迹可分为八组，A—H，其中最重要的是A组。这一组建在两条沟壑之间人工平整的土地上，由一条带台阶的石堤与G组东南部相连，还有一条更长的堤道穿过北部沟壑，E组和H组在北面相连，D组和H组通过第三条堤道直接相连。

除了面积，蒂卡尔最突出的建筑特征是它的五个大金字塔神庙，这是玛雅地区最高的建筑。从它们底座的地面到高耸的条脊或高过屋顶的装饰墙，这些神庙的高度分别是：1号神庙高155英尺，2号神庙高143英尺，3号神庙高178英尺，4号神庙高229英尺（玛雅地区的最高建筑），5号神庙高188英尺。

这些巨大的建筑特别值得注意，因为它们拥有玛雅地区最好的木雕。这5座神庙的12个门廊、5个外门、7个内门最初都有用皂荚木制作的门楣，其中8个门楣上刻有华丽的宗教仪式图案。但它们大部分要么被毁坏，要么被保存在外国的博物馆里，最精美的一个门楣现存于瑞士巴塞尔的考古学博物馆。图63显示了另一个门楣的一部分，上面是一个城邦首领坐在王座上的形象，在他身后还有一只暴怒的美洲豹，可能是他家族的保护神。

　　尽管蒂卡尔的建筑气势雄伟，甚至可以说十分壮观，但除了早期（公元317年—公元633年）的建筑，这座伟大城市的石雕作品却乏善可陈。在蒂卡尔已知的83块石碑中，只有20块是雕刻精美的，其余63块都没有内容。有人认为，这63块石碑最初是用灰泥覆盖，并在灰泥上绘制了人物和象形文字，而不是雕刻作品，尽管现在还没有支持这个观点的可靠证据，但这很可能是事实。在蒂卡尔的20块雕刻石碑中，有15块是早期的作品。

　　在危地马拉巴里奥斯港附近发现的著名的莱顿牌是一块翡翠玉板挂件，上面刻着玛雅8.14.3.1.12年（公元320年），这是已知玛雅象形文字文物最早的同时代日期（文物上雕刻的日期即制作文物的日期）。最近有证据表明它是在蒂卡尔雕刻的。这一事实，再加上在蒂卡尔遗址发现的大量早期雕刻石碑（15块），表明蒂卡尔毫无疑问是已知最古老的玛雅文明中心。距离蒂卡尔不到12英里的瓦哈克通是玛雅编年史上第二古老的中心城市。

科潘——玛雅世界的亚历山大港

　　尤卡坦半岛南部第二大城市是古帝国的科学中心科潘。这座城市由1个主要的中心区域和16个附属的外围区域组成，其中一个离仪式中心7英里远。科潘主要的中心区域，或者称为主建筑群占地约75英亩，由卫城和5个相邻的广场组成。卫城是一座由金字塔、阶梯平台和神庙组成的建筑群。由于不断地扩建，它发展成为一个巨大的砖石建筑群，占地12英亩，最高点高达125英尺。卫城的众多建筑中包括这座城市最宏伟的三座神庙：26号神庙，建于公元756年，是为了纪念铭文阶梯竣工而修建的；11号神庙，也建于公元756年，是为了纪念在科潘获得的一项重要的天文学发现（确定日食间隔的确切长度）而修建的；22号神庙，建于公元771年，是为了纪念金星而修建的，这座神庙是科潘最壮观的建筑。

主要的中心区域包括五个庭院或广场：（1）主广场；（2）中庭；（3）铭文阶梯的庭院及卫城；（4）东庭；（5）西庭。主广场是一座250英尺见方的大型露天广场，三面都是一排排石头座椅，另一面的中央有一座祭祀金字塔；仅这一个主广场就矗立着九座宏伟的雕塑纪念碑，还有一些雕刻精美的祭坛。

铭文阶梯的庭院长约310英尺，宽约125英尺；在一端，就在雕像和祭坛的后面，矗立着由62级台阶组成的33英尺宽的铭文阶梯。这些台阶的表面雕刻着大约1500到2000个单独的象形文字符号，这是这座城市最长的铭文，也是所有玛雅象形文字文物中最长的一个。在中轴线的位置，每12步就有一座身材夸张、穿着华丽的人形坐姿神像。这座宏伟的铭文阶梯是整个玛雅地区最壮观的建筑之一，沿着这个阶梯可以通往26号神庙。

图64　科潘卫城东庭西侧的美洲豹梯道美洲豹图

卫城东西两边庭院的地基都比一般的地面高出很多。东庭西侧有美丽的美洲豹梯道，梯道两侧是身形夸张的狂暴的美洲豹，上面镶嵌着高度抛光的黑曜石圆片来模仿美洲豹身上的斑点。西庭有一些非常精美的建筑，包括一个十分漂亮的检阅台、P号石碑、早期建成的最后一座纪念碑和几个漂亮的祭坛。

图65　科潘卫城26号神庙的铭文阶梯

科潘最引人关注的考古遗迹之一是由于科潘河冲刷所暴露出的科潘卫城的横截面。自公元9世纪早期这座城市被遗弃以后，科潘河改变了流向，直接从科潘卫城的东部区域流过。由于河水的长期冲刷作用，卫城被切开了一个最深处118英尺、底部近1000英尺长的垂直立面，这是世界上最大的考古横截面，上面可以清楚地分辨出一些科潘早期的广场地基和地下排水沟。

华盛顿卡内基研究所自公元1935年以来一直与洪都拉斯政府合作，在科潘进行发掘和修复工作。科潘河已经改为原来的河道，这样科潘卫城就不再受到被继续破坏的威胁；十多个倒塌和破碎的纪念碑已经被修复和重建，很大程度上恢复了这组遗迹的样貌。11号神庙、21a号、22号、26号和球场（9号和10号建筑）已被发掘和修复。考古人员还开挖了几条穿过卫城的隧道，以确定是否还有早期建筑被埋在地下。

科潘最重要的考古发现之一是找到了两块黄金碎片，这两块黄金质地的小碎片是建于公元782年的H号石碑的基座上一个空心雕像的脚。这是玛雅古帝国城市中发现的仅有的两块黄金，也是仅有的金属文物。

科潘的雕塑达到了惊人的艺术高度；事实上，只有乌苏马辛塔河流域的帕伦克、佩德拉斯内格拉斯和亚斯奇兰这三座伟大的城市在雕塑艺术方面超越了科潘，我们会在后面介绍。此外，有证据表明，科潘可能是古帝国最伟大的科学研究中心，特别是在天文学领域。科潘掌管天文的祭司用来确定太阳年和日食周期真实长度的公式比任何其他古帝国的公式都要精确。简而言之，由于在天文学方面的杰出成就，科潘可以被称为玛雅世界的亚历山大港。

奇琴伊察——新帝国的麦加

最伟大的新帝国中心城市，也是最神圣的城市，是位于尤卡坦半岛东北部的奇琴伊察，它是由来自古帝国的玛雅人移民（伊察人）在公元6世纪初建立的。然而，直到11、12、13这3个世纪在墨西哥人的统治下，这座城市才达到了巅峰，而墨西哥人在公元10世纪征服了这里。政治区和宗教区占地约2平方英里，近2英里长，1英里宽。与蒂卡尔相比，尽管奇琴伊察的中心区域面积更大，但各种建筑群的数量和规模比蒂卡尔要小，分布也更松散。

从历史上看，奇琴伊察的建筑有两种截然不同的风格：（1）玛雅时期，从公元6世纪到公元10世纪的建筑，属于纯正的玛雅风格；（2）玛雅-墨西哥时期，从公元11世纪到公元14世纪的建筑，展示了许多从墨西哥中部输入的建筑特色。

也许奇琴伊察最引人注目的建筑特征是带有羽蛇神石柱的金字塔

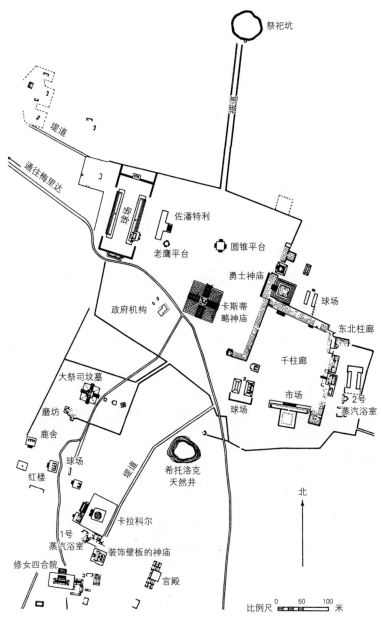

图66　奇琴伊察中心区地图

神庙。在奇琴伊察七座已知的神庙中，卡斯蒂略神庙（库库尔坎的主神庙）是最大可能也是最古老的一座，而最壮观的应该是勇士神庙。恰克摩尔神庙被埋在金字塔里，后来勇士神庙就建在上面。这些带有羽蛇神石柱的神庙是纪念库库尔坎（羽蛇神）的，羽蛇神是奇琴伊察的守护神，其原型就是在公元10世纪从墨西哥中部来到这里的库库尔坎本人。

奇琴伊察已知的球场有七个，其中六个在这座城市最后被占领时仍在使用，历史更久的第七个球场被整个埋在修女四合院背面后来修建的一个阶梯平台下。这些球场的大小差别很大，最大的球场位于城市北部，外围长545英尺，宽225英尺，里面也就是真正的球场，长480英尺，宽120英尺。红楼后面是最小的球场，只有65英尺长，20英尺宽。玛雅人在这些球场上进行一种类似篮球的比赛。不过球场的两端并没有篮网，而是两个石环，球场较长的两侧石墙中点处各有一

图67　奇琴伊察勇士神庙西北柱廊前景全视图

个。比赛中使用的球是由实心橡胶制成的，早期西班牙历史学家对这种橡胶球的描述其实算是欧洲人第一次注意到橡胶。比赛的目的是让球穿过场上的石环，石环的开口面与地面垂直。由于球不能用手投出，而必须用肘、手腕或臀部击球，所以要想让球穿过石环十分困难。为了使球更容易反弹，球员会把皮垫固定在身体可以击球的那些部位。据说比赛中使球穿过石环的制胜一击非常罕见，以至于根据一项古老的比赛规则，打出制胜一击的球员可以拿走所有观众的衣服和

图68　勇士神庙的羽蛇柱

珠宝。不过实际情况是当球穿过石环的时候，所有的观众都会起身溜走，以避免被拿走衣服和珠宝，那位幸运球员的朋友们则会追着他们去要衣服和珠宝。制胜一击肯定极少发生，也许更多的是出于偶然而不是刻意为之，就像打高尔夫球时一杆进洞一样。

　　奇琴伊察的另一个特色是巨大的柱廊，有的长达400英尺。在这些地方发现了宝座，有人认为这里是议事厅。这些柱廊围绕着千柱广场，这是一个巨大的开放式广场，占地4.5英亩，很可能是奇琴伊察的市场。奇琴伊察这个地方的柱廊非常多，所以这里被称为"千柱广场"。

　　奇琴伊察最重要的建筑之一是一座圆塔，也是一个天文台。这座被称为"卡拉科尔"的圆塔高41英尺，上面是两层长方形的露台，

露台高31英尺。塔体中间是砖石结构，这里有一个螺旋梯道，蜿蜒到靠近塔顶的一个小观测室。这种螺旋梯道在西班牙语中被称为caracol（意为蜗牛壳），因为其形状像蜗牛壳，这个圆塔也因此得名卡拉科尔。圆塔上有方形的开口通向外部，用来在进行天文学观测时固定视线。例如，在3月21日和9月21日，即春分日和秋分日的时候，一条穿过西墙的观测线会将落日一分为二。这个重要的观测点还有另外两条观测线与月落时间吻合。靠近塔顶的观测室至今仍然专门保留着。

　　奇琴伊察可能比玛雅文明的任何其他城市都更出名，这是因为在过去20年里，墨西哥政府公共教育部和华盛顿卡内基学会在那里进行了广泛的发掘和修复。一批不同类型的建筑被发掘和修复，包括壁画和雕塑，许多文物得以重见天日。最引人注目的两个发现是一块华丽

图69　墨西哥尤卡坦奇琴伊察球场东墙一端

的绿松石马赛克盘和红
色的美洲豹宝座。马赛
克盘是在一个石盒中找
到的，石盒上面盖着一
块石头，这是从恰克摩
尔神庙——一座埋在勇
士神庙下面的神庙——
圣殿的地板下面发掘出
来的文物。美洲豹宝座
是一尊实物大小的美洲
豹雕像，颜色是鲜艳的
橙红色，上面镶嵌着73

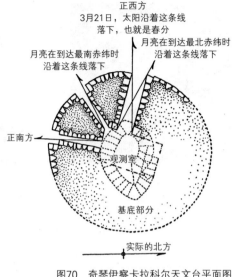

正西方
3月21日，太阳沿着这条线
落下，也就是春分

月亮在到达最北赤纬时
沿着这条线落下

月亮在到达最南赤纬时
沿着这条线落下

正南方

观测室

基底部分

实际的北方

图70　奇琴伊察卡拉科尔天文台平面图

块苹果绿翡翠圆片，用来模仿美洲豹身上的斑点。考古人员在被埋在
卡斯蒂略神庙下面的神庙的圣殿里发现了红色美洲豹宝座。和图坦卡
蒙的木乃伊一样，这件文物被留在了发现的地方，它是在新大陆发现
的最重要的考古文物。

　　在奇琴伊察有两个巨大的天然水井，这样的水源在古代无疑大
大提高了这座城市的重要性。其中一个是希托洛克天然水井，以前是
奇琴伊察的水源，有两个石头梯道从水井陡峭的侧面蜿蜒而下；另一
个是我们在前一章中已经描述过的大祭祀坑。奇琴伊察在新帝国墨西
哥人统治时期是尤卡坦半岛最神圣的城市。美洲中部、墨西哥南部和
中部所有地方的人们都前来朝圣；各种金器、玉器、陶器、熏香等祭
品，甚至活生生的人，都会被当作祭品抛进可怕的井底。事实上，奇
琴伊察在新帝国晚期就是玛雅世界的麦加。

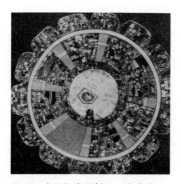

图71　奇琴伊察绿松石马赛克盘

图72　石灰石圆盒，在里面发现了
绿松石马赛克盘

乌斯马尔——新帝国的新古典主义都市

乌斯马尔是由玛雅-墨西哥部落的修族于公元10世纪末期入侵尤卡坦而建立的城市。这座城市坐落在一个巨大的杯状山谷中，从西南部和东南部向上延伸的山脉后面，就在现代城镇马克斯卡努南部的一个点上。兰达主教谈到这座城市的建立时这样说道：

他们说，这些部落（修或图图尔·修）在尤卡坦无人居住的地方游荡了40年，除了雨水，没有任何水源。最后他们到达了几乎与玛雅潘城正对的山上，相隔只有10里格。在那里，他们开始定居，在许多地方建造了非常优美的建筑。玛雅潘人与他们成了非常好的朋友，并且高兴地看到他们像当地人一样耕种土地。修族人就这样服从玛雅潘的法律，然后他们就通婚了。因为修族首领也这么做，所以大家都非常尊敬他。

尤卡坦半岛上最美丽的普克建筑在乌斯马尔，我们可以称之为真正的玛雅建筑复兴，也就是玛雅建筑的新古典时期。奇怪的是，在奇琴伊察看到的如此强烈的墨西哥风格影响，在修族都城却几乎不存在。乌斯马尔没有羽蛇神石柱神庙，而奇琴伊察有六座；乌斯马尔没有柱廊，而奇琴伊察有十几座；乌斯马尔只有一个小球场，而奇琴伊察有六座，此外还有第七座埋在后来的建筑下面。在乌斯马尔，没有一座建筑有倾斜的地基，而这在奇琴伊察很常见。来自墨西哥中部的建筑风格和思想似乎在乌斯马尔几乎没有得到关注。相反，普克或者新古典主义，在这里得到了最好的诠释。

在乌斯马尔精心制作的马赛克建筑物正面上，各个元素的切割和装配达到了玛雅其他地方从未有过的完美。这些形状复杂的元素的边缘被切割得很锋利，表面被打磨得很光滑，每个元素在极其复杂的马

图73　乌斯马尔修女四合院

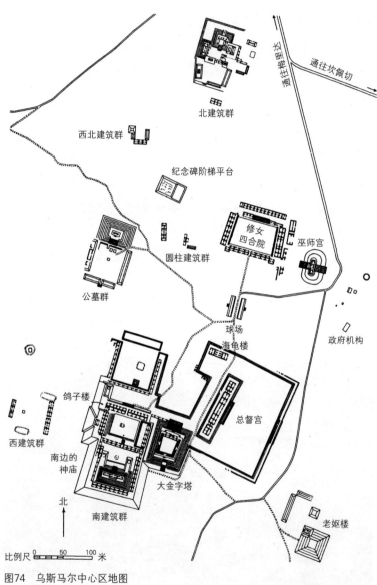

图74 乌斯马尔中心区地图

赛克图案中完美吻合。尽管在我们看来，"马赛克"这个词指的是玛雅建筑中使用的一些小的甚至微小的东西，但这些马赛克的单个元素是巨大的，单块石头的长度通常为一码，重量达几百磅，每块石头都被精确切割，与这些巨型马赛克设计中的其他元素相适应。总督宫可能是修族城邦的行政中心，建在50英尺高、占地5英亩的有三层阶梯的平台上，宫殿有320英尺长，40英尺宽，26英尺高，包括24个房间。宫殿四面都装饰着精美而丰富的马赛克，由两万个经过精密切割和装配的石块组成。乌斯马尔总督宫应该是美洲前哥伦布时代有史以来最宏伟、最壮观的单体建筑。

著名的修女四合院和邻近的巫师宫都是十分精美的建筑，巨大的建筑规模使它们显得更加宏伟壮观。修女四合院由四座不同的建筑组成，正面有华丽的雕刻，四面围绕着一个大约250英尺长、200英尺宽的宏伟庭院。

通过建筑南侧的中央拱廊可以进入这座庭院，北面的建筑在一个相当高的平台上，大约高出庭院水平地面18英尺，建有一个

图75　乌斯马尔大金字塔建筑角落的石面具

90.5英尺宽的梯道，这是修女四合院最重要的建筑单元。侧面的两组建筑即东侧建筑和西侧建筑相对小一些。

巫师宫很可能是祭司们的住所，他们在附近主持仪式，但这座建筑被误称为"巫师宫"，这是乌斯马尔最高的建筑和城市的主要神庙。

除了在乌斯马尔发现的普克或新古典主义建筑，乌斯马尔还有一种茨恩风格的建筑，其代表就是巫师宫。然而，在乌斯马尔占主导地位的还是普克建筑。

虽然奇琴伊察的城市面积比乌斯马尔大得多，但由于乌斯马尔的六大建筑组群都集中在一个相对较小的区域内，所以建筑效果显得更集中和突出，也更雄伟壮观，而正如我们前面指出的那样，奇琴伊察的建筑规模更大、更分散。乌斯马尔最大的建筑组群是：（1）总督宫、海龟楼、球场和大金字塔；（2）修女四合院和巫师宫；（3）南建筑群；（4）公墓群；（5）西北建筑群；（6）老妪楼及相关的建筑。乌斯马尔的建筑更为集中，加上极为精美的石雕，使这个遗址成为尤卡坦半岛玛雅新古典主义建筑的最佳范例。

古代瓦哈克通

虽然限于篇幅，不能对所有二类遗址进行深入描述，但对于比较重要的城市，我们可以简单介绍一下。

由于以下五个原因，瓦哈克通尤其值得考古学家注意：

一、它拥有迄今为止玛雅地区发现的最古老的纪念碑——建于玛雅8.14.10.13.15年（公元328年）的9号石碑。此外，它还有另外13

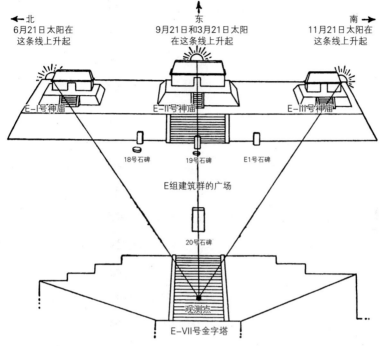

北
6月21日太阳在
这条线上升起

东
9月21日和3月21日太阳
在这条线上升起

南
11月21日太阳在
这条线上升起

E-I号神庙

E-II号神庙

E-III号神庙

18号石碑　　19号石碑　　E1号石碑

E组建筑群的广场

20号石碑

观测点

E-VII号金字塔

图76　瓦哈克通E组建筑群天文台示意图

个已知玛雅石碑中的10个，这些石碑可以追溯到白克顿8（公元4世纪末）玛雅人开始竖立纪念碑的时候。

二、华盛顿卡内基研究所在该遗址进行了11年（公元1926年—公元1937年）的深入考古研究，在此期间收集了各种宝贵的科学数据和考古材料，包括在玛雅地区发现的最精美的多色陶器样品。由于卡内基研究所的发掘，研究界对奇琴伊察的了解比新帝国的任何其他城市都多，出于同样的原因，人们现在对瓦哈克通的了解也比古帝国任何其他城市都多。

三、由于大量的发掘工作，对瓦哈克通的石头建筑类型和陶器阶段的了解比任何其他古帝国中心城市更深入。更重要的是在瓦哈克通，特定建筑类型和陶器阶段之间的直接联系，连同它们在玛雅文明遗址年表中对应的大致日期都非常确定，这些数据现在被作为研究古帝国其他城市的标准。

四、古帝国时期第一个用于天文观测的建筑是在瓦哈克通发现的，它的类型得到了确定，这反过来又导致在许多其他古帝国城市的遗址发现了12到18个类似的天文台。这些古帝国的天文台似乎有特定目的，即通过某些方式来确定一年中的春分、秋分和夏至、冬至。一座金字塔建在广场西侧，面朝正东，在这座金字塔的正对面即广场东侧，还有三座面朝正西的金字塔。在这样的安排下，当观测者从面朝正东的金字塔梯道中轴线上的观测点观察太阳时，会发现太阳在每年3月21日从三座面朝正西的金字塔的中间那座的中点升起，这一天就是春分；在6月21日也就是夏至，太阳从三座面朝正西的金字塔的北侧那座的外角后面升起；在9月21日也就是秋分，太阳升起的地方与春分时相同；12月21日，也就是冬至，太阳从三座面朝正西的金字塔的南侧那座的外角后面升起。这样的建筑组合是确定一年中四个重要时间点的实用工具——最长和最短的白天（6月21日和12月21日），以及昼夜平分（3月21日和9月21日）。这些建筑构成了一座连城里最底层的人都能理解的天文台。

五、有史以来最精美的古帝国壁画是在瓦哈克通的建筑B-XIII中发现的。壁画表现了一些宗教仪式场景，一个女人坐在一座平顶建筑的祭台上，还有25个男女站在建筑外围。在这个场景下面是一个代表62天的水平标志，从12伊米希开始到5艾伯结束，这显然是卓尔金年中的一部分。这幅壁画是白色背景，图画颜色有红、橙、黄、灰、黑等，被发现的时候保存得非常好。这是玛雅地区已知最古老的壁画，应该创作于古帝国早期，或许可以追溯到公元6世纪。

图77　瓦哈克通建筑B-XIII的壁画

帕伦克、亚斯奇兰和佩德拉斯内格拉斯

乌苏马辛塔河流域的帕伦克、亚斯奇兰和佩德拉斯内格拉斯这三座中心城市是玛雅雕塑达到美学顶峰的地方，堪称玛雅人的天才在这一特殊艺术领域达到巅峰，在古代美洲是独一无二的。早在玛雅9.10.10.0.0年（公元642年），雕刻艺术在帕伦克就已经开始发展，部分原因可能是帕伦克的雕塑家幸运地找到了一种特别适合雕塑的优质石灰石。这种石材质地坚硬，纹理细腻，几乎可以和印版石媲美。此外，帕伦克的灰泥工艺水平在玛雅地区也是独一无二的。帕伦克石灰岩浅浮雕石板的特点是线条细腻，构图流畅优美，技术精湛，与古埃及最好的浅浮雕雕塑不相上下。从玛雅9.10.10.0.0年到玛雅9.17.13.0.0年（公元642年—公元783年）141年的时间里，帕伦克一直都在制作精美的浅浮雕石雕作品，并在玛雅9.13.0.0.0年（公元692年）达到了美学成就的顶峰。当时玛雅人有三座不同的神庙都用帕伦克精美的浅浮雕墙板进行了装饰，其中十字架神庙里的石雕作品也许是水平最高的。

除了公元1576年危地马拉最高法院法官迭戈·加西亚·德·帕拉西奥首次描述了科潘城，帕伦克就是最早为人所知的古帝国城市了。

帕伦克似乎是在公元18世纪中叶被发现的，由于那些刻有浅浮雕的神庙石碑、精致的模压灰泥装饰和精美的建筑，使它被认为是所有古代玛雅城市中最美丽的城市之一。

帕伦克的宫殿群是玛雅地区最杰出的建筑之一。几排房间布置在几座庭院周围，有一个四层的方形塔楼，里面有许多地下室和通道。几座精美的金字塔神庙坐落在城市各处，十字架神庙、叶状十字神

图78　佩德拉斯内格拉斯全景图

庙、太阳神庙、铭文神庙、伯爵神庙、浮雕神庙呈现出帕伦克优雅的建筑风格，玛雅文明的任何其他中心城市都难以与之媲美。

亚斯奇兰是这三座城市中的第二大城市。帕伦克大约在玛雅9.13.0.0.0年（公元692年）达到了艺术巅峰，亚斯奇兰的雕塑艺术也在这一时期达到了最高水平，并一直维持到玛雅9.14.15.0.0年（公元726年）左右。在这30多年时间里，亚斯奇兰建造了四座重要的神庙。这些神庙装饰着12个华丽的石雕门楣，每座神庙有3个。23号建筑中的三件雕塑中有两件是玛雅地区同类雕塑中最优秀的杰作。

佩德拉斯内格拉斯是乌苏马辛塔河流域三大中心城市中最后一个达到类似雕塑艺术成就的城市，时间稍晚于亚斯奇兰，同样也是在玛雅9.14.15.0.0年（公元726年）左右。佩德拉斯内格拉斯的雕塑巅峰期维持到了玛雅9.16.0.0.0年（公元761年），这个日期出现在O-13号神庙里，刻在华丽的3号壁板上。这块被称为3号壁板的石雕是用一种温暖的象牙色的石灰石制成，质地很好。在美洲古代雕塑的整个领域里，都找不到一件像这样具有超然之美的杰作，如此精妙的平衡与和谐的设计，如此完美的卓越技艺，可以说绝无仅有。它是玛雅艺术中最美丽的花朵，达到了古代美洲雕塑艺术成就的顶峰。

关于佩德拉斯内格拉斯，有另一个值得特别注意的地方：与其他玛雅城市相比，这座城市一贯遵循在连续的霍顿（1/4卡顿，即1800天）结束时建立周期标记的做法。从玛雅9.8.15.0.0年到玛雅9.19.0.0.0年（公元608年—公元810年）这200年左右的时间里，在22个连续的霍顿结束时，佩德拉斯内格拉斯从未中断竖立相应的雕塑纪念碑来庆祝，而这些纪念碑现在全部得以保留——这是一次伟大而持久的雕塑壮举。

卡拉克穆尔、纳兰霍和纳库姆

这三座城市都是有大规模雕塑和建筑的中心城市，都在佩滕中心地区，它们之所以吸引人们的注意力，更多的是因为它们各自建筑和纪念碑的规模，而不是特色。正如我们已经看到的，卡拉克穆尔有103座石碑（其中有73座雕刻石碑），比玛雅地区的任何其他城市都多。这座城市并不满足于在每一个卡顿和半个卡顿结束时竖立一座纪念碑，有时会一次竖立几座纪念碑。因此，人们在玛雅9.15.0.0.0年（公元731年）中，至少竖立了七座不同的纪念碑来纪念这一特殊的卡顿结束。然而，即使在这一伟大时期的黄金时代，卡拉克穆尔的纪念碑也没有体现出特别的美学价值，也没有其他非常杰出的雕塑作品。卡拉克穆尔的建筑虽然范围大、数量多，但也不是特别突出，人们关注的重点是在建筑的大小和数量上，而不是个体的卓越。

卡拉克穆尔有一个最有趣的石雕，是用当地的石灰岩雕刻而成的。这是一个不规则形状的作品，长21英尺，宽17英尺，雕刻部分高约10~12英寸，顶部雕刻着7个被俘虏的人背着双手，最大的人物有9英尺高。

纳兰霍是另一座以大量建筑遗迹著称的城市，有47座石碑（其中有36座雕刻石碑），但同样，无论是建筑物还是纪念碑都没有展现出值得注意的特点。纳兰霍的面积比已知最大的二类遗址卡拉克穆尔小很多。

纳库姆是一座非常大、非常重要的中心城市。它的建筑遗迹数量很多，比纳兰霍的遗迹要多得多，但比卡拉克穆尔的遗迹要少。然而，与卡拉克穆尔和纳兰霍相比，这座城市的石碑数量少了很多——只有15座（其中有3座雕刻石碑）。有一些证据表明，纳库姆是在古帝国结束前不久才建立的，这很可能是那里石碑稀少的原因。纳库姆仅有的3座雕刻纪念碑都是古帝国晚期才出现的（分别是公元771年、公元810年和公元849年）。事实上，这座城市没有发现古帝国早期或中期的遗迹。

外围城市基里瓜、托尼纳和科巴

基里瓜虽然是二类遗址中最小的城市之一，但因一系列壮观的石雕成了最引人注目的城市之一。这些石雕包括12座纪念碑、4个神话怪兽石雕，以及1座神庙。这一系列石雕是17座纪念霍顿（1/4卡顿，即5年）结束的标志，涵盖了大约65年的时间，从玛雅9.15.15.0.0年到玛雅9.19.0.0.0年（公元746年—公元810年），其中一个霍顿结束，玛雅9.17.5.0.0年（公元775年），人们甚至竖立了两座纪念碑。

古代基里瓜的雕刻家用石凿雕刻纪念碑时受到了很大限制，这是因为基里瓜当地的砂岩质地太坚硬。当地砂岩是一种含有许多粗石英晶体的沉积岩。在玛雅其他地方，特别是伟大时期临近结束的时候，一种类似火焰纹的设计在玛雅石雕艺术中悄然盛行起来，但基里瓜的雕刻中看不到这种设计，主要原因应该就是当地砂岩质地的问题。

在基里瓜，石材的硬度使雕刻家们采用了更简单的设计，这也使基里瓜的纪念碑比大多数其他玛雅城市的纪念碑显得更为庄严和高贵，并使它们在现代人的眼中更具吸引力。

古玛雅人曾经开采过的最大的一块石材是在基里瓜发现的，人们用这块石材在这座城市建造了玛雅9.17.0.0.0年（公元771年）的纪念碑。这块巨大的条状砂岩长35英尺，宽5英尺，厚4英尺2英寸，重65吨。

西南高地最大的中心城市是托尼纳，这座城市的遗迹可以说是所有玛

图79 基里瓜的E号石碑，为古玛雅发现的最大石柱

雅古帝国遗址中最不具代表性的。与其他玛雅城市的石碑相比,托尼纳现在已知的16座石碑(其中有15座雕刻石碑)都非常小。玛雅纪念碑的平均高度在8~10英尺,但托尼纳的纪念碑高度没有超过7英尺,大多数在6英尺以下。托尼纳的纪念碑与所有其他玛雅石碑在另一个非常重要的方面也有所不同:它们被雕刻成圆形,更像雕像,这是玛雅其他地区的石碑所没有的特征。除了相对较小的尺寸,托尼纳石碑的正面和背面与基里瓜石碑和科潘石碑上的人物非常相似。

科巴是尤卡坦东北部最早的古帝国重要城市,建成于玛雅9.9.10.0.0年(公元623年)。它似乎比尤卡坦西北部城市奥克斯金特克(公元475年)晚了约150年,尤卡坦半岛北部最古老的确定年代的雕塑(铭文门楣)出现在奥克斯金特克。科巴是已知第二大的二类遗址,周围环绕着五个小湖泊,风景秀丽,这是尤卡坦北部几乎没有水的平原上非常罕见的地貌特征。其中最大的科巴湖长不到1英里,宽不到0.5英里。

这座城市主要有以下四个特征:

1. 位于五个湖边上。

2. 有人居住的时期非常长,可能比古帝国和新帝国任何其他城市都长,开始时期可以追溯到玛雅9.9.10.0.0年(公元623年),然后一直到新帝国晚期,也就是公元14世纪或公元15世纪——前后大约七八百年。

3. 拥有32座(其中有23座是雕刻石碑)古帝国时期的石碑,比尤卡坦半岛北部其他两座城市加起来还要多。

4. 隆起的人造道路(玛雅语为sacbeoob),其中已知的至少有16条,这是一个真正的石堤路网,连接着城市的中心部分及其外围建筑群。

　　玛雅语中的"sacbe"（复数是sacbeoob）一词意思是"人造道路"——"sac"意思是"人工或人造物品"，"be"的意思是"道路"。这些道路是用当地的石灰岩建造的，高度在地面以上2~8英尺不等，这取决于地形表面的不平整程度。它们通常是笔直向前的堤道，侧面用粗糙的石头建成，顶部也就是路面覆盖着石灰岩砾石，这是一种天然的石灰水泥，在潮湿和压力环境下会变硬。这种路面大约有15英尺宽，长度从不足1英里到62.3英里不等。最长的堤道从科巴向西一直延伸至雅苏那，除了一些非常轻微的偏差，都是笔直的，只是在科巴以西的前2英里内，有5个轻微的方向变化，这可能是为了让堤道通过一些较小的定居点。这条堤道中间的1/3都是笔直的，这一部分长21.3英里，最后1/3也是一段长21英里的笔直道路，这两部分差不多是一条直线。科巴还有两条堤道在两个最大的湖泊之间的狭窄的地峡

图80　连接科巴和雅苏那两座城市之间的堤道

以南相交。

关于科巴-雅苏那人工堤道还有一项最有趣的发现,是在一个名为埃卡尔的小遗址西边发现的一个古老的玛雅压路机。堤道在这里最后一次改变了方向,然后一直向西延伸。这个压路机是一个巨大的圆柱体石灰石,现在分成了两块大石碾,长13英尺,直径2英尺4英寸,重5吨。15个人可以同时并排推动这个巨大的压路机,沿着人工堤道的石灰岩碎石面层来回滚动,把路面压成坚硬的表层。

根据这条人工堤道的情况可以得出几个重要的推论:它是由东向西建造的,从科巴到雅苏那;而且建成的时间应该不晚于古帝国中期,当时科巴是尤卡坦东北部最大的城市。这条堤道的方向出现过7次改变,前6次改变方向的地点都在科巴周围20英里以内,这是为了堤道可以经过依附科巴的一些较小的定居点,而堤道西边终点雅苏那在古玛雅人定居尤卡坦半岛的早期时,还只是偏远荒野中的一个小地方,这进一步证明科巴是尤卡坦东北部最大的城市。另外,如果奇琴伊察是当时的中心城市,那么这条人工堤道应该连接科巴与奇琴伊察,而不是科巴与雅苏那。很明显,当这条堤道建成时,奇琴伊察还没有成为玛雅文明的中心城市。事实上,我坚信古帝国文化最初是沿着东海岸地区并经由科巴引入尤卡坦东北部的;之前我们提到过,大约在玛雅9.4.0.0.0年(公元514年),古帝国的玛雅人第一次把他们的文化从雅苏那带到了奇琴伊察。

卡巴,普克或尤卡坦丘陵地区的一座城市

在乌斯马尔西北方向,有两个较低的山脉会合在一起,这片区域

的南部被称为普克（玛雅丘陵地区）。在公元11世纪和公元12世纪，尤卡坦半岛的这一区域是整个半岛北部人口最稠密的地区，大量古玛雅人聚居在各个仪式中心周围，其中最重要的城市是已经描述过的乌斯马尔，而第二大的城市就是卡巴，位于乌斯马尔东南9英里处，有一条石堤与之相连。卡巴无疑是修族城邦的一座附属城市，因为它离修族都城乌斯马尔如此之近，而且还有人工堤道相通。

卡巴最引人注目的建筑是所谓的面具宫。它有151英尺长，10间漂亮的房间分为2排，每排5间。这些房间都是成对建造的，每一对外面都有一个单独的门。如下一节所述，大多数玛雅建筑外部的下半部分通常都没有雕塑装饰，非常丰富和复杂的马赛克装饰主要集中在正面的上半部分。然而，面具宫在这方面是不同的。它坐落在一个低矮的平台上，平台的表面装饰着一排面具嵌板。平台以上，面具宫的下半部分带有丰富的装饰，由三排横贯整个建筑正面的面具嵌板组成。这座建筑的装饰造型可能是尤卡坦半岛所有建筑中最华丽的。如此丰富的雕刻立面的效果令人震撼，而且这座建筑本身就是保留下来的普克建筑中最美的例子之一。

卡巴的另一个独特之处是石拱。它位于通往乌斯马尔的石堤的起始处，是一个完全独立的建筑，与任何其他建筑都不相连。这座石拱的跨度为15英尺。这到底是一座什么建筑？是纪念很久以前古玛雅人赢得的一次胜利的凯旋门吗？或者这个石拱更有可能是一个正式的大门，专门供一些玛雅神灵出入？没有人知道答案，所有真正了解它的人都已经作古，而这个问题和其他许多关于玛雅的问题一样，至今仍然是个谜。

图81　卡巴的面具宫

建筑

起源

玛雅石头建筑与希腊、罗马或哥特建筑一样与众不同，它有自己的标准和结构惯例，也有自己的地域性变化和局部差异，但从根本上说，它是一个整体，而且只有一个单一的起源——佩滕中心地区的北部，可能在蒂卡尔或瓦哈克通。

有人认为，现代尤卡坦岛的茅草屋是玛雅叠涩拱石头建筑的原型。这种茅草屋的屋顶是两个斜坡组成的尖顶，自古帝国时代以来一直没有改变。这个理论并非不成立。两千年前玛雅平民的茅草屋和今天一样，是长方形的，带有铰接端，长约22~24英尺，宽约12~14英尺。侧墙和铰接端是用涂有泥浆的小树枝或未经加工的石头砌成的，高度不超过7英尺。以此为基础，上面是一个高12~15英尺的木杆框架，支撑着最上面两个斜坡组成的茅草尖顶。

在新帝国建筑的壁板和正面装饰中都可以看到这种平民住宅。考古人员在瓦哈克通宫殿年代最早的发掘层（A-V号建筑）找到了这种房子的地基，甚至还有组成侧墙和铰接端的小树枝的印记。这种茅草屋的尖顶从里面看有点像叠涩拱式建筑的陡坡，在玛雅式石头拱顶建筑的房间里发现的木制十字杆进一步证明了这种相似性。这些十字杆看起来很像茅草屋的十字杆。茅草屋的尖顶毫无疑问是为了快速排水，这样雨水就不会穿透茅草。但茅草屋和石头拱顶建筑之间确实有一些相似之处，尤其是从里面看非常接近。这是一项很有利的证据，表明

图82 玛雅人的茅草屋

叠涩拱这一建筑概念最初应该来源于尖顶茅草屋内部的斜坡。

在尤卡坦半岛，建造石头建筑所需的全部材料随处可见，而且石灰石最为丰富，这是一种易于加工的建筑材料，将其燃烧就能得到石灰。还有许多沙砾，可以用来代替沙子。考虑到古玛雅人杰出的智慧和天赋，再加上他们强烈的宗教热情，发展出自己伟大的宗教建筑是必然的事情，而且他们正是这样做的。除了他们必需的经济需要——玉米种植、陶器制作和编织，再没有其他任何活动像建造房屋这样消耗他们如此多的剩余时间和精力了。

玛雅建筑最古老的实例

我们在前面提到过，古玛雅人在瓦哈克通的第一和第二时期，也就是前玛雅一期和前玛雅二期可能还没有石头建筑。但由于人们必须有地方住，甚至还要为信仰的神灵提供栖身之所，所以那时候他们肯定有很多茅草屋，但这些茅草屋后来完全消失了。然而，在第三时期即前玛雅三期，一层或两层高的低矮石墙开始出现。但古玛雅人在这个时期的初期是否建造了石头建筑值得怀疑。这些低矮石墙和早期奇卡内尔陶器应该属于同一时期，可能只是作为地基的矮平台的挡土墙，矮平台上面是易腐材料比如小树枝和茅草建成的房屋。然而，在前玛雅三期临近尾声时，我们发现了古玛雅人的第一个大型石头建筑。但严格地说，这仍然不是一座石头建筑物，而是一座金字塔式的地基，上面是另一座用小树枝和茅草建成的建筑。

现存最早的玛雅石头建筑是瓦哈克通一座被灰泥覆盖的金字塔，即E-VII子金字塔。这座金字塔保存完好的原因很简单，在它建成后不久，也许是在公元2世纪的某个时候，又被另一座用粗石和灰泥砌成

图83　瓦哈克通E-VII子金字塔里的人形灰泥面具

的E-VII金字塔完全覆盖。E-VII金字塔的侧面最初也装饰着像更早建成的E-VII子金字塔一样的巨大灰泥面具。E-VII金字塔的顶部空间很有限，显然不可能在上面建造一座石头建筑。此外，当考古人员将E-VII金字塔移除时，发现更早建成的E-VII子金字塔的顶部也不存在一个石头建筑，因为在E-VII子金字塔顶部的石灰泥地板上发现了四个矩形的柱孔，这些柱孔无疑是为用来支撑茅草和小树建筑的角柱准备的。

这座覆盖着灰泥的金字塔四面都有梯道，上面装饰着16个夸张的灰泥面具，每个8英尺见方，是早期玛雅建筑的奇迹。这些面具从未被粉刷过，刚被揭开时，石灰灰泥的表面在阳光下闪闪发光。从建筑特征来看，应该是非常早的原始玛雅风格，而不是纯正的玛雅风格。尽管这座金字塔是用石头建造的，但它只是一个子结构，而且年代明显比第一批真正意义上的石头建筑要早。事实上，除了刚才提到的早期奇卡内尔陶器时期的低矮石墙，它就是我们所知最古老的玛雅石头建筑，或许可以追溯到公元2世纪。

叠涩拱

瓦哈克通在玛雅8.14.0.0.0年（公元317年）左右出现了石碑建筑和扎克尔陶器，我们发现的玛雅地区最早的叠涩拱也属于这一时期。

这个拱顶是在瓦哈克通宫殿最底层发现的，不是用于房屋，而是用于坟墓。第一个用于房屋的此类拱顶可能出现在玛雅8.17.0.0.0年（公元376年）左右。最早的叠涩拱非常粗糙，由一些未加工的、不成型的扁平石头砌成，这些粗糙的石料铺在厚厚的灰浆层和小碎石中。拱顶的内坡面也覆盖着一层厚厚的灰泥，表面显得非常不均匀。

叠涩拱引入瓦哈克通大约100年后，在公元4世纪，这种建筑结构开始向四面八方蔓延。它最早可能在玛雅9.0.0.0.0年（公元435年）传到了科潘的东南端；传到尤卡坦西北部奥克斯金特克的时间肯定不晚于玛雅9.2.0.0.0年（公元475年）；传到尤卡坦东北部图卢姆的时间最早可能是在玛雅9.6.10.0.0年（公元564年）；传到乌苏马辛塔河流域的时间可能是玛雅9.10.0.0.0年（公元633年），甚至更早。

古帝国时期结束前，在玛雅10.8.0.0.0年（公元987年），叠涩拱已经传播到玛雅地区的每一个角落。但奇怪的是，这种建筑结构仅限于玛雅地区，在今天任何一个紧邻的地区都没有发现。这种拱顶往西最远出现在墨西哥塔瓦斯科州的科马尔卡尔科，往东南最远出现在危地马拉东南部的帕帕尔瓜帕和亚松森米塔。除了一些零星的坟墓有类似的建筑结构，叠涩拱在危地马拉高地根本没有出现，这可能因为危地马拉高地地震活动太频繁。

最后，无论是古帝国还是新帝国，唯一没有发现叠涩拱的地区是帕西翁山谷。这个山谷很宽，周围环绕的山脉离河流很远，所以河岸附近相对来说比较缺乏建筑石材。在河岸附近远离山区的地方，我们已知的遗址有六七个，但没有一个达到了我们所说的二类遗址那么大。不过这几个遗址都还没有被发掘，也许最后会在这些遗址中发现叠涩拱。

图84 玛雅叠涩拱款式

带有横梁的石灰混凝土平顶

除了上面所说的叠涩拱，玛雅建筑中还有另一种类型的屋顶结构，即带有横梁的石灰混凝土平顶。尽管这种屋顶从逻辑上讲似乎应该比更复杂的叠涩拱出现得更早，但它们并不常见，这可能是因为这种屋顶倒塌以后很难辨认。

在古帝国的佩德拉斯内格拉斯、瓦哈克通和蒂西明卡克斯以及新帝国的奇琴伊察都发现了这种屋顶结构，在尤卡坦东海岸相对较晚的城市里也有，尤其是图卢姆和恰克摩尔。这种石灰混凝土屋顶建在横梁上，横梁下面的空间先用小树枝临时填满，然后在这个木结构支撑的横梁上建造一个石灰混凝土屋顶，厚度达到1英尺或更厚。当石灰混凝土的强度变得牢固之后，再拆除木结构，横梁下面就留下了一个小拱形空间。这种盖屋顶的方法在尤卡坦半岛仍然经常使用。在实际发掘中，这种屋顶的遗迹很难被识别，因为它们会分解成很多小碎石和石灰粉。然而，在几乎所有的情况下，如果在发掘砖石建筑时没有发现叠涩拱，那就可以肯定这些建筑以前使用的是带有横梁的石灰混凝土平顶，而且这种屋顶结构的实际使用可能比现有证据表明的使用情况多得多。

对玛雅建筑的描述

实际上，所有玛雅建筑都建在不同高度的基础结构上，而基础结构的高低具体取决于它们所支撑的建筑的用途。基础结构从2英尺至6英尺高的低矮平台（用于宫殿、神庙和住宅建筑）到最高150英尺的金字塔神庙（蒂卡尔4号神庙）都有。这些基础结构在一个或多个侧面建有宽而陡的梯道。建筑物通常坐落在其子结构的顶部，前面和梯道之间会留出一个宽敞的空间，就像门前空地，但后面和侧面是在靠近下部结构边缘的地方建造的。

玛雅建筑的正立面上一般都有一圈横绕整幢建筑的装饰分隔线，

大约位于正立面的中间处，这样的装饰分隔线将正立面水平分为上下两个区域。建筑物的顶部经常有另一圈装饰分隔线。屋顶是由坚硬的石灰混凝土制成的，呈平面状，通常中心会比边缘高一点儿，但不会超过1英尺。屋顶中间高旁边低的设计是为了便于排水。在科潘、奇琴伊察和乌斯马尔的一些建筑物上面还有突出的滴水嘴，可以起到排水管的作用，从而将屋顶上的水排走。

在屋顶的顶部，与建筑物的正立面平行，通常在中轴线的正上方可以看到横贯屋顶的一面高墙。这些屋顶墙有时比建筑物本身还要高，本质上是非结构性的，它的唯一目的是装饰。

玛雅建筑顶部的这些非结构性墙被称为屋顶条脊。它们在我们自己的建筑中没有对应物，只有西方早期新兴城镇中木制建筑顶上加高的假正立面可能有些类似。

根据不同的用途，建筑物的设计和布局变化很大。神庙的房间通常比宫殿少得多。实际上，普通类型的神庙只有两个房间，前后紧挨着，都从前面墙上的门出入。内室是圣所，外室则用于举行不太神圣的仪式。宫殿式建筑通常比较长，一般有两排房间，也是前后紧挨着的。这些房间前面的墙上有门可供出入，进入内室要经过外室，从隔墙上的门通过；也有一些宫殿直接从后面墙上的门进出内室。在后墙开门的情况下，很少会在内外室的隔墙上再开门。新帝国时期的宫殿基本上都是后墙开门，隔墙不开门。但是在古帝国时期佩德拉斯内格拉斯的宫殿中，隔墙开门的情况并不少见。一般都没有窗户，不过建筑立面的上半部分偶尔会有较小、用于通风的长方形开口。如图85所示，玛雅建筑有许多种布局和设计，它们展示了相当多的种类，但大多数都可以直接追溯到一些简单的形式，其中最常见的两种类型就是

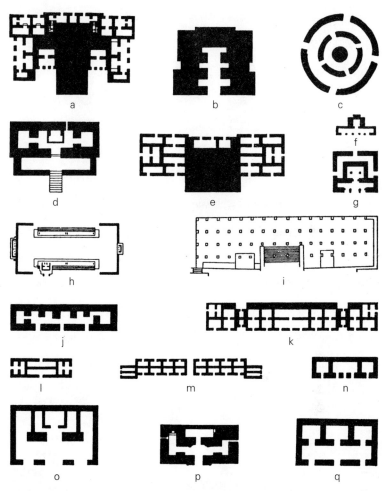

图85　玛雅人建筑物设计布局平面图①

① a.圣罗莎克斯坦帕克宫殿 b.蒂卡尔4号神庙 c.奇琴伊察天文台 d.瓦哈克通E-II号
神庙 e.奇琴伊察宫殿 f.奇琴伊察2号蒸汽浴室 g.奇琴伊察卡斯蒂略神庙 h.奇琴伊察
球场 i.奇琴伊察西北柱廊 j.亚斯奇兰33号建筑 k.乌斯马尔总督宫 l.乌斯马尔海龟楼
m.乌斯马尔鸽子楼 n.亚斯奇兰21号建筑 o.帕伦克太阳神庙 p.科潘22号神庙 q.奇琴
伊察红楼。——原注

神庙和宫殿。

关于玛雅建筑，还应特别注意一点，无论他们的单个建筑中石块如何被巧妙地切割和装饰（马赛克元素是被雕刻而成的），所有的墙壁，包括外部和内部，最初都覆盖着石灰灰泥，这遮盖了所有的接缝。尤其是尤卡坦半岛上的玛雅建筑，都不会暴露接缝。事实证明，尤卡坦建筑正立面上出现的石块并不是真正的功能性建筑部分，只是一个外贴面的性质。这种外贴面经常会剥落，只留下里面的墙壁。事实上，这些墙壁是整体的，由坚固的石灰混凝土制成。

在尤卡坦北部的小城镇和村庄，石灰窑仍然像古代一样制造石灰，当地的石灰石仍然像过去两千年一样被烧成石灰。要建一个石灰窑，首先要在森林里选择一个位置并打扫干净。下一步是将大约2英尺长的木块劈小后围成一个直径从10英尺到20英尺不等的圆圈，具体取决于要建造的石灰窑的大小。这些木块呈放射状与圆圈的半径平行，正中间留一个直径约1英尺的洞。木块大约要整齐堆放到4英尺

图86　奇琴伊察的石灰窑

高。在它上面，在离外缘大约1英尺的地方堆放拳头大小的石灰石碎块，要堆到2英尺高。

　　完成这些准备工作后，把树叶和朽木扔进窑中心的洞底并点燃。火是自下而上，从窑内向外燃烧的。玛雅人认为，有两个因素对成功烧制石灰至关重要：第一，必须完全没有风，这样窑火会同时均匀地燃烧，火焰从堆积的木块和石灰石碎块中直接向上燃烧；第二，女人不能接近这里，如果她们接触到石灰窑，烧制就会失败。一个窑完全燃烧需要36个小时，如果一切顺利的话，石灰石碎块会完全还原成一堆石灰粉。

　　一些考古学家认为，玛雅人用石斧为石灰窑和门梁砍伐所需的木材而耗费的劳动量，甚至比他们开采巨量建筑石材的劳动量还要大。

　　在这些古代人建造石头建筑的1200多年间，玛雅建筑不仅出现了明显的时代性差异，而且出现了明显的地域性差异，这也是意料中的事情。这些差异清楚地反映在不同的结构类型、建筑细节以及装饰风格上。然而，考虑到玛雅人建筑活动所涵盖的时间跨度很长，繁荣的地区很广，以及影响其发展的多种多样的地方性因素，玛雅建筑总体上仍然是同质的。

建筑物分类

　　表7试图客观地对玛雅建筑进行分类，即根据其可能用作神庙、宫殿等用途进行分类。这种分类做不到绝对精确，因为一定会有一些难以区分的两难情况。但一般来说，大多数建筑物的特点及使用功能还是非常明显的，这样看来表7中的分类应该是相当详尽的。

表7 根据用途对玛雅建筑的分类

建筑类型	实例		书中对应的图	
	古帝国	新帝国	古帝国	新帝国
金字塔-神庙	蒂卡尔1号、2号、3号、4号、5号神庙；科潘26号神庙	奇琴伊察卡斯蒂略神庙、乌斯马尔巫师宫	图78	
小庙宇	亚斯奇兰20号、21号、33号、42号、44号建筑	奇琴伊察红楼、乌斯马尔老妪楼		
宫殿	帕伦克宫殿；瓦哈克通宫殿（A-V号建筑）	奇琴伊察修女四合院、乌斯马尔总督宫		图30
天文观测点	瓦哈克通E-I号、E-II号、E-III号建筑；拿阿屯2号、3号、4号、8号建筑	奇琴伊察卡拉科尔、玛雅潘圆塔		
球场	科潘9号和10号建筑；亚斯奇兰14号建筑	奇琴伊察球场、乌斯马尔球场		图69
柱廊	佩德拉斯内格拉斯J-2号建筑；亚斯奇兰74号建筑群	奇琴伊察西北柱廊、阿凯柱廊		图67
舞台	蒂卡尔66号、78号、79号、80号、82号建筑	奇琴伊察卡斯蒂略神庙前面的广场、图卢姆8号建筑		
柱廊庭院	尚未发现	奇琴伊察市场和2-D-6号建筑		
蒸汽浴室	佩德拉斯内格拉斯P-7号建筑	奇琴伊察3-E-3号和3-C-17号建筑		
拱门	尚未发现	卡巴拱门、拉布纳城门		
神龛	尚未发现	奇琴伊察祭祀坑边的小建筑（1-D-1号建筑）、图卢姆7号建筑		
骷髅平台	尚未发现	奇琴伊察骷髅神庙、乌斯马尔公墓平台		

（续表）

建筑类型	实例		书中对应的图	
	古帝国	新帝国	古帝国	新帝国
纪念碑梯道	科潘美洲豹梯道、亚斯奇兰铭文阶梯（5号建筑）	尚未发现		
观礼台	科潘西庭北边	尚未发现		
公共表演广场	科潘主广场、基里瓜纪念广场	尚未发现		
城墙	贝坎①	玛雅潘、图卢姆		
堤道	科巴-雅苏那、科巴-库基卡安	乌斯马尔-卡巴、伊萨马尔-坎通尼尔	图80	
地基平台	蒂卡尔A组平台、瓦哈克通A组平台	奇琴伊察北平台、乌斯马尔总督宫平台		
桥和高架渠	普西尔哈、贝坎、帕伦克	尚未发现		

建筑装饰

在古帝国早期，玛雅建筑似乎没有经过大量的装饰，当然也没有雕刻的石头元素。垂直的立面通常在中间和顶部有两条装饰条，这些装饰条是凸出的粗石组成的水平带，外表都会涂上一层石膏，这似乎是一种固定的规则。但也有例外，例如在科潘、帕伦克和蒂卡尔，有的古帝国建筑的正立面在中间那条装饰条以上的部分是倾斜的。后来，

---

① 遗址周围还发现了护城河，年代可能是新帝国早期，而不是古帝国晚期。——原注

立面的上部区域，也就是中间和顶部装饰条之间的区域，开始减少装饰，大多只涂一层灰泥。这种装饰形式在古帝国时期的帕伦克达到了顶峰，建筑立面上装饰着许多精心设计的图案，甚至包括象形文字。这些图案是用非常坚硬的石灰灰泥模塑而成的，并通过立面上凸出的粗石固定在合适的位置上。

在古帝国时期，建筑正立面上半部分似乎没有多少雕刻过的石雕装饰，除了科潘和基里瓜的建筑，可以说没有什么可以与新帝国的建筑相媲美。有时候，雕塑被用于壁板（佩德拉斯内格拉斯）的外部装饰，或用于梯道两侧的坡道（帕伦克、科潘、基里瓜）和台阶的立面（在极少数情况下是在踏面上）。这些台阶上有时会刻有象形文字（科潘、基里瓜、帕伦克、亚斯奇兰、纳兰霍、塞巴尔、拉阿梅利亚、埃兹纳）。在古帝国建筑内部使用雕塑作为装饰的情况并不常见。帕伦克圣所的石碑上，科潘室内门廊的侧壁和侧柱上，以及基里瓜室内台阶和墙壁装饰上，都有作为装饰的雕塑，但这种情况很少见。

然而，当来到新帝国时期，我们发现使用雕塑作为装饰的做法发生了变化。在古帝国北部的切尼斯地区，在坎佩切中部和墨西哥金塔纳罗奥西部，建筑外墙的上下两部分都装饰精美。在玛雅地区，这些切尼斯风格的外墙确实是最华丽、最复杂的。普克地区是尤卡坦中北部的一片丘陵地带，位于切尼斯地区北部和西北部，是新帝国最肥沃和人口最稠密的地区。这一地区是新古典玛雅建筑的发源地，雕塑装饰主要局限于建筑正立面的上部区域，但偶尔也会发现下部区域的雕塑装饰。这些装饰基本上是几何图案：附在墙上的小型半圆柱、回纹、格子图案和面具，偶尔也有人、动物、鸟和蛇形象的雕塑被榫接在立面的上半部分。

在普克地区，巨大的、雕塑般的马赛克，其形状、装饰、雕刻和装配都比古帝国和新帝国其他任何地方的好。这里的建筑水平达到了前所未有的高度，就古玛雅人而言，他们再也没有达到类似高度。雕塑在古帝国时期发展都达到了精美的程度，不过主要装饰石碑和祭坛，但在新帝国时期，雕塑作为一门单独的艺术却日渐式微。它变成了建筑学的从属，事实上，几乎只限于建筑正立面的装饰，结果独立的雕塑作品几近消失。于是雕塑衰落了，再也无法接近古帝国那些宏伟杰作所展现出的高超水平。新帝国的雕塑在很大程度上显得沉重而笨拙，在某些情况下甚至是粗糙的。古帝国娴熟巧妙的雕塑技艺消失了，激发古帝国雕刻家灵感的早期宗教的壮丽和庄严也消失了。

后来的玛雅-墨西哥混合风格的建筑阶段在奇琴伊察达到了巅峰。无处不在的羽蛇神占据了统治地位，主要的神庙都是为纪念他而建的，他的形象布满了奇琴伊察的柱子和栏杆。这种建筑的特点是底部倾斜，屋顶装饰着引人注目的石雕。现代建筑中的铁栅栏艺术和这

图87　奇琴伊察市场内部的柱廊

种风格有些类似。其中一些艺术特征肯定起源于墨西哥，例如佐潘特利，即骷髅神庙，人牲的头骨被钉在木桩上。奇琴伊察的佐潘特利是个开放式平台，长约185英尺，宽约40英尺，高约6英尺，两侧装饰有固定在木桩上的头骨雕塑，一个木桩上有4个头骨。奇琴伊察的建筑以及基础结构都装饰有人、动物、鸟和蛇的图案，普克建筑装饰中常见的纯几何元素越来越少。体形夸张的恰克摩尔雕像斜倚着矗立在神庙的入口处，接受信徒的供品。

最后，这种玛雅-墨西哥风格建筑的特点是频繁使用大型柱廊，可能是集会大厅或议事厅。有时这些柱廊的拱门长达200或300英尺，有四五个石头拱顶，柱子和柱子之间没有横梁支撑。正靠着后墙的是石雕宝座，两侧是带有倾斜靠背的长凳。奇琴伊察的建筑规模不算太大，看起来也不算厚重，但更加开放和优雅。

奇怪的是，尽管古玛雅人对石头建筑有着丰富的知识，但他们没有掌握真正的拱门也就是拱顶石拱门的原理，只会建造叠涩拱，也就是所谓的假拱门。这非常奇怪，因为他们看到自己建造的石头拱顶倒塌的时候肯定见过自然形成的、真正稳固的拱门。

当玛雅建筑中的木质横梁腐烂并倒塌时，上方的石头结构可能只有一小部分会倒塌，可以形成一个自然拱门，而其上方的墙壁和屋顶通常能保持完好。事实上，在纳库姆的一个建筑中，真正的拱顶石拱门就是这样偶然形成的，并被涂上灰泥，看起来就像一个人为建造的拱顶石拱门。

然而，在这个例子和其他类似的例子面前，古玛雅人似乎从来没有意识到真正的拱顶石拱门的原理，也没有在建筑中使用。

第十四章

雕塑和模塑

M A Y A

材料和工具

石灰石是古玛雅人用来雕刻的主要石材，因为它是迄今为止在尤卡坦半岛发现的最丰富的原材料，几乎随处可见。一些城市，如基里瓜、普西尔哈和托尼纳，会使用当地的天然砂岩；科潘则使用一种被称为安山石的火山岩，不过这都是例外情况，石灰石仍然是古代玛雅雕塑家最普遍使用的材料。

玛雅的雕塑和模塑有时会使用木头、灰泥和黏土，当然最主要的还是石材。到了公元4世纪，石材作为雕塑材料已经完全取代了木头，除了少数用人心果木雕刻的门楣和房梁。正如我们所看到的，新帝国时期的一些神像是用西班牙雪松雕刻的，但遗憾的是，没有一个保留下来。也有一些偶像由泥土塑造，尤其是做成香炉的形式。灰泥也被发现广泛适用于建筑装饰中。宝石雕琢工艺，尤其是玉雕，将在第十六章中讲述。

古玛雅人的木雕先于石雕应该是事实，这似乎是一种自然规律，但没有可靠的证据留存下来。然而，鉴于古帝国时期的强降雨和过度潮湿的气候，这也是可以理解的：如果最早的纪念碑是用木头建造的，尽管使用的木材很大，但一两百年内也肯定能完全腐烂掉。

如第三章所述，古玛雅人最早的纪念碑可能是由木头制成的。我们第一次看到玛雅纪年是在公元4世纪早期石碑上的象形文字中记录的，那已经是一个完整的、完善的、复杂的时间计算系统。关于玛雅纪年，我们没有发现简单的初始形式，也没有发现初期的试验和错误；当我们第一次在石碑上看到它时，玛雅纪年系统已经相当完善了，这可能表明这一系统的早期发展阶段是记录在木头或其他易腐的材料上的。

玛雅雕刻家的工具可能包括木槌，但主要的工具是专门用石头制造的凿子和锤子。石凿的长度从2英寸到6英寸不等，有一个刃口，另一端被磨圆以承受石锤或木槌的敲击。石锤的形状大致呈球形，直径从2英寸到3英寸不等。这两种工具都是由玄武岩和闪长岩等质地坚硬的岩石制成的。

天然石灰石最初从地面上出现的时候相对较软，但暴露在空气中后会变得很硬。这种石材很容易开采，而且刚刚开采出来的时候也很容易雕刻。在之前提到的基里瓜、托尼纳和普西尔哈等城市，雕刻家使用的材料是当地的砂岩，这种石材的特性与佩滕和尤卡坦半岛的石灰石比较类似，刚出地面时相当柔软，但暴露在空气中之后会明显变

图88　玛雅石凿

硬。科潘使用的安山石在开采前的硬度与开采后差不多，而且纯净的安山石的纹理非常细腻，甚至没有晶体解理面，非常适合用玄武岩或闪长岩的凿子来雕刻。

不过科潘安山石有一个严重的缺点，它含有一些燧石颗粒，而这些燧石颗粒十分坚硬，科潘雕刻家的玄武岩和闪长岩凿子根本无法加工。当石材上出现这些燧石颗粒时，它们要么被完全剔除，在纪念碑的表面形成凹陷，要么被保留，纪念碑表面就会出现突起。有时这两种处理方法可能会出现在同一座纪念碑上。例如之前介绍玛雅象形文字铭文时提到的2号石碑，雕刻家将难以处理的燧石颗粒敲掉了，而另一个顽固的突起则被巧妙地融入了雕刻设计本身。我们知道，玛雅铭文中经常出现的人、鸟类和爬行动物的侧面头像几乎总是朝向左侧，但这个石碑上的侧面头像却罕见地朝向右侧，正是通过这个变化，这块难以处理的突起在雕刻家精妙的设计里恰好出现在一个合适的位置上，成了石碑上人物佩戴的一个耳饰。

毫无疑问，玛雅雕塑在最终完成前要精心打磨，将表面上微小的凹凸都打磨平整，最后涂上涂料。古玛雅人特别喜欢将雕塑涂成深红色。这种红色涂料可能是用从蚁丘里获得的一种氧化铁制成的，这样的蚁丘在森林里非常多。古玛雅人也会使用其他颜色，蓝色是使用第二多的颜色。蓝色涂料是磨碎的，很可能是和柯巴脂这种硬树脂混合在一起的，因为直到现在还能经常看见这种涂料仍然像优质的清漆一样完好地附着在雕

图89　科潘2号铭文石碑

塑石头的表面。事实上，用柯巴脂这种常见材料制成的清漆是目前已知最好的商用清漆。尽管由于长期暴露在自然环境中，石雕上的颜色大部分已经脱落，但在浮雕较高且凹凸不平

图90　基里瓜J号石碑底部的采石场残桩

的地方，偶尔还能发现最初涂有涂料的痕迹。

古玛雅人在开采石材时，利用了当地岩石中的天然解理面。这种情况在基里瓜的一些石碑上最为明显，其横截面呈梯形，没有一个角是直角。在古帝国中心城市卡拉克穆尔的采石场，人们采用了特殊的方法。在这种情况下，这些石块似乎是从周围的石灰石中剥离出来的，人们沿着石块的侧面和末端用石凿和石锤开凿，然后用长长的硬木杆将石块从基岩上撬下来。有几块基里瓜石碑未经处理的底端还带

图91　米特拉的采石场

图92 让·查洛特绘制的插图描述制作玛雅纪念碑的四个步骤

有这种开采方法留下的"采石场残桩"。

　　已故的美国国家博物馆人类学馆馆长威廉·亨利·霍尔姆斯曾描绘过位于墨西哥瓦哈卡州米特拉的废墟附近的一个古代采石场遗址，展现了玛雅人用这种方法将石材从基岩上剥离下来的过程。

　　法国艺术家让·查洛特为本书绘制了四幅插图，说明了制作玛雅石碑的四个主要步骤，他认为这一过程是：（1）开采；（2）运输；

（3）竖立；（4）雕刻。

我们已经描述了第一步，图92（2）展现的是第二步。佩滕的森林里有大小不一的各种硬木树，用这些树干可以制成运输石碑时垫在下面的滚木，野生龙舌兰和其他可以用于生产绳索的纤维植物同样也很常见。第三步是竖立，这是在石碑被雕刻之前完成的，如图92（3）所示。先制作一个带有合适尺寸凹槽的底座，凹槽一般是三面成型，还有一面暂时空着，底座通常是用密实的碎石和陶土制成的，有时候也有石头做的底座。然后用木头搭建一个结实的A字形框架，再通过用土垒成的一个斜坡和滚木将石碑竖立在底座的凹槽里，最后将凹槽空着的那一面补好。必须注意的是，石碑是从采石场运来的，只是粗略成型，依然处于未完工状态；然后它被竖立起来，等待雕刻，雕刻家站在结实的A字形脚手架上可以够到石碑的顶端部分。石碑的设计非常复杂，上面的浮雕极为精美，以至于只有石碑最终被竖立在它要占据的位置上后才能进行雕刻。

石雕

除了用玉石制成的莱顿牌，玛雅地区最早的石雕是位于佩滕中北部瓦哈克通的一组纪念碑，可追溯到公元4世纪。在这些纪念碑上，人物的头、腿和脚或左或右都是侧面展示，而躯干和手臂则完全正面展示，双脚一前一后重叠在一起。这种姿势是玛雅艺术中的第一种人物造型。已知最早的文物莱顿牌（公元320年）和已知最早的大型石碑瓦哈克通9号石碑（公元328年）上面都有这种人物造型。但是玛雅艺术中这种最早出现的人物造型只出现在瓦哈克通，而且似乎在白克顿8（公元435年）结束之前就已经不再使用了。

　　第二种人物造型的姿势比较简单，也更自然。近脚（后脚）的脚趾稍微前移，与远脚（前脚）的脚跟挨在一起，这样双脚就不再重叠了；身体其余部分不变。这种姿势首次出现是在临近白克顿8结束（公元435年），蒂卡尔的2号石碑和瓦哈克通的5号石碑上。第二种人物造型从蒂卡尔和瓦哈克通传到了其他城市，它在整个玛雅历史中一直存在，几乎没有什么变化，是迄今为止玛雅艺术中最常见的人物造型。

　　正面视图全身人像的雕刻也出现在瓦哈克通或蒂卡尔，因为已知最早的实例是在瓦哈克通的26号石碑上发现的，这块石碑的年代是玛雅9.0.10.0.0年（公元445年）。这座早期的石碑是在2号神龛的地板下发现的，它位于瓦哈克通宫殿年代最早的一层（A-V号建筑）。石碑正面的人像看起来似乎被人故意抹掉了。尽管这块石碑上的人物原本是浅浮雕，而且在古代就被人试图抹掉，但仍然可以分辨出人物面部的下半部（下颌的曲线）以及手臂和脚的轮廓。蒂卡尔的4号石碑上刻着一个人像头部、手臂和躯干的正面视图，这个实例的年代可能更早，应该在白克顿8结束之前。

　　还有八座城市有正面视图全身人像的雕刻，分别是：托尼纳，所有雕刻的人像都是如此；科潘和基里瓜，通常都是如此，但这两座城市都有两个已知的例外；佩德拉斯内格拉斯，大约一半如此；帕伦克、亚斯奇兰、拿阿屯、塞巴尔，各有一个是如此。这种独特姿势的人像在科潘和基里瓜的雕塑中达到了最完美的境界，而盘腿坐着的正面视图全身人像在佩德拉斯内格拉斯的雕塑中表现得最好。

　　关于盘腿坐在壁龛中的人像这一主题，四座佩德拉斯内格拉斯纪念碑的正面雕刻无疑是最佳的研究对象。这四座纪念碑中最早的一座是25号石碑，年代是玛雅9.8.15.0.0年（公元608年）。这座纪念碑前面雕刻的坐姿人像看起来呆板僵硬，毫无生命力，壁龛很浅，没有足够的深度，只能用浅浮雕来处理人像。

80年后，在玛雅9.12.15.0.0年（公元687年）建成的6号石碑上，古玛雅人第二次尝试了同样的构图。然而，就在这几十年间，雕刻工艺有了长足的进步，壁龛凿得更深，雕像可以得到更好的处理。仅从人物脸部判断，处理得非常成功；但考虑到身体的其他部分，比例仍然不相称，脸部显得太大了。

然而，当佩德拉斯内格拉斯的雕塑家第三次在11号石碑上尝试这一构图时，便是43年后的玛雅9.15.0.0.0年（公元731年），整个人像已经有了显著的改进。壁龛变得很深，因此坐姿人像的身体比例能够贴合实际，而且雕刻家确实也做到了还原真实的人体比例。这次细节处理得非常漂亮，如壁龛上方的帷幔被四根绳子优雅而自然地向后拉着。这种风格的设计最后一次出现是在14号石碑上，年代是30年后的玛雅9.16.10.0.0年（公元761年）。这座纪念碑或许可以说是佩德拉斯内格拉斯最精美的石碑。此时壁龛已经足够深，几乎可以呈现出半圆形的坐像；人体比例完全精确，细节雕刻精美，壁龛上方帷幔的处理甚至比11号石碑上更为逼真。最后，这座纪念碑还将深浮雕和浅浮雕的工艺巧妙结合，坐姿人像是丰满的深浮雕，而周围的装饰、左下角的站姿人像和右下角被献祭的人都是比较平的浅浮雕。

这四座主题相同的纪念碑年代跨度为153年，是古代雕塑发展史上最好的系列作品之一。

正面视图站姿人像雕塑在科潘和基里瓜都取得了辉煌的成就，不

图93　佩德拉斯内格拉斯四座纪念碑的正面雕像

过基里瓜风格更为内敛的人像作品可能更符合现代品味。毫无疑问，这种内敛风格是由于在雕刻家的石凿下，基里瓜的砂岩比科潘的安山石更难驾驭。然而，在古玛雅人眼里，他们可能更喜欢科潘的石碑，因为它们有丰富的华丽装饰，而且有时候雕刻出来的人像全身非常完整。

再次强调，玛雅早期的雕塑作品都有同样的缺点：在这一时期的大部分时间里，雕塑中描绘的人物显得呆板僵硬，而且人体比例严重失真。例如亚斯奇兰早期27号石碑（年代是玛雅9.4.0.0.0.0年，即公元514年）上的侧面人像，没有哪个雕塑像这个作品一样笨拙和毫无生气。事实上，公元1931年卡内基研究所的探险队发现这个石碑时，它被称为亚斯奇兰的木头兵。然而玛雅雕刻家在艺术方面很快就取得了显著进展，作品变得自然多了。纳兰霍的25号石碑很好地证明了这一点，上面有一个站姿的左侧侧身像。这座纪念碑是在玛雅9.9.2.0.4年（公元615年）建成的，上面侧身像的身体比例已经变得更加自然。除了脚的位置还显得有些僵硬和不自然，人物形象很逼真，姿势也很放松。

最早期的正面视图全身人像普遍显得不太自然，甚至有些僵硬，但后来很快有了很大的改进，建于玛雅9.9.10.0.0年（公元623年）的科潘P号石碑上面的正面视图全身人像就是一个很好的例子，不过这个人像还远远没有达到自然的人体比例和姿势的水平。

到了中期（公元633年—公元731年），玛雅古典雕塑艺术最后的余晖在这近百年的时间里完全消失了，只有几个没什么艺术灵感的外围中心城市还有雕塑家在制作十分平庸的作品。举个例子，拿阿屯的21号石碑就是这一时期的中期（公元687年）完成的雕塑作品。在这么晚的一个日期，这座石碑上的人物竟然如此令人难以置信的矮胖和畸形。这种笨拙和难看，与其说是真正的原始简陋，不如说是地方性

图94　科潘的A号石碑

的粗鄙愚笨。事实上，有些玛雅城市即使在伟大时期达到最高水平的时候，也从未超越这种地方性的粗鄙风格。

　　拿阿屯这座笨拙难看的石碑与建于玛雅9.15.0.0.0年（公元731年）的科潘A号石碑相比，那简直是天渊之别，而两者的时间间隔还不到50年。通过将拿阿屯21号石碑与科潘A号石碑或者我们前面提到过非常精美的也建于玛雅9.15.0.0.0年（公元731年）的佩德拉斯内格拉斯11号石碑相比较，这些时间间隔较近（公元687年和公元731年）的雕塑作品所展现出的粗鄙难看和美丽优雅令人惊讶。这种雕塑风格上的巨大差距是我所说的"地方性落后"导致的，也就是说，与一些大中心城市，例如科潘、基里瓜、帕伦克、亚斯奇兰和佩德拉斯内格拉斯所拥有的富有创造力的艺术才华相比，同时代小中心城市的审美水平毫无疑问是远远落后的。

　　有人说，巴黎今天流行穿什么衣服，纽约下个月就开始流行，而美国中西部的偏远地区可能要到明年才能穿上这种衣服，到那时候这种款式的衣服才会在流水线上大规模生产。地方性落后的原则普遍适用，而且一直存在。外围城镇离审美灵感中心所在的大城市越远，在服装和风俗方面追赶大城市的时间就越长，在建筑和艺术方面同样如此。

因此，在评价任何一个玛雅中心城市的艺术成就时，都必须考虑到它的相对重要性以及它与最近的审美灵感中心城市的距离。我们再来看看刚才提到的那两座纪念碑，拿阿屯的21号石碑和科潘的A号石碑，它们之间的巨大风格差异并不仅仅因为它们的年代相差50年，也不因为拿阿屯是二类遗址而科潘是中心城市级别的一类遗址。事实上，整个佩滕中北部地区，即玛雅文明的发源地和最大的中心城市蒂卡尔的所在地，在石雕艺术上从未达到乌苏马辛塔河流域的三大城市——亚斯奇兰、帕伦克和佩德拉斯内格拉斯所达到的最高点，也比不上东南部的科潘和基里瓜。拿阿屯离佩德拉斯内格拉斯的直线距离大约是78英里，离基里瓜的直线距离大约是200英里，在艺术上，拿阿屯从来都是远远落后的。

古帝国伟大时期（公元731年—公元987年）的前半部分（公元731年—公元889年），是前哥伦布时代美洲雕塑艺术发展最为辉煌的时期。这一时期在许多方面都是玛雅文明的黄金时代，雕塑艺术或许比任何其他艺术领域都能更好地体现这种文化的繁荣。伟大时期开始时，对于古帝国的雕塑家来说，雕

图95　科潘的H号石碑

刻石头再也没有任何真正的困难，任何技术问题早已不复存在，他们已经超越了前辈们在之前四百年的雕塑成就。创作的本能可以自由地跟随灵感的引导完成任何艺术表达，完全不受传统和经验的条条框框的限制。

在现存的大量可以追溯到那个伟大时代的雕塑中，要挑选出最具代表性的作品很难。在佩德拉斯内格拉斯，最美丽的纪念碑之一是之前提到过的14号石碑。另一座几乎同样引人注目的纪念碑是12号石碑，建于玛雅9.18.5.0.0年（公元795年），上面专门展示了人物的侧面像。这个杰出的雕塑作品中的主要人物是一位坐在宝座上手持权杖的君主，一个贵族坐在下方，还有两个贵族站在旁边，雕塑最下面是八个蹲在地上的囚犯，他们的手臂被绳子绑在背后。这个构图中的几个层次也许是一种表现透视效果的尝试。

古玛雅人最漂亮的雕塑是佩德拉斯内格拉斯O-13号建筑里的3号壁板，这个最杰出的作品我们在前面的章节中已经提到过了。这一古代艺术杰作是在玛雅9.16.10.0.0年（公元761年）在佩德拉斯内格拉斯完成的，堪称深浮雕和浅浮雕的完美结合。3号壁板上很多人物的手臂和腿都是完整的，完全独立于背景，仅在末端与背景相连。这幅作品的主要人物是一位坐在华丽宝座上的君主，宝座的背后是一个面具饰板。他的两侧各有三个站立的人像，右边中间的那个人像几乎完全看不到了，但两只脚仍然可以分辨出来，从高度来看，似乎是个少年。在宝座前的地上，有七个人盘腿而坐，左边四个，右边三个，都面朝一个祭坛。最右边的人物是整个作品中14个人物里唯一一个脸部还保存完好的。M. L. 贝克小姐为费城宾夕法尼亚大学博物馆修复了这块壁板，原作曾在那里展出，但现在已归还给危地马拉国家考古与历史博物馆。

　　宾夕法尼亚大学的一支探险队在佩德拉斯内格拉斯发现了一个宝座，它建在紧靠着J-6号宫殿的正殿后墙的位置，这个实物与3号壁板上的宝座几乎一模一样。这两个宝座之间的主要区别在于，3号壁板上宝座正面的两个支撑腿没有装饰，而J-6号宫殿里找到的宝座正面的两个支撑腿的三面都刻着象形文字铭文。实物宝座的年代是玛雅9.17.15.0.0年（公元785年），比3号壁板晚了25年，高度是4英尺7英寸，包括背面的面具饰板，宽6英尺1英寸，前后深3英尺，座位高出地面2英尺7英寸。高大的宝座位于宫殿的正殿，从宫殿前面庭院上的任何地方都可以看到它。

　　在亚斯奇兰，23号建筑的三个华丽的门楣——24号、25号和26号门楣代表了这座城市雕塑艺术的最高水平。24号门楣和25号门楣现

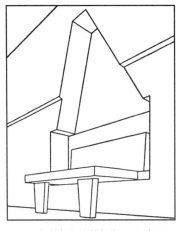

图96　佩德拉斯内格拉斯J-6号宫殿王
　　　座的位置

图97　亚斯奇兰的24号门楣（局部）

存于大英博物馆。24号门楣是亚斯奇兰雕塑艺术中最杰出的例子，其和谐的构图、平衡的设计、完美的雕刻、精确的人体比例和精致的细节都堪称完美。我们之前提到过，亚斯奇兰和帕伦克都在伟大时期开始前不久就达到了雕塑艺术的高峰。23号建筑（包括门楣）建于玛雅9.14.15.0.0年（公元726年）。亚斯奇兰最精美的纪念碑是1号石碑、4号石碑、3号石碑和7号石碑。从艺术成就上来说，这些石碑要略为逊色于23号建筑的门楣，不过其中一座甚至所有石碑都是在门楣完工之后35年才建成的，而那时候亚斯奇兰的美学巅峰已经过去了。

科潘有大量伟大时期的雕塑，实际上比古帝国任何其他城市都要多。在那个伟大时期，这座城市完成了许多华丽的雕塑作品：A号石碑、B号石碑、D号石碑、M号石碑、N号石碑、C号石碑、H号石碑、F号石碑和4号石碑，以及Q号祭坛、R号祭坛、S号祭坛和T号祭坛。还有其他一些宏伟壮观的建筑：11号神庙、22号神庙和26号神庙，以及分别位于东庭与西庭的美洲豹梯道和检阅台。这些雕塑和建筑都是在公元731年至公元782年期间完成的。玛雅地区最长的象形文字铭文是26号神庙的铭文阶梯，年代是玛雅9.16.5.0.0年（公元756年）。由于篇幅所限，无法一一介绍科潘最好的雕塑作品，但应该指出的是，这座伟大的南方中心城市拥有的雕塑作品比玛雅文明其他任何中心城市都要多。

基里瓜虽然只是一个二类遗址，但这座城市有22座纪念碑，其中一些是玛雅地区最好的雕塑作品。古玛雅人开采过的最大的一块石材E号石碑和佐莫尔O号祭坛我们已经提到过。第三个值得特别提及的纪念碑是佐莫尔P号石碑，一些人认为它是古代美洲最精美的雕塑作品。这块巨大的砂岩长9英尺8英寸，宽11英尺6英寸，高7英尺3英

图98　基里瓜的F号石碑和D号石碑

寸，顶部和四面都是复杂的雕刻设计。它是在玛雅9.18.5.0.0年（公元795年）建造的。也许在基里瓜发现的雕刻铭文是古玛雅人石雕上最精美的铭文，特别是建于玛雅9.16.10.0.0年（公元761年）的F号石碑上的铭文；以及建于五年后，即玛雅9.16.15.0.0年（公元766年）的D号石碑上十分罕见的全图形符号铭文。

　　然而，到了白克顿9结束（公元830年）时，整个古帝国的巅峰时

图99　序顿的10号石碑前视图

图100　奇琴伊察的恰克摩尔雕像

代已经过去，雕塑也开始走下坡路。就雕塑而言，随之而来的是一场文化衰退，古玛雅人再也没有从这场衰退中恢复过来。

古帝国晚期的雕塑作品清楚地反映了这种文化衰落。例如序顿建于玛雅10.3.0.0.0年（公元889年）的10号石碑，这是在这个卡顿结束时竖立的三座纪念碑中的一座，也是古帝国时期最后一座年代确定的雕塑。这个作品在审美灵感和工艺技术上的缺失显而易见，而且构图浮华凌乱，上面的人像比例很不协调，呆板僵硬，像木头一样，大量的服装细节掩盖了设计。

之前已经指出，在新帝国时期，雕塑作为一种独立的艺术已经日渐式微。也就是说，它几乎完全局限于建筑装饰。事实上，除了最大的中心城市，几乎不存在独立的雕塑。奇琴伊察没有发现任何石碑，但有许多独立雕塑，可分为以下四种：第一种，恰克摩尔雕像；第二种，美洲豹宝座雕像；第三种，旗手雕像；第四种，大力士雕像。

图101　美洲豹宝座雕像

第一种恰克摩尔雕像是斜倚的人物雕塑，头部朝左边和右边的都有。大小不等，有比真人大的，也有比真人小的。奇琴伊察的恰克摩尔雕像至少有十几个，其中两个仍然保留着镶嵌的抛光骨片装饰，代表眼白、手指甲和脚指甲。这些雕像非常相似，双手都紧握着一个石板，横放在腹部。这些斜倚的塑像通常立在神庙门口。从摆放的位置来看，加上各自手里拿着的石板，表明这些雕像很可能是在礼拜者进入神庙前，用石板接受信徒的祭品。

第二种是美洲豹宝座雕像，为美洲豹真实的大小，头部朝左或者朝右，平坦的身体作为座椅。蒂卡尔、佩德拉斯内格拉斯、帕伦克和序顿的雕塑上都有这种美洲豹宝座，而乌斯马尔和奇琴伊察则发现了这种宝座令人惊叹的实物。奇琴伊察的勇士神庙的壁画上也有这种美洲豹宝座。

第三种是旗手雕像，上面通常有一个大约1英尺高，底部直径1英尺的圆锥底座，顶部有一个孔，用来插入羽毛旗帜的旗杆。有时候旗手雕像是一个大约3英尺高的人像，前臂水平地向前伸展，双手握成一个洞来插入羽毛旗帜的旗杆。最近在奇琴伊察还发现了另一种旗手雕像，左膝跪地，右手握着旗杆。

第四种是大力士雕像，通常高约2~2.5英尺，手臂举过头顶。它们

图102 乌斯马尔7号石碑的前视图

被当成柱子以支撑神庙里的讲台和祭坛。

在乌斯马尔有16块雕刻的石碑，但即使是最好的作品7号石碑，与古帝国时期那些伟大的雕塑杰作相比，也显得过于浮华艳俗和颓废。在这座城市还发现了一个非常优美的人头雕塑（真实大小），这个人头从一条巨蛇的嘴里露出来，右脸颊上有文身。然而，仅仅一个头部很难被称为独立的雕塑，因为它附着在一排房间的外立面上，这些房间建造在金字塔西部的最下面，上面是祭司的房子，所以这个头像真正的意义只是一个建筑装饰元素。这个头像现存于墨西哥国立人类学博物馆。随着新帝国走向终结，雕塑作为一门独立的艺术变得越来越不重要，但作为建筑艺术的附属，它所展现出的庄严和美感在古代美洲是无与伦比的。

木雕

从幸存下来的少数几个例子来看，玛雅木雕艺术似乎已经在蒂卡尔达到了最完美的水平。我们之前提到过的蒂卡尔五座大金字塔神庙的门楣就是最精美的木雕作品。

　　木头这种容易腐烂的材料实际上很难在古帝国潮湿多雨的气候中保存下来，除非是在遮蔽得很好的地方。事实上，古帝国和新帝国现存的为数不多的木质物品都是在不受气候侵蚀的地方找到的，例如室内的门楣或横梁。

　　正如帕伦克是玛雅地区灰泥作品水平最高的城市一样，蒂卡尔也是木雕水平最高的城市。毫无疑问，古玛雅人最好的木雕作品就是蒂卡尔的那些木雕门楣。

　　这些木雕里最完整的一个已在图63里有所展示。蒂卡尔的木雕门楣由4~10根人心果木组成，总长度为7~17.5英尺，具体长度取决于门楣下面门的宽度。门楣上刻有一条逼真的蛇，它的身体在中间拱起，形成一个中央壁龛。蛇头朝左边，从它张开的嘴里冒出一个神灵的头部、手臂和躯干。蛇尾巴在右侧，末端绕成两个优美的卷儿。这个木雕作品的左上角和右上角都有一段精美的象形文字铭文，在铭文间的顶部刻着一只展翅飞翔的大鸟，这是库库尔鸟（绿咬鹃），也是玛雅人的神鸟。在蛇身体中间向上拱起形成的壁龛中，刻着一位君主，头朝左边，身体是正面视图，他左手握着长矛，右手拿着一个小圆盾。这位衣着华丽的统治者坐在宝座上，宝座建在一个平台上，下面有五级台阶通向宝座。他的双脚轻轻点地，双腿自然分开。

　　这根门楣最初在4号神庙的一个门廊上，年代是玛雅9.16.0.0.0年（公元751年），正是玛雅雕塑艺术达到顶峰的时候，它是玛雅地区保存最好的完整木雕作品。在巴卡拉尔湖南端以西的城市德锡万切的7号神庙里，也发现了一个古帝国时期的木雕门楣，但是这个作品远远逊色于蒂卡尔的那些门楣。上面有八个象形文字铭文，但没有人物，

总体上是一个相当糟糕的作品，雕刻的年代可能是玛雅9.9.5.0.0年（公元618年）。

有时候支撑拱顶的木制横梁上也有雕刻，在蒂卡尔五层宫殿第四层后面的房间里就找到了这样的例子。

在新帝国时期，奇琴伊察和乌斯马尔都发现了木雕门楣。奇琴伊察保存最完好的门楣在西庭美洲豹神庙的内门口。两根木头组成了这个门楣，上面都刻着同样的图案——太阳圆盘，圆盘里面和外面各有一个人像，外面的人像被一条盘着的有羽毛的响尾蛇包裹在里面。两个人像都面朝着中间的一个祭坛。虽然这个门楣设计美观，雕刻精良，但与蒂卡尔的木雕门楣相比仍然相去甚远。奇琴伊察卡斯蒂略神庙里的人心果木门楣上面原本也有雕刻，但大部分浅浮雕

图103　奇琴伊察美洲豹神庙木雕门楣视图

都被人用刀砍掉了。

美国旅行家、外交官和业余考古学家约翰·劳埃德·史蒂芬斯在公元1840年和公元1841年访问了乌斯马尔，留下了关于玛雅地区旅游的精彩记录。他在乌斯马尔总督宫南边靠外的房间里发现了一根人心果木横梁，并在离开尤卡坦半岛时把这件文物带到了美国。这根横梁后来在公元1842年纽约的一场大火中被烧毁。这是一个无法弥补的巨大损失：首先是因为史蒂芬斯说它是整个乌斯马尔唯一有雕刻的木头横梁，其次是因为上面的铭文很可能成于总督宫建造的年代，而这座建筑是美洲前哥伦布时代最美丽的建筑。

其他较小的木雕物品来自奇琴伊察的祭祀坑，其中最引人注目的是一把祭祀刀的木制刀柄，它被雕刻成两条相互缠绕的响尾蛇，柄上还覆盖着一层薄薄的黄金，刀身是一块漂亮的燧石薄片。

灰泥模塑

如前文所述，灰泥似乎普遍用于古帝国建筑的外部装饰，但新帝国时期在处理外墙装饰时，使用灰泥的概率较低。帕伦克是灰泥工艺水平最高的城市，宫殿各个部分的石板和神庙后墙上现在大部分被毁的壁板是整个玛雅地区灰泥模塑艺术的最佳代表。以宫殿的D组房屋西立面的两块壁板为例，我们可以观察到壁板上人物漂亮的造型和优雅的姿势，两块壁板上的人物手臂和脚都体现出了精湛的灰泥模塑工艺，还有丰富而内敛的服饰细节——凉鞋、玉珠裙、羽毛头饰、腰带、耳环、项链、手镯、脚镯和精致的吊袜带，壁板上还有华丽的宝座，壁板底座和边框都有精致的装饰，这些都体现出了极高的艺术水平。在古代美洲，没有哪座城市的灰泥模塑作品比帕伦克的更精美，帕伦克在这一领域的霸主地位是毋庸置疑的。

即使是帕伦克势力范围内的外围中心城市，也掌握了灰泥模塑的工艺，不过水平远远不及帕伦克。位于帕伦克西北约100英里的科马尔卡尔科就是很好的例子。人们几年前在这里发现了一座坟墓，入口原本是西墙上的一个门道，但当时已经被堵住了。在另外三面墙上，有三个面朝相同方向的灰泥人像，每个人像高约四英尺。虽然科马尔卡尔科的灰泥人像比帕伦克宫殿里的灰泥模塑作品粗糙得多，但这些人像也不是完全没有优点，可以看出创作者的艺术构思比较贴近实际，模塑铸造的手法显示出相当的自信。

图104　科马尔卡尔科的灰泥人像

　　新帝国时期的灰泥作品并不常见。在尤卡坦北部的伊萨马尔和坎佩切中部切尼斯地区的诺库希奇发现了一些尺寸夸张的人头模塑。不过新帝国最好的灰泥模塑作品是在尤卡坦中北部的阿坎塞。这是

图105　阿坎塞灰泥板上的松鼠图像

一块非常漂亮的灰泥板，位于一栋建筑正立面的上半部分，上面是各种动物，其中可以清晰辨认出蝙蝠、松鼠、蛇和鸟。这块灰泥板是大约40年前发现的，当时上面还保留着许多原来颜色的痕迹，主要是明亮的蓝绿色。虽然这个作品很优秀，但和帕伦克的一流灰泥模塑作品相比仍然有很大差距。

陶土模塑

　　虽然我们将在下一章专门介绍玛雅人的陶艺作品，但现在也可以先来看看一些陶土模塑的头像和人物。

　　制作陶土头像的方法可以追溯到古代中美洲艺术的早期。在墨西哥城郊外的史前墓地中有大量的陶土头像，其历史可以追溯到公元前一千年。在瓦哈克通地下非常深的"黑土层"中也发现了类似的头像，这个地层显示的信息是瓦哈克通最早的居民留下来的。这些头像非常粗糙简陋，眼睛只不过是在杏仁状的凹陷处打了一个圆孔；眉毛，如果硬说是眉毛的话，看起来只是很浅的线条；鼻子、嘴和嘴唇

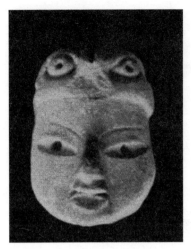

图106　瓦哈克通的泥塑人面像

都说明这种头像是毫无技巧的陶土模塑。瓦哈克通的这些早期陶土头像至少可以追溯到公元前2世纪或公元前1世纪，和这些头像一起被发现的还有非常粗糙而且身体比例失衡的女性躯干塑像。

　　这种陶土头像和女性躯干塑像的例子很少被发现，这应该是由于从古帝国中期开始玛雅人就掌握了非常精细的陶土模塑工艺，从后来出土的许多精致的作品可以看出这一点。其中一些显然是直接手工制作然后烧制的，但更多的是通过预先制成的模子来制作的，其中一些非常古老的模具已经被发现。毫无疑问，古代模具中最漂亮的是一个8英寸高的正面视图的女性坐像的全身模塑。这个模具是在墨西哥恰帕斯州东端的奇霍伊河西岸的一个土堆里发现的，用它制作出的精致人像让人想起了帕伦

图107　瓦哈克通的泥塑女性躯干塑像

克最优秀的灰泥模塑作品，它们具有同样柔和的线条，同样流畅圆润的造型，以及同样高超的制作技艺。这个模具现存于哈佛大学皮博迪考古学与人类学博物馆。

另一个陶土模塑中心是位于乌苏马辛塔河下游河岸的古帝国城市乔努塔，那里的陶土塑像和头像达到了几近完美的高度。

第三个陶土模塑中心是位于尤卡坦半岛北部西海岸的杰纳，虽然这是一座古帝国的外围城市，但制作陶土塑像的水平非常高。从地图上可以看到，我们最后提到的这几个地点都在玛雅地区的西半部，有三个位于乌苏马辛塔河流域。尽管在玛雅文明所覆盖的地区到处都可以找到类似的陶土模塑的头像和雕像，而且这些作品从最早的古帝国时代到新帝国的结束时期都有，但古玛雅人的模塑艺术于公元八九世纪在乌苏马辛塔河流域达到了最高艺术水准，这个地区代表了用灰泥和陶土制作模塑作品的最高水平。

在新帝国时期，古玛雅人的模塑

图108　杰纳的模塑作品

艺术和雕塑艺术一样，都出现了明显的滑坡，尽管也有一些很不错的小塑像。神像、烟斗、香炉和其他一些用陶土烧制的物品说明他们使用的是模制技术，数量非常多，尤其是香炉。但在制作水平上，这些作品和伟大时期中后期以及上面所说的乌苏马辛塔河流域的模塑作品相比，还有很大差距。新帝国时期最好的模塑作品是在奇琴伊察北柱廊发现的陶土烟斗。这根烟斗的总长度是20.5英寸，烟斗锅高2.25英寸，外缘直径是3英寸。烟斗锅的前面有一个鸟头，带有一个突出的喙，这个鸟头是中空的，里面有一个小球，晃动时会发出声响。烟斗杆上面贴着一个陶土条作为装饰。烟斗表面经过抛光处理，颜色是温暖的红褐色。

香炉是新帝国晚期最常见的一种器物。作为装饰这种器物表面都贴着陶土模塑的头像和人像，这些头像和雕像与香炉是分开制作的。尽管一些香炉具有相当高的造型技巧，但陶土烧制工艺却很拙劣，彩绘装饰也显得很粗糙。

这种将陶土模塑的头像和人像贴在香炉外面的技术，目前仍然存在于东恰帕斯森林里最后一些拉坎敦玛雅遗民中。这些香炉的制作确实很粗糙，一般都涂有红色、黑色和白色。

从瓦哈克通"黑土层"中发现的公元前2世纪或公元前1世纪的陶土模塑到今天的拉坎敦香炉，这中间经过了2000年的漫长岁月。在这2000年里，作为古玛雅人最古老的艺术之一，模塑艺术走过了辉煌的发展历程。

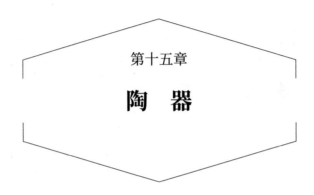

第十五章

陶　器

M A Y A

陶器，文明发展最好的指引

在人类从野蛮走向文明的过程中留下的所有不会朽坏的遗物里，烹饪用的锅，家用和祭祀用的碗、花瓶、盘子和其他用陶土烧制的器皿，比任何东西都能更好地记录和反映文明发展的历程。事实上，陶器正是人类文明进步最准确的衡量标准，也是研究文明发展顺序的最佳指引。

读者很可能会有这样的疑问：对于散落在人类以前的居住地的一堆瓦片（陶器碎片），我们如何区分它们的年代呢？真正年代久远的原始陶器和陶器艺术衰落之后的陶器都会显得很粗糙，这又如何分辨呢？答案很简单，分辨陶器年代早晚所使用的技术与地质学家在研究地球所经历的连续地质时期时所使用的技术是相同的。这项技术被称为地层层序。原理很容易理解，在没有干扰因素的情况下，先产生或者先制造的事物，无论是岩石还是陶器，都是先开始沉积的，因此它们会出现在更下面的地层里。

会制作陶器的人们的聚居地周围，自然就会堆积很多废弃的残破陶器，与生活中产生的其他各种废弃物混杂在一起，例如各种工具和器具，包括武器、服饰和食物残留。而且这些废弃物形成的垃圾堆几乎都是在露天的地方被发现的，所以其中的易腐材料例如纺织品、木头、篮子、皮革、皮毛、羽毛和食物残留基本上都由于自然风化而消失殆尽了。事实上，除在异常干燥的气候条件且遮蔽良好的地方之外（例如一些干燥地区的洞穴），垃圾堆里的易腐材料都会完全腐烂，只剩下石头、贝壳、骨质工具等不会朽坏的东西，以及最重要的承载着相关年代记录的陶器碎片。

这些垃圾堆总是紧邻着它们主人的定居点。当几个定居点非常靠近，或者像新墨西哥州和亚利桑那州的普韦布洛印第安人那样好几个家庭住在一起的情况下，有时候垃圾堆会有好几英尺深。这种大型垃圾堆的横截面提供了关于周边定居点的可靠的陶器历史，从理论上来说，最底层发现的肯定是年代最久远、款式最古老的陶器碎片，越往上肯定年代越近，这些陶器碎片代表了定居点被废弃之前人们使用过的器皿。

关于陶器发展顺序，这种陶器碎片的分层沉积为我们提供了高度可靠的证据，但它们本身并不能提供一个绝对年代，也就是说我们无法确定其精确的时间。在对美国西南部，尤其是在新墨西哥州和亚利桑那州的普韦布洛印第安人文化的研究中，通过将垃圾堆分层而对陶器类型进行相对年代测定的技术已经非常完善。这些地区还存在一个很幸运的因素，使得非常精确的年代测定成为可能。这一额外因素是垃圾堆附近定居点房屋的屋顶横梁，根据亚利桑那大学的道格拉斯博士找到的一种方法，这些横梁的确切年代，即作为材料的树木被砍伐时的公元纪年年代，可以通过研究它们的生长年轮来确定。这不仅从公元纪年的角度确定了定居点的实际年代，而且还确定了居住者使用的不同陶器的相对年代。

在玛雅地区，显示陶器发展顺序的分层沉积甚至比美国普韦布洛印第安人地区更为多样。除了分层的垃圾堆，在没有断层的广场地面下，在叠加的建筑单元中，以及在累累的坟墓中，都发现了陶器碎片的分层沉积。这几个显示陶器发展顺序的分层沉积都是在瓦哈克通发现的。它们显示出的信息彼此一致，并为古帝国的陶器类型提供了一个相对的年表，我们将在后面的章节中描述。这个陶器年表适用于整个佩滕地区、乌苏马辛塔河流域，甚至更偏远的外围地区。但不幸的是，中美洲低地的情况和美国西南部不一样，对树木年轮的测定不能为我们提供公元纪年的绝对年代。尤卡坦半岛的树木每年至少会增加一个年轮，但有时候会增加几个年轮，树木的年轮数量不能用来准确地测量它们各自的年龄。因此，如果我们要找到一个绝对的年表，确定公元纪元年代，那就必须求助于另外的线索。

幸运的是，在那些刻有日期的玛雅纪念碑上，我们或许已经得到了一个绝对年代的标尺。许多玛雅纪念碑都刻着玛雅纪年法的精确日期，而玛雅纪年法是人类有史以来最精确的时间计算系统之一。只要把玛雅纪年换算成公元纪年，我们就能获得与树木年轮一样精确的年代测定，而这项换算工作已经成功完成了。

玛雅陶器复杂多变，数量和种类繁多，而且具有高度的专业化。但玛雅陶器和那些刻有精确日期的玛雅纪念碑之间有着密切联系，所以当我们将所有线索和证据都梳理清晰并汇聚在一起的时候，肯定会对玛雅地区的陶器有更多的了解，包括不同种类陶器的发源地以及陶器艺术在玛雅地区的分布和衰落。但对于古代美洲其他民族的陶器来说，我们可能永远也无法达到像对玛雅陶器这样的了解程度。

前玛雅时期的陶器

可以肯定的是，陶器制作并非起源于尤卡坦半岛。相反，尤卡坦半岛原先的非农业族群很可能是从生活在危地马拉西部高地的人们那里获得了玉米种植的知识和制陶工艺。也许他们同时学会了种植玉米和制作陶器，或者更有可能先学会了农业知识，然后学会了制作陶器。似乎可以肯定的是，早在公元前一千年以前，整个尤卡坦半岛，从南部危地马拉科迪勒拉山脉到尤卡坦北部茂密的平原都被玛雅语系的族群占领。这些人以农业为生，主要种植玉米，并制作了一种前玛雅时期（古帝国时期之前）的陶器，可能与我们接下来要介绍的马穆姆时期的陶器有些类似。他们没有石头建筑，也没有石雕，没有详细的年表系统和象形文字。

马穆姆时期

可能由于考古发掘不足，迄今为止只有危地马拉的瓦哈克通和英属洪都拉斯的圣何塞等很少几座城市发现了类似马穆姆时期的陶器，这些陶器都是在这几座城市沉积层最下面的分层里找到的，因此代表着这几座城市最古老的制陶水平。考古人员最先是在瓦哈克通发现了马穆姆时期的陶器，所在的分层保存完好，土壤都未被扰动，这个分层就是所谓的"黑土层"。含有这种陶器的黑土是从其他地方运来堆在这里的，目的是平整广场地面。这种陶器在瓦哈克通比所有石头建筑和石碑都出现得更早，也是瓦哈克通以及整个尤卡坦半岛发现的最早的陶器类型。

在玛雅地区之外的一些地方，陶土烧制的人头塑像、雕像和马穆姆时期陶器的分布范围更广，尤其是在高地，例如危地马拉的卡米纳尔胡尤、乌坦特兰和托托尼卡潘以及洪都拉斯和萨尔瓦多的高地都能找到这些陶器，甚至墨西哥中部高原地区的很多地方也有。这种相对同质而且非常简单的陶器文化在中美洲大部分地区广泛分布，对此最好的解释可能是它起源于危地马拉高地一些种植玉米的民族，并随着玉米农业的扩散而传播到整个中美洲。但农业和制陶最初从南边的高地传入尤卡坦半岛的具体时间不得而知。

在墨西哥谷南侧的一个史前墓地中发现了一些工艺优良的模塑小人像，属于典型的马穆姆时期陶器。地质学家认为这些塑像至少有两千多年的历史。这意味着至少在公元前，甚至在公元前几百年的时候，墨西哥谷就有人制作了这些塑像。因此，农业和制陶最初从南边的高地传入尤卡坦半岛的具体时间保守来说应该不晚于公元前一千年。

就其特点而言，马穆姆陶器风格简单，造型和装饰相对有限。主要的器物是磨光①的喇叭颈陶罐、有外曲边的黑色陶罐、肩部有刻痕的黑色陶罐、有喇叭口的红色陶碗、带水平凹槽的红色陶碗和盘子、橙色陶碗、红色或浅黄色的模塑小雕像等物件。马穆姆陶器没有任何绘画装饰，只有少数涂抹拙劣的器皿上可能有一些非常原始的设计尝试。

在马穆姆陶器中，主要的装饰技术是刻痕、开槽和造型。最好的

----

① 这是一个术语，用来描述在烧制前在外面涂上一层陶土的陶器表面效果。——原注

造型作品是陶土烧制的人头像，上面通常有两个眼洞，以及粗糙的女性躯干的陶像。

人头像的眼窝凹陷，眼睛则是两个穿孔的眼洞，刻出的浅线条勾勒出眉毛的样子。女性躯干的陶像有站姿也有坐姿，都是非常糟糕的模塑作品，肚脐和两个乳头只是在烧制之前随手弄出的孔洞。我们已经提到过，在墨西哥谷、危地马拉、洪都拉斯和萨尔瓦多发现的最早的陶器文物中，都有这种人头像和躯干陶像。在这个最初的陶器时期，没有彩色陶器和雕刻陶器，只有极少几个蜡染或贴花装饰的实例。模塑小雕像的表面是光滑的，但没有绘画装饰。马穆姆陶器被描述为前玛雅陶器时期中的"凹槽器皿阶段"。

奇卡内尔时期

我们在之前的章节中已经看到，瓦哈克通的第二个陶器阶段，即奇卡内尔时期的陶器出现的时间很可能与玛雅历法、年表和象形文字的发明时间是一致的，都是在公元前4世纪或公元前3世纪。如果这个时间基本正确，那么前玛雅时期陶器阶段的马穆姆陶器至少持续了六个半世纪，而且实际上可能比这个时间还要更长（前玛雅二期，表8）。

在瓦哈克通，奇卡内尔陶器紧接着马穆姆陶器之后，中间没有掺杂任何其他类型的陶器。这一时期的陶器是在E组建筑群广场最底层的下面发现的，而这个分层正好位于马穆姆陶器所在的"黑土层"的正上方。奇卡内尔陶器与瓦哈克通最早的石头建筑联系紧密。不过这些石头建筑还不算是真正意义上的建筑物——它们只是一些低矮的平台和金字塔形式的基础结构，上面是用易腐材料例如小树枝和茅草搭建的房屋。

表8　尤卡坦半岛七个陶器时期的持续时间

时期序号	时期名称	相应陶器阶段	持续时间	
1	前玛雅二期	马穆姆时期		大于647年
2	前玛雅三期	奇卡内尔时期		670年
3	古帝国一期	扎克尔早期	197年	316年
	古帝国一期	扎克尔中期	40年	
	古帝国一期	扎克尔后期	79年	
4	古帝国二期	特普早期	100年	354年
	古帝国三期	特普中期	154年	
	古帝国三期	特普后期	100年	
5	新帝国一期	普克时期		207年
6	新帝国二期	墨西哥时期		247年
7	新帝国三期	衰落时期		100年

奇卡内尔陶器比马穆姆陶器更为成熟一些，这一时期陶器造型和装饰技术的数量是马穆姆时期的两倍。主要器物有：磨光的粗颈低喇叭口陶罐，上面带装饰条纹；短颈喇叭口红色陶罐，带有较浅的刻痕；碗沿外翻的红色陶碗，宽大的碗沿上有凹槽；带有刻痕装饰的黑色陶碗；带有刻痕装饰的橙色陶碗；带有波浪形刻痕装饰的棕色陶碗；带有较浅的波浪形条纹图案刻痕的棕色陶碗；带有刺状贴花装饰的陶碗；带有不规则单一装饰的红色陶碗，碗里面涂成了黑色；用蜡

染工艺装饰的陶碗。

马穆姆陶器的分布范围远远超出了尤卡坦半岛，在中美洲和墨西哥各地都发现了这种类型基本统一的陶器，但奇卡内尔陶器的分布范围则很有限。然而，就尤卡坦半岛北部而言，人们发现的奇卡内尔陶器残片远远多于马穆姆陶器。在迪济比恰顿、阿坎塞、玛雅潘、卡巴、雅苏那、马尼等城市都发现了奇卡内尔陶器，事实上，几乎所有发掘过的遗址都能找到这一时期的陶器残片。这种情况表明，大约在公元前300年至公元300年左右，佩滕和尤卡坦北部在这一时期的贸易活动应该比上一个陶器阶段也就是马穆姆时期的更多。奇卡内尔陶器被描述为前玛雅陶器时期中的"外翻宽沿器皿阶段"。

在介绍前玛雅陶器时期使用的回火材料前，首先必须区分两种类型的陶器：（1）磨光的、粗糙的、笨重的、厚壁实用陶器；（2）光滑的单色陶器。

在马穆姆时期，绝大多数第一类陶器也就是实用器皿都是用陶器碎片作为回火材料来回火的，很少看到使用方解石作为回火材料的情况。然而，在马穆姆时期临近结束时，这样的比例发生了逆转，方解石回火的使用率最终超过了陶器碎片，粗糙厚实的实用陶器的回火材料都是方解石，陶器碎片完全被取代，直到下一个阶段也就是奇卡内尔时期开始为止。

马穆姆时期的光滑单色陶器使用的回火材料主要是陶器碎片，但也经常能发现使用火山灰和方解石回火的情况。和实用陶器一样，马穆姆时期的光滑单色陶器也显示出回火材料的逐渐变化，这种变化在奇卡内尔时期达到高潮，但与实用陶器相反的是，光滑单色陶器使用的回火材料几乎全部都是陶器碎片，完全看不到方解石和火山灰了。

奇卡内尔时期开始后，两种类型陶器的回火材料继续保持着差异化。粗糙的实用陶器的回火材料一直是陶器碎片，这种材料不仅用于两个前玛雅陶器阶段（马穆姆时期和奇卡内尔时期），也用于随后的两个古帝国陶器阶段（扎克尔时期和特普时期）；而另一方面，光滑的单色陶器的回火材料则发生了许多变化。

古帝国时期的陶器

我们在这本书中所说的"玛雅文明"一词是指一种由多个文化表现形式组成的文化复合体，其主要特征是：（1）独特的象形文字、历法和年表；（2）典型的叠涩拱式石头建筑；（3）独立的石头雕塑；（4）独特的陶器艺术，其最早的阶段被称为扎克尔时期。

大约在玛雅8.14.0.0.0年，也就是公元4世纪初，上述这四种文化元素已经出现在瓦哈克通，玛雅文明终于正式登上了历史舞台。五六个世纪以来，古玛雅人可能一直都在使用自己的象形文字、历法和年表，以及一种他们特有的前玛雅时期的陶器（奇卡内尔陶器）。至于石头建筑，我们已经看到古玛雅人之前是用木材和茅草来盖房子，直到奇卡内尔陶器时期，才第一次开始建造低矮的石墙、石头基础平台，甚至还有灰泥覆盖的金字塔，例如瓦哈克通的E-VII子金字塔就可以追溯到奇卡内尔陶器时期。石雕尚未成熟，但木雕肯定已经发展得很好了。然而这些最早的木雕和用木材和茅草盖的房子早已无迹可寻。

文化的动力将木雕和木质建筑推进到了石雕和石头建筑的阶段，同时也带来了一种新的、更复杂的陶器艺术，这就是扎克尔陶器。佩滕中北部尤其是蒂卡尔–瓦哈克通地区的这几种文化元素到底是外来的，还是在当地原生发展的，这个问题可能永远也没有答案。在评价这个伟大的美洲土著民族的文化成就时，我坦率地承认我怀有强烈的亲玛雅偏见，坚信这些文化发展来自内部，而且它们的起源地就是佩滕中北部的蒂卡尔-瓦哈克通地区。

尽管扎克尔陶器时期从年代上看属于古帝国早期（公元317年—公元633年），但扎克尔陶器的特点已经相当多样化和风格化，装饰技术丰富多变，彩陶的发展日益增多，并出现了底部有凸缘的陶碗——这种碗是古帝国时期最典型的陶器样式，具有论断性意义。研究玛雅陶器的专家们将扎克尔时期分为三个子阶段，但限于篇幅，我们无法详尽描述扎克尔陶器，只能简略介绍一下。扎克尔陶器包括磨光的陶罐，罐口的处理非常多变，甚至还有一些封闭的罐口；装饰种类很多，例如条纹、边缘开槽、贴花、穿孔、造型、边缘开孔等。我们还发现了许多形状各异的黑色和橙色的雕刻陶器，其中一些陶器上面可以看到非常精美的人物浮雕。底部有凸缘的陶碗是非常典型的扎克尔时期的陶器，这种碗有纯色（黑色或橙色）也有彩色。碗上面的装饰图案非常丰富，几何、人物、兽形、蛇形的图案都有；有的图案是造型，也有画上去的。还有一些碗的底部没有凸缘，取而代之的是像鼎足一样的三个脚作为支撑。这个时期还出现了造型精美的黑色盖碗，盖顶的形状像人、鸟或蛇形，这种盖碗展示了十分精美的造型工艺。由于在这一时期陶器底部通常都有非常独特的凸缘，因此扎克尔陶器也被称为古帝国陶器时期中的"底部凸缘器皿阶段"。

我们在第四章中已经看到，在古帝国早期，可能起源于危地马拉佩滕中北部（蒂卡尔-瓦哈克通地区）的玛雅文明从一片相对较小的地区传播到了整个尤卡坦半岛。这种巨大的扩张无疑伴随着与周边地区甚至更偏远地区贸易的相应增长。因此,这些边远地区的陶器贸易活动在古帝国早期就开始越来越频繁。

在尤卡坦半岛北部的几座中心城市,主要是马尼、雅苏那和阿坎塞,发现了大量扎克尔时期的陶器碎片;但在奇琴伊察、乌斯马尔、卡巴、拉布纳、萨伊尔和玛雅潘,只有少量扎克尔陶器的痕迹。不过随着进一步的发掘,特别是在尤卡坦半岛西北角的奥克斯金特克和东北角的科巴,应该会发现更多扎克尔时期的陶器。在整个古帝国早期,尤卡坦北部地区都在继续发展当地风格的马穆姆陶器和奇卡内尔陶器,同时也受到来自佩滕中部的扎克尔陶器的影响。尽管在玛雅文明传播到尤卡坦北部之前,马穆姆陶器和奇卡内尔陶器已经在佩滕地区消失,但尤卡坦北部的马穆姆陶器和奇卡内尔陶器很可能源于南部地区。

特普时期

古帝国最后的陶器时期是特普时期,从年代上看属于古帝国中期和伟大时期(公元633年—公元987年)。与扎克尔时期一样,研究玛雅陶器的专家们也将特普时期分为早期、中期和晚期三个子阶段。

特普时期的早期在年代上属于古帝国中期。特普时期的中期属于古帝国伟大时期的前2/3,在这段时期,除了建筑艺术,古玛雅人在所有工艺和艺术方面都处于审美巅峰。特普时期的晚期属于古帝国伟大时期的后1/3。特普时期佩滕陶器在佩滕以外的地区也有发现,例如尤卡坦北部的科巴、雅苏那、乌斯马尔、卡巴、拉布纳、萨伊尔和马尼都有这种陶器,而且北部半岛其他地方的考古发掘几乎肯定会扩大这一范围，不过相对更早时期的佩滕陶器来说，特普时期佩滕陶器的分布和数量还是要少一些。

在特普时期，佩滕的城市和奇霍伊河上游地区有非常密切的接触，那里的人们发展出了一种非常特别的、具有很高的审美价值的彩绘陶器。

在古帝国中期和伟大时期，奇霍伊河上游地区受到了佩滕的强烈影响。这个地区海拔约900英尺，可以很容易地进入奇霍伊河、帕西翁河和乌苏马辛塔河，流域这里的动植物种群和佩滕地区的差不多。另一方面，可以看出特普时期佩滕陶器反过来又受到来自奇霍伊河上游地区彩陶的影响。由于这些地区在文化和地理上如此接近，因此毫无疑问它们之间存在不断的交流。带有浅浮雕人像且雕刻精美的陶器，似乎是紧随着佩滕地区和奇霍伊河上游地区都有的特普中期的精美彩绘花瓶后面出现的。

可以这样设想，佩滕对奇霍伊河上游地区产生强烈文化影响的同时又带去了精美的模塑陶器和小塑像，而反过来奇霍伊河上游地区也对佩滕和乌苏马辛塔河流域的大城市产生了文化影响，并带去了精美的彩绘陶器，事实上这个设想是完全有可能的事情。这种借鉴在很大程度上发生在族群内部，在古帝国中期和伟大时期，佩滕地区和奇霍伊河上游地区都是古帝国不可分割的一部分。

除了佩滕和尤卡坦半岛北部低地，特普陶器的分布似乎沿着两条主要的路线：（1）向东南进入洪都拉斯和萨尔瓦多；（2）向南进入危地马拉高地，在这个地区的上韦拉帕斯省的科班和查马以及埃尔基切省的扎库尔帕都发现了这种类型的陶器。但奇怪的是，在危地马拉高地的卡米纳尔胡尤没有发现任何特普时期的陶器，貌似这座城市与北部低地城市之间的联系在特普时期以前就已经中断，尽管它们在扎克尔时期保持着相当紧密的联系。

在特普时期的众多陶器中，下面这几种是最杰出的：带有条纹、贴花、凹槽、打孔等装饰的敞口光滑陶碗；有把手的宽颈红色陶碗；边缘内翻的三脚陶盘；带底座的橙色雕刻花瓶；不光滑的小塑像，人物和动物塑像都有，还有做成哨子的塑像，其中一些塑像上面有彩绘装饰。造型各异的彩陶令人眼花缭乱，上面的彩绘也非常丰富，有几何图案、从人类到昆虫的各种生物形象、象形文字符号以及描绘古帝国晚期各种仪式和生活场景的图画。玛雅人在古帝国伟大时期（公元731年—公元889年）这158年的时间里制作了大量精美的彩陶，整个新大陆任何其他土著民族在这方面都无法与之媲美，而且玛雅人自己后来再也没有达到过这一无与伦比的审美巅峰。

特普陶器被描述为古帝国陶器时期的"边缘内翻器皿阶段"，这种边缘处理方式在古帝国中期和伟大时期的陶器中十分普遍。

从扎克尔时期开始，光滑的单色陶器使用的回火材料与前玛雅时期的光滑陶器相比出现了突变。火山灰突然取代了陶器碎片，除了一些年代最早的扎克尔陶器使用陶器碎片作为回火材料，实际上已经看不到陶器碎片作为回火材料的情况了。在整个扎克尔时期，火山灰一直是光滑的单色陶器使用的主要回火材料，不过有时候也会用方解石。

到了扎克尔时期之后的特普时期，方解石成为主要的回火材料。在这一时期，各种陶器与相应的烧制温度之间出现了一种明确关联的趋势，某些陶器使用方解石作为回火材料，而另一些则使用火山灰。陶器制作真正地成了一门精细的艺术。

回火材料的变化引起了考古学家的兴趣，因为这种现象揭示了不断变化的陶器工艺，显示出一个地区的制陶技术对另一个地区的影响，同时也说明了各地间的贸易关系。这种回火材料的变化可能有这几个原因：（1）积极创新的陶工通过实践找到了更优质的回火材料；（2）一个地区的陶工采用了另一个地区陶工的方法；（3）进口了其他地区的陶器。

在某些城市发现了同一时期、同一类型的陶器使用不同的回火材料这一情况，最合乎逻辑的解释是它们出自不同的作者之手，有一些是本地制作的，而有些是进口的。但为了证明这一理论，首先需要对整个尤卡坦半岛及周边地区的陶器艺术具备广泛而深入的了解，而我们对古代玛雅陶器的了解只是入门阶段。如果我们希望在这一领域达到深入研究的高水平阶段，那就必须在玛雅地区进行广泛的考古发掘，而且还要在外围文化中心进行广泛的考古发掘，并对由此得来的陶器文物进行细致的比较研究。

新帝国陶器

在很早的时候，陶器制作工艺就已经遍布尤卡坦半岛，从危地马拉高地向南延伸，不仅覆盖了半岛南部，还覆盖了较远的半岛北部。

制陶技术到达尤卡坦半岛北部的时间肯定是前玛雅时期（古帝国之前），很可能是在公元前第一个千年的初期。马穆姆时期和奇卡内尔时期的陶器是尤卡坦半岛上最古老的陶器，无论是在北部还是南部发现的，这些时期的陶器都很相似。然而，当制陶技术到达半岛北部时，尤卡坦半岛的陶器就开始遵循区域化的发展趋势。在马穆姆时期和奇卡内尔时期，尤卡坦半岛的陶器和佩滕的陶器非常相似。随着时间的推移，佩滕的陶器从奇卡内尔时期转变到了扎克尔时期，而北方地区也在独立发展，并产生了相应的变化。陶器的发展和分化逐渐拉大了两个地区制陶技术的差距。最后，到了前玛雅时代结束即公元4世纪初时，两个地区的陶器已经大不相同，都有自己独特的模式。

在古帝国扎克尔时期和特普时期早期，整个半岛北部的陶器都有很大的不同，不仅北部各个地区的陶器彼此不同，而且与古帝国中心地区当时的陶器也有很大不同。在尤卡坦北部只发现了非常少的佩滕彩陶，而且它们和当时尤卡坦北部的本地陶器明显不同。到公元10世纪古帝国最终走向衰亡时，北方地区的陶器由于独立的分化发展已经显现出非常强烈的独特个性，从整体上已经看不到太多来自古帝国中心地区陶器的影响。

普克时期

普克陶器时期也被称为新帝国一期，这种陶器风格是公元10世纪入侵尤卡坦半岛的墨西哥人带来的。这些朝气蓬勃的新来者为北方地区已经日落西山的古帝国文化注入了一剂强心针，而且直接引发了公元11世纪和公元12世纪玛雅的文艺复兴。不仅是陶器，建筑、雕塑和其他艺术都反映出这种新兴文化的强大动力，尽管建筑艺术确实达到了前所未有的新高度，但其他艺术，包括陶器艺术，始终没有再恢复到古帝国伟大时期所达到的巅峰水平。

普克时期最具特色的陶器是尤卡坦石板陶器，装饰器皿和普通器皿中都有这种石板陶器。这是一种浅浮雕陶器装饰，有一些非常漂

a.陶器碎片

b.碗

c.罐子

d.雕花花瓶

图109　尤卡坦北部普克时期石板陶器

亮，但即使是这种陶器中最优秀的作品，也没有达到古帝国特普晚期带有雕刻装饰的陶碗那种高超的工艺水平。北方地区的尤卡坦石板陶器最早可以追溯到古帝国晚期，但高峰期是在公元11世纪和公元12世纪的新帝国早期。

普克陶器的另一代表是精美橙色陶器。这种精致器皿肯定是一种舶来品，尽管起源于国外，但就玛雅人而言，精美橙色陶器在公元11世纪和公元12世纪的尤卡坦半岛北部已经相当普遍，这表明它来自邻近地区，其制造中心可能在塔瓦斯科海岸平原的某个地方。公元10世纪入侵玛雅的墨西哥侵略者肯定经过了这个地区，而且很可能在那里逗留了相当长的时间之后才前往尤卡坦半岛，这种陶器肯定是墨西哥人带来的，应该是在他们经过塔瓦斯科海岸平原时在当地得到的，或者甚至是他们自己在塔瓦斯科海岸平原创造出了这种陶器，这并非不可能的事情。

普克时期的精美橙色陶器（第一阶段）非常同质化，这表明普克时期的城市历史相对较短，可能不超过两百年（公元987年—公元1194年）。精美橙色陶器的颜色从赤陶红到橙色都有，偶尔也会呈现出灰色，可能是由于烧制不均匀导致的。这种陶器似乎没有添加任何特殊的回火材料，只有陶土中自然出现的少量矿物质。精美橙色陶器有时候没有装饰，有时候会使用雕刻装饰，例如在乌斯马尔发现的优美的浮雕精美橙色陶器。

也许在普克时期的某个时段，尤卡坦半岛靠近西北海岸的杰纳发展成为一个各种姿势的陶土模塑人像的制作中心，作品展示出不同种类的服装服

图110　在乌斯马尔和奇琴伊察发现的精美橙色陶器

饰，其中一些具有相当高的美学价值。

墨西哥时期

墨西哥陶器时期也被称为新帝国二期，这种陶器在尤卡坦北部最早出现在公元12世纪末，应该是在玛雅潘君主胡纳克·凯尔于公元1194年征服奇琴伊察后，和他的墨西哥盟友从塔瓦斯科东部的西卡兰科地区带到尤卡坦的。奇琴伊察和玛雅潘是研究这种陶器的最佳地点，这两座城市的分层沉积的考古发掘清楚地表明，随着奇琴伊察的衰落，玛雅潘变得更加强大。

墨西哥时期的常见陶器之一是精美橙色陶器（第二阶段），主要见于奇琴伊察和玛雅潘。第二阶段的精美橙色陶器与第一阶段具有相同的精细纹理，在一定程度上也具有相同的颜色范围和装饰技术（绘画和雕刻）。但是在形状、表面光洁度和设计上有明显的不同，第二阶段的精美橙色陶器在制作上没有第一阶段那么优秀。有三种不同的装饰，一种是红色的基色上全部是光泽面，另两种是在红色的基色上的黑色、白色光泽面。

在新帝国时期，铅酸盐陶器首次出现在尤卡坦北部，这肯定也是舶来品。铅酸盐陶器有非常美丽的光泽，几乎是一种金属光泽，颜色从明亮的橙色到赤陶红和棕褐色再到铅灰色。所有这些不同的色调可以出现在同一个陶器上，而且确实有很多这样的实例；这种颜色差异可能是由于烧制时的温差造成的，陶器的某些部分的受热温度比其他部分更大。这种陶器表面有光泽，陶土本身可能含有一些烧制后会呈现出光泽的成分。显然，真正的这种铅酸盐陶器（有几种仿制品）都来自同一个特定区域，那里出产这种特殊的陶土。虽然制造地点尚未完全确定，但目前的推测是在南部高地，也就是在萨尔瓦多西部和恰帕斯东部之间的某个地方。

铅酸盐陶器有很多种形状，主要的装饰技术是造型。带有人形、兽形和鸟形塑像的花瓶和碗很常见。尽管这种陶器出现在新帝国时期，在玛雅历史上相对较晚，但在奇琴伊察非常普遍，所以无论它的原产地是哪里，在公元13世纪和公元14世纪一定和奇琴伊察有广泛的

图111　尤卡坦北部墨西哥时期的铅酸盐陶器

贸易往来。

奇琴伊察和玛雅潘的墨西哥时期陶器还有一种十分常见的香炉，这种陶器一部分是模塑，一部分是贴花。这种香炉的敞口炉体上通常都有贴花人像（有时只是头像）。图112显示的是在奇琴伊察东南几英里处的一个小遗址发现的香炉，上面有一个1英尺高的浅棕色人像。有些人像比这个还高，也有很多比这个矮的人

图112　奇琴伊察附近发现的香炉

像。人像十分精致，也有比较普通的，不过大多数带有彩绘。这种人像是一块一块组装而成的，胳膊、腿、衣服和衣服的配饰都是分开制作的，先将人像的躯干固定在陶器上，然后再把一些组件固定在躯干上。炉体里面用来焚香，而玉米、豆子、烟草、辣椒、棉花等供品则放在贴在外面人像伸出的手上，或者像现代的拉坎敦香炉一样，放在人像突出的下嘴唇上。从墨西哥时期开始，这种香炉大量出现在奇琴伊察和玛雅潘。

衰落时期

公元1441年玛雅潘覆灭后，尤卡坦半岛北部最重要的玛雅中心城市是马尼，这是修族城邦的最后一个都城。马尼有一种粗劣的红色陶

图113 衰落时期晚期的粗红陶三脚碗

器，既笨重又粗糙，而且完全没有审美价值，代表了玛雅陶器的衰落时期。这种陶器一直延续到西班牙征服时期，甚至延续到后来的殖民时期。古帝国辉煌的陶器传统，甚至新帝国那些稍逊一筹的陶器，都已经一去不复返，玛雅陶器作为一门精细的艺术最终彻底衰落了。

玛雅陶器概述

作为一个整体来考虑，尤卡坦半岛的陶器可以分为七个时期。

表9中许多相应的年代，尤其是相对应的公元纪年年代，仍然属于推测。首先，玛雅历法和公元纪年的精确对应尚未完全确定。其次，马穆姆时期和奇卡内尔时期的前玛雅年代只是估算出的近似值。表9和表8显示的马穆姆时期的长度取决于这样一个假设，即陶器制作工艺最初到达佩滕的时间不早于佩滕引进农业的时间，或者二者同时进入佩滕；根据保守的估计，这一事件发生的时间是公元前一千年，也就是说，农业知识和陶器制作工艺到达佩滕的时间应该不晚于公元前一千年，而且实际的时间很可能要早得多。奇卡内尔时期的长度基于另一种假设，即开始于玛雅年表系统发明的时间，这个时间通常被认为是公元前353年（玛雅7.0.0.0.0年）或者公元前235年（玛雅

表9　尤卡坦半岛7个主要的陶器时期

时期序号	时期	南半部：危地马拉佩滕和临近地区	北半部：尤卡坦、墨西哥坎佩切和金塔纳罗奥
1	前玛雅二期：公元前1000年（？）—公元前353年	马穆姆陶器阶段，凹槽器皿陶器；从高地向南部引进了农业（种植玉米）；积累了日历和年表所依据的天文数据	马穆姆陶器阶段和同时代的本地陶器；从佩滕引进了农业（种植玉米）
2	前玛雅三期：公元前353年—公元前317年，玛雅7.0.0.0.0年—玛雅8.14.0.0.0年	奇卡内尔陶器阶段，外翻宽沿器皿陶器；发明了年表系统；第一次出现石头建筑：低墙、地基和金字塔（瓦哈克通E-VII子金字塔）	奇卡内尔陶器阶段和同时代的本地陶器；第一次出现石头建筑：低墙、地基平台和从佩滕引进的金字塔
3	古帝国一期，古帝国早期：公元317年—公元633年，玛雅8.14.0.0.0年—玛雅9.10.0.0.0年	扎克尔陶器阶段，彩陶和底部凸缘陶器的起源和发展；早期 玛雅8.14.0.0.0年—玛雅9.4.0.0.0年，公元317年—公元514年；中期 玛雅9.4.0.0.0年—玛雅9.6.0.0.0年，公元514年—公元554年；后期 玛雅9.6.0.0.0年—玛雅9.10.0.0.0年，公元554年—公元633年；叠涩拱式建筑一期；石碑；古帝国文化传播时期	扎克尔陶器阶段，不经常出现在同时代的本地陶器之中；叠涩拱式建筑一期
4	古帝国二期，古帝国中期：公元633年—公元731年，玛雅9.10.0.0.0年—玛雅9.15.0.0.0年	特普陶器阶段，边缘内翻器皿陶器；玛雅9.10.0.0.0年—玛雅9.15.0.0.0年，公元633年—公元731年；叠涩拱式建筑二期；古帝国文化巩固时期	早期特普陶器阶段，不经常出现在同时代的本地陶器之中；叠涩拱式建筑二期

（续表）

时期序号	时期	南半部：危地马拉佩滕和临近地区	北半部：尤卡坦、墨西哥坎佩切和金塔纳罗奥
	古帝国三期，古帝国伟大时期：公元731年—公元987年，玛雅9.15.0.0.0年—玛雅10.8.0.0.0年	中期特普陶器阶段；玛雅9.15.0.0.0年—玛雅10.3.0.0.0年，公元731年—公元889年；叠涩拱式建筑二期；古帝国文化繁荣时期	中期特普陶器阶段，不经常出现在同时代的本地陶器之中；尤卡坦石板陶器开始出现；叠涩拱式建筑二期
		后期特普陶器阶段；玛雅10.3.0.0.0年—玛雅10.8.0.0.0年，公元889年—公元987年；叠涩拱式建筑二期；古帝国文化开始衰败	后期特普陶器阶段，不经常出现在同时代的本地陶器之中；尤卡坦石板陶器进一步发展；叠涩拱式建筑二期
5	新帝国一期，普克时期：公元987年—公元1194年，玛雅10.8.0.0.0年—玛雅10.18.10.0.0年	遗弃	普克陶器阶段，尤卡坦石板陶器得到高度发展并且首次出现从塔瓦斯科（？）引进的精美橙色陶器（第一阶段）；普克城市由发展、繁荣到衰败；叠涩拱式建筑三期
6	新帝国二期，墨西哥时期：公元1194年—公元1441年，玛雅10.8.10.0.0年—玛雅11.11.0.0.0年	遗弃	墨西哥陶器阶段，精美橙色陶器（第二阶段），首次出现从南部高地引进的铅酸盐陶器；玛雅潘的崛起和奇琴伊察的衰落；叠涩拱式建筑三期
7	新帝国三期，衰落时期：公元1441年—公元1697年，玛雅11.11.0.0.0年—玛雅12.4.1.0.0年	占据佩滕伊察湖西端的塔亚沙尔	玛雅潘覆灭（公元1441年），中央集权结束；衰落阶段，粗糙的红色陶器；叠涩拱式建筑三期

7.6.0.0.0年）。

玛雅陶器的七个时期的长度参见表8。

前两个时期，也就是马穆姆时期和奇卡内尔时期的长度必然比其他时期长得多。事实上，前两个时期加起来甚至有可能比其他所有时期加起来还要长。这是人类发展进步历程中不变的规律，一开始进展缓慢，非常缓慢，一步步向前爬，每一个重要的收获都是几十年甚至几百年历尽千辛万苦的结果。古玛雅人这几个文化元素的发展和积累无疑也需要十分漫长的时间，可能要超过一千年，正是这些文化元素在后来共同构成了我们这本书中所说的玛雅文明。公元4世纪初，也就是古帝国时期来临时，这几个文化元素终于得以实现，我们可以看到，古玛雅人前进的脚步立刻变得如此迅速，而且发展的速度越来越快。通过表8显示的各个时期的长度，我们不难看出一种总体趋势，随着越来越接近终结，时期的长度也越来越短，这也验证了那条不变的文明定律——越来越快，越来越快。

新帝国时期的陶器从来没有达到古帝国时期那种无与伦比的水平。从美学角度看，古帝国的装饰陶器可能是新大陆陶器艺术最优秀的代表。古玛雅人非常强调陶器的装饰质量，甚至会以降低耐用性为代价去追求华丽的装饰。光滑的表面、明亮的光泽和鲜艳的色彩是他们所追求的特色。无论是单色陶器还是彩陶，都要有光滑均匀的表面、镜面般的光泽，即使是香炉，在经过焚香的高温后还能保持表面的光泽和清晰的装饰。然而，这种明亮的光泽和鲜艳的颜色只有在相对较低的烧成温度（最大值为704℃~732℃）才有可能实现，这种情况导致了软陶的产生。这种软质地的陶器甚至可以用指甲刻出痕迹，于是陶器的强度就这样让位于美观。因为烧制温度过高会使陶土收缩，结果便使陶器表面变得不光滑，即使在烧制前细致地打磨与抛光陶器的表面也没有用，不光滑的表面会导致色散现象，所以看起来就会显得很暗淡。另外，古玛雅人的红色和橙色颜料的主要成分是氧化铁，而氧化铁在过高的温度下会失去光泽并变成褐色。

玛雅陶器耐用性上的不足与其精美的外观和装饰形成了鲜明对比。为了弥补由于相对较低的烧制温度而导致的抗拉强度不足，玛雅陶艺家不得不增加陶器的壁厚。除了那些最漂亮的作品，这种厚壁陶器一般都会让人觉得笨重。

除了追求明亮的光泽和鲜艳的色彩，玛雅陶艺家使用较低温度烧制陶器还有一个原因，那就是他们使用的回火材料，特别是在古帝国伟大时期，主要是方解石，也就是磨碎的石灰石。这类回火材料在足够高的温度下会被煅烧成石灰，很容易和空气中的水分发生反应，并使成品陶器膨胀破裂。事实上，古帝国陶器耐用性差的特点很清楚地说明它主要是作为一种艺术品发展起来的；而且纵观整个玛雅历史，他们在制作纯实用性的陶器方面几乎没有取得什么技术上的进步。

在这方面也有值得注意的其他例子，在新墨西哥州的普韦布洛印第安人中，他们烧制陶器时使用的最高烧成温度是940℃。新墨西哥州圣伊尔德丰索的玛丽亚·马丁内斯也许是现在最好的普韦布洛陶艺家，她可以在670℃的较低温度下烧制出精美的黑色光泽陶器。

玛雅陶器以其种类纷繁、高度风格化的造型以及多种装饰技术而著称。早在古帝国初期，就已经有许多陶器造型。与美国西南部普韦布洛印第安人那些简单的半球形陶碗相比，古玛雅人的陶器中浅底和平底的餐具器皿所占的比例更大，代表了制陶工艺更为复杂的阶段。陶器装饰包括几乎所有的技术，开槽、切割、雕刻、打孔、造型、模塑、贴花、绘画等手法都很常见。

　　然而，正是在绘画这项与彩陶有关的装饰技术中，古玛雅人展示了他们最杰出的技艺，他们在绘画中运用的颜色十分广泛，并显示出最高等级的绘图技术知识。

　　下一章将对玛雅绘画进行更详细的描述，我们在这里先简单介绍一下绘画在陶器装饰中的应用。

　　古玛雅人会在陶器烧成后使用朱砂制成的颜料来进行绿、蓝、红等颜色的绘画，这是因为他们知道可以产生这些颜色的物质在烧制过程中会发生改变，即使在较低的烧制温度下也无法保留。陶器烧成后，这些颜色绘制在石灰灰泥的基底上形成柔和美丽的色调。黑色器皿往往带有明亮的光泽，通常这种陶器上只有一些用颜料描上去的装饰线。由氧化铁制成的明亮橙色和红色颜料在相对较低的烧制温度下不会失去亮度和光泽。

　　考虑到最开始的两个陶器时期，即马穆姆时期和奇卡内尔时期的陶器装饰相当简单，而且玛雅彩陶的绘画设计直到第三个陶器时期，也就是古帝国早期的扎克尔时期才开始出现，因此绘画装饰以这么快的速度达到如此高超的水平就更令人惊叹了。古帝国伟大时期那些雕刻精致、造型优美的陶器杰作进一步证明了古帝国陶器艺术所达到的杰出水平，这也是玛雅人注定再也无法获得的卓越成就。

第十六章

各种艺术和手工工艺

MAYA

纺织品

古帝国时期的纺织品没有留下任何实物，新帝国时期留存下来的纺织品也寥寥无几。考古人员在墨西哥恰帕斯州东部高地的特南附近的一个小洞穴里发现了少量白色棉布碎片，年代应该是西班牙征服之前，从同时发现的陶器类型来看，这些布料很可能是在新帝国晚期织成的。在奇琴伊察的祭祀坑里也发现了一些碳化的棉布碎片，这些布片展示出复杂多样的织法，也可以追溯到新帝国晚期。

上述这些极为有限的例子就是迄今为止发现的所有古玛雅纺织品实物。但是古帝国和新帝国的浮雕都可以证明当时玛雅人的纺织品非常丰富多变。此外，危地马拉高地的现代玛雅人仍然保留着极为丰富的纺织工艺，这些工艺都是他们的祖先在西班牙征服之前流传下来的。最后，恰帕斯州东部森林的拉坎敦玛雅人一直都用传统的工艺纺纱织布，在尤卡坦半岛北部，这些手工工艺直到最近一两代人才逐渐失传。

从古帝国时期的雕塑来看，当时的棉织品一定非常丰富，编织工艺非常复杂。似乎已经出现了纺织品装饰物，上面镶嵌着类似蕾丝甚至抽花绣的装饰，还有用彩色棉线和羽毛交织而成的精美刺绣。图114的a、b、c、d显示的是纪念碑上描绘的古帝国时期的纺织品，其中一些纺织品非常华丽，使人联想到厚重奢侈的织锦；图114的e、f、

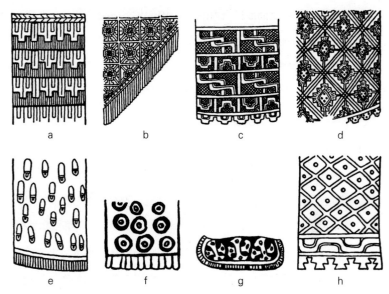

图114　古帝国时期的纺织品（a、b、c、d），新帝国时期的纺织品（e、f、g、h）

g、h显示的是新帝国时期的纺织品。

　　古玛雅人常常把固定长度和宽度的手工棉织品当作流通商品；在西班牙征服之后，征服者向玛雅人索要的主要贡品也是棉布方巾。

　　拉坎敦玛雅人的生活状况比其他现代玛雅族群更接近古玛雅人，他们仍然自己用棉花纺线，再织成粗棉布，延续着他们的祖先在古帝国和新帝国时期使用的纺织技术。

　　纺纱和织布的工作由妇女来做。她们从田里采摘棉花，然后用纺锤纺成线。纺锤是一根又细又尖的硬木，长约10~12英寸，下端为了加重，套着一个大约3英寸长的陶环。然而古玛雅人的纺织工具留存下来的只有纺锤的陶环，也就是考古学家所说的"纺锤轮"，木质的织布机和纺锤早已和操作它们的妇女一起消逝，无迹可寻了。

　　这种用陶土烧制而成的圆环在美洲中部地区随处可见，它们在纺织的过程中起到加重的作用，可以帮助纺锤保持平衡。纺锤在操作者的右手指间快速转动，而纺锤的下端则放在地上的一个葫芦里，未纺的棉花放在左手或搭在左肩。玛雅地区的每一次考古发掘几乎都发现了这种陶环，从瓦哈克通最下面的地层到奇琴伊察最近时期的地层中都有。纺锤陶环的广泛分布表明玛雅的纺织十分普遍和发达。

　　玛雅人的织布机和其他美洲印第安人例如墨西哥人和美国西南部的普韦布洛印第安人的织布机是同一种类型。织布机上有两根轻巧结实的木棒固定着轻纱的两端，把布料撑到所需的宽度。下面的那根木棒用粗麻绳系在操作者背后，这样她只需要将身体向后靠就能收紧轻纱。上面的木棒固定在树木或柱子上。这种织布机织出的布长度可达8英尺，布幅延长的过程中可以缠在上面的木棒上。左手拿着织布梭的女人坐在离树或柱子尽可能远的地方，以保持织布时所需的张力。

图115　拉坎敦玛雅妇女纺线、织布的场景

这种布按照所需的长度织成整块，但宽度不超过2.5~3英尺，如果需要更宽的布料，就把两块布缝在一起。

《特洛-科尔特斯古抄本》中也展示了同样的纺织画面，上面画的是伊特萨姆纳的妻子——纺织之神伊希切尔正在织布：织布机的一端固定在树上，另一端缠在左手拿着织布梭的女神腰间。这个情景和今天的拉坎敦玛雅妇女织布的场景一样。根据新帝国的神话，我们知道伊希切尔是月亮女神和纺织女神，也是太阳神伊特萨姆纳的配偶，她的女儿伊希·切贝尔·雅克斯是刺绣女神。

危地马拉高地的印第安人现在仍然保留着丰富的纺织品艺术，不同的城镇和村庄有不同种类的布料和传统图案，都有各自的特点。在以前，这些方面的差异是部落间的差异，而不是城镇和村庄之间的差异。但由于西班牙征服者一直希望消除各地印第安人间旧有的政治分歧，所以纺织品和服饰的差异从原来的部落间的差异变成了现在这种城镇和村庄间的差异。尽管自西班牙人征服危地马拉后，羊毛就被引入，现在的优质毛毯中也含有羊毛，但大多数传统服装仍然是用手工织布机织成的。丝绸现在广泛用于刺绣，但以前的刺绣都是用彩色棉线和羽毛完成的。由于没有固定的图案，所以各种式样的布料都不会完全相同，不过每个村庄各自的传统图案大体上是一致的。

危地马拉的印第安人在他们手工棉纺织品中使用的颜色与古玛雅人使用的颜色有一定的联系。黑色仍然代表武器，因为它是黑曜石的颜色，黑曜石以前是用来制作长矛和箭头的。黄色象征着食物，因为它是玉米的颜色；红色代表鲜血；蓝色代表牺牲。王室的颜色是绿色，因为绿色是非常珍贵的绿咬鹃的颜色，它的羽毛是统治者专用的饰物。

在玛雅人今天的彩色纺织品中，线本身是染色的，而不是将成品纺织品染色，在古代可能也是这样。虽然现在苯胺染料已经基本取代了原来的天然染料，例如用动物、植物和矿物质制成的颜料，但也有一些天然染料仍在使用，例如槐蓝、某些树木的树根和树皮、植物汁液（西红柿、黑莓等）以及可以制成红色颜料的胭脂虫。也许在所有的天然染料中，最珍贵的是从太平洋沿岸的一种软体动物身上提取的深紫色。这种软体动物是制作著名的"提尔皇家紫"染料的地中海软体动物的近亲。尤卡坦半岛现在的玛雅人使用的刺绣类型是十字绣。在以前，纺织品上图案可能有一些几何图形，就像墨西哥金塔纳罗奥州中部今天的印第安妇女仍然在使用的那些图案一样。然而，几何图案在今天的尤卡坦半岛北部的纺织品上已经基本消失，取而代之的是花卉、鸟类，甚至昆虫图案。

玛雅人自己的纺织和染色工艺全部都被工业织布机和苯胺染料所取代，这是一件很遗憾的事情。除了危地马拉高地还有所保留，玛雅本地的纺织和染色工艺已经消失了，然而作为一种古老而辉煌的本地艺术的最后幸存者，危地马拉高地玛雅人的这些传统工艺也在失传。

编篮和编席

就像纺织品一样，古玛雅人编织的篮子实际上没有留下任何实物证据，尽管还能找到零星的纺织品碎片，但早期的篮子完全没有留下任何痕迹。然而，古帝国浮雕上描绘的篮子却有不少。亚斯奇兰的24号门楣上面就有一个精致的篮子。这个篮子的上半部分采用了斜纹编织技术，但中间部分的编织更加精细，显示出阶梯式回纹和小正方形

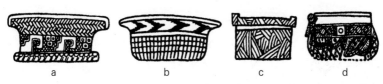

图116 新、古帝国浮雕、壁画和陶器上的篮子

的交替设计，底部似乎有羽毛装饰。内巴基的花瓶上有两个古帝国晚期的篮子。奇琴伊察美洲豹神庙的壁画上也有一个篮子，这是新帝国时期的风格，看起来似乎更加精致，但是远不如古帝国时期的篮子令人印象深刻。

拉坎敦以及尤卡坦半岛北部现在的篮子相对来说都比较粗糙。其中一些侧面直筒状顶部敞开的篮子是用质地坚韧的细藤蔓编成的，这些篮子又大又粗糙，是用来把玉米从玉米地运到家里的。竹篮要小一些，编得也更整齐，它们在家庭中有各种各样的用途。

古玛雅人编织的席子也没有留下任何实物，哪怕是碎片。但是考古人员在陶器和石膏上发现了它们的印迹。在瓦哈克通广场最下面一层有一个地下储藏室，是用来存放玉米的。这个储藏室里发现了一小堆已经分解的物质，很明显这是棕榈纤维织成的席子或者垫子的残留物。在奇琴伊察卡斯蒂略神庙下面的圣所里也发现了一块席子的痕迹，著名的红色美洲豹宝座就放在这块席子上。这块席子显示出的新帝国时期的编织法和今天仍然在梅里达的市场里出售的席子是一样的。

席子在古玛雅人生活中发挥了非常重要的作用。图48（a）显示的是一张席子旁边有一个太阳符号，这个象形文字符号是指玛雅历法每年的第一个月珀普月。珀普这个词在玛雅语里的意思就是"席

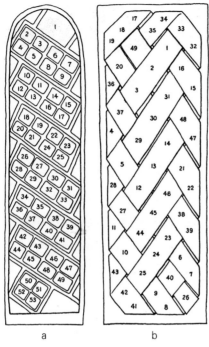

子"。玛雅人开会时，坐在席子上就是拥有权威的标志。在楚梅尔的《奇兰·巴兰书》里，"席子"和"宝座"这两个词经常通用。科潘的J号石碑和基里瓜的H号石碑背面的象形文字铭文的阅读顺序都是按照席子的编织纹路来阅读的，科潘的J号石碑比基里瓜的H号石碑更复杂，看起来和我们刚刚提到的表示珀普月的符号完全一样。

图117 古帝国纪念碑背面的席子图案

篮子、编织袋、网兜和席子这些编织品在古玛雅人中间一定十分普遍，因为制作这些东西的材料——藤蔓、纤维和棕榈树叶——在整个玛雅地区极为丰富。

绘画

绘画是古玛雅人的精细艺术，达到了其他美洲土著民族无法企及的高度。玛雅人的壁画直接画在白色石膏的表面，用于室内和外墙的装饰。绘画也用于装饰陶器器皿和象形文字手稿。

玛雅人调色板上的色彩非常丰富。有一系列层次分明的红色，从类似印度红的暗紫红色到明亮的橙色。在壁画和古抄本中，描绘轮廓时普遍使用古铜色，同时不同色调的红色和不透明的白色混合成各种粉红色。还有一系列色调的黄色，从浅绿黄到深黄色。黄色和黑色可以混合成深棕色。蓝色似乎只有一种，不过这种颜料涂在砖石基底上时，会呈现出一种普鲁士蓝的效果，而当直接涂在白色石膏上时，就会呈现出一种明亮的天蓝色。绿色也有很多种，从橄榄绿到几乎是黑色的深绿，由于没有发现绿色的基色，因此这些层次分明的一系列绿色应该是不同的蓝色和黄色的混合。除了这些颜色，有一种带有明亮光泽的黑色是用来勾勒轮廓的，还有一种用于混合的不透明的白色。应该指出的是，以上这些颜色是在尤卡坦半岛北部新帝国鼎盛时期使用的；古帝国早期和伟大时期的绘画色彩可能相对比较有限。

与颜料混合以使其具有流动性的物质应该具有很强的胶合性和黏性，颜料要么被磨成粉末与这种介质混合，要么以高度浓缩的液体形式添加到介质里。研究人员对奇琴伊察的壁画中使用的颜料进行了化学分析，但没有发现这种介质的踪迹，这表明古玛雅人与颜料混合的介质很可能是有机物质，而这些物质随着时间的推移已经完全消失了。我认为这种介质应该就是制造现代商用清漆的柯巴脂，这种树脂可以作为一种很好的颜料介质。

古玛雅人的颜料似乎来自植物和矿物。尤卡坦半岛上有许多种树木，它们是提供红、黑、蓝三种颜色的优良原料。然而，奇琴伊察壁画中使用颜料的分析结果表明，它们几乎完全来自矿物，或许其中也有一部分属于植物成分，但植物颜料更容易消失，而且也很难确定是否存在植物成分。红色颜料是用赭石制成的，古玛雅人应该是在蚁丘收集这种矿物质，蚁丘的泥土颜色非常红。黄色颜料是由黄色的赭石和黏土制成的，这些土壤因为含有一些铁矿物而呈现出黄色。研究人员还发现，古玛雅人黑色颜料的基本成分是木炭和其他的碳化有机物，也有可能是碳化的骨头。蓝色颜料的成分还不能完全确定，但已经证明是无机物，可能是某种矿物黏土。这种蓝色颜料和贝德石以及蓝色含铬黏土的X光照片都非常相似。绿色颜料，如上所述，是这种蓝色颜料和黄色赭石的混合物。

图118　古帝国时期瓶画

　　虽然还没有发现使用这些颜料的画具，但是玛雅绘画的类型清楚地表明了绘画的工具是毛刷画笔，尤其是古抄本的绘画，更是一目了然。有些画笔做得非常精细，可以用它们画出粗体的曲线和逐渐变细的线条，并且可以精确地覆盖很小的空间而不会超出轮廓线。也有一些更大更粗糙的画笔，用于填充背景和更大的空间。画笔宽度从1/25英寸的精细画笔到3英寸的画刷不等，可能是用精细的羽毛制成的，甚至也可能是用毛发制成的。

　　无论从尺寸还是重要性来看，玛雅地区最古老的绘画都是瓦哈克通B-13号建筑一间外侧房间后墙上保留的部分壁画。卡内基研究所在公元1937年发掘瓦哈克通遗址时，发现了这件文物。B-13号建筑的历史可以追溯到古帝国早期（公元633年以前），在古代经历了几次变化，其中一些房间的屋顶采用了横梁和砂浆结构。

　　这幅壁画有黑、红、橙、黄、灰5种颜色，宽9英尺10英寸，高4英尺1英寸。壁画的基底是两个上下平行的装饰嵌板，上面画着26个人物，中间点缀着象形文字铭文板，下方的装饰嵌板再往下一些有一排玛雅72天的符号，从12伊米希日到5艾伯日。

　　下面的装饰嵌板上画着两个穿着长袍的人物，他们盘腿坐在一座平顶建筑的内室，身边是一个祭坛，两个人的右手都拿着香，正在焚香祭拜；袅绕的烟雾飘向坐在外室的第三个人那里，这个人似乎是一个备受尊重的重要访客。在平顶建筑的左边，有两个面对面站着的人，他们之间有一块刻着象形文字的嵌板；左边的人左手拿着一个小圆盾和一根棍子，右手拿着一件武器，可能是投矛器。在平顶建筑的右边，还有另外两个重要人物，彼此面对面，中间是一块铭文板。再往右边，还有一个人盘腿坐着，手上拿着一个鼓槌敲打着一个圆柱形的大鼓。在鼓手的右边，13个人面朝这座建筑站着。上面的装饰嵌板画着6个站立的人物，每人都有一个对应的象形文字铭文板。

整幅壁画描绘的肯定是古帝国早期的重要仪式，是我们见过的最古老的玛雅壁画。古帝国时期的壁画极为罕见，而这幅早期的壁画保存得如此之好，的确是一件幸事。

帕伦克的宫殿墙壁上发现了象形文字铭文，亚斯奇兰的33号建筑的神龛后墙上可以看到卷轴的痕迹，以及一些红色和蓝色的人物画像。

另一幅古帝国时期的壁画是最近才被发现的（公元1946年春）。这幅壁画是在墨西哥恰帕斯州东部的拉坎哈河流域新发现的一座古代神庙的内墙上找到的。壁画上有红、黄、蓝、绿四种颜色，上面画着许多穿着精美羽毛服装的人物，中间点缀着一些画着象形文字的小嵌板。这个新遗址被命名为画墙。不管怎样，留存下来的古帝国壁画极其稀少，上面提到的就是仅有的例子。

到目前为止，古帝国最好的绘画作品是在瓦哈克通、霍穆尔以及奇霍伊河上游的查马地区发现的古帝国伟大时期的彩绘花瓶和彩绘陶碗。其中最精美的器皿是在瓦哈克通A-I号建筑的一个石砌坟墓里找到的。从这座坟墓富丽堂皇的墓室来看，一定埋葬着地位最高的人。

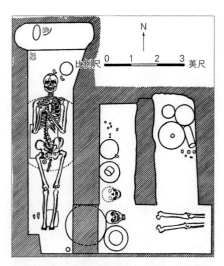

图119 瓦哈克通A-I号建筑中大祭司或大酋长
墓地平面图

墓室里有一具男性遗骨，全身平躺着，头朝北，两臂紧靠右肩。

遗骨的头旁边摆放着一个9英寸高的精美花瓶，底色是明亮的橙红色，人物轮廓用黑色勾勒而成，并涂上黑色，花瓶上还有几种黄色的色调。顶部有一排象形文字，人物之间也点缀着象形文字嵌板。绘画的中心是一个由16个象形文字符号组成的主嵌板，花瓶上的5个人物和1只美洲豹都面朝着它。这些符号代表的玛雅纪年日期是错误的，因为玛雅7.5.0.0.0年8阿哈乌13克安科因这个日期，在数学上不可能存在，就像2+3不可能等于4一样。从风格上来看，这个花瓶出现的时间应该晚于玛雅9.15.0.0.0年，即公元731年。

花瓶上画着一个盘腿坐在宝座上的君主，他面对彩绘中央的象形文字嵌板。他身后站着一个黑衣侍从，左手拿着一个形状古怪的燧石；在这个随从的后面，另一个人拿着一个精致的羽冠戴在君主头上。象形文字嵌板左边画着两个站立的人物，其中一个也拿着形状古怪的燧石，另一个拿着一支长矛，两人都穿着精致的斗篷。他们中间是一只美洲豹和两个扣在一起的碗，里面很可能是一个人的头骨，瓦哈克通E-III号神庙里也发现了两个形状相同的碗，里面就是一个头骨。这个花瓶上精美的图画描绘的肯定是古帝国时期某种重要仪式。

这座坟墓里还有一些同样精美的彩绘器皿。总共十一件陶器，其中九件是彩绘陶器，有两件可以说是玛雅地区发现的最好的彩陶。图120中所示的三腿陶盘盘面堪称玛雅陶器匠心独具的巧妙设计和极为复杂的工艺的绝佳例子。陶盘的直径约为14英寸，基底色是凝脂状的赤陶红色，用黑色勾勒轮廓，用黑色和红色绘制盘身。一个舞者踮起脚，右臂轻轻搭在臀部，左手优美地向外甩出，表现出一种高难度的舞步。可以清楚地看到舞者长长的手指甲和脚指甲，流畅的线条和巧

图120   瓦哈克通A-I号墓中的彩陶盘
的盘面

妙的空间设计使人物活灵活现。这些都反映出玛雅陶艺家塑造人体形象的长期经验，并表明他们完全掌握了这门艺术。这个器皿的底部有一个被打破的小洞，这显然是在葬礼上举行的一个仪式，目的是为了让这件东西陪伴主人前往另一个世界。图121显示了另外两个来自同一座坟墓的彩绘器皿。

图118上下两幅图画显示的是另一个非常著名的彩绘花瓶瓶画，来自危地马拉奇霍伊河上游地区，现存于宾夕法尼亚大学博物馆。这个花瓶的底色是凝脂状的粉红色，上面的彩绘是黑色、红色和棕色。画中描绘了七个人物，中间穿插着许多象形文字。两个主要人物面对面站着，身体被漆成黑色，左边那个人穿着一件美洲豹皮做成的斗

图121   瓦哈克通A-I号墓中的彩色器皿

篷，连头和爪子都画得很完整，其余几个人中有三个人手里拿着扇子。就连多毛的痣、浓密的胡须等个人特征都被忠实地呈现在画面中，说明这些人物很可能是玛雅历史上特定的真实人物。同样，这件陶器上描绘的主题无疑又是古帝国的某种仪式。

奇霍伊河上游查马地区的内巴基也发现了一个非常相似的花瓶，几乎做得一样精美。这个花瓶上画着五个人，这几个人物和五个象形文字嵌板一一对应，后面还有四个更大的象形文字排成一列。图画正中间是一位君主，另两个人坐在讲坛上。

奇霍伊河上游地区的第三个花瓶来自拉廷林许尔，上面画着一位君主，右手拿着一把编制扇子，他坐在一个像篮筐一样的轿子里，两个强壮的轿夫抬着他。一只狗在轿子下面自由地伸展身体，尾巴向上翘起，向前蜷曲着，和我们现在看见的狗一样。后面还有五个轿夫，一个背着美洲豹皮坐垫的宝座，另三个是和正在抬轿子的两个轿夫轮换的，最后一个轿夫左手拿着一块叠起来的布，右手紧扣着自己的左肩。这个花瓶和上面介绍的几个一样，彩绘上下都有黑白相间的箭头形装饰带。查马地区的彩绘花瓶都有这种黑白相间的箭头形装饰带，包括往南一点儿的遗址里发现的整体模塑的坐姿女人塑像上面也有这种装饰，这个遗址位于奇霍伊河上游地区以南不到50英里的地方。

新帝国时期留存下来的最好的绘画作品毫无疑问是那些古抄本上的绘画，以及一些室内带装饰的顶石上用同样手法绘制的作品。其中《德雷斯顿古抄本》是最好的，笔法质量最高，流畅而大胆的线条展示出强烈自信，说明这些作品出自大师之手。《佩雷斯古抄本》的水平不如《德累斯顿古抄本》，但两者的差别并不大。《特洛-科尔特斯古抄本》与上面两部相比，则逊色很多，这部古抄本中的人物和象

图122 奇琴伊察猫头鹰神庙的拱顶石彩绘

形文字都画得很糟糕。虽然它是三部古抄本中最长的一个，但它的水平是最差的。事实上，《特洛-科尔特斯古抄本》是一部仓促间完成的作品。

叠涩拱式房间的中央顶石上有时也有绘画，这些绘画的风格与古抄本基本一致，上面画着人物，在人物的上方和下方通常还画着一行象形文字。这些带有绘画的顶石非常少见，而且只出现在新帝国时期的遗址里，一共只有17例：奇琴伊察3例，乌斯马尔2例，霍拉克顿1例，科乌克1例，圣罗莎克斯坦帕克10例。但最后10例不是直接画在顶石上，而是画在覆盖在顶石上的一层非常厚的灰泥上。如前所述，这些顶石上画的人物与古抄本上的十分相似。

新帝国中心城市的壁画比古帝国的要普遍得多，很多地方都发现了壁画，奇琴伊察、图卢姆、圣丽塔科罗萨、恰克摩尔顿和圣罗莎克斯坦帕克都有。

奇琴伊察的勇士神庙、美洲豹神庙和修女四合院都有留存下来的壁画。图35显示的是勇士神庙和美洲豹神庙壁画上描绘的活人献祭场景。图124显示了一幅更壮观的壁画，这是勇士神庙壁画上描绘的一个海边渔村，大海占据了这幅壁画下面的1/3，海上有三艘独木舟，每艘上都有一个桨手和两个钓鱼的人。水里有各种生物：一条剑鱼，两条黄鲷鱼，两只螃蟹，五六只蜗牛（其中一只正从壳里钻出来），一只海龟，以及两条卷着尾巴的叫不出名字的鱼。海岸的右边上有一座平顶神庙，一条羽蛇从神庙的圣所，也就是内室里升起，两个敬拜者

图123　奇琴伊察墓葬中的拱顶石彩绘

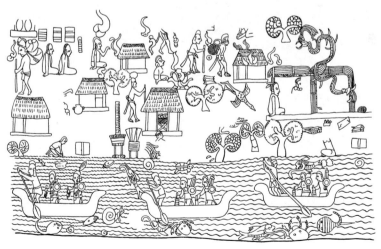

图124　奇琴伊察勇士神庙中的渔村壁画

跪在外室的地板上。还有几幢典型玛雅风格的茅草屋，中间点缀着一些分叉、看起来带有现代风格的树木。一群男女正在从事着他们的日常工作——男人们用肩膀或者头部扛着麻袋和包裹，旁边还有一个人拄着拐杖一瘸一拐地走着，一个女人看着炉火上正在沸腾的锅，另一个女人在水边洗衣服，几个人坐着闲聊，一个放在房子中间门口的篮子，装满刚刚捕到的鱼，一只白鹭飞过头顶。整个画面描绘的是古玛雅人宁静的日常生活，呈现出一片和平的景象，没有战争，也没有血腥的宗教仪式。

图125　奇琴伊察美洲豹神庙描绘战斗的壁画

而另一幅来自奇琴伊察美洲豹神庙的壁画则描绘了对一个玛雅村庄的猛烈袭击。画面的左下角是两名袭击者，右手握着标枪，左手拿着圆盾，还有一条可怕的大蛇伸出舌头在其中一个袭击者的身后猛烈地甩动着，显然这条大蛇是他神圣的保护神，正在身后保护他。同样全副武装的战士们从他们的村庄里蜂拥而出。女人们躲在后面的茅屋中，其中一个正在哭泣。这幅壁画充满了动感，战士们正在进行一场殊死搏斗的激烈战斗，妇女们都吓坏了。整个作品没有任何多余的线条，描绘这幅壁画的艺术家对自己很有信心，自己要表达的主题非常明确。

奇琴伊察的第三幅壁画也来自勇士神庙（图25），展示了另一场战斗。在这幅作品的左上角是一座矗立在湖中的庙宇。湖水里有几条鱼、一只蜗牛、一只螃蟹和一只美洲虎。六七个裸体的俘虏身上画着条纹，他们的胳膊被绑在背后，被涂成黑色的武士或祭司带走。壁画上还有其他的武士，其中一些站在屋顶上，似乎是在守卫右下角的另一座庙宇。

图卢姆和圣丽塔科罗萨的壁画似乎具有宗教色彩，而恰克摩尔顿的壁画描绘的是日常生活。

新帝国时期的彩绘花瓶比古帝国时期的要少很多，而且水平也比不上古帝国时期的作品。在尤卡坦北部发现的一只新帝国时期的花瓶是这一时期最好的彩绘花瓶之一，画面右边是一个人脸的轮廓，上面画着一棵树，树上有两根水平的树枝，每根树枝上背对着坐着一个人，树干周围则盘绕着一条蛇。树右边是一个站着的人，左手拿着标枪，右手拿着海螺正在吹。树枝下坐着两只鹿，右边的那只鹿全身都用绷带包扎着。在这幅画的左半部分，有两个人面对着一只站着的鹿，这只鹿似乎正在蜕角。站在鹿正前面的人用右手握着鹿角，鹿背上放着一块装饰着骨头交叉图案的毯子。左边的人左手拿着海螺，右手握着两支标枪，他也在吹海螺。画面左边的三个人都穿着美洲豹皮的短裙。站立的鹿的头顶上盘旋着一只白色猛禽，它的喙像鹰一样。这幅画描绘的应该是尤卡坦半岛每年3月鹿蜕角时举行的一种仪式。

上面就是我们对古玛雅人绘画的介绍，可以认为，玛雅绘画艺术中保存下来的最好作品是古帝国时期的彩绘花瓶和彩绘陶盘，然后是《德累斯顿古抄本》和《佩雷斯古抄本》，最后是壁画、彩绘顶石和《特洛-科尔特斯古抄本》。

玉石艺术

玛雅玉石艺术中最具代表性的是玉雕，可以追溯到最早有记录的玛雅历史时期——古帝国早期的开始。我们所见过最早的玛雅玉雕是莱顿牌，年代是公元320年，很可能是在蒂卡尔制作的。这块玉牌的雕刻太浅了，几乎就是刻出来的。作为玛雅人最早的玉雕作品，无论是上面的人物还是象形文字都展示出了令人惊讶的高超水平，但仔细

图126　古帝国伟大时期的雕刻玉坠饰

观察，莱顿牌上刻的线条显得有点模糊和不连贯。

　　另一件玉雕是来自科潘的早期作品，年代可能在莱顿牌200年后，这件作品显示出古玛雅人在玉雕技术上的巨大进步。这件作品是一个3英寸高的坠饰，上面有孔，可以挂在脖子上。这是一个玉雕人像，表现的是一个蹲姿人物的左侧面像，双膝靠近胸部，手臂抱在胸前。从人像的嘴到后颈有一个打穿的孔，可以用来穿绳，这个孔是从两边一起钻孔，在中间会合形成的。雕刻虽然很浅，但是线条柔和丰满，人物效果很讨人喜欢。

　　考古人员在危地马拉城郊外的大型考古遗址卡米纳尔胡尤发掘出一件十分精美的早期玉雕。虽然这个遗址位于玛雅地区的最东端，但不容置疑这件玉雕源于玛雅。它很像我们刚刚描述科潘的那件玉雕，但它呈现的是一个站姿人像，而不是蹲姿；这件玉雕的设计更具匠心，雕刻的效果也更好。这个玉雕人像高6英寸，身体正面朝前，戴着头饰的头部是左侧面像，双手交叉放在胸前。人像头部具有典型玛雅人的轮廓，突出的鼻子，短上唇，饱满的下唇，人为向后倾斜的前额；漂亮的头饰是由鳄鱼的头部和前腿组成的。

　　还有一件十分精美的玉雕人头像，年代可以追溯到古帝国中期（公元684年）。虽然这件玉雕是在奇琴伊察发现的，但几乎肯定它是在佩德拉斯内格拉斯雕刻完成的，因为上面刻着一个极不寻常的日期玛雅9.12.2.0.16年（公元684年），而这个日期只在佩德拉斯内格拉斯被记录过三次，在整个玛雅地区的其他地方都没有出现过。作为一件价值连城的珍宝，这个玉雕人头像很可能是经过多次转手之后，从佩德拉斯内格拉斯传到了奇琴伊察。人头像高3.75英寸，宽2.375英寸，后面是空心的，上面的头饰可能是一个美洲豹的头；后面空心部分的边缘刻着一圈很浅的铭文。除了背面雕刻的象形文字略逊一筹之外，这件玉雕人头像堪称古帝国玉雕的典范。

在佩德拉斯内格拉斯发现的一件古帝国中期的坠饰，是一件精美玉雕人头像。这件玉雕应该是古帝国伟大时期的作品，当时玛雅玉雕艺术达到了顶峰，也是玛雅玉雕艺术的最高水平。这个玉雕人头像是古帝国的经典风格，在工艺上堪称完美。

有一块精美的玉牌，也许是玛雅地区最好的一件玉雕作品，也是古帝国伟大时期的作品，现存于大英博物馆。这件玉雕呈楔形，顶部附近有穿绳孔，高约4英寸，最宽处约4英寸。上面是一位穿着华丽的君主盘腿坐在宝座上，身体正面朝前，头部是左侧面像，左手拿着一个仪式用的小盾牌。他的头饰十分精致，是一条张大嘴巴的大蛇，从蛇的嘴里钻出一个面目狰狞的小人头。另一个人跪在宝座前，仿佛在祈祷。君主正在说话，他的嘴里生发出了一个精致的"讲话卷轴"，表明他在说什么；从这个典雅的卷轴可以看出这位君主一定是在做一个辞藻华丽的演讲。这件特别玉雕的颜色是非常漂亮的蓝绿色。它是在墨西哥城东北约25英里的仪式中心提奥提华坎发现的，尽管这里离玛雅地区很远，但毋庸置疑，这件玉雕源于玛雅。它一定是在许多印第安商人的旅行袋里漂泊了多年，可能有一百年或更久，最后流落在墨西哥中部高原地区提奥提华坎遗址附近的一块田地里。

还有一件古帝国时期的杰作，也是一个玉雕人像，这是一个盘腿坐着的人像，雕刻的是这个人物的整个身体。这件玉雕高10.5英寸，重11.5磅，华盛顿卡内基研究所在公元1937年的一次考察活动中发现了它，当时考古人员在通往瓦哈克通卫城的A-18号神庙的梯道下面找到这件艺术品。玉雕上钻了一些小洞，可能是用来固定类似玉器或羽

图127　古帝国时期盘腿玉雕人像

毛的装饰品的。人像的眼睛是矩形的，被涂成鲜红色。这个玉雕人像可能是玛雅地区发现的最大的一件玉雕。

同样在公元1937年，卡内基研究所的另一支考察队在一次巧合中发现了一块可能是美洲最大的未加工的玉石。这是一块重达200多磅的巨石，是在危地马拉城郊外卡米纳尔胡尤的金字塔的梯道下面发现的。它用水磨过，可以很清楚地看到被锯掉了很多小块，毫无疑问这些小块玉石被做成了耳饰、玉珠和其他装饰品。

与石雕、木雕、泥塑和陶塑等其他造型艺术一样，玉雕的质量在新帝国时期也走向了衰退。也许这种情况主要是由于当时审美艺术的普遍衰落，而不是由于玉雕工艺技术的真正退化。但正如我们接下来将要说明的一样，玉雕工艺技术的退化也应该对此负有一部分责任。

图128显示的是三件来自奇琴伊察的玉雕，虽然这几件作品比不

图128　在奇琴伊察发现的三件玉雕

上我们刚刚介绍的那些最优秀的玉雕作品，但它们也被雕刻得非常精美，尤其是图128中间显示的那件玉雕人头像。三件玉雕中较大的两个是在奇琴伊察卡斯蒂略神庙金字塔下面的梯道底部发现的，它们被装在一个方形大石头盒子里，盒子上面小心翼翼地覆盖着一个石头盖子。

尽管矿物学专家认为在美洲中部地区至少存在两个主要的玉石供应来源，（1）格雷罗州和瓦哈卡州的墨西哥南部山脉，（2）危地马拉西部的高地，但始终没有发现用来雕刻上述物品的天然玉石矿床。

未加工的玉石可能是一些在河流和小溪底部发现的被水冲刷的卵石，重约几盎司①到几磅②不等。在大多数较大的玉雕作品中，原石材料的形状和大小影响着雕刻设计。中国的玉器也是如此。最早的中国玉器体积不大，雕刻的形式也相对简单，很能体现原石的大小和形状。中国的玉器文化相当发达。在缅甸发现的玉石矿在河床上

① 1盎司=1/16磅≈28.3495克。——编者注

② 1磅≈0.45359237千克。——编者注

被水冲刷磨平，然后被运往中国雕刻成玉器。然而，与中国人不同的是，古玛雅人从未发现过玉石矿床，他们的原石材料来自墨西哥东南部和危地马拉西部的高山上蜿蜒而下的溪流河床中偶然发现的玉石。我曾经在科潘的一个坟墓里发掘出一块几磅重的未加工的玉石，另一个例子就是危地马拉城郊外卡米纳尔胡尤发现的那块重达200磅的巨型原石。

在地质学家用来测量岩石硬度的标准中，玉的硬度为6.5~6.8，而钻石的硬度在这个标准中被定为10。华盛顿卡内基研究所的矿物学家对美国中部地区的玉雕进行了研究，发现美洲玉石的质地是真正的硬玉，尽管它们的化学成分与中国硬玉有所不同。总之，这种化学成分上的差异不等于说美洲玉石就不属于硬玉，但肯定会使美洲玉器在外观上与中国玉器有所不同。最重要的是，这一研究结果永久地解决了迄今为止在美洲是否存在真正的硬玉这个考古问题，而此前人们一直就这个问题争论不休。一般来说，美洲玉石不像中国玉石那样晶莹剔透，比中国玉石显得斑驳很多，看起来美洲玉石有一系列颜色，从深绿色到苹果绿，再到淡蓝绿色，经过各种色调的过渡，逐渐变成白色。

美洲玉石是一种异常坚硬的石材，考虑到古玛雅人没有金属工具，他们在玉雕上炉火纯青的技艺堪称一种杰出的技术成就。他们使用的工具是黑曜石（可以刮开玉石）、木材、小型哺乳动物和鸟类的骨头、坚韧的纤维绳、玉石碎粒、石英和其他坚硬的岩石。用绳子在大块原石上的沟槽里来回拉动来锯下小块玉石，砂粒和水是这个过程中的切削剂。玉石上的洞是用手握着骨头或者硬木旋转钻出来的，切削剂同样是砂粒和水，玉珠和吊坠上的孔就是这样完成的。有时候为了使钻孔工作更容易，会在两端同时钻孔，最后两个穿孔在中间会合。圆形中空的鸟骨头是用来雕刻圆和圆弧的钻头。在比较粗糙的玉雕作品中，使用刻线条的方式来绘制图像，有时是直线，有时是曲线。在比较精致的作品中，可能会使用浮雕工艺，通过仔细雕刻，然后对刻痕进行加深和平滑处理来达到造型效果。

马赛克

无论是古帝国时期还是新帝国时期，留存下来的马赛克都十分罕见。研究人员在佩德拉斯内格拉斯和卡米纳尔胡尤发现了几面镜子，这些镜子是用黄铁矿石片拼嵌在木头或者石头上制成的。由于在古帝国的浮雕中偶尔会发现玉石马赛克的痕迹，所以古玛雅人很可能用玉石制作过马赛克，不过迄今为止还没有发现实例。

新帝国时期留存下来仅有的绿松石马赛克实例，是在奇琴伊察发现的四个华丽的绿松石马赛克圆盘。然而，这些马赛克实际上并不是在尤卡坦半岛制作的，而是从墨西哥中部带来的。在公元14世纪到公元16世纪早期，这种工艺技术在墨西哥中部非常普遍。华盛顿卡内基研究所在奇琴伊察恰克摩尔神庙圣所的地板下面发现了第一个这样的绿松石马赛克圆盘，当时它上面还放着一个石灰石的罐子。这个圆盘的背面是木材，几乎完全朽烂了。考古人员将马赛克部分重新拼嵌在一个新的三层木板底座上，直径和原来的完全一样，这件复原品现存于墨西哥城国立人类学博物馆。

其他三个类似的马赛克圆盘是墨西哥政府在奇琴伊察卡斯蒂略神庙里发现的，其中两个上面放着石灰石盒子，第三个镶嵌在红色美洲豹宝座上面。第三个马赛克圆盘上面还有一个玉人头像和一些玉珠。前两个马赛克圆盘中有一个已经被修复，现存于梅里达的考古和历史博物馆，第三个仍然在原来的地方。

玛雅地区没有发现含有绿松石的沉积层，但在墨西哥中部地区可以找到，这也表明这些绿松石马赛克产于墨西哥中部而不是尤卡坦半岛。《曼多撒手抄本》记载了公元16世纪中叶阿兹特克人的贡品，列举了几个必须进贡绿松石的城镇。毫无疑问，绿松石马赛克是墨西哥中部的一种艺术，而不是玛雅艺术。

金属制品

我们已经指出，古帝国地区几乎没有黄金制品。事实上，在古帝国中心城市的发掘中只找到了一件金属制品的残件，那是一个金铜合金制成的小人像的双腿，腿以上的部分找不到了，按比例来看，这个金属人像完好的时候也不会超过4英寸高。通过对这种金铜合金的成分分析，加上这个人像使用的空心铸造技术，我们几乎可以肯定这件金属制品的产地是哥斯达黎加或者巴拿马，可能是通过贸易来到了玛雅的中心城市科潘。这个金属人像的双腿是在科潘的H号石碑下面十字形基座里填充的泥土中发现的，H号石碑建成于公元782年。尽管考古人员对这座石碑周围的泥土进行了十分细致的筛查，但还是没有找到这个人像的其他部分。有迹象表明，这个金属人像的双腿是在H号石碑建成之后的某个时间被埋在基座里的。

到了新帝国时期，金属制品仍然很罕见，到目前为止，从奇琴伊察的祭祀坑中发掘出来的金属制品数量最多，不过其他地方也发现

图129　科潘和奇琴伊察发现的玛雅黄金制品

图130　奇琴伊察祭祀坑中发现的黄金和铜制品

了铜铃铛，尽管雪橇铃型的铜铃铛在其他地方也被发现了。

奇琴伊察的祭祀坑里找到的黄金制品和铜制品包括冲压凸纹装饰的圆盘、茶杯和茶碟、项链、手镯、面具、坠饰、戒指、耳饰、铃铛、珠子等。许多小金属物件（尤其是坠饰、铃铛和珠子）的风格和技术工艺表明它们的产地是哥斯达黎加和巴拿马，应该是通过贸易往西北方向来到了奇琴伊察。

事实上，奇琴伊察祭祀坑中发现的大部分黄金制品和铜制品都不是在这座城市制作的，要么是到奇琴伊察的朝圣者带来的，要么是作为贸易品来到这里。研究人员通过化学分析已经证实，在祭祀坑中发现的金属物品或者来自遥远的南方，例如哥伦比亚、巴拿马、洪都拉斯和危地马拉，或者来自遥远的西部和北部，例如墨西哥的恰帕斯州和瓦哈卡州，以及墨西哥谷。这些分析进一步表明，含有锡和砷的铜矿石来自瓦哈卡州和墨西哥谷，含有锡但不含砷的铜矿石来自洪都拉斯，而最纯净的铜矿石来自危地马拉和恰帕斯州。金铜合金的比例范围从纯金到纯铜都有，甚至有一些镀金的例子。

奇琴伊察祭祀坑中发现的所有金属铸造或金属丝工艺的物品都来自外国，因为玛雅金匠惯用的金属加工工艺只有锤打和冲压凸纹。祭祀坑里的少数物品显示，古玛雅人在奇琴伊察制作它们时用的黄金很有可能都来自从尤卡坦半岛以外的地区运到奇琴伊察的黄金铸件。

在奇琴伊察发现的本地制作的黄金制品几乎全部是非常薄的金盘，这些金盘是通过锤打外国黄金铸件制成的，上面有冲压凸纹装饰，凸纹通常表现的是战争场景。有人认为这些战争场景代表的是奇琴伊察的古玛雅人和玛雅潘君主胡纳克·凯尔的墨西哥雇佣军之间的冲突，胡纳克·凯尔在公元12世纪末征服了奇琴伊察。还有一个金盘上面展示了用活人献祭的场景。图131显示的是三个这种金盘正中间的装饰图案。在图131上面和中间的两幅图中，两个手持长矛和投矛器的墨西哥雇佣兵站在右边，左边是前额被人为地向后倾斜、身披精致羽毛披风的两个玛雅战士。图131下面那幅图中的人物位置相反，两个战败撤退的玛雅武士出现在右边。这些金盘上的人物形象与奇琴伊察墨西哥时期的浮雕和壁画上的非常相似。金盘本身应该可以追溯到公元13世纪，也就是公元1194年胡纳克·凯尔征服奇琴伊察后不久。

奇琴伊察祭祀坑里发现的所有物品中，最常见的金属制品是铜铃

图131　奇琴伊察祭祀坑中发现的金盘装饰图案

铛，这些铃铛大小不一，小如扁豆，大如胡桃。这种铃铛是死亡之神最常见的装饰物，它们总是和死亡之神联系在一起，这也可能是祭祀坑里可以找到这么多铃铛的原因。

燧石片

作为古玛雅人的一种精细艺术，燧石片艺术达到了完美境界。图132显示的就是一些十分精美的燧石片艺术品。许多玛雅纪念碑的基座中经常埋着一些形状古怪的燧石片和燧石制成的刀片。

或许这种艺术留存下来的最好例子是用来装饰仪式上使用的法杖的杖柄，这种设计极为复杂、制作极为精细的燧石装饰品是在金塔纳

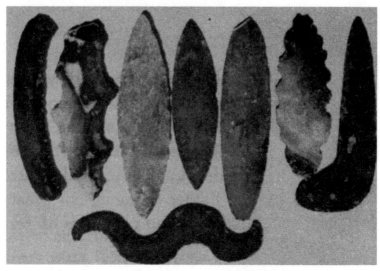

图132　埃尔帕尔马的偏心形燧石片

罗奥州的埃尔帕尔马和基里瓜发现的。埃尔帕尔马发现的燧石杖柄底部有一片很小的残缺，这个杖柄最初应该是一个闭环设计，中间是空的。基里瓜的燧石杖柄上面有三个侧面人头像。

羽毛制品

考古人员发现了几件阿兹特克人的羽毛制品，但没有一件幸存的古玛雅人的羽毛制品。尽管如此，新、古帝国的纪念碑上都显示出这种艺术曾经达到了非常高的水平，而且极为丰富；一些早期的西班牙作家也经常提到玛雅人的羽毛艺术品。

在尤卡坦半岛的森林里，尤其是南半部的森林（古帝国地区），到处都是羽毛艳丽的鸟类——金刚鹦鹉、长尾小鹦鹉、主红雀、拟黄鹂、眼斑火鸡、八哥、鱼鹰、苍鹭、冠蓝鸦、捕蝇鸟和各种蜂鸟。紧邻玛雅地区南部的危地马拉高地是绿咬鹃的栖息地，它是世界上最美丽的鸟类之一，也是危地马拉的国鸟。这些鸟的羽毛被用来制作各种颜色的羽冠、披肩和盾牌，还被用来装饰长矛、人形权杖、仪式用的双头木棒、华盖、扇子、项链、手镯、脚链、膝饰和腰带。此外，在刺绣和流苏中也会用到羽毛。

佩德拉斯内格拉斯的3号壁板上面那位君主头上的羽毛头饰是玛雅羽毛艺术的最好代表，这个用坚挺羽毛制成的羽冠堪称最华丽的羽毛艺术品。这么长的羽毛一定是绿咬鹃的尾羽，这是君主的专属装饰品。另一个非常相似的羽毛头饰也是在佩德拉斯内格拉斯发现的，12号石碑上面的君主头上也戴着一个绿咬鹃尾羽制成的羽冠。每一根高耸的羽毛末端都带有流苏，画面极具动感，仿佛一阵微风正吹在羽冠上。他身上还有一件及肩的短羽毛披风，显得非常优雅。最后，对这个羽毛饰品略带艺术化的处理使这个石碑上华丽的浮雕极具特色，并因而与众不同。

塞巴尔10号石碑上面的君主也戴着一个华丽的羽毛头饰，这个浮雕作品也非常精美，但优雅程度稍稍逊色于上面所说的两个例子。尽管雕刻家试图描绘出每一根羽毛的动感，但这个戴在君主头上的羽毛还是显得有点生硬。

新帝国时期的羽毛工艺品显得拙劣一些。的确，在那个玛雅文明逐渐走向结束的时期，羽毛艺术很可能和除建筑之外的其他所有艺术一样，也进入了衰退期，而且再也没有恢复到曾经的高峰。奇琴伊察美洲豹神庙木雕门楣上描绘的羽毛饰品代表了新帝国时期的较高水平。来自坎佩切州赛克斯库洛克的作品则很一般，可以看出手法较差，羽毛的处理显得沉重而生疏；但是很难判断这到底是羽毛艺术的衰退造成的，还是拙劣的雕刻工艺造成的。

萨阿贡神父是研究阿兹特克文化最权威的专家，他告诉我们阿兹特克人有两种羽毛饰品：

他们（阿兹特克人）跳舞时背在背上的装饰品和所有的舞蹈服装服饰都是用羽毛制成的。阿兹特克的羽毛手工艺人会用两种工艺来制作羽毛饰品，一种是把羽毛粘在底材上，另一种是缝线和系绳。

关于后一种羽毛工艺，萨阿贡神父还进一步写道：

还有一种工艺是用缝线和系绳来处理羽毛饰品。阿兹特克人用这种方法将绿咬鹃的羽毛做成扇子、羽毛手镯、披在背上的装饰品和衣服上的装饰；另外还有坠饰、羽冠、球、羽毛流苏等各种羽毛饰品。

　　萨阿贡神父还说阿兹特克人引进羽毛艺术的时间没有多久，尤其是使用热带鸟类色彩艳丽的羽毛，这种羽毛是他们从南部地区带回来的，而这些南部地区直到西班牙征服之前的最后两个阿兹特克君主的统治时期才被他们征服。此外，在公元16世纪早期，危地马拉高地几个主要的玛雅部落向墨西哥中部的大城市出口了大量羽毛，这些羽毛正是阿兹特克人制作羽毛饰品的原材料。

　　捕鸟的工具是粘鸟胶和长木棍。猎人出去捕鸟之前会举行祭祀仪式，还会对着粘鸟胶熏香，使粘鸟胶得到神的保佑，他们相信这样可以捕获更多猎物。

　　据兰达主教说，刺绣用的羽毛是鱼鹰的羽毛：

　　他们饲养一种白色的大鸭子专门获取羽毛，我相信这种鸟类来自秘鲁。他们经常拔掉这些大鸭子胸前的羽毛用于刺绣，因为他们非常喜欢用这样的刺绣来装饰自己的衣服。

　　一些早期西班牙作家的说法也表明危地马拉高地的玛雅人非常重视这种羽毛工艺，和阿兹特克人一样，他们也有专门饲养鸟类以获取羽毛的大型鸟舍。公元17世纪危地马拉历史学家福恩特斯·古兹曼描述过乌塔特兰的基切印第安统治者们的宫殿，他这样说道："他们有专门饲养鸭子的地方，目的是获得用于纺织的羽毛。"另一位早期权威专家在描述同一座宫殿时这样说道："国王的宝座十分引人注目，因为宝座上有一个用非常多的羽毛组成的华盖，在华盖之上，还有其他各种颜色的覆盖物，给人一种非常威严的感觉。太子或者王位继承人有三顶华盖，他的兄弟有两项华盖。"还有一位权威作家这样说道："他们从鸭子的胸前拔下羽毛，交织在女式长裙的面料里。"

除了把羽毛交织在棉布上，他们还把羽毛按在树枝和柳条编成的头饰上。莫兰神父在谈到阿兹特克人跳舞时背在背上的装饰品时这样说道，"一个装饰着羽毛的木头框架，他们会在跳舞时把这个东西背在背上。"在布鲁塞尔的五十周年纪念博物馆里，有一件安在柳条架子上的红色金刚鹦鹉羽毛制成的齐踝披风，这件披风的主人应该是阿兹特克皇帝蒙特祖马二世。维也纳的帝国博物馆里还有一件绿咬鹃羽毛制成的头饰，肯定也属于这位皇帝。这个头饰的框架是用细长的木条制成的，上面覆盖着一层由龙舌兰纤维织成的网，并用龙舌兰纤维绳把绿咬鹃的羽毛系在框架上。

羽毛、棉纺织品、红贝壳、硬玉等物品不仅被当成个人物品，同时也是贸易品，甚至还可以用来支付罚款；在新帝国时期，绿松石、铜和黄金也有类似的用途：

他们用棉布披肩交换黄金和铜斧，也用黄金交换绿宝石、绿松石和羽毛；作为惩罚，犯有伤害罪的罪犯会被判处缴纳一定数量的优质羽毛，或者棉布披肩和可可豆，这些都会上缴国库。

毫无疑问，所有羽毛中最珍贵的是绿咬鹃的尾羽，这种鸟只有在危地马拉高地、洪都拉斯和墨西哥恰帕斯州邻近地区才能见到，在巴拿马偶尔也有发现。这种珍贵的羽毛仅供王室使用。根据巴托洛姆·德·拉斯卡萨斯的说法，捕捉或杀死一只绿咬鹃都是死罪：

> 在危地马拉韦拉帕斯省，杀死绿咬鹃的人会被处死，因为这种鸟在别的地方是找不到的，绿咬鹃的羽毛十分珍贵，可以当作货币使用。

留存下来的一些阿兹特克羽毛艺术品说明这是一种格外丰富的艺术。从玛雅古帝国时期的纪念碑上描绘的羽毛饰品来看，这种艺术毫无疑问起源于玛雅地区，而且羽毛艺术在玛雅地区肯定达到了最高水平。

附录1　玛雅历法和公历之间的换算问题

我们已经解释过，古玛雅人的长历法（文始历日记法）是一套极其精确的时间计算系统，这种历法在长达374440年的时间周期里的每一天都是精确的。另一方面，玛雅短历法远没有这么精确，实际上，它只在256年的时间周期内才算准确。然而不幸的是，唯一确定与公历对应一致的玛雅历法日期是用短历法表述的。如果我们可以确定哪怕一个玛雅长历法日期与公历的对应日期，这两种历法就根本不存在换算问题，因为我们可以以此为基础确定任何一个玛雅长历法日期的对应公历日期，从而使玛雅年表，尤其是古帝国时期的年表变得和公历年表一样清晰。但是根据现在的情况，为了确定一个玛雅长历法日期的对应公历日期，我们只能通过不太准确而且不太容易理解的短历法进行回溯。因此，将玛雅长历法换算成公历的问题包括两种不同的操作：第一种是公历与玛雅短历法之间的换算，第二种是玛雅短历法与玛雅长历法之间的换算。

在西班牙征服玛雅的时期，尤卡坦半岛北部历史上的许多事件同时被儒略历和玛雅短历法记录下来，例如1542年1月6日（儒略历）梅里达的建立。仔细比较这两种历法中的几个日期，我们可以得出结论：玛雅短历法中的一个确定的卡顿13阿哈乌结束于儒略历1539年的某个时候，这一点是广泛达成的共识。但是要把这个特定的卡顿13阿哈乌换算成玛雅长历法中对应的那个卡顿13阿哈乌就不是那么容易了，学者们对玛雅长历法的哪一个卡顿13阿哈乌是在公元1539年结束这个问题也没有一致的意见。

按照最普遍接受的换算公式，玛雅长历法的卡顿结束年11.16.0.0.0年13阿哈乌8许尔对应的是公历1539年11月14日。公元1905年，美国学者J. T. 古德曼首次提出了这个换算公式，他还最先破译了玛雅石碑铭文上的玛雅长历法，并编撰了著名的古德曼年表。公元1918年，尤卡坦大学考古学家胡安·马丁内斯·埃尔南德斯稍稍修正了古德曼的换算公式（修正了一天）；公元1927年，卡内基研究所历史研究部的J. 埃里克·S. 汤普森进一步修正了胡安·马丁内斯·埃尔南德斯的换算公式（修正了四天）。

附录2　古玛雅人的名字

正如第十章所述，每个玛雅人至少有三个不同的名字（有时甚至是四个），这些名字是在他人生的不同时期起的。他出生时起的第一个名字的性质和我们给孩子起的名字差不多，例如约翰、威廉、玛丽、海伦等。如果是男孩，第一个名字总是以一个代表男性的前缀"ah"为开头；如果是女孩，就会以代表女性的前缀"ix"为开头，有时也写作"yx"。在代表男性的前缀"ah"后面加上哺乳动物、爬行动物、鸟类、树或者其他东西就是男孩的第一个名字，例如：Ah Balam（美洲豹）、Ah Ceh（鹿）、Ah Cuat（蛇）、Ah Itzam（蜥蜴）、Ah Cuy（猫头鹰）、Ah Op（鹦鹉）、Ah Chacah（裂榄树）、Ah Dzulub（乔木）、Ah Kukum（羽毛）、Ah Tok（燧石刀）、Ah Uitz（山）等。女孩的第一个名字流传下来的相对较少，基本上是通过在玛雅语的其他单词加上女性前缀"ix"组成的，其意义不像男孩的第一个名字那样清楚，例如Ix Chan（小）、Ix Cahum、Ix Can（小）、Ix Cakuk、Ix Kauil、Ix Kukul、Ix Nahau等。

关于这方面，兰达主教这样说：

父母带着孩子去见祭司，请祭司告诉他们孩子的命运和未来将要从事的职业，为孩子起一个童年时期的名字（也就是我们刚刚提到的第一个名字）；因为他们习惯用不同的名字称呼孩子，直到孩子举行青春期仪式为止；然后他们就会用父系姓氏来称呼孩子，直到孩子结婚；孩子结婚之后，他们就会用父亲和母亲的姓氏来称呼孩子。

　　男孩和女孩的第二个名字是父亲的姓氏，也就是上面兰达主教所说的青春期仪式后到了适婚年龄所称呼的名字。玛雅语中记载父亲姓氏的词语没有流传下来。

　　我们所知道的玛雅人的第三个名字，就是兰达主教所说的他们在婚后所使用的名字。这个名字包含母亲的姓氏，也就是从母亲和外婆，也就是从母系祖先那里传下来的姓氏，在母亲的姓氏前面加上一个前缀"nah"（玛雅语"母亲"的意思）和父亲的姓氏放在一起就是玛雅人的第三个名字。在第九章中兰达主教举过一个例子，一个玛雅人的名字是Na Chan Chel，代表他母亲的母系姓氏是Chan（小），父亲的父系姓氏是Chel。这似乎说明在玛雅人中间，正如父亲的父系姓氏通过儿子代代相传一样，母亲的母系姓氏也通过女儿代代相传。在古玛雅人的姓氏中，无论是父系姓氏还是母系姓氏，很多都来自哺乳动物、蛇、昆虫、鸟类和植物的名字，例如Balam（美洲豹）、Baa（金花鼠）、Can（蛇）、Coh（美洲狮）、Mis（猫）、Muy（兔子）、Och（负鼠）、Tzul（狗）、Uech（犰狳）、Pech（蜱虫）、Bacal（玉米棒子）、Cab（蜜蜂或蜂蜜）、Cocom（黄花藤蔓）、Cutz（斑火鸡）、Che（树）、Chel（冠蓝鸦）、Kutz（烟草）、Mo（鹦鹉）、Muan（鹛）、Mucuy（鸽子）、Nic（小花）、Ppizte（可可豆）、Xiu（杂草）等。

　　除了上面提到的三种名字，玛雅人还有第四个名字，有一部玛雅手稿将这种名字定义为昵称。这些昵称应该是根据个人的特征和状况来起的，相当于我们所说的绰号，例如"胖子""矮子"等。这部玛雅手稿中提到了六个这样的名字，其中Ah Xun和Ah Pach Uitz是"住在山后面的人"，Ah Tupp Kabal是"弄出巨大噪音的人"，Ah Na Itza是"伊察家族的人"，Ah Kom Tzohom是"红颜色"，Ah Xochil Ich是"猫头鹰脸、猫头鹰眼"。乌斯马尔的建立者，修族祖先阿·祖伊托克·修也有一个昵称Hun Uitzil Chac（胡恩·乌齐尔·恰克），是"山上唯一的雨神"。公元1194年战胜奇琴伊察真人的玛雅潘真人胡纳克·凯尔也有一个这样的名字Ah Tapaynok，"穿着刺绣斗篷"。

卡内基研究所的研究员拉尔夫·L. 罗伊斯将上述这几个古玛雅人的名字作为专门的研究课题，本书附录参考书目录里介绍了他对这个课题的研究著作。

参考书分类目录①

　　为了给研究玛雅课题的专家和工作人员提供方便, 我们将本书的参考书目和众多学者的研究成果分为14类: (1)考古学; (2)民族学; (3)历史学; (4)艺术; (5)象形文字、年表和天文学; (6)农学; (7)语言学; (8)医学; (9)现代玛雅; (10)游历探索; (11)气候、地理学和地质学; (12)植物学; (13)动物学; (14)小说。

　　下面是按照作者和年代排列的参考书目列表, 前面带有星号 (＊) 标记的是向一般读者特别推荐的内容。

1. 考古学

ANDREWS, E. WYLLYS

1939. "A Group of Related Structures from Yucatan," *Contributions to American Anthropology and History*, Vol. V, No. 26; Carnegie Institution of Washington Publication No. 509. Washington, D.C.

1943. "The Archaeology of Southwestern Campeche," *Contributions to American Anthropology and History*, Vol. VIII, No. 40;Carnegie Institution of

---

① 本节所列参考文献, 绝大部分没有中文译本, 为了方便读者查阅, 特保留其外文出版信息。——编者注

Washington Publication No. 546. Washington, D.C.

BAKER, M. LOUISE

1936. "Lintel 3 Restored.... and Why," *Univ. Mus. Bull.*,University of Pennsylvania, Vol. VI, No. 4, pp. 120-23. Philadelphia.

BANCROFT, H. H.

1882. *The Native Races of the Pacific States*. 5 vols. San Francisco.

Biología Centrali-Americana

1889-1902. *Biología Centrali-Americana; or, Contributions to the Knowledge of the Fauna and Flora of Mexico and Central America*. Edited by E. DuCane Godman and Osbert Salvin. 61 secs. London. See A. P. MAUDSLAY, 1889-1902, for the section on archaeology.

BLOM, FRANS

1932. *"The Maya Game pok-ta-pok (called tlachtli by the Aztecs)."* Middle *American Research Series, Publication No.4,* pp. 486-530. Department of Middle American Research, Tulane University, New Orleans.

1932a. "Commerce, Trade and Monetary Units of the Maya." *Middle American Research Series, Publication No. 4,* pp. 532-56. Department of Middle American Research, Tulane University, New Orleans.

1933. "Maya Books and Sciences," *Library Quarterly*, Vol. III, No. 4, pp.408-20. Chicago.

BRASSEUR DE BOURBOURG, CHARLES ETIENNE

1866. *Recherches sur les ruines de Palenque*. Paris.

BUTLER, MARY

1931. "Dress and Decoration of the Maya Old Empire," *Univ. Mus. Jour.*, University of Pennsylvania, Vol. XXII, No. 2, pp. 155-83. Philadelphia.

CARNEGIE INSTITUTION OF WASHINGTON. *News Service Bulletin.*

*1926. *Buried Temple Discovered at Site of Ancient Maya Capital.* Carnegie Institution of Washington News Service Bulletin, Vol.I, No.1, July 24. Washington, D.C.

*1926a. *Ancient Maya Almanac in Stone Found at Cobá, Yucatan.*

Carnegie Institution of Washington News Service Bulletin, Vol. I, No. 2, August 15. Washington, D.C.

*1927. *Buried Maya Treasures.* Carnegie Institution of Washington News Service Bulletin, Vol. I, No. 10, July 10. Washington, D.C.

*1927a. *The Temple of the Warriors.* Carnegie Institution of Washington News Service Bulletin, Vol. I, No. 12, November 13. Washington.

*1928. *Etzna—"The City of Grimacing Faces."* Carnegie Institution of Washington News Service Bulletin, Vol. I, No. 24, May 13. Washington, D.C.

*1928a. *Ancient Ceremonial Treasure.* Carnegie Institution of Washington News Service Bulletin, Vol. I, No. 25, April 25. Washington, D.C.

*1928b. *Fresh Discoveries in Maya Exploration.* Carnegie Institution of Washington News Service Bulletin, Vol. I, No. 29, September 16. Washington, D.C.

*1931. *The Maya of Middle America:* Part I, *The Archaeological Problem;* Part II, *The Temple of the Warriors;* Part III, *Restoration of the Turquoise Mosaic Plaque;* Part IV, *Bas-reliefs from the Temple of the Warriors;* Part V, *Murals from the Temple of the Warriors.* Carnegie Institution of Washington News Service Bulletin, Vol. II, Nos.17-21, pp. 121-44, June 7. Washington, D.C. Spanish translation, *"Los Mayas de la región central de America."* Carnegie Institution of Washington Supplementary Publication No. 4.

*1931a. *The Exodus of the Maya.* Carnegie Institution of Washington News Service Bulletin, Vol. II, No.24, pp.163, 164, December 6. Washington, D.C.

*1932. *Pottery Discovery in Ancient Maya Grave.* Carnegie Institution of Washington News Service Bulletin, Vol. II, No. 36, pp. 243-50, December 18.Washington, D.C.

*1933. *The Great "White Ways" of the Maya.* Carnegie Institution of Washington News Service Bulletin, Vol.III, No. 9, pp. 61-67, September 24, Washington, D.C.

*1934. *The Ruins of Quirigua.* Carnegie Institution of Washington News Service Bulletin, Vol. III, No. 19, pp.149-56, December 16. Washington, D.C,

*1935. *The Caracol—A Perplexing Maya Ruin.* Carnegie Institution of Washington News Service Bulletin, Vol. III, No. 27, pp. 211-26, December 15. Washington, D.C.

*1936. *Important Maya Discovery in the Guatemalan Highlands.* Carnegie Institution of Washington News Service Bulletin, Vol. IV, No. 6, pp.53-60, August 23. Washington, D.C.

*1937. *El Castillo, Pyramid-Temple of the Maya God, Kukulcan.* Carnegie Institution of Washington News Service Bulletin, Vol. IV, No. 12, pp. 105-16, April 25. Washington, D.C.

CARNEGIE INSTITUTION OF WASHINGTON. *Contributions to American Archaeology.*

1931. Vol.I, Publication No. 403.

1934. Vol. II, Publication No. 436.

1937. Vol. III, Publication No. 456.

1937. Vol. IV, Publication No. 483.

CARNEGIE INSTITUTION OF WASHINGTON. *Contributions to American Anthropology and History.*

1939. Vol. V, Publication No. 509.

1940. Vol. VI, Publication No.523.

1942. Vol. VII, Publication No. 528.

1943. Vol. VIII, Publication No.546.

CARNEGIE INSTITUTION OF WASHINGTON. *Supplementary Publications.*

*1933. *The Culture of the Maya.* Carnegie Institution of Washington Supplementary Publication No. 6. Washington, D.C.

*1935. *Guide Book to the Ruins of Quirigua.* Carnegie Institution of Washington Supplementary Publication No.16. Washington, D.C.

CASO, ALFONSO

1928. "Las estelas zapotecas," *Revista Mexicana de Estudios Antropológicos,* Vol. III, No. 1. Mexico.

*1937. "The Religion of the Aztecs," *Revista Mexicana de Estudios Antropológicos,* Vol. III, No. 1. Mexico.

1939. "La correlación de los años azteca y cristiano," *Revista Mexicana de Estudios Antropológicos,* Vol. III, No. 1, pp. 11-45. Mexico.

CATHERWOOD, F.

1844. *Views of Ancient Monuments in Central America, Chiapas, and Yucatan.* New York.

DRUCKER, PHILIP

1943. *Ceramic Sequences at Tres Zapotes, Veracruz, Mexico.* Smithsonian Institution, Bureau of American Ethnology, No. 140. Washington, D.C.

1943a. *Ceramic Stratigraphy at Cerro de las Mesas, Veracruz, Mexico.* Smithsonian Institution, Bureau of American Ethnology, No. 141.Washington, D.C.

GAMIO, MANUEL Y OTROS

1922. *La población del Valle de Teotihuacán.* 3 vols. Mexico.

GANN, T. W. F.

1900. *Mounds in Northern Honduras.* Bureau of American Ethnology, *Smithsonian Institution Nineteenth Annual Report,* 1897-98, Part 2, pp.655-92. Washington, D.C.

1905. "The Ancient Monuments of Northern Honduras and the Adjacent Parts of Yucatan and Guatemala, the Former Civilization in These Parts and the Chief Characteristics of the Races Now Inhabiting Them with an Account of a Visit to the Rio Grande Ruins," *Jour. Royal Anthropol. Inst., n.s.,* Vol. VIII, pp.103-12.London.

1935. "Tzibanché, Quintana Roo, Mexico," *Maya Research,* Vol. II, No. 2, pp.155-66. New York.

GORDON, G. B.

1896. "Prehistoric Ruins of Copan, Honduras." A Preliminary Report of the Explorations by the Museum, 1891-1895. *Memoirs of the Peabody Museum of American Archaeology and Ethnology,* Harvard University, Vol. I, No.1.

Cambridge.

1902. "The Hieroglyphic Stairway, Ruins of Copan." Report on Explorations by the Museum. *Memoirs of the Peabody Museum of American Archaeology and Ethnology,* Harvard University, Vol. I, No.6. Cambridge.

1913. "An Unpublished Inscription from Quirigua, Guatemala," *Proceedings of the Eighteenth Session of the International Congress of Americanists,* London, 1912, pp. 238-40. London.

HEWETT, E. L.

1911. "Two Seasons' Work in Guatemala," *Bulletin of the Archaeological Institute of America,* Vol. II, pp. 117-34. Norwood. (Reprinted under same title as *Paper No. 21, School of American Research,* Archaeological Institute of America, Santa Fe.)

1912. "The Excavations at Quirigua in 1912," *Bulletin of the Archaeological Institute of America,* Vol. III, pp. 163-71. Norwood. (Reprinted as "The Third Season's Work in Guatemala," *Paper No. 22, School of American Research,* Archaeological Institute of America, Santa Fe.)

1913. "The Excavations at Quirigua, Guatemala, by the School of American Archaeology," *Proceedings of the Eighteenth Session of the International Congress of Americanists,* London, 1912, Part 2, pp. 241-48. London.

1915. "Ancient America at the Panama-California Exposition," *Art and Archaeology,* Vol. II, No. 3, pp. 65-102. Washington, D.C.

1916. "Latest Work of the School of American Archaeology at Quirigua," *Holmes Anniversary Volume,* pp. 157-62. Washington, D.C.

HOLMES, W. H.

1895-1897. *Archaeological Studies among the Ancient Cities of Mexico.* Part I, *Monuments of Yucatan,* pp. 1-138; Part II, *Monuments of Chiapas, Oaxaca and the Valley of Mexico,* pp. 138-338. *Anthropological Series,* Vol. I. Field Columbian Museum, Chicago.

1907. "On a Nephrite Statuette from San Andres Tuxtla, Vera Cruz,

Mexico," *American Anthropologist,* n.s., Vol. IX, No. 4, pp. 691-701.Lancaster.

JOYCE, THOMAS A.

*1914. *Mexican Archaeology.* New York.

*1916. *Central American and West Indian Archaeology.* London.

*1923. *Guide to the Maudslay Collection of Maya Sculptures (Casts and Originals) from Central America.* The Trustees, British Museum. London.

*1927. *Maya and Mexican Art.* London.

KIDDER, A. V.

1937. "Notes on the Ruins of San Agustin Acasaguastlan, Guatemala," *Contributions to American Archaeology,* Vol. III, No.15. Carnegie Institution of Washington Publication No. 456. Washington, D.C.

KIDDER, A. V., AND J. ERIC S. THOMPSON

1938. "The Correlation of Maya and Christian Chronology," *Co-operation in Research,* Carnegie Institution of Washington Publication No. 501, pp. 493-510. Washington, D.C.

Los Mayas Antiguos

1941. *Los Mayas Antiguos. Colección de monografías de arqueología, etnografía y lingüística mayas publicadas con motivo del Centenario de la exploración de Yucatán por John L. Stephens y Frederick Catherwood en los años 1841-42.*

LOTHROP, S. K.

1924. *Tulum. An Archaeological Study of the East Coast of Yucatan.* Carnegie Institution of Washington Publication No. 335. Washington, D.C.

1933. *Atitlan. An Archaeological Study of Ancient Remains on the Borders of Lake Atitlan, Guatemala.* Carnegie Institution of Washington Publication No.444. Washington, D.C.

1936. *Zacualpa. A Study of Ancient Quiché Artifacts.* Carnegie Institution of Washington Publication No. 472. Washington, D.C.

LUNDELL, C. L.

1934. "Ruins of Polol and Other Archaeological Discoveries in the

Department of Peten, Guatemala," *Contributions to American Archaeology,* Vol. II, No. 8; Carnegie Institution of Washington Publication No.436, 1934, pp. 173-86, pls. 1-9. Washington, D.C. Preprinted March 1934.

MALER, TEOBERT

1901. "Researches in the Central Portion of the Usumatsintla Valley. Report of Explorations for the Museum, 1898-1900," *Memoirs of the Peabody Museum of American Archaeology and Ethnology,* Harvard University, Vol. II, No. 1, pp. 1-75. Cambridge.

1903. "Researches in the Central Portions of the Usumatsintla Valley. Reports of Explorations for the Museum," *Memoirs of the Peabody Museum of American Archaeology and Ethnology,* Harvard University, Vol. II, No. 2, pp. 77-208. Cambridge.

1908. "Explorations of the Upper Usumatsintla and Adjacent Regions. Altar de Sacrificios; Seibal; Itsimté-Sácluk; Cankuen. Reports of Explorations for the Museum," *Memoirs of the Peabody Museum of American Archaeology and Ethnology,* Harvard University, Vol. IV, No.1, pp. 1-49. Cambridge.

1908a. "Explorations in the Department of Peten, Guatemala, and Adjacent Regions. Topoxté, Yaxhá; Benque Viejo; Naranjo. Reports of Explorations for the Museum," *Memoirs of the Peabody Museum of American Archaeology and Ethnology,* Harvard University, Vol. IV, No.2, pp. 53-127. Cambridge.

1910. "Explorations in the Department of Peten, Guatemala, and Adjacent Regions. Motul de San José; Peten-Itza. Reports of Explorations for the Museum," *Memoirs of the Peabody Museum of American Archaeology and Ethnology,* Harvard University, Vol. IV, No.3, pp.131-70. Cambridge.

1911. "Explorations in the Department of Peten, Guatemala, Tikal. Report of Explorations for the Museum," *Memoirs of the Peabody Museum of American Archaeology and Ethnology,* Harvard University, Vol. V, No.1, pp.3-135. Cambridge.

MASON, J. A.

*1931. "A Maya Carved Stone Lintel from Guatemala," *Univ. Mus. Bull.,*

University of Pennsylvania, Vol. III, No. 1, pp. 5-7, pls. I-III. Philadelphia.

*1932. "Excavations at Piedras Negras," *Univ. Mus. Bull.,* University of Pennsylvania, Vol. III, No.6, pp. 178, 179. Philadelphia.

*1933. "Jade Ornaments from Piedras Negras," *Univ. Mus. Bull.,* University of Pennsylvania, Vol. IV, No. 2, pp.53, 55, 56, pl. XI. Philadelphia.

*1933a. "A Remarkable Throne from Guatemala," *Univ. Mus. Bull.,* University of Pennsylvania, Vol. IV, No.4, pp. 90, 91, pl. II. Philadelphia.

*1934. "A Stucco Head from Guatemala," *Univ. Mus. Bull.,* University of Pennsylvania, Vol. V, No. 1, pp. 24, 25, 27, pl. XI. Philadelphia.

*1934a. "Maya Sculptures Rescued from the Jungle," *American Archaeology,* No.6; *Bulletin of the Pan American Union.* Washington, D.C.

*1935. "Preserving Ancient America's Finest Sculptures," *National Geographic Magazine,* Vol. LXVIII, No. 5, pp. 537-70, color plates I-VIII. Washington, D.C.

*1935a. "Mexican and Mayan Sweat-Baths," *Univ. Mus. Bull.,* University of Pennsylvania, Vol.VI, No. 2, pp. 65, 67-69, pl. IX. Philadelphia.

Maya Research

1934. Vol. I, July-December.

1935. Vol. II, January-December.

1936. Vol. III, January-December.

Maya and Their Neighbors, The

*1940. New York.

MERWIN, R. E., AND G. C. VAILLANT

1932. "The Ruins of Holmul, Guatemala," *Memoirs of the Peabody Museum of American Archaeology and Ethnology,* Harvard University, Vol. III, No. 2. Cambridge.

MORLEY, FRANCES R., AND S. G. MORLEY

1939. "The Age and Provenance of the Leyden Plate," *Contributions to American Anthropology and History,* Vol. V, No. 24; Carnegie Institution of Washington Publication No.509. Washington.

MORLEY, S. G.

1910. "A Group of Related Structures at Uxmal, Mexico," *American Journal of Archaeology,* Archaeological Institute of America, 2d ser., Vol. XIV, No.1, pp. 1-18. Norwood.

1910a. "The Correlation of Maya and Christian Chronology," *American Journal of Archaeology,* Archaeological Institute of America, 2d ser., Vol. XIV, No.2, pp.193-204. Norwood.

*1911. "Ancient Temples and Cities of the New World. Chichen Itza," *Bulletin of the Pan American Union,* Vol. XXXII, pp. 453-68. Washington, D.C.

*1911a. "Ancient Temples and Cities of the New World. Uxmal, the City of the Xius," *Bulletin of the Pan American Union,* Vol. XXXII, pp.627-42. Washington, D.C.

*1911b. "Ancient Temples and Cities of the New World. Copan, the Mother City of the Mayas," *Bulletin of the Pan American Union,* Vol. XXXII, pp.863-79. Washington, D.C.

*1912. "Quirigua, an Ancient Town 1,400 Years Old," *Scientific American,* Vol. CVII, pp. 96, 105. New York.

*1913. "Excavations at Quirigua, Guatemala," *National Geographic Magazine,* Vol. XXIV, No. 3, pp. 339-61. Washington, D.C.

1913a. "Archaeological Research at the Ruins of Chichen Itza, Yucatan," *Reports upon the Present Condition and Future Needs of the Science of Anthropology,* presented by W. H. R. Rivers, A. E. Jenks, and S. G. Morley; Carnegie Institution of Washington Publication No.200, pp. 61-91. Washington, D.C.

*1917. "The Ruins of Tuloom, Yucatan. The Record of a Visit of the Carnegie Institution Central American Expedition of 1916 to an Important but Little Known Ancient Maya City," *American Museum Journal,* Vol. XVII, No. 3, pp. 190-204. New York.

1917a. "The *hotun* as the Principal Chronological Unit of the Old Maya Empire," *Proceedings of the International Congress of Americanists, Nineteenth*

Session, Washington, 1915, pp. 195-201. Washington, D.C.

　　1920. *The Inscriptions at Copan.* Carnegie Institution of Washington Publication No.219. Washington, D.C.

　　*1922. "The Foremost Intellectual Achievement of Ancient America, The Hieroglyphic Inscriptions on the Monuments in the Ruined Cities of Mexico, Guatemala, and Honduras Are Yielding the Secrets of the Maya Civilization," *National Geographic Magazine,* Vol. XLI, No, 2, pp. 109-30. Washington, D.C.

　　1925. "The Earliest Mayan Dates," *Congrès International des Américanistes, Compte-rendu de la XXIe session,* Göteborg, 1924, Part 2, pp. 655-67. Göteborg Museum, Göteborg.

　　*1925a. "Chichen Itza, an Ancient American Mecca. Recent Explorations in Yucatan Are Bringing to Light the Temples, Palaces, and Pyramids of America's Most Holy Native City," *National Geographic Magazine,* Vol. XLII, No. 1, pp. 63-95. Washington, D.C.

　　1927. "New Light on the Discovery of Yucatan and the Foundation of the New Maya Empire," *American Journal of Archaeology,* Archaeological Institute of America, 2d ser., Vol. XXXI, No.1, pp. 51-69. Concord.

　　*1927a. "Maya Civilization—100% American," *Forum,* Vol. LXXVIII, No. 2, pp. 226-36. Concord.

　　*1931. "Unearthing America's Ancient History. Investigation Suggests That the Maya May Have Designed the First Astronomical Observatory in the New World in Order to Cultivate Corn," *National Geographic Magazine,* Vol. LX, No. 1, pp. 99-126. Washington, D.C.

　　*1935. *Guide Book to the Ruins of Quirigua.* Carnegie Institution of Washington Supplemental Publication No. 16. Washington, D.C.

　　1936. *Guía de las ruinas de Quiriguá.* Traducida del inglés por Adrián Recinos. Washington, D.C.

　　*1936a. "Yucatan, Home of the Gifted Maya. Two Thousand Years of History Reach Back to Early American Temple Builders, Corn Cultivators, and Pioneers in Mathematics," *National Geographic Magazine,* Vol. LXX, No. 5, pp. 590-644. Washington, D.C.

1937-1938. *The Inscriptions of Peten.* Carnegie Institution of Washington Publication No. 437. 5 vols. Washington, D.C.

MORRIS, E. H., JEAN CHARLOT, AND A. A. MORRIS

1931. *The Temple of the Warriors at Chichen Itza, Yucatan.* Carnegie Institution of Washington Publication No. 406. Washington, D.C. Description of the Temple of the Warriors and edifices related thereto by E. H. Morris.

POLLOCK, HARRY E. D.

1937. "The Casa Redonda at Chichen Itza, Yucatan," *Contributions to American Archaeology,* Vol.III, No.17;Carnegie Institution of Washington Publication No. 456, 1937, pp. 129-54, pls. 1-8. Washington, D.C.

RICKETSON, O. G., JR.

1925. "Burials in the Maya Area," *American Anthropologist,* n.s., Vol. XXVII, No. 3, pp. 381-401. Menasha, Wisconsin.

1928. "Astronomical Observatories in the Maya Area," *Geographical Review,* American Geographical Society, Vol. XVIII, No.2, pp.215-25. New York.

1931. "Excavations at Baking Pot, British Honduras," *Contributions to American Archaeology,* Vol. I, No. 1; Carnegie Institution of Washington Publication No. 403, 1931, pp. 1-27, pls. 1-25. Washington, D.C.

*1933. "The Culture of the Maya. I. Excavations at Uaxactun." Carnegie Institution of Washington Supplemental Publication No. 6, pp. 1-15.Washington, D.C.

RICKETSON, O. G., JR., AND E. B. RICKETSON

1937. *Uaxactun, Guatemala. Group E—1926-1931.* Part I, "The Excavations," by O. G. Ricketson, Jr.; Part II, "The Artifacts," by Edith Bayles Ricketson. Carnegie Institution of Washington Publication No.477. Washington, D.C.

ROYS, LAWRENCE

1934. "The Engineering Knowledge of the Maya," *Contributions to*

American Archaeology, Vol. II, No. 6; Carnegie Institution of Washington Publication No.436, 1934, pp. 27-105, pl. 1. Washington, D.C.

RUPPERT, KARL

1931. "Temple of the Wall Panels, Chichen Itza," *Contributions to American Archaeology,* Vol. I, No. 3; Carnegie Institution of Washington Publication No. 403, 1931, pp. 117-40; pls. 1-18. Washington,D.C.

1935. *The Caracol at Chichen Itza, Yucatan, Mexico.* Carnegie Institution of Washington Publication No. 454. Washington, D.C.

SATTERTHWAITE, LINTON, JR.

1933. "Description of the Site with Short Notes on the Excavations of 1931-32," *Piedras Negras Preliminary Papers,* No. 1, University Museum, University of Pennsylvania. Philadelphia.

1933a. "South Group Ball Court. Preliminary Note on the West Group Ball Court," *Piedras Negras Preliminary Papers*, No. 2, University Museum, University of Pennsylvania. Philadelphia.

*1933b. "The Piedras Negras Expedition," *Univ. Mus. Bull.,* University of Pennsylvania, Vol. IV, No. 5, pp. 121-23, pls. I-III. Philadelphia.

*1935. "Palace Structure J-2 and J-6," *Piedras Negras Preliminary Papers* No.3, University Museum, University of Pennsylvania. Philadelphia.

*1936. "An Unusual Type of Building in the Maya Old Empire," *Maya Research,* Vol. III, No.1, pp.62-73. New Orleans.

*1936a. "Notes on the Work of the Fourth and Fifth University Museum Expeditions to Piedras Negras, Peten, Guatemala," *Maya Research,* Vol. III, No. 1, pp. 74-93. New Orleans.

*1936b. "The Sixth Piedras Negras Expedition," *Univ. Mus. Bull.,* University of Pennsylvania, Vol. VI, No. 5, pp. 14, 18, pls. V-VII. Philadelphia.

*1936c. "A Pyramid without Temple Ruins (Structure R-3 [J-3])," *Piedras Negras Preliminary Papers,* No. 5, University Museum, University of Pennsylvania. Philadelphia.

*1937. "Identification of Maya Temple Buildings at Piedras Negras,"

Publications of the Philadelphia Anthropological Society, Vol. I, pp.161-77. Philadelphia.

*1937a. "Thrones at Piedras Negras," *Univ. Mus. Bull.,* University of Pennsylvania, Vol. VII, No. 1, pp.18-23, pl. VIII. Philadelphia.

SCHELLHAS, PAUL

*1904. *Representation of Deities of the Maya Manuscripts.* 2d ed. Translated by Selma Wesselhoeft and A. M. Parker. *Papers of the Peabody Museum of American Archaeology and Ethnology,* Harvard University, Vol. IV, No. 1, pp. 1-47. Cambridge.

SELER, EDUARD

1902-1923. *Gesammelte Abhandlungen zur amerikanischen Sprach- und Alterthumskunde.* 5 vols. Berlin.

SMITH, A. LEDYARD

*1934. "Two Recent Ceramic Finds at Uaxactun," *Contributions to American Archaeology,* Vol. II, No. 5; Carnegie Institution of Washington Publication No. 436, 1934, pp.1-25, pls. 1-5. Washington, D.C.

1937. "Structure A-XVIII, Uaxactun," *Contributions to American Archaeology,* Vol. IV, No. 20;Carnegie Institution of Washington Publication No. 483, 1937, pp. 1-27, pls. 1-24. Washington, D.C.

SMITH, R. E.

1937. "A Study of Structure A-I Complex at Uaxactun, Peten, Guatemala," *Contributions to American Archaeology,* Vol. III, No. 19; Carnegie Institution of Washington Publication No. 456, 1937, pp. 189-230, pls. 1-11. Washington, D.C.

SPINDEN, H. J.

*1917. *Ancient Civilizations of Mexico and Central America.* American Museum of Natural History, Handbook Series, No. 3, New York.

*1928. "The Population of Ancient America," *Geographical Review,* American Geographical Society, Vol. XVIII, No. 4, pp. 641-60. New York.

STERLING, M. W.

1943. *Stone Monuments of Southern Mexico.* Smithsonian Institution,

Bureau of American Ethnology, No. 138. Washington, D.C.

STROMSVIK, GUSTAV

1931. "Notes on the Metates of Chichen Itza, Yucatan," *Contributions to American Archaeology,* Vol. I, No. 4; Carnegie Institution of Washington Publication No. 403, 1931, pp. 141-57, pls. 1-6. Washington, D.C.

1937. "Notes on the Metates from Calakmul, Campeche, and from the Mercado, Chichen Itza, Yucatan," *Contributions to American Archaeology,* Vol. III, No.16; Carnegie Institution of Washington Publication No. 456, 1937, pp. 121-27, pls. 1, 2. Washington, D.C.

1942. "Substela Caches and Stela Foundations at Copan and Quirigua," *Contributions to American Anthropology and History,* Vol. VII, No.37; Carnegie Institution of Washington Publication No. 528, 1942, pp.63-96. Washington, D.C.

THOMPSON, J.ERIC S.

*1927. *The Civilization of the Mayas.* Field Museum of Natural History, *Anthropology Leaflet* 25, 1st ed. Chicago.

1928. "The Causeways of the Coba District, Eastern Yucatan," *Proceedings of the Twenty-third International Congress of Americanists,* New York, September 1928, pp. 181-84. Lancaster.

1931. "Archaeological Investigations in the Southern Cayo District, British Honduras," *Field Museum of Natural History, Anthropological Series,* Vol. XVII, No. 3. Chicago.

1937. "Maya Chronology: The Correlation Question," *Contributions to American Archaeology,* Vol. III, No. 14; Carnegie Institution of Washington Publication No. 456, 1937, pp.51-104. Washington, D.C.

1939. *Excavations at San Jose, British Honduras.* Carnegie Institution of Washington Publication No. 506. Washington, D.C.

1939a. "The Moon Goddess in Middle America: with Notes on Related Deities," *Contributions to American Anthropology and History,* Vol.V, No.29; Carnegie Institution of Washington Publication No. 509,1939, pp. 127-73. Washington, D.C.

1942. "Late Ceramic Horizons at Benque Viejo, British Honduras," *Contributions to American Anthropology and History,* Vol. VII, No. 35; Carnegie Institution of Washington Publication No. 528, 1942, pp.1-36. Washington, D.C.

1942a. "Maya Arithmetic," *Contributions to American Anthropology and History,* Vol. VII, No.36; Carnegie Institution of Washington Publication No. 528, 1942, pp. 37-62. Washington, D.C.

THOMPSON, J. ERIC S., H. E. D. POLLOCK, AND JEAN CHARLOT

1932. *A Preliminary Study of the Ruins of Coba, Quintana Roo, Mexico.* Carnegie Institution of Washington Publication No. 424. Washington, D.C.

TOZZER, A. M.

1911. "A Preliminary Study of the Prehistoric Ruins of Tikal, Guatemala; A Report of the Peabody Museum Expedition, 1909-1910," *Memoirs of the Peabody Museum of American Archaeology and Ethnology,* Harvard University, Vol. V, No. 2, Cambridge.

1913. "A Preliminary Study of the Prehistoric Ruins of Nakum, Guatemala; A Report of the Peabody Museum Expedition, 1909-1910," *Memoris of the Peabody Museum of American Archaeology and Ethnology,* Harvard University, Vol. V, No. 3.Cambridge.

*1941. *"Landa's Relación de las cosas de Yucatán,"* Papers of the Peabody Museum of American Archaeology and Ethnology,* Harvard University, Vol. XVIII. Cambridge.

TOZZER, A. M., AND G. M. ALLEN

1910. "Animal Figures in the Maya Codices," *Papers of the Peabody Museum of American Archaeology and Ethnology,* Harvard University, Vol. IV, No.3. Cambridge.

TRIK, AUBREY S.

1939. "Temple XXII at Copan," *Contributions to American Anthropology and History,* Vol. V, No. 27; Carnegie Institution of Washington Publication No. 509, 1939, pp.87-106. Washington, D.C.

VAILLANT, GEORGE C.

1935. "Chronology and Stratigraphy in the Maya Area," *Maya Research,* Vol. II, No.2, pp. 119-43. New York.

1938. "A Correlation of Archaeological and Historical Sequences in the Valley of Mexico," *American Anthropologist,* n.s., Vol. XL, No.4, pp.535-73. Menasha, Wisconsin.

*1941. *Aztecs of Mexico. Origin, Rise and Fall of the Aztec Nation.* Garden City, New York.

1944. *La civilización azteca.* Traducción española de la anterior por Samuel Vasconcelos. El Fondo de Cultura Economica. Mexico.

VILLA R., ALFONSO

*1934. "The Yaxuna-Cobá Causeway," *Contributions to American Archaeology,* Vol. II, No. 9; Carnegie Institution of Washington Publication No.436, pp.187-208, 1934, pls. 1-9. Washington, D.C.

VILLACORTA C., J. ANTONIO

1927. *Arqueología Guatemalteca.* Sociedad de Geografía e Historia de Guatemala. Guatemala.

1930. *Códices Mayas.* Sociedad de Geografía e Historia de Guatemala. Guatemala.

VON HAGEN, V. W.

*1945. *La fabricación del papel entre los aztecas y los mayas.* Mexico.

WATERMAN, T. T.

1929. "Is the Baul Stela an Aztec Imitation?" *Art and Archaeology,* Vol. XXVIII, No. 5, pp.183-87. Washington, D.C.

WAUCHOPE, ROBERT

1934. "House Mounds of Uaxactun, Guatemala," *Contributions to American Archaeology,* Vol. II, No. 7; Carnegie Institution of Washington Publication No. 436, 1934, pp. 107-71, pls. 1-9.Washington, D.C.

2. 民族学

CARNEGIE INSTITUTION OF WASHINGTON. *News Service Bulletin.*

*1935. "Textile Arts of the Guatemalan Natives." Carnegie Institution of Washington *News Service Bulletin*, Vol.III, No. 20, pp. 157-68, February 3. Washington, D.C.

FOLLETT, P. H. F.

1932. "War and Weapons of the Maya." Middle American Research Series, Publication No.4. *Middle American Papers,* Tulane University. New Orleans.

GANN, T. W. F.

*1918. *The Maya Indians of Southern Yucatan and Northern British Honduras.* Bureau of American Ethnology, Smithsonian Institution, Bulletin 64. Washington, D.C.

GOUBAUD, ANTONIO

1937. *The Guajxaquíp Báts. An Indian Ceremony of Guatemala.* Guatemala. Translated from *the Anales de la Sociedad de Geografía e Historia de Guatemala.*

LA FARGE, OLIVER II, AND DOUGLAS BYERS

1931. *The Year Bearer's People.* Middle American Research Series, Publication No. 3, Department of Middle American Research, Tulane University. New Orleans.

LINCOLN, J. STEWARD

1942. "The Maya Calendar of the Ixil of Guatemala," *Contributions to American Anthropology and History,* Vol. VII, No. 38; Carnegie Institution of Washington Publication No. 528. Washington, D.C.

MEDIZ BOLIO, ANTONIO

1935. *The Land of the Pheasant and the Deer.* Mexico.

REDFIELD, MARGARET PARK

*1937. "The Folk Literature of a Yucatecan Town," *Contributions to*

American Archaeology, Vol. III, No.13; Carnegie Institution of Washington Publication No. 456, 1937, pp.1-50. Washington, D.C.

REDFIELD, ROBERT

*1933. *The Culture of the Maya. II. The Maya and Modern Civilization,* Carnegie Institution of Washington Supplemental Publication No. 6, pp.16- 29. Washington, D.C.

*1938. "Race and Class in Yucatan," *Co-operation in Research,* Carnegie Institution of Washington Publication No. 501, pp. 511-32. Washington, D.C.

*1941. *The Folk Culture of Yucatan.* Chicago.

REDFIELD, ROBERT, AND MARGARET PARK REDFIELD

1940. "Disease and Its Treatment in Dzitas, Yucatan," *Contributions to American Anthropology and History,* Vol. VI, No. 32; Carnegie Institution of Washington Publication No.523, 1940, pp. 49-82. Washington, D.C.

REDFIELD, ROBERT, AND ALFONSO VILLA R.

*1933. *Chan Kom, a Maya Village.* Carnegie Institution of Washington Publication No. 448. Washington, D.C.

1939. "Notes on the Ethnography of Tzeltal Communities of Chiapas," *Contributions to American Anthropology and History,* Vol. V, No. 28; Carnegie Institution of Washington Publication No. 509, 1939, pp.107-26, Washington, D.C.

ROYS, RALPH L.

1940. "Personal Names of the Maya of Yucatan," *Contributions to American Anthropology and History,* Vol. VI, No. 31; Carnegie Institution of Washington Publication No. 523, 1940, pp. 31-48. Washington, D.C.

SOUSTELLE, JACQUES

1933. "Notes sur les Lacandon du Lac Petjá et du Rio Jetjá (Chiapas)," *Journal de la Société des Américanistes de Paris (n.s.),* Vol. XXV, pp. 153-80.

1935. "Le Totémisme des Lacandons," *Maya Research,* Vol. II, pp. 325-44.

STEGGERDA, MORRIS

*1938. "The Maya Indians of Yucatan," *Co-operation in Research,*

Carnegie Institution of Washington Publication No. 501, pp. 567-84. Washington, D.C.

*1941. *Maya Indians of Yucatan.* Carnegie Institution of Washington Publication No. 531. Washington, D.C.

THOMPSON, J.ERIC S.

*1930, "Ethnology of the Mayas of Southern and Central British Honduras," *Field Museum of Natural History, Anthropological Series,* Vol. XVII, No.2. Chicago.

TOZZER, A. M.

*1907. *A Comparative Study of the Maya and the Lacandones.* New York.

WARDLE, HELEN

1934. "Guatemalan Textiles," *Univ. Mus. Bull.,* University of Pennsylvania, Vol. V, No.1, pp.20, 21, 23, pls. IX, X. Philadelphia.

WAUCHOPE, ROBERT

1938. *Modern Maya Houses.* Carnegie Institution of Washington Publication No.502. Washington, D.C.

WISDOM, CHARLES

1940. *The Chorti Indians of Guatemala.* Chicago.

3. 历史学

ANCONA, ELIGIO

1889. *Historia de Yucatán.* 2d ed. 4 vols. Barcelona.

AVENDAÑO Y LOYOLA, ANDRÉS

"Relación de las dos entradas que hize a la conversión de los gentiles Ytzaes y Cehaches (Petén-Itzá)." Mérida, 6 de abril de 1696. MS.Newberry Library, Chicago.

BLOM, FRANS

*1936. *The Conquest of Yucatan.* New York.

1937. "La Culture matérielle des Indiens lacandones," *Journal de la Société des Américanistes de Paris (n.s.),* Vol. XXIX, pp. 1-95.

BRASSEUR DE BOURBOURG, CHARLES ETIENNE

1857. *Histoire des nations civilisées du Mexique et de l'Amérique Centrale.* 4 vols. Paris.

1861. *Popol Vuh. Le livre sacré et les mythes de l'antiquité américaine.* Paris.

BRINTON, D. G.

*1882. The Maya Chronicles. Brinton's Library of Aboriginal American Literature, No.1. Philadelphia.

*1885. *The Annals of the Cakchiquels. The Original Text, with a Translation, Notes, and Introduction.* Brinton's Library of Aboriginal American Literature, No. 6. Philadelphia.

CANO, AGUSTÍN

"Relación de los sucesos de la conquista del Petén, 1695," *Historia de la Provincia de S. Vicente de Chiapa y Guatemala de la Orden de Predicadores* by Francisco Ximenes. 3 vols. Vol. III. Sociedad de Geografía e Historia de Guatemala. Guatemala.

CÁRDENAS VALENCIA, FRANCISCO DE

1937. "Relación historial eclesiástica de la provincia de Yucatán de la Nueva España, escrita el año de 1639," *Biblioteca Histórica Mexicana de Obras Inéditas,* Vol. III, 1937. Mexico.

CARRILLO Y ANCONA, CRESCENCIO

1937. *Historia antigua de Yucatán.* Mérida.

CERVANTES DE SALAZAR, FRANCISCO

1914-1936. *Grónica de la Nueva España.* 3 vols. Madrid and Mexico.

CHAMBERLAIN, ROBERT S.

1939. "Castilian Backgrounds of the Repartimiento-encomienda," *Contributions to American Anthropology and History,* Vol. V, No. 25; Carnegie Institution of Washington Publication. No. 509, pp. 23-70. Washington, D.C.

CHAVERO, ALFREDO

1887. *México a través de los siglos.* Barcelona.

COGOLUDO, DIEGO LÓPEZ DE

1688. *Historia de Yucathan*. Madrid.

CORTES, FERNANDO

1908. *Fernando Cortes His Five Letters of Relation to the Emperor Charles V.* Translation by Francis Augustus MacNutt. Cleveland.

DÍAZ DEL CASTILLO, BERNAL

1933. *The Discovery and Conquest of Mexico*. Broadway Travellers Series. London.

FANCOURT, CHARLES ST. JOHN

1854. *The History of Yucatan, from Its Discovery to the Close of the Seventeenth Century*. London.

FUENTES Y GUZMÁN, FRANCISCO A. DE

1882. *Historia de Guatemala*. Recordación Florida. 2 vols. Madrid.

1932-1933. *Recordación Florida, ed. de Guatemala*. Sociedad de Geografía e Historia de Guatemala. 3 vols. Guatemala.

GANN, T. W. F., AND J. E. THOMPSON

*1931. *The History of the Maya, from the Earliest Time to the Present Day*. New York.

GATES, WILLIAM

*1937. *Yucatan before and after the Conquest, by Friar Diego de Landa, with Other Related Documents, Maps and Illustrations*. Translated with notes. Maya Society Publication No. 20. Baltimore.

GIBBS, ROBERTSON A.

1883. *British Honduras*. London.

HERRERA, ANTONIO DE

1726-1730. *Historia general de los hechos de los castellanos en las islas i tierra firme del mar oceano*. 5 vols. Madrid.

JAKEMAN, M. W.

1945. *The Origin and History of the Mayas*. Part 1. Los Angeles.

LANDA, DIEGO DE

1938. *Relación de las casas de Yucatán.* Mórida.

LAS CASAS, BARTOLOMÉ DE

1909. "Apologética historia de las Indias," *Nueva Biblioteca de Autores Españoles.* Historiadores de Indias. Vol. I. Madrid.

LEHMANN, WALTER

*1909. *Methods and Results in Mexican Research, Translated by Seymour de Ricci.* Paris.

LIZANA, BERNARDO DE

1893. *Historia de Yucatán. Devocionario de Nuestra Señora de Izmal y conquista espiritual impresa en 1633.* 2d ed. Museo Nacional de México, Mexico.

MEANS, P. A.

*1917. "History of the Spanish Conquest of Yucatan and of the Itzas," *Papers of the Peabody Museum of American Archaeology and Ethnology,* Harvard University, Vol. VII. Cambridge.

MOLINA SOLÍS, JUAN FRANCISCO

1896. *Historia del descubrimiento y conquista de Yucatán, con una reseña de la historia antigua de esta península.* Mérida.

MORLEY, S. G.

1911. "The Historical Value of the Books of Chilan Balam," *American Journal of Archaeology,* Archaeological Institute of America, 2d ser., Vol. XV, No. 2, pp. 195-214. Norwood.

1917. "Rise and Fall of the Maya Civilization in the Light of the Monuments and the Native Chronicles," *Proceedings of the International Congress of Americanists, Nineteenth Session,* Washington, 1915, pp.140-49. Washington, D.C.

*1935. *Guide Book to the Ruins of Quirigua.* Carnegie Institution of Washington Supplemental Publications No. 16. Washington, D.C.

1937-1938. "The Inscriptions of Petén," Carnegie Institution of

Washington Publication No. 437.5 vols. Washington.

*1938a. "The Maya New Empire," *Co-operation in Research,* Carnegie Institution of Washington Publication No. 501, pp. 533-65. Washington, D.C.

OROZCO Y BERRA, MANUEL

1880. *Historia antigua y de la conquista de México.* 4 vols. Mexico.

OVIEDO Y VALDÉS, GONZALO FERNÁNDEZ DE

1851-1855. *Historia general y natural de las Indias, islas y tierra firme del mar oceano.* 4 vols. Madrid.

RADIN, PAUL

*1920. *The Sources and Authenticity of the Ancient Mexicans.* University of California Publications in American Archaeology and Ethnology, Vol. XVII, No.1, Berkeley.

RAYNAUD, GEORGES

1927. *Los dioses, los héroes y los hombres de Guatemala antigua, o Libro del Consejo.* Paris.

1939. "El Libro del Consejo," *Biblioteca del estudiante universitario.* Mexico.

Relaciones de Yucatán

1898-1900. *In Colección de documentos inéditos relativos al descubrimiento, conquista y organización de las antiguas posesiones de ultramar.* 2d ser., Vols. XI and XIII. Madrid.

ROYS, RALPH L.

1933. *The Book of Chilam Balam of Chumayel.* Carnegie Institution of Washington Publication No. 438. Washington, D.C.

ROYS, RALPH L., FRANCE V. SCHOLES, AND ELEANOR B. ADAMS

1940. "Report and Census of the Indians of Cozumel, 1570," *Contributions to American Anthropology and History,* Vol. VI, No. 30; Carnegie Institution of Washington Publication No. 523, 1940, pp. 1-30.Washington, D.C.

SAHAGÚN, BERNARDINO DE

1938. *Historia general de las cosas de Nueva España.* 5 vols. Mexico.

SANCHEZ DÉ AGUILAR, P.

1639. *Informe contra idolorum cultores del Obispado de Yucatán.* Madrid.

SCHOLES, FRANCE V., AND ELEANOR ADAMS

1936. "Documents Relating to Mirones' Expedition to the Interior of Yucatan 1621-1624." Part 1, *Maya Research,* Vol. III, No. 2, pp. 153-76. Part 2, *Maya Research,* Vol. III, Nos. 3-4, pp. 251-76. New Orleans.

SCHOLES, FRANCE V., Y OTROS

1936. *Documentos para la historia de Yucatán. Tomo I.1550-1561.* Mérida.

1938. "Don Diego Quijada, Alcalde Mayor de Yucatán. 1561-1565," *Biblioteca Histórica Mexicana de Obras Inéditas,* Vols. XIV and XV. Mexico.

SCHOLES, FRANCE V., AND RALPH L. ROYS

*1938. "Fray Diego de Landa and the Problem of Idolatry in Yucatan," *Cooperation in Research,* Carnegie Institution of Washington Publication No. 501, pp. 585-620. Washington, D.C.

STONE, D. Z.

1932. *Some Spanish entradas 1524-1695. A Revision of the Data on Spanish entradas into the Country of the Lacandon and Ahitza. Containing a Full Translation of Antonio de León Pinelo's Report, and First Publication of Juan Delgado's Manuscripts.* Middle American Research Series, Publication No. 4, pp. 209-96. *Middle American Papers,* Department of Middle American Research, Tulane University. New Orleans.

TORQUEMADA, JUAN DE (1613)

1723. *Los veinte i un libros rituales y Monarquia Indiana.* 3 vols. Madrid.

1943. 3d ed. Mexico.

TOZZER, ALFRED M.

1941. *"Landa's Relación de las cosas de Yucatán," Papers of the Peabody Museum of American Archaeology and Ethnology,* Harvard University, Volume

XVIII. Cambridge.

VALENTINI, P. J. J.

1879. "The Katunes of Maya History. Translated from the German by Stephen Salisbury, Jr.," *Proceedings of the American Antiquarian Society,* No.74, pp. 71-117. Worcester, Massachusetts.

VILLACORTA C., J. ANTONIO

1938. *Prehistoria e historia antigua de Guatemala.* Sociedad de Geografía e Historia de Guatemala. Guatemala.

VILLAGUTIERRE SOTO-MAYOR, JUAN DE

1701. *Historia de la conquista de la Provincia de el Itza, Reduccion, y Progressos de la de El Lacandon, y Otras Naciones de Indios Barbaros, de la Mediacion de el Reyno de Guatimala, a las Provincias de Yucatan, en la America Septentrional.* Madrid.

XIMÉNEZ, FRANCISCO

1929-1931. *Historia de la provincia de San Vicente de Chiapa y Guatemala.* 3 vols. Sociedad de Geografía e Historia de Guatemala. Guatemala.

4. 艺术

BARRERA VÁSQUEZ, ALFREDO

1939, "Algunos datos acerca del arte plumaria entre los mayas," *Cuadernos Mayas No. 1.* Mérida.

CARNEGIE INSTITUTION OF WASHINGTON. *News Service Bulletin.*

*1929. *The Art of the Maya.* Carnegie Institution of Washington News Service Bulletin, Vol. I, No. 36, March 17. Washington, D.C.

CHARLOT, JEAN

*1938. "A XII Century Maya Mural," *Mazazine of Art,* Vol. XXXI, No.11, pp. 624-29, 670. Washington, D.C.

CORLETT, D. S.

1924. "The Art of the Mayas," *Art and Archaeology,* Vol. XVIII, No. 4,pp.145-53. Baltimore.

HOLMES, W. H.

*1916. "Masterpieces of Aboriginal American Art. V, The Great Dragon of Quirigua. Part I," *Art and Archaeology,* Vol. IV, No. 6, pp. 271-78. Washington, D.C.

*1916a. "A Quirigua Mystery," *Art and Archaeology,* Vol. IV, No.6, p.340. Washington, D.C.

*1917. "Masterpieces of Aboriginal American Art. V, The Great Dragon of Quirigua. Part II," *Art and Archaeology.* Vol. V, No. 1, pp. 39-49.Washington, D.C.

JOYCE, T. A.

*1923. *Guide to the Maudslay Collection of Maya Sculptures (Casts and Originals) from Central America.* The Trustees, British Museum. London.

*1927. *Maya & Mexican Art.* London.

KELEMAN, PÁL

*1943. *Medieval American Art.* 2 vols. New York.

MAUDSLAY, A. P.

*1889-1902. *Biologia Centrali-Americana,* Section on archaeology. London.

MORLEY, S. G.

1927. "Un jarro Maya pintado," *Forma,* Vol. I, No. 5, pp. 22-24. Mexico.

MORRIS, E. H., JEAN CHARLOT, AND A. A. MORRIS

1931. *The Temple of the Warriors at Chichen Itza, Yucatan.* Carnegie Institution of Washington Publication No. 406. Washington, D.C. Murals from the Temple of the Warriors and adjacent structures by Ann Axtell Morris and bas-reliefs from the Temple of the Warriors cluster, by Jean Charlot.

MUSEUM OF MODERN ART

*1933. *Aztec, Incan and Mayan Art.* Formerly entitled *American Sources of Art.* Museum of Modern Art Bulletin. New York.

MUSEUM OF THE UNIVERSITY OF PENNSYLVANIA

*1925-1943. "Examples of Maya Pottery in the Museum and Other Collections; Edited by G. B. Gordon, Part I, and by J. Alden Mason, Parts II and

III." University Museum, University of Pennsylvania. Philadelphia.

OSBORNE, LILY DE JONGH DE

*1935. *Guatemalan Textiles.* New Orleans.

PACIFIC CULTURES

1939. *Official Catalog. Department of Fine Arts. Division of Pacific Cultures.* Golden Gate International Exposition. San Francisco.

SPINDEN, H. J.

*1913. "A Study of Maya Art," *Memoirs of the Peabody Museum of American Archaeology and Ethnology,* Harvard University, Vol. VI. Cambridge.

1916. "Portraiture in Central American Art," *Holmes Anniversary Volume,* pp.434-50. Washington, D.C.

1917. "Recent Progress in the Study of Maya Art," *Proceedings of the International Congress of Americanists, Nineteenth Session,* Washington, 1915, pp. 165-77. Washington.

5. 象形文字、年表和天文学

ANDREWS, E. WYLLYS

1934. "Glyph X of the Supplementary Series of the Maya Inscriptions," *American Anthropologist,* n.s., Vol. XXXVI, No. 3, pp. 345-54. Menasha, Wisconsin.

BEYER, HERMANN

1930. "The Analysis of the Maya Hieroglyphs," *Internat. Arch. Ethnog.,* Bd.31, S. 1-20. Leyden.

1935. "On the Correlation between Maya and Christian Chronology," *Maya Research,* Vol. II, No. 1, pp.64-72. New York.

1936. "Mayan Hieroglyphics: Glyph G of the Supplementary Series," *American Anthropologist,* n.s., Vol. 38, No. 2, pp. 247-49. Menasha, Wisconsin.

1937. "Studies on the Inscriptions at Chichen Itza," *Contributions to American Archaeology,* Vol. IV, No. 21; Carnegie Institution of Washington Publication No. 483, 1937, pp.37-175, pls. 1-14. Washington, D.C.

BOWDITCH, C. P.

1910. *The Numeration, Calendar Systems and Astronomical Knowledge of the Mayas.* Privately printed. University Press, Cambridge.

BRINTON, D. G.

*1894. "What the Maya Inscriptions Tell About," *Archaeologist,* Vol. II, No. 11, pp. 325-28. Waterloo.

1895. "A Primer of Mayan Hieroglyphics," *University of Pennsylvania Series in Philology, Literature, and Archaeology,* Vol. III, No.2. Philadelphia.

Codex Dresdensis

1880. Die Maya-Handschrift der Königlichen Bibliothek zu Dresden; herausgegeben von Prof. Dr. E. Förstemann. Leipzig.

Codex Peresianus

1887. Manuscrit hiératique des anciens Indiens de l'Amérique Centrale conservé à la Bibliothèque Nationale de Paris, avec une introduction par Léon de Rosny. Publié en couleurs. 2d ed. Paris.

Codex Tro-Cortesianus

1892. Códice Maya denominado Cortesiano que se conserva en el Museo Arqueológico Nacional (Madrid). Reproducción fotocromolitográ-fica ordenada en la misma forma que el original hecha y publicada bajo la dirección de D. Juan de Dios de la Rada y Delgado y D. Jerónimo López de Ayala y del Hierro. Madrid. To this should be added the plates reproducing the Codex Troanus taken from Abbé C. E. Brasseur de Bourbourg's Manuscrit. Troano, Paris, 1869-1870. These two codices are parts of one original.

GATES, WILLIAM

1931. *An Outline Dictionary of Maya Glyphs.* Maya Society Publication No.1. Baltimore.

GOODMAN, J. T.

1897. "The Archaic Maya Inscriptions," *Biologia Centrali-Americana,* section on archaeology, appendix. London.

1905. "Maya Dates," *American Anthropologist,* n.s., Vol. VII, No. 4, pp.642-47. Lancaster.

GORDON, G. B.

1902. "On the Use of Zero and Twenty in the Maya Time System," *American Anthropologist,* n.s., Vol. IV, No. 2, pp. 237-75. New York.

GUTHE, C. E.

1921. "A Possible Solution of the Number Series on Pages 51 to 58 of the Dresden Codex," *Papers of the Peabody Museum of American Archaeology and Ethnology,* Harvard University, Vol. VI, No. 2, pp.1-31.

1932. "The Maya Lunar Count," *Science,* n.s., Vol. 75, No. 1941, pp.271-77. Lancaster.

LONG, R. C. E.

1918. "The Maya and Christian Eras," *Man,* Vol. XVIII, No. 8, No. 70, pp.121-26. London.

1918a. "The Maya and Christian Eras," *Man,* Vol. XVIII, No. 9, No. 74, pp.132-38. London.

1919. "The Highest Known Maya Number," *Man,* Vol. XIX, No. 3, No. 20, pp. 39-32. London.

1923. "Maya High Numbers," *Man,* Vol. XXIII, No. 5, No.39, pp.66-69. London.

1923a. "Maya and Christian Chronology," *Journal of the Royal Anthropological Institute,* Vol. LIII, pp. 36-41. London.

1924. "A Link between the Earlier and Later Maya Chronologies," *Man,* Vol. XXIV, No. 6, No. 66, pp. 89-91. London.

1924a. "The Age of the Maya Calendar," *Journal of the Royal Anthropological Institute,* Vol. LIV, pp. 353-62. London.

1931. "The Correlation of Maya and Christian Chonology," *Journal of the Royal Anthropological Institute,* Vol. LXI, pp. 407-12. London.

MAUDSLAY, A.P.

*1889-1901. *Biologia Centrali-Americana.* Section on archaeology. London.

Mexican and Central American Antiquities

1904. *Mexican and Central American Antiquities, Calendar Systems, and History;* twenty-four papers by Eduard Seler, E. Förstemann, Paul Schellhas, Carl Sapper, and E. P. Dieseldorff; translated from the German under the supervision of Charles P. Bowdith. Bureau of American Ethnology, Smithsonian Institution, Bulletin 28. Washington, D.C.

MORLEY, S. G.

1909. "The Inscriptions of Naranjo, Northern Guatemala," *American Anthropologist,* n.s., Vol. II, No. 4, pp. 543-62. Lancaster.

*1915. *An Introduction to the Study of the Maya Hieroglyphs.* Bureau of American Ethnology, Smithsonian Institution, Bulletin 57. Washington, D. C.

1916. "The Supplementary Series in the Maya Inscriptions," *Holmes Anniversary Volume,* pp. 366-96. Washington, D.C.

1920. *The Inscriptions at Copan.* Carnegie Institution of Washington Publication No. 219. Washington, D.C.

1937-1938. *The Inscriptions of Peten.* Carnegie Institution of Washington Publication No. 437. 5 vols. Washington, D.C.

1938. "Recent Epigraphic Discoveries at the Ruins of Copan, Honduras," *Hewett Seventieth Anniversary Volume,* pp. 277-93. Albuquerque.

PALACIOS, ENRIQUE JUAN

1932. *Maya-Christian Synchronology or Calendrical Correlation.* Middle American Research Series, Publication No.4, pp.147-80. *Middle American Papers,* Department of Middle American Research, Tulane University. New Orleans.

1933. *El calendario y los jeroglíficos cronográficos meyas.* Mexico.

SPINDEN, H.J.

1916. "The Question of the Zodiac in America," *American Anthropologist,* n.s., Vol. XVIII, No. 1, pp. 53-80. Lancaster.

1920. "Central American Calendars and the Gregorian Day," *Journal of the National Academy of Sciences,* Vol. VI, pp. 56-59. Washington, D.C.

1924. "The Reduction of Mayan Dates," *Papers of the Peabody Museum of American Archaeology and Ethnology,* Harvard University, Vol. VI, No. 4. Cambridge.

*1928. "Ancient Mayan Astronomy," *Scientific American,* Vol. CXXXVIII, No. 1, pp. 8-12. New York.

*1928a. "Deciphering Mayan Mysteries," *Scientific American,* Vol. CXXXVIII, No.3, pp.232-34. New York.

1930. "Maya Dates and What They Reveal," *Brooklyn Institute of Arts and Sciences,* Vol. IV, No.1. Brooklyn.

TEEPLE, J. E.

1925. "Maya Inscriptions: Glyphs C, D, and E of the Supplementary Series," *American Anthropologist,* n.s., Vol. XXVII, No. 1, pp.108-15. Menasha, Wisconsin.

1925a. "Maya Inscriptions: Further Notes on the Supplementary Series," *American Anthropologist,* n.s.,Vol. XXVII, No. 4, pp. 544-49. Menasha, Wisconsin.

1926. "Maya Inscriptions: The Venus Calendar and Another Correlation," *American Anthropologist,* n.s., Vol. XXVIII, No. 2, pp.402-8. Menasha, Wisconsin.

1927. "Maya Inscriptions. IV," *American Anthropologist,* n.s., Vol. XXIX, No. 3, pp. 283-91. Menasha, Wisconsin.

1927a. "Maya Inscriptions: Stela C at Copan," *American Anthropologist,* n.s., Vol. XXIX, No. 3, pp. 278-82. Menasha, Wisconsin.

1928. "Maya Inscriptions.VI. The Lunar Calendar and Its Relation to Maya History," *American Anthropologist,* n.s., Vol. XXX, No. 3, pp. 391-407. Menasha, Wisconsin.

1931. "Maya Astronomy," *Contributions to American Archaeology,* Vol. I, No. 2; Carnegie Institution of Washington Publication No. 403,1931, pp. 29-115. Washington, D.C.

THOMAS, CYRUS

1882. "A Study of the Manuscript Troano," *Contributions to North*

American Ethnology, U.S. Department of the Interior, Vol. V. Washington, D.C.

1900. "Mayan Calendar Systems," Bureau of American Ethnology, Smithsonian Institution, *Nineteenth Annual Report,* 1897-98, Part 2, pp.693-819. Washington, D.C.

1904. "Mayan Calendar Systems. II," Bureau of American Ethnology, Smithsonian Institution, *Twenty-second Annual Report,* 1900-1901, Part 1, pp. 197-305. Washington, D.C.

THOMPSON, J.ERIC S.

1927. "A Correlation of the Mayan and European Calendars." *Field Museum of Natural History Publication No. 241,* Anthropological Series, Vol. XVIII, No. 1, Chicago.

1928. "Some New Dates from Pusilha," *Man,* Vol. XXVIII, No.6, pp.95-97. London.

1929. "Maya Chronology: Glyph G of the Lunar Series," *American Anthropologist,* n.s., Vol. XXXI, No. 2, pp. 223-31. Menasha, Wisconsin.

1932. "The Solar Year of the Mayas at Quirigua, Guatemala." *Field Museum of Natural History, Anthropological Series,* Vol. XVII, No. 4. Chicago.

1934. "Sky Bearers, Colors and Directions in Maya and Mexican Religion," *Contributions to American Archaeology,* Vol. II, No. 10; Carnegie Institution of Washington Publication No. 436, 1934, pp. 209-42, pls. 1-5. Washington, D.C.

1934a. "Maya Chronology: The Fifteen tun Glyph," *Contributions to American Archaeology,* Vol. II, No. 11; Carnegie Institution of Washington Publication No. 436, 1934, pp. 243-54. Washington, D.C.

1935. "The Dates on Altar U, Copan," *Maya Research,* Vol. II, No. 1, pp. 11-13. New York.

1935a. "Maya Chronology: The Correlation Question," *Contributions to American Archaeology,* Vol.III, No. 14; Carnegie Institution of Washington Publication No. 456, 1937, pp. 51-82. Washington, D.C.

1936. *La civilización de los mayas.* Traducción de la 2a. edición inglesa, al cuidado de Samuel Ramos con autorización del "Field Museum of Natural History," Chicago.Pub. Dept. Bibliotecas, Sec. Educ. Púb.Mexico.

1937. "A New Method of Deciphering Yucatecan Dates with Special Reference to Chichen Itza," *Contributions to American Archaeology,* Vol. IV, No.22; Carnegie Institution of Washington Publication No.483,1937, pp. 177-97. Washington, D.C.

TOZZER, A. M.

1912. "The Value of Ancient Mexican Manuscripts in the Study of the General Development of Writing," *Smithsonian Institution Annual Report, 1911,* pp. 493-506, pls. 1-5. Washington, D.C.

VALENTINI, P. J. J.

1880. "The Landa Alphabet; a Spanish Fabrication," *Proceedings of the American Antiquarian Society,* No. 75, pp. 59-91. Worcester, Massachusetts.

WILLSON, ROBERT W.

1924. "Astronomical Notes on the Maya Codices," *Papers of the Peabody Museum of American Archaeology and Ethnology,* Harvard University, Vol. VI, No. 3. Cambridge.

6. 农学

CARNEGIE INSTITUTION OF WASHINGTON. News Service Bulletin.

*1938. *Maize and the Maya.* Carnegie Institution of Washington News Service Bulletin, Vol. IV, No.26, pp. 217-24, May 8. Washington, D.C.

COOK, O. F.

*1909. *Vegetation Affected by Agriculture in Central America.* U.S. Bureau of Plant Industry, Bulletin 145. Washington, D.C.

KEMPTON, J. H.

*1926. "Maize and Man," *Journal of Heredity,* Vol. XVII, pp. 32-51. American Genetic Association. Washington, D.C.

*1931. "Maize, the Plant-Breeding Achievement of the American Indian,"

Old and New Plant Lore, Vol. XI. Smithsonian Institution. Washington, D.C.

    *1938. "Maize—Our Heritage from the Indian," *Smithsonian Institution Annual Report, 1937,* pp.385-408. Washington, D.C.

KEMPTON, J. H., AND WILSON POPENOE

    1937. "Teosinte in Guatemala. Report of an expedition to Guatemala, El Salvador, and Chiapas, Mexico," *Contributions to American Archaeology,* Vol. IV, No. 23; Carnegie Institution of Washington Publication No. 483, 1937, pp. 199-217, pls. 1-3. Washington, D.C.

LUNDELL, C. L.

    *1934. "The Agriculture of the Maya," *Southwest Review,* Vol. XIX, pp.65-77. Dallas. Department of Botany and Herbarium, University of Michigan, Paper No. 445. Ann Arbor.

MANGELSDORF, P. C., AND J. W. CAMERON

    1942. "Western Guatemala; A Secondary Center of Origin of Cultivated Maize Varieties." *Botanical Museum Leaflets,* Harvard University, 10. 217-52.

MANGELSDORF, P. C., AND R. G. REEVES

    1939. *The Origin of Indian Corn and Its Relatives.* Bulletin No. 574.Texas Agricultural Experiment Station, Agricultural and Mechanical College of Texas. College Station, Texas.

    1945. "The Origin of Maize: Present Status of the Problem," *American Anthropologist,* Vol. XLVII, No. 2, pp. 235-43. Menasha, Wisconsin.

SPINDEN, H. J.

    *1917. "The Invention and Spread of Agriculture in America," *Amer. Mus. Nat. Hist.Jour.,* Vol. XVII, pp. 181-88. New York.

    *1917a. "The Origin and Distribution of Agriculture in America," *Proc. Internat. Cong. Americanists, 19th Sess.,* Washington 1915, pp. 269-276.Washington.

    *1928. "Thank the American Indian," *Scientific American,* Vol. CXXXVIII, No. 4, pp. 330-32. New York.

STADELMAN, RAYMOND

    1940. "Maize Cultivation in Northwestern Guatemala," *Contr. Amer.*

Anthropol. and Hist., Vol. VI, No. 33. Carnegie Institution of Washington Publication No.523, pp. 83-264. Washington, D.C.

7. 语言学

BELTRÁN DE SANTA ROSA MARÍA, PEDRO

1746. *Arte de el idioma Maya reducido a sucintas reglas, y semilexicon yucateco.* Mexico.

CORONEL, J.

1620. *Arte en lengua de Maya.* Mexico.

Diccionario de Motul

1929. *Diccionario de Motul, Maya Español.* Atribuido a Fray Antonio de Ciudad Real *y Arte de Lengua Maya* por Fray Juan Coronel. Edición hecha por Juan Martínez Hernández. Mérida.

GATES, WILLIAM

1938. *A Grammar of Maya.* Maya Society Publication No. 13. Baltimore.

LEHMANN, WALTER

1920. *Zentral-Amerika.* 2 vols. Berlin.

PÉREZ, JUAN PíO

1866-1877. *Diccionario de la lengua Maya.* Mérida.

1898. *Coordinación alfabética de las voces del idioma Maya que se hallan en el arte y obras del Padre Fr. Pedro Beltrán de Santa Rosa, con las equivalencias castellanas que en las mismas se hallan.* Mérida.

SAN BUENAVENTURA, FRAY GABRIEL DE

1684. *Arte de la lengua Maya.* Mexico.

TOZZER, A. M.

1921. "A Maya Grammar with Bibliography and Appraisement of the Works Noted," *Papers of the Peabody Museum of American Archaeology and Ethnology,* Harvard University, Vol. IX. Cambridge.

8. 医学

ROYS, RALPH L.

1931. *The Ethno-Botany of the Maya.* Middle American Research Series, Publication No. 2. Department of Middle American Research, Tulane University. New Orleans.

SHATTUCK, G. C., AND COLLABORATORS

1933. *The Peninsula of Yucatan. Medical, Biological, Meteorological and Sociological Studies.* Carnegie Institution of Washington Publication No.431. Washington, D.C.

1938. *A Medical Survey of the Republic of Guatemala.* Carnegie Institution of Washington Publication No. 499. Washington, D.C.

9. 现代玛雅

BENEDICT, FRANCIS G., AND MORRIS STEGGERDA

1936. "The Food of the Present-Day Maya Indians of Yucatan," *Contributions to American Archaeology,* Vol. III, No. 18, Carnegie Institution of Washington Publication No.456, 1937, pp. 155-88. Washington, D.C.

STEGGERDA, MORRIS

1932. *Anthropometry of Adult Maya Indians: A Study of Their Physical and Physiological Characteristics.* Carnegie Institution of Washington Publication No. 434. Washington, D.C.

*1936. "A Physical and Physiological Description of Adult Maya Indians from Yucatan," *Measures of Men;* Middle American Research Publication No.7. Department of Middle American Research, Tulane University. New Orleans.

*1938. "The Maya Indians of Yucatan," *Co-operation in Research;* Carnegie Institution of Washington Publication No. 501, pp. 567-84. Washington, D.C.

*1941. *Maya Indians of Yucatan.* Carnegie Institution of Washington Publication No. 531. Washington, D.C.

WILLIAMS, GEORGE D.

1931. "Maya-Spanish Crosses in Yucatan," *Papers of the Peabody Museum of American Archaeology and Ethnology,* Harvard University, Vol. XIII, No.1. Cambridge.

10. 游历探索

BAILY, JOHN

1850. *Central America; Describing Each of the States of Guatemala, Honduras, Salvador, Nicaragua, and Costa Rica; Their Natural Features, Products, Population, and Remarkable Capacity for Colonization.* London.

BLOM, FRANS

*1926-1927. *Tribes and Temples.* 2 vols. Tulane University, New Orleans.

BODDAM-WHETHAM, J. W.

1877. *Across Central America.* London.

BRIGHAM, W. T.

1887. *Guatemala: The Land of the Quetzal.* New York.

CARNEGIE INSTITUTION OF WASHINGTON. *News Service Bulletin.*

*1929. "Colonel and Mrs. Lindbergh Aid Archaeologists. Part II. Aerial Survey of the Maya Region." Carnegie Institution of Washington *News Service Bulletin,* Vol. I, No. 50, pp. 115-21, December 1. Washington, D.C.

*1932. "Calakmul—A Recently Discovered Maya City." Carnegie Institution of Washington *News Service Bulletin,* Vol. II, No. 34, pp. 233-40, August 14. Washington, D.C.

CHARNAY, CLAUDE JOSEPH DÉSIRÉ

1887. *The Ancient Cities of the New World; Being Voyages and Explorations in Mexico and Central America from 1857-1882.* Translated from the French by J. Gonino and Helen S. Conant. New York.

GANN, T. W. F.

*1924. *In an Unknown Land.* London.

*1925. *Mystery Cities. Exploration and Adventure in Lubaantun.* London.

*1926. *Ancient Cities and Modern Tribes: Explorations and Adventures in Maya Lands.* London.

*1927. *Maya Cities. A Record of Exploration and Adventure in Middle America.* London.

*1928. *Discoveries and Adventures in Central America.* London.

*1938. *Glories of the Maya.* London.

GRUNING, E. L.

1930. "Report on the British Museum Expedition to British Honduras,1930," *Journal of the Royal Anthropological Institute,* Vol. LX, pp.479-83. London.

HOWE, GEORGE P.

1911. "The Ruins of Tuloom," *American Anthropologist,* Vol. XIII, No. 4, pp. 539-50. Lancaster.

LUNDELL, C. F.

*1932. "Exploring Nohoxna," *Southwest Review,* Vol. XVIII, pp. 395-406. Dallas.

MADEIRA, PERCY C., JR.

*1931. "An Aerial Expedition to Central America," *Museum Journal,* University of Pennsylvania, Vol. XXII, No.2, pp.95-153. Philadelphia.

MASON, J. A.

*1928, "The Egypt of America," *Natural History,* Vol. XXVIII, No. 4, pp. 394-406. New York.

*1931. "The Air Survey in Central America," *Univ. Mus. Bull.,* University of Pennsylvania, Vol. II, No.3, pp. 73-75, 78, 79, pls. I-III. Philadelphia.

MAUDSLAY, A. P., AND A. C. MAUDSLAY

*1899. *A Glimpse at Guatemala, and Some Notes on the Ancient Monuments of Central America.* London.

MORELET, ARTHUR

1857. *Voyage dans l'Amérique Centrale, le Cuba et le Yucatan.* 2 vols. Paris.

*1871. *Travels in Central America.* Translated by Mrs. E. G. Squier. New York.

MORRIS, ANN AXTELL.

*1931. *Digging in Yucatan.* New York.

RICKETSON, O.G., JR., AND A. V. KIDDER

1930. "An Archaeological Reconnaissance by Air in Central America," *Geographical Review,* American Geographical Society, Vol. XX, No. 2, pp. 177-206. New York.

RUPPERT, KARL, AND J. H. DENISON, JR.

1943. *Archaeological reconnaissance in Campeche, Quintana Roo and Peten.* Carnegie Institution of Washington, Publication No. 543. Washington, D.C.

SCHERZER, CARL VON

1857. *Travels in the Free States of Central America: Nicaragua, Honduras, and San Salvador.* 2 vols. London.

SELER, CAECILIE

1900. *Auf alten Wegen in Mexiko und Guatemala.* Berlin.

SMITH, ROBERT A.

*1931. "Temple Hunting," *Sportsman Pilot,* Vol. V, No.1, pp. 11-16, 55. New York.

SPINDEN, H. J.

1928. "In Quest of Ruined Cities," *Scientific American,* Vol. CXXXVIII, No.2, pp. 108-11. New York.

SQUIER, E. G.

1855. *Notes on Central America; Particularly the States of Honduras and San Salvador.* New York.

1858. *The States of Central America, Comprising Chapters on Honduras, San Salvador, Nicaragua, Costa Rica, Guatemala, Belize, the Bay Islands, the Mosquito Shore and the Honduras Inter-Oceanic Railway.* New York.

STEPHENS, JOHN L.

**1841. *Incidents of Travel in Central America, Chiapas and Yucatan.* 2 vols. New York.

**1843. *Incidents of Travel in Yucatan.* 2 vols. New York.

1848-1850. *Viaje a Yucatán a fines de 1841 y principios de 1842.* Traducida de Stephens, 1843, por D. Justo Sierra y Gregorio Buenfil. 2 vols. Campeche.

1869-1871. 2a. edición de la misma obra. 1 vol. Mérida.

1939-1940. *Incidentes de viaje en Centro América, Chiapas y Yucatán.* Traducida de Stephens, 1841, por Benjamín Mazariegos Santizo, revisada por Paul Burgess. 2 vols. Quetzaltenango, Guatemala.

THOMPSON, E. H.

*1932. *People of the Serpent.* Boston and New York.

WILLARD, T. A.

*1925. *The City of the Sacred Well,* London.

1931. *Kukulcan, the Bearded Conqueror.* Hollywood.

11. 气候、地理学和地质学

BLOM, FRANS, AND O. G. RICKETSON, JR.

1924. *Ruins in the Maya Area.* Map of the Maya area and adjacent regions. Mexico, Guatemala, British Honduras and Salvador. Unpublished map and text. Carnegie Institution of Washington.

*1940. *Archaeological Sites in the Maya Area.* Map of the Maya area and adjacent regions. Mexico, Guatemala, British Honduras and Salvador. Unpublished map and text. Carnegie Institution of Washington.

COOKE, C. WYTHE

1931. "Why the Mayan Cities of the Peten District, Guatemala, Were Abandoned," *Journal of the Washington Academy of Sciences,* Vol. XXI, No. 13, pp. 283-87. Washington, D.C.

1933. "A Possible Solution of a Mayan Mystery," *Scientific Monthly,* Vol.

XXXVII, pp. 362-65. Lancaster.

GODMAN, F. D.

1915. "Physical Features, etc., of the Area Treated," *Biología Centrali-Americana,* introductory volume, pp. 13-43. London.

HUNTINGTON, ELLSWORTH

1912. "The Peninsula of Yucatan," *Bulletin of the American Geographical Society,* Vol. XLIV, No. 11, pp. 801-22. Lancaster.

MERCER, HENRY C.

*1896. *The Hill-Caves of Yucatan. A Search for Evidence of Man's Antiquity in the Caverns of Central America. Being an Account of the Corwith Expedition of the Department of Archaeology and Palaeontology of the University of Pennsylvania.* Philadelphia.

OWER, L. H.

1928. "Geology of British Honduras," *Journal of Geology,* Vol. XXXVI, No. 6, pp. 494-509. Chicago.

PAGE, JOHN L.

*1933. "Climate of the Yucatan Peninsula." See Shattuck, George C., 1933, *The Peninsula of Yucatan,* chapter 20.

*1937-1938. "The Climate of Peten, Guatemala." See Morley, S. G., 1937-1938, *The Inscriptions of Peten,* Appendix 2.

POWERS, S.

1918. "Notes on the Geology of Eastern Guatemala and Northwest Spanish Honduras," *Journal of Geology,* Vol. XXVI, pp. 507-23. Chicago.

RECINOS, ADRIÁN

*1913. *Monografía del Departamento de Huehuetenango.* Guatemala.

SAPPER, KARL

1894. "Grundzüge der physikalischen Geographie von Guatemala," *Petermanns Mittheilungen,* Ergänzungsband 24, Ergänzungsheft 113. Gotha.

1896. "Sobre la geografía física y la geología de la Península de Yucatán," *Inst. Geol. Mex.,* No.3. Mexico.

1897. "Das nördliche Mittel-Amerika nebst einem Ausflug nach dem Hochland von Anahuac," *Reisen und Studien aus den Jahren 1888-1895.* Brunswick.

1899. "Ueber Gebirgsbau und Boden des nördlichen Mittelamerika." *Petermanns Mittheilungen,* Ergänzungsband 27, Ergänzungsheft 127.Gotha.

1905. "Grundzüge des Gebirgsbaus von Mittelamerika," *Report of the Eighth International Geographical Congress,* pp. 230-38. Washington, D.C.

SHATTUCK, GEORGE C.

1933. *The Peninsula of Yucatan. Medical, Biological, Meteorological and Sociological Studies.* Carnegie Institution of Washington Publication No.431. Washington, D.C.

VAUGHAN, T. W.

1918. "Geological History of Central America and the West Indies during Cenozoic Time," *Bulletin of the Geological Society of America,* Vol. XXIX, pp. 615-30. Washington, D.C.

WADELL, HAKON

*1937-1938. "Physical-Geological Features of Peten, Guatemala." See Morley, S. G., 1937-1938, *The Inscriptions of Peten,* Appendix 1.

WASHINGTON, H. S.

1922. "A Worked Jade Pebble from Copan," *Journal of the Washington Academy of Sciences,* Vol. XII, No. 17, pp. 387-91. Easton, Pennsylvania.

1922a. "The Jade of the Tuxtla Statuette," *Proceedings of the United States National Museum,* Vol. LX, Art. 14, pp.1-12, pls. 1-2. Washington, D.C.

1922b. "The Jades of Middle America," *Proceedings of the National Academy of Sciences,* Vol. VIII, No. 11, pp. 319-26. Washington, D.C.

12. 植物学

BARTLETT, H. H.

1935. "A Method of Procedure for Field Work in Tropical American Phytogeography Based upon a Botanical Reconnaissance in Parts of British

Honduras and the Peten Forest of Guatemala," *Botany of the Maya Area: Miscellaneous Papers,* No. 1; Carnegie Institution of Washington Publication No. 461, 1936, pp. 1-25, pls. 1-14. Washington, D.C.

Biología Centrali-Americana

1879-1888. *Biología Centrali-Americana; or, Contributions to the Knowledge of the Fauna and Flora of Mexico and Central America.* Edited by E. DuCane Godman and Osbert Salvin. London. Sections 53-57.

CARNEGIE INSTITUTION OF WASHINGTON

1936. *Botany of the Maya Area: Miscellaneous Papers.* Carnegie Institution of Washington Publication No. 461. Washington, D.C.

LUNDELL, C. L.

1933. "Chicle Exploitation in the Sapodilla Forest of the Yucatan Peninsula," *Field and Laboratory,* Southern Methodist University, Vol.II, No. 1, pp.15-21. Dallas. Department of Botany, University of Michigan, Paper No. 438. Ann Arbor.

1934. "Preliminary Sketch of the Phytogeography of the Yucatan Peninsula," *Contributions to American Archaeology,* Vol. XI, No. 12; Carnegie Institution of Washington Publication No.436, 1934, pp.255-321. Washington, D.C.

1937. *The Vegetation of Peten.* Carnegie Institution of Washington Publication No. 478. Washington, D.C.

ROYS, RALPH L.

1931. *The Ethno-Botany of the Maya.* Middle American Research Series, Publication No. 2. Department of Middle American Research, Tulane University. New Orleans.

STANDLEY, PAUL C.

1930. "Flora of Yucatan," Field Museum of Natural History, Publication No.279; *Botanical Series,* Vol. III, No. 3. Chicago.

1935. "New Plants from the Yucatan Peninsula," *Botany of the Maya Area: Miscellaneous Paper,* No. 4; Carnegie Institution of Washington Publication No.

461, 1936, pp. 49-91. Washington, D.C.

SWALLEN, JASON R.

1934. "The Grasses of the Yucatan Peninsula," *Contributions to American Archaeology,* Vol. II, No. 12; Carnegie Institution of Washington Publication No. 436,1934, Appendix, pp. 323-55. Washington, D.C.

1936. "The Grasses of British Honduras and the Peten, Guatemala," *Botany of the Maya Area: Miscellaneous Papers,* No. 9; Carnegie Institution of Washington Publication No. 461, 1936, pp. 141-89, pls.1-4. Washington, D.C.

13. 动物学

ANDREWS, E. WYLLYS

1937. "Notes on Snakes from the Yucatan Peninsula," *Field Museum of Natural History, Zoological Series,* Vol. XX, No.25, pp. 255-359. Chicago.

Biología Centrali-Americana

1879-1882. *Biología Centrali-Americana;* or, *Contributions to the Knowledge of the Fauna and Flora of Mexico and Central America.* Edited by E. DuCane Godman and Osbert Salvin. Sections 2-52.

GAUMER, GEORGE F.

1917. *Monografía de los mamíferos de Yucatán.* Mexico.

GRISCOM, LUDLOW

1932. "The Distribution of Bird-Life in Guatemala," *Bulletin of the American Museum of Natural History,* Vol. LXIV. New York.

MURIE, ADOLPH

1935. "Mammals from Guatemala and British Honduras," *University of Michigan, Museum of Zoology, Miscellaneous Publications,* No. 26, pp.7-30. Ann Arbor.

PEARSE, A. S., AND COLLABORATORS

1938. *Fauna of the Caves of Yucatan.* Carnegie Institution of Washington Publication No. 491. Washington, D.C.

PEARSE, A. S., E. P. CREASER, AND F. G. HALL

1936. *The Cenotes of Yucatan. A Zoological and Hydrographic Survey.* Carnegie Institution of Washington Publication No. 457. Washington, D.C.

RIDGWAY, R.

1901-1919. *Birds of North and Middle America.* U.S. National Museum Bulletin No. 50, Parts 1-8. Washington, D.C.

SCHMIDT, KARL P., AND E. WYLLYS ANDREWS

1936. "Notes on Snakes from Yucatan," *Field Museum of Natural History, Zoological Series,* Vol. XX, No. 18, pp.167-87. Chicago.

STUART, L. C.

1934. "A Contribution to a Knowledge of the Herpetological Fauna of El Peten, Guatemala," *Occasional Papers of the Museum of Zoology,* University of Michigan, No. 292. Ann Arbor.

1935. "A Contribution to a Knowledge of the Herpetology of a Portion of the Savanna Region of Central Peten, Guatemala." *University of Michigan, Museum of Zoology, Miscellaneous Publications,* No. 29, pp.7-56. Ann Arbor.

VAN TYNE, JOSSELYN

1932. "The 1931 Expedition to British Honduras and Guatemala," *Annual Report of the Director of the Museum of Zoology, University of Michigan, 1930-1931,* pp. 18-22. Ann Arbor.

1935. "The Birds of Northern Petén, Guatemala," *University of Michigan, Museum of Zoology, Miscellaneous Publications.* No. 27. Ann Arbor.

14. 小说

HAGGARD, H. RIDER

*1895. *Heart of the World.* New York.

MALKUS, ALIDA SIMS

1930. *Dark Star of Itza: The Story of a Pagan Princess.* New York.

MORLEY, S. G.

*1925. "How Holon Chan Became the True Man of His People," *American Indian Life by Several of Its Students.* Edited by Elsie Clews Parsons.

Pp.251-64, 403-6.

RHOADS, DOROTHY M.

*1941. *The Story of Chan Yuc.* New York.

*1932. *The Bright Feather and Other Maya Tales.* New York.

RYAN, MARAH ELLIS

1924. *The Dancer of Tuluum.* Chicago.

SCOGGINS, C. E.

1931. *The House of Darkness.* Indianapolis.

1946. *The Strangers.*

SQUIER, EMMA LINDSAY

1928. *The Bride of the Sacred Well.* New York.

TOZZER, A. M.

*1925. "The Toltec Architect of Chichen Itza," *American Indian Life by Several of Its Students.* Edited by Elsie Clews Parsons. pp 265 -71.

WILLARD, T. A.

1929. *The Wizard of Zacna.* Boston.

插图5　古抄本中描述的玉米神

插图6 古抄本中描述的风神

插图7　古帝国时期瓶画（部分）

插图8　瓦哈克通建筑B–XIII的壁画（部分）